Regulierungsbedarf grenzüberschreitender Betriebsübergänge

Schriften zum Arbeitsrecht und Wirtschaftsrecht

Herausgegeben von Abbo Junker

Band 93

PL ACADEMIC RESEARCH

Michaela Felisiak

Regulierungsbedarf grenzüberschreitender Betriebsübergänge

Zweifel an der grenzüberschreitenden Anwendbarkeit des § 613a BGB (Urteil des BAG vom 26. Mai 2011)

PL ACADEMIC RESEARCH

Bibliografische Information der Deutschen Nationalbibliothek
Die Deutsche Nationalbibliothek verzeichnet diese Publikation in der DeutschenNationalbibliografie; detaillierte bibliografische Daten sind im Internet über http://dnb.d-nb.de abrufbar.

Zugl.: Augsburg, Univ., Diss., 2014

D 384
ISSN 1433-4666
ISBN 978-3-631-66123-9 (Print)
E-ISBN 978-3-653-05607-5 (E-Book)
DOI 10.3726/ 978-3-653-05607-5

PL Academic Research ist ein Imprint der Peter Lang GmbH.

Peter Lang – Frankfurt am Main · Bern · Bruxelles · New York · Oxford · Warszawa · Wien

Diese Publikation wurde begutachtet.

www.peterlang.com

Für meinen Bruder
Matthias

Danksagung

Mein Dank gilt Frau Prof. Dr. Martina Benecke, die mir ermöglichte, dieses interessante und praxisrelevante Promotionsthema zu bearbeiten und mich während dieser Zeit begleitete.

Meinen Eltern und meinem Freund danke ich herzlich für ihre Unterstützung, ihr Interesse an meiner Arbeit, ihre Liebe und Motivation. Schließlich danke ich meinem Hund Hugo, der unermüdlich für Abwechslung während dieser Zeit gesorgt hat.

Inhaltsverzeichnis

Literaturverzeichnis

Abele, Roland: IPR des Arbeitsvertrags - Neues vom BAG zu den Eingriffsnormen, in: FA 2013, S. 7–9 (zit.: *Abele*, FA 2013).

Alsbaek, Henriette: Der Betriebsübergang und seine individualrechtlichen Folgen in Europa, Berlin 2001 (zit.: *Alsbaek*).

Ascheid, Reiner: § 613a BGB: Aktuelle Tendenzen zur Neubestimmung seines Anwendungsbereichs, in: *Preis, Ulrich/Willemsen, Heinz J.* (Hrsg.): Kölner Tage des Arbeitsrechts, Umstrukturierung von Betrieb und Unternehmen im Arbeitsrecht, Köln 1999 (zit.: *Ascheid*).

Bachner, Michael/Gerhardt, Peter: Betriebsübergang, Basiskommentar zu § 613a BGB mit den Folgen für die Mitbestimmun, 2. Auflage, Frankfurt am Main 2012 (zit.: *Bachner/Gerhardt*).

Bauer, Jobst-Hubertus: Outsourcing out?, Anmerkung zum Urteil des EuGH vom 14.4.1994, in: BB 1994, S. 1433–1436 (zit.: *Bauer*, BB 1994).

—./von Steinau-Steinbrück, Robert: Neuregelung des Betriebsübergangs: Erhebliche Risiken und viel mehr Bürokratie!, in: ZIP 2002, S. 457–466 (zit.: *Bauer/von Steinau-Steinbrück*, ZIP 2002).

Bayreuther, Frank: Rechte und Pflichten bei Betriebsübergang, Kommentierung des § 613a BGB, in: *Dornbusch, Gregor/Fischermeier, Ernst/Löwisch, Manfred* (Hrsg.), Fachanwalts-Kommentar Arbeitsrecht, 6. Auflage, Köln 2014 (zit.: *Bayreuther*).

Becker, Johannes C: Das Vertragsstatut der Outsourcing-Vereinbarung, Rechtsfragen grenzüberschreitender Unternehmensauslagerungen im internationalen Privatrecht, Hamburg 2010 (zit.: *Becker*).

Berger, Klaus Peter: Materialsammlung zum Grundkurs Internationales Privatrecht, Teil I (Allgemeiner Teil), Wintersemester 2012/2013, abrufbar unter: http://bankrecht.uni-koeln.de/images/material/WS%2012-13IPR%20Materialsammlung%20I.pdf (letzter Stand: 01.07.2014) (zit.: *Berger*).

Benecke, Martina: Anknüpfung und Sonderanknüpfung im Internationalen Arbeitsrecht, in: IPRax 2001, S. 449–454 (zit.: *Benecke*, IPRax).

Bernsau, Gregor/Dreher, Daniel/Hauck, Friedrich: Betriebsübergang, Kommentar zu § 613a BGB unter Einschluss von betriebsverfassungsrechtlichen und insolvenzrechtlichen Vorschriften, 2. Auflage, Köln 2008 (zit.: B/D/H/*Bearbeiter*).

Beseler, Lothar: Der Betriebsübergang, in: *Beseler, Lothar/Düwell, Franz Josef/Göttling, Wulfhard* (Hrsg.), Arbeitsrechtliche Probleme bei Betriebsübergang, Betriebsänderung, Unternehmensumwandlung, 4. Auflage, Münster 2011 (zit.: B/D/G/*Beseler*).

Bezani, Thomas/Richter, Marcus: Grenzüberschreitender Betriebsübergang?, in: *Gäntgen, Hans Jörg* (Hrsg.): 200 Jahre Arbeitsrechtsprechung in Köln, Köln 2011, S. 235–256 (zit.: *Bezani/Richter*).

Birk, Rolf: Das Arbeitskollisionsrecht der Bundesrepublik Deutschland, in: RdA 1984, S. 129–139 (zit.: *Birk*, RdA 1984).

Blanke, Thomas: Die Entscheidungen des EuGH in den Fällen Viking, Laval und Rueffert – Domestizierung des Streikrechts und europaweite Nivellierung der industriellen Beziehungen, Oldenburger Studien zur Europäisierung und transnationalen Regulierung Nr. 18/2008, abrufbar unter: http://www.cetro.uni-oldenburg.de/de/download/Nr._18_jm.pdf (letzter Stand: 01.07.2014) (zit.: *Blanke*).

Braun, Stephanie: Die Fortgeltung von Betriebsvereinbarungen beim Betriebsübergang, Würzburg 2007 (zit.: *Braun*).

Broughton Andrea: Fitness check' for information and consultation directives, auf der Homepage von eironline (european industrial relations observary on-line), Artikel vom 06.09.2013, abrufbar unter: http://www.eurofound.europa.eu/eiro/2013/08/articles/eu1308011i.htm?utm_source=&utm_medium=RSS&utm_campaign=RSS (letzter Stand: 01.07.2014) (zit.: *Broughton)*.

Buchner, Herbert: Verlagerung betrieblicher Aufgaben als Betriebsübertragung i. S. vom § 613a BGB?, Zum Urteil des EuGH vom 14.04.1994 – Rs. C-392/92, in: DB 1994, S. 1417–1423 (zit.: *Buchner*, DB 1994).

Bundesverband der Deutschen Industrie e. V.: „Wachstumsmärkte für die deutsche Industrie – eine Auswahl jenseits der BRICS“, Prognose-Studie 2012, abrufbar unter: http://www.bdi.eu/Publikationen_BDI-Prognos-Studie-20128367.htm (Stand: 01.07.2014) (zit.: *BDI*, Prognose-Studie 2012).

Burgmer, Christoph/Richter, Stefan: Der Betriebsübergang im Arbeitsrecht, Überblick über die Rechtslage und die Rechtsentwicklung, Stuttgart 2008 (zit.: *Burgmer/Richter*).

—.: Die Betriebsänderung im Arbeitsrecht, Überblick über die Rechtslage und die Rechtsentwicklung, Stuttgart 2008 (zit.: *Burgmer/Richter*, Betriebsänderung).

CMS Employment Practice Area Group: Study on the Application of Directive 2001/23/EC to cross border transfers of undertaking, study number: VT/2005/101; bearbeitet von: *Gaul, Björn/Jeffreys, Simon/Tinhofer, Andreas/Van Wassenhove, Stanislas*, abrufbar unter: http://ec.europa.eu/social/main.jsp?catId=706&langId=de&intPageId=208, unter der Kategorie "Studien" am Ende der Seite (letzter Stand: 01.07.2014) (zit.: *CMS Study*)

Cohnen, Karl-Dietmar: Betriebsverlagerungen ins Ausland und § 613a BGB, in: *Bauer, Jobst-Hubertus/Beckmann, Paul Werner/ Lunk, Stefan/Meier,*

Hans-Georg/Schipp, Johannes/Schütte, Reinhard (Hrsg.): Arbeitsgemeinschaft Arbeitsrecht im Deutschen Anwaltsverein, Festschrift zum 25-jährigen Bestehen, Bonn 2006, S. 595–612 (zit.: *Cohnen*, FS zum 25-jährigen Bestehen der Arge ArbeitsR).

Commandeur, Gert/Kleinebrink, Wolfgang: Gestaltungsoptionen im Anwendungsbereich des § 613a BGB, in: NZA-RR 2004, S. 449–464 (zit.: *Commandeur/Kleinebrink*, NZA-RR 2004).

Däubler, Wolfgang.: Der Erwerb deutscher Betriebe durch ausländische Unternehmen; Arbeitsrechtliche Rahmenbedingungen, in: Festschrift für Otto Rudolf Kissel, München 1994, S. 119–138 (zit.: *Däubler*, FS Kissel).

—.: Kommentierung in: *Wolfgang Däubler* (Hrsg.): Tarifvertragsgesetz mit Arbeitnehmer-Entsendegesetz, 3. Auflage, Baden-Baden 2012 (zit.: *Däubler*, in: TVG).

—.: Kommentierung in: *Wolfgang Däubler/Michael Kittner/Thomas Klebe/Peter Wedde* (Hrsg.): Betriebsverfassungsgesetz, Kommentar für die Praxis mit Wahlordnung und EBR-Gesetz, 14. Auflage, Frankfurt 2014 (zit.: *Däubler*, in: BetrVG).

Deinert, Olaf: Arbeitsrechtliche Rahmenbedingungen und Folgen nationaler und transnationaler Umstrukturierungen von Betrieben und Unternehmen in Deutschland, in: RdA 2001, S. 368–379 (zit.: *Deinert*, RdA 2001).

—.: Neues Internationales Arbeitsvertragsrecht, in: RdA 2009, S. 144–154 (zit.: *Deinert*, RdA 2009).

—.: Internationales Arbeitsrecht: Deutsches und europäisches Arbeitskollisionsrecht, 1. Auflage, Tübingen 2013 (zit.: *Deinert*, Int. ArbR).

Drobnig, Ulrich/Puttfraken, Hans-Jürgen: Arbeitskampf auf Schiffen fremder Flaggen, Das anwendbare Recht/ Das Streikrecht Panamas, Kehl am Rhein/ Strassburg/ Arlington/ Engel 1989 (zit.: *Drobnig/Puttfraken*).

Düwell, Franz Josef/Steffan, Ralf: NomosKommentar, Betriebsverfassungsgesetz, 4. Auflage, Baden-Baden 2014 (zit.: *Düwell/Steffan*).

Düwell, Franz Josef/Wichert, Joachim: Umstrukturierung durch Betriebsübergang, in: *Arens, Wolfgang/Düwell Franz Josef/Wichert, Joachim* (Hrsg.), Handbuch Umstrukturierung und Arbeitsrecht, Übertragung und Sanierung von Unternehmen, 2. Auflage, Essen 2013 (zit.: *Düwell/Wichert*).

Dzida, Boris: Die Verwirkung des Widerspruchsrechts als Korrektiv zur uferlosen Unterrichtungspflicht beim Betriebsübergang?, in: NZA 2009 S. 641–696 (zit.: *Dzida*, NZA 2009).

Eckhardt, Andreas: Die Informationspflicht der Arbeitgeber beim Betriebsübergang, Berlin 2005 (zit.: *Eckhardt*).

Engels, Gerd: Fortentwicklung des Betriebsverfassungsrechts außerhalb des Betriebverfassungsgesetzes, Teil I, in: ArbuR 2009, S. 10–29 (zit.: *Engels*, ArbuR 2009).

Erfurter Kommentar zum Arbeitsrecht: Beck'sche Kurz- Kommentare, Band 51, *Müller-Glöge, Rudi/Preis, Ulrich/Schmidt, Ingrid* (Hrsg.), Band 51, 14. Auflage, München 2014 (zit.: *ErfK/Bearbeiter*).

Europäische Kommission: Erste Phase der Anhörung der Sozialpartner gemäß Artikel 138 Absatz 2 EG-Vertrag betreffend grenzüberschreitende Übergänge von Unternehmen, Betrieben oder Unternehmens- oder Betriebsteilen, ohne Datum und ohne Dokumentennummer veröffentlicht, Stand 2007, abrufbar unter „Vorbereitende Dokumente": http://ec.europa.eu/social/main.jsp?catId=706&langId=de&intPageId=208 (letzter Stand: 01.07.2014), (zit.: *EU Kommission*, Kommissionspapier zur Ersten Phase der Anhörung der Sozialpartner).

Europäische Kommission: Bericht der Kommission über die Richtlinie 2001/23/EG des Rates vom 12. März 2001 zur Angleichung der Rechtsvorschriften der Mitgliedstaaten über die Wahrung von Ansprüchen der Arbeitnehmer beim Übergang von Unternehmen, Betrieben oder Unternehmens- oder Betriebsteilen [SEK(2007) 812]; 52007DC0334 (Celex-Nummer); Ausfertigungsdatum: 18.06.2007; abrufbar unter: http://eur-lex.europa.eu/LexUriServ/LexUriServ.do?uri=COM:2007:0334:FIN:DE:PDF (letzter Stand: 01.07.2014) (zit.: *EU Kommission*, Bericht 2007).

Europäische Kommission: Bericht: Industrial Relations in Europe, 2008; abrufbar unter: http://ec.europa.eu/social/keyDocuments.jsp?type=0&policyArea=0&subCategory=0&country=0&year=0&advSearchKey=IRIE&mode=advancedSubmit&langId=en (letzter Stand: 01.07.2014) (zit.: *EU Kommission*, Industrial Relations 2008).

Europäische Kommission: Mitteilung Europäische Kommission, Mitteilung 2012/NaN: 52012DC0582, Ausfertigungsdatum: 10.10.2012, abrufbar unter: http://eur-lex.europa.eu/LexUriServ/LexUriServ.do?uri=CELEX:52012DC0582:DE:NOT (letzter Stand: 01.07.2014) (zit.: *EU Kommission*, Mitteilung 2012).

Europäische Kommission: Pressemitteilung der Europäischen Kommission vom 26. Juli 2013, IP/13/747, abrufbar unter: http://europa.eu/rapid/press-release_IP-13-747_de.htm. (letzter Stand: 01.07.2014) (zit.: *EU Kommission*, Pressemitteilung 2013).

Europäisches Parlament: Entschließung des Europäischen Parlaments vom 2. Februar 2012 mit Empfehlungen an die Kommission zu einer 14. gesellschaftsrechtlichen Richtlinie zur grenzüberschreitenden Verlegung von Unternehmenssitzen (2011/2046(INI)), Abl. 2013/C 239 E/18 – E/23, abrufbar unter: http://eur-lex.europa.eu/LexUriServ/LexUriServ.do?uri=OJ:C:2013:239E:0018:0023:DE:PDF (letzter Stand: 01.07.2014) (zit.: *EU Parlament*, Abl. C 239).

Europäischer Wirtschafts- und Sozialausschuss: Stellungnahme des Europäischen Wirtschafts- und Sozialausschusses zu dem Vorschlag für eine Richtlinie des Europäischen Parlaments und des Rates über Maßnahmen zur Erleichterung der Ausübung der Reche, die Arbeitnehmern im Rahmen der Freizügigkeit zustehen, ABl. C 341 vom 21.11.2013, S. 54–58 (zit.: *Europäischer Wirtschafts- und Sozialausschuss*, ABl. C 341 vom 21.11.2013).

Europäischer Wirtschafts- und Sozialausschuss: Stellungnahme des Europäischen Wirtschafts- und Sozialausschusses zum Thema „Eine stärkere europäische Industrie bringt Wachstum und wirtschaftliche Erholung. Aktualisierung der Mitteilung zur Industriepolitik", ABl. C 327 vom 12.11.2013, S. 83–89 (zit.: *Europäischer Wirtschafts- und Sozialausschuss*, ABl. C 327 vom 12.11.2013).

Feernes, Nicolas: Die Augenbinde der Justitia: ist das (ge)Recht?, Books on demand 2009 (zit.: *Feernes*).

Feudner, Bernd W.: Grenzüberschreitende Anwendung des § 613a BGB?, in: NZA 1999, S. 1184–1190 (zit.: *Feudner*, NZA 1999).

—: Verlagerung von Arbeit ins Ausland: Grenzen des unternehmerischen Handlungsspielraums?, in: DB 2004, S. 982–986 (zit.: *Feudner*, DB 2004).

Fitting, Karl: Betriebsverfassungsgesetz, Handkommentar, neubearbeitet von *Engels, Gerd/Trebinger, Yvonne/Schmidt, Ingrid/Linsenmaier, Wolfgang*, 26. Auflage, München 2012 (zit.: *Fitting*).

Fleck, Franziska: Anforderungen an einen Stilllegungsbeschluss bei Ausspruch betriebsbedingter Kündigungen wegen Betriebsstilllegung, in: juris AnwaltZertifikatOnline Arbeitsrecht, 27.09.2011, Anmerkung 1 (zit.: *Fleck*, AnwZert ArbR).

Forst, Gerrit: Grenzüberschreitender Betriebsübergang mit nachfolgender Betriebsverlagerung in einen Drittstaat, Besprechungsaufsatz zu BAG-Urteil vom 26.5.2011–8 AZR 37/10, in: SAE 2012, S. 18–24 (zit.: *Forst*, SAE 2012).

Franzen, Martin: Der Betriebsinhaberwechsel nach § 613a BGB im internationalen Arbeitsrecht, Heidelberg 1994 (zit.: *Franzen*).

—.: Vorgaben des Europäischen Gemeinschaftsrechts für die arbeitsrechtliche Regulierung des Betriebsübergangs, NZA Beilage 4/2008, S. 139–145 (zit.: *Franzen*, NZA Beilage 4/2008).

Frechen, Gabriele: Rede Verabschiedung Jahressteuergesetz 2007, abrufbar unter: www.gabi-frechen.de/db/docs/doc_12193_2006111410127.pdf (letzter Stand: 01.07.2014) (zit.: *Frechen*).

—.: Rede im Deutschen Bundestag; Stenografischer Bericht, 63. Sitzung, 9.11.2006, Protokoll 16/63, S. 6224–6226 (zit.: *Frechen*, 63. Sitzung Deutscher Bundestag).

Friedrich, Klaus: Probleme der Tarifverträge mit Auslandsberührungen, in: RdA 1980, S. 109–116 (zit.: *Friedrich*, RdA 1980).

Fröhlich, Oliver: Harmonisierung von Arbeitsbedingungen nach Betriebsübergang, Eine kompakte Darstellung und Bewertung der verschiedenen Gestaltungsmittel, in: ArbRB 2012, S. 317–320 (zit.: *Fröhlich*, ArbRB 2012).

Gaul, Björn/Hiebert, Tanja: Das Phantom lebt, Die ordnungsgemäße Unterrichtung über den Betriebsübergang, in: ArbRB 2012, S. 183–186 (zit.: *Gaul/Hiebert*, ArbRB 2012).

Gaul, Björn/Mückl, Patrick: Off-Shoring – Freier Gestaltungsspielraum oder § 613a BGB?, in: DB 2011, S. 2318–2323 (zit.: *Gaul/Mückl*, DB 2011).

Gaul, Björn/Naumann, Eva: Rechtsfolgen eines Betriebsübergangs für unternehmens- und konzernspezifische Sonderleistungen, in: NZA 2011, S. 121–127 (zit.: *Gaul/Naumann*, NZA 2011).

Gamillscheg, Franz: Internationales Arbeitsrecht, (Arbeitsanweisungsrecht), Berlin/Tübingen 1959 (zit.: *Gamillscheg*, Intern. ArbR).

—.: Kollektives Arbeitsrecht, Band II, München 2008 (zit.: *Gamillscheg*, Koll. AR).

Grau, Timon: Unterrichtung und Widerspruchsrecht der Arbeitnehmer bei Betriebsübergang gem. § 613a Abs. 5 und 6 BGB, Köln 2005 (zit.: *Grau*).

Günther, Karl-Heinz: Betriebsteilung land- und forstwirtschaftlicher Betriebe, in: EStB 2008, S. 394 (zit.: *Günther*, EstB 2008).

Hauck, Friedrich: Betriebsübergang nach § 613a BGB und der Europäischen Betriebsübergangsrichtlinie vom 12. März 2011, in: *Wolmerath, Martin/Gallner, Inken/Krasshöfer, Horst-Dieter/Weyand, Joachim* (Hrsg.): Recht – Politik –Geschichte. Festschrift für Franz Düwell zum 65. Geburtstag, Baden – Baden 2011, S. 64–83 (zit.: *Hauck*, FS Düwell).

—.: Kommentierung zu § 613a BGB in: *Hümmerich, Klaus /Düwell, Franz Josef / Boecken, Winfried (Hrsg.):* AnwaltKommentar Arbeitsrecht, 2. Auflage, Bonn 2010 (zit.: *Hauck*, in: AnwaltKommentar ArbeitsR).

Hausch, Tobias: Gestaltungsmittel im Asset Deal-Unternehmenskaufvertrag im Hinblick auf § 613a BGB, BB 2008, S. 1392–1403 (zit.: *Hausch*, BB 2008).

Heidel, Thomas (Hrsg.): NomosKommentar, Aktienrecht und Kapitalmarktrecht, 3. Auflage, Baden-Baden 2011 (zit.: Heidel/*Bearbeiter*).

Hepple, Bob: The legal consequences of cross border transfers of undertakings within the European Union, A report for the European Commission DG-V, Cambridge 1998, abrufbar unter: Studien: Study on cross border Transfers of

Undertakings http://ec.europa.eu/social/main.jsp?catId=706&langId=de&intPageId=208; (letzter Stand: 01.07.2014) (zit.: *Hepple*).

Henne, Michael: BAG: § 613 a BGB gilt auch für Betriebsverlagerung ins grenznahe Ausland, in: GWR 2011, S. 532–533 (zit.: *Henne*, GWR 2011).

Henssler, Martin: Aktuelle Rechtsprobleme des Betriebsübergangs, in: NZA 1994, S. 913–960 (zit.: *Henssler*, NZA 1994).

Hergenröder, Wolfgang: Rechtsgeschäftlicher Betriebsinhaberwechsel, in: *Dieterich, Thomas/Oehmann, Werner* (Hrsg.): Arbeitsrecht-Blattei, Loseblattsammlung, SD 500.1, Heidelberg 2007 (zit.: *Hergenröder*, AR-Blattei SD 500.1).

—.: Internationaler Betriebsinhaberwechsel, in: *Dieterich, Thomas/Oehmann, Werner* (Hrsg.): Arbeitsrecht-Blattei, Loseblattsammlung, SD 500.3, Heidelberg 2002 (zit.: *Hergenröder*, AR-Blattei SD 500.3).

Hofmann, Joël Philipp: Rechtsmissbrauch und Verwirkung bei Widerspruch gegen den Übergang des Arbeitsverhältnisses nach § 613a BGB, in: *Junker, Abbo* (Hrsg.): Schriften zum Arbeitsrecht und Wirtschaftsrecht, Frankfurt am Main 2013 (zit.: *Hofmann*).

Hess, Harald: Kommentierung in: *Hess, Harald/Worzalla, Michael/Glock, Dirk/Nicolai, Andrea/Rose, Franz-Josef/Huke, Kristina* (Bearb.), BetrVG Kommentar; 9. Auflage, Köln 2014 (zit.: *Hess*).

Hohenstatt, Klaus Stefan: Die Fortgeltung von Tarifnormen nach § 613 a I 2 BGB; in: NZA 2010, S. 23–26 (zit.: *Hohenstatt*, NZA 2010).

—./*Grau, Timon*: Arbeitnehmerunterrichtung beim Betriebsübergang, in: NZA 2007, S. 13–19 (zit.: *Hohenstatt/Grau*, NZA 2007).

Holzborn, Timo (Hrsg.): WpPG, Wertpapierprospektgesetz mit EU-Prospektverordnung und weiterführenden Vorschriften, Kommentar, 1. Auflage, Berlin 2008 (zit.: *Holzborn/Bearbeiter*).

Ilg, Walo C.: Briefe von der Insel, Kurzbericht und Essay, Frauenfeld 2008 (zit.: *Ilg*).

Ius Laboris: Transfer of Undertakings Guide, gedruckt 2009; abrufbar unter: http://www.iuslaboris.com/files/documents/Public%20Files/Publications/2008_Publications/transfers-of-undertaking.pdf (letzter Stand: 01.07.2014) (zit.: *Ius Laboris*, 2009).

Jacobs, Matthias: Fortgeltung und Änderung von Tarif- und Arbeitsbedingungen bei der Umstrukturierung von Unternehmen, in: NZA Beilage 1/2009, S. 45–54 (zit.: *Jacobs*, NZA Beilage 1/2009).

Jaensch, Michael: Der grenzüberschreitende Formwechsel: Das EuGH-Urteil VALE, in: EWS 2012, S. 353–359 (zit.: *Jaensch*, EWS 2012).

Jayme, Erik/Kohler, Christian: Das Internationale Privat- und Verfahrensrecht der EG 1993 – Spannungen zwischen Staatsverträgen und Richtlinien, in: IPRax 1993, S. 357–371 (zit.: *Jayme/Kohler*, IPRax 1993).

Junker, Abbo: Internationales Arbeitsrecht im Konzern, Tübingen 1992 (zit.: *Junker*, Intern. ArbR).

—.: Der EuGH im Arbeitsrecht – Die schwarze Serie geht weiter, in: NJW 1994, S. 2527–2528 (zit.: *Junker*, NJW 1994).

—.: Internationales Arbeitsrecht in der Praxis im Blickpunkt: Zwanzig Entscheidungen der Jahre 1994–2000, in: RIW 2001, S. 94–107 (zit.: *Junker*, RIW 2001).

—.: Grundfreiheiten und „kollektive Maßnahmen", Die Urteile des EuGH in Sachen Viking Line und Laval, in: SAE 2008, S. 209–217 (zit.: *Junker*, SAE 2008).

—.: Die Voraussetzungen eines Betriebsübergangs (§ 613a BGB) nach der „Klarenberg"-Entscheidung des EuGH, in: SAE 2010, S. 113–123 (zit.: *Junker*, SAE 2010).

—.: Tarifeinheit im Betrieb – Rechtsvergleichend betrachtet, in: EuZA 4/2011, Editorial, S. 449–450 (zit.: Junker, EuZA 4/2011).

—.: Rechtsfragen grenzüberschreitender Betriebsverlagerung, in: NZA Beilage 1/2012, S. 8–16 (zit.: *Junker*, NZA Beilage 1/2012).

Kania, Marcus: Grenzüberschreitende Betriebsübergänge aus europarechtlicher Sicht, Arbeitsrechtliche Folgen von Betriebsverlagerungen ins Ausland und die Qualifikation von Umsetzungsnormen als Eingriffsrecht zur vollständigen Richtlinienumsetzung, in: *Henssler, Martin/Franzen, Martin/Junker, Abbo/Schüren, Peter* (Hrsg.), Studien zum deutschen und europäischen Arbeitsrecht, Band 41, Baden-Baden 2012 (zit.: *Kania*).

—.: Betriebsverlagerungen ins Ausland als Weg aus der Krise?, ZESAR 2010, S. 112–118 (zit.: *Kania*, ZESAR 2010).

Karthaus, Boris: Betriebsübergang als interessenausgleichspflichtige Maßnahme nach der Richtlinie 2002/14/EG, in: ArbuR 2007, S. 114–120 (zit.: *Karthaus*, ArbuR 2007).

—./*Richter, Julian*: Kommentierung in: *Däubler, Wolfgang/Hjort, Jens Peter/Schubert, Michael/Wohnerath, Martin* (Hrsg.): NomosKommentar Arbeitsrecht, Individualarbeitsrecht mit kollektivrechtlichen Bezügen, 3. Auflage, Baden-Baden 2013 (zit.: *Karthaus/Richter,* in: HK-ArbR).

Kegel, Gerhard: Internationales Privatrecht, 7. Auflage, München 1995 (zit.: *Kegel*).

Kindler, Peter: Sitzverlegung, in: *Goette, Wulf/Habersack, Mathias* (Hrsg.): Das MoMiG in Wissenschaft und Praxis, Köln 2009 (zit.: *Kindler*).

Kittner, Michael: Zur Frage, inwieweit die Aufspaltung eines Unternehmens in eine Besitz- und Produktionsgesellschaft eine Betriebsänderung im Sinne von

BetrVG § 111 darstellt, Anmerkung zum BAG Urt. v. 17.02.1981 (Az.: 1 ABR 101/78), in: AP Nr. 9 zu § 111 BetrVG 1972 (zit.: *Kittner*, Anm. zu AP Nr. 9 zu § 111 BetrVG 1972).

—*./Däubler, Wolfgang*: Kommentierung der Kündigungsschutzvorschriften, in: *Kittner, Michael/Däubler, Wolfgang/Zwanziger, Bertram* (Hrsg.): Kündigungsschutzrecht, 7. Auflage, Frankfurt am Main 2008 (zit.: *Kittner/Däubler*, in: KSchR).

Kloppenburg, Thomas: Kommentierung des BVerfG in: *Hümmerich, Klaus/Düwell, Franz Josef /Boecken, Winfried (Hrsg.):* AnwaltKommentar Arbeitsrecht, 2. Auflage, Bonn 2010 (zit.: *Kloppenburg*, in: AnwaltKommentar ArbeitsR).

Knops, Kai-Oliver: Anlegerschutz im Anleihemarkt – insbesondere bei der Verbriefung von Kreditforderungen, in: BB 2008, S. 2535–2540 (zit.: *Knops*, BB 2008).

Koch, Peter: Auswirkungen des Betriebsinhaberwechsels auf Arbeitnehmer im englischen und deutschen Recht, in: RIW 1984, S. 592–599 (zit.: *Koch*, RIW 1984).

Koch, Ulrich: Kommentierung in: *Schaub, Günter:* Arbeitsrechts-Handbuch, Systematische Darstellung und Nachschlagewerk für die Praxis; bearbeitet von *Koch, Ulrich/Linck, Rüdiger/Treber, Jürgen/Vogelsang, Heinrich*, 15. Auflage, München 2013 (zit.: *Koch*, in: Schaub).

Konzen, Horst: Die Rechtsprechung des Bundesarbeitsgerichts im Jahr 1977, in: ZfA 1978, S. 451–551 (zit.: *Konzen*, ZfA 1978).

Krannich, Daniel: BB-Kommentar zu BAG: Betriebsübergang – Verlagerung eines Betriebsteils ins grenznahe Ausland, in: BB 2012, S. 577–582 (zit.: *Krannich*, BB-Kommentar zum Urt. v. 26.05.2011, BB 2012).

Kreitner, Jochen: Anmerkung zu AP BGB § 613a Nr. 81, Bl. 357–360 (zit.: *Kreitner*, Anm. zu AP Nr. 81 zu § 613a BGB).

Krimphove, Dieter: Europäisches Arbeitsrecht, 2. Auflage, München 2001 (zit.: *Krimphove*).

Kunz, Peter V.: Einführung zum Rechtsvergleich in der Schweiz, Ein bedeutsames juristisches Fachgebiet für Studenten sowie für Praktiker zwischen „notwendigem Übel" sowie „Königsdisziplin", in: recht (schweizerische Zeitschrift) 2006, Heft 2, S. 37–54 (zit.: *Kunz*).

Küttner, Wolfdieter (Hrsg.): Personalbuch 210, Arbeitsrecht, Lohnsteuerrecht, Sozialversicherungsrecht, 17. Auflage, München 2010 (zit.: Küttner/*Bearbeiter*).

Land, Volker: Rechtsfragen des internationalen Unternehmenskaufs, in: BB 2013, S. 2697–2706 (zit.: *Land*, BB 2013).

Lenenbach, Markus: Kommentierung des § 36 Finanzprodukte, in: *Albrecht, Achim/Karahan, David/ Lenenbach, Markus* (Hrsg.): Fachanwaltshandbuch Bank- und Kapitalmarktrecht, Münster 2010 (zit.: *Lenenbach*).

Letzas, Lars: Die Fortgeltung von Einzel- und Gesamtbetriebsvereinbarungen beim Betriebsübergang, Leipzig 2008 (zit.: *Letzas*).

Leuchten, Alexius: Grenzüberschreitende Betriebsübergänge aus deutscher Sicht, in: FA 2002, S. 138–141 (zit.: *Leuchten*, FA 2002).

—.: Betriebsübergänge mit internationalem Bezug, in: ZESAR 10/12, S. 411–416 (zit.: *Leuchten*, ZESAR 10/12).

Lingemann, Stefan: Richtig unterrichtet beim Betriebsübergang – neue Hilfestellung des BAG, in: NZA 2012, S. 546–549 (zit.: *Lingemann*, NZA 2012).

Loritz, Karl-Georg: Aktuelle Rechtsprobleme des Betriebsübergangs nach § 613a BGB, in: RdA 1987, S. 65–89 (zit.: *Loritz*, RdA 1987).

—.: „Der Tatbestand des § 613a BGB", Eine Besprechung von J. Pietzkos gleichnamiger Arbeit, in: ZfA 1991, S. 585–599 (zit.: *Loritz*, ZfA 1991).

Löwisch, Manfred/Göpfert, Burkhard/Siegrist, Carolin: Verwirkung des Widerspruchsrechts beim Betriebsübergang, in: DB 2007, S. 2538–2541 (zit.: *Löwisch/Göpfert/Siegrist*, DB 2007).

Magnus, Ulrich.: Englisches Kündigungsrecht auf deutschem Schiff- Probleme des internationalen Seearbeitsrechts, in: IPRax 1991, S. 382–386 (zit.: *Magnus*, IPRax 1991).

—.: Die Rom I-Verordnung, in: IPRax 2010, S. 27–44 (zit.: *Magnus*, IPRax 2010).

Mankowski, Peter: Wichtige Klärung im Internationalen Arbeitsrecht (zu BAG, 29.10.1992-2 AZR 267/93), in: IPRax 1994, S. 88–98 (zit.: *Mankowski*, IPRax 1994).

Mansel, Heinz-Peter/Thorn, Karsten/Wagner, Rolf: Europäisches Kollisionsrecht 2008: Fundamente der Europäischen IPR-Kodifikation, in: IPRax 2009, S. 1–23 (zit.: *Mansel/Thorn/Wagner*, IPRax 2009).

Merkt, Hanno: Internationaler Unternehmenskauf durch Erwerb der Wirtschaftsgüter, in: RIW 1995, S. 533–541 (zit.: *Merkt*, RIW 1995).

—.: Kommentierung in: *Kronke, Herbert/Melis, Werner/Schnyder, Anton K.* (Hrsg.): Handbuch Internationales Wirtschaftsrecht, Hamburg 2005 (zit.: *Merkt*).

Meyer, Cord: Inhalt einer Unterrichtung bei Betriebsübergang, in: DB 2007, S. 858–860 (zit.: *Meyer*, DB 2007).

—.: „Auftragsnachfolge" und Unterrichtung bei Betriebsübergang, in: NZA 2012, S. 1185–1190 (zit.: *Meyer*, NZA 2012).

Meyer, Thomas: Offshoring an neuen Ufern, Nearshoring nach Mittel- und Osteuropa, in: Deutsche Bank Research, Digitale Ökonomie und struktureller Wandel, Economics, Nr. 58 vom 19.7.2006, abrufbar unter: http://www.dbresearch.com/PROD/DBR_INTERNET_EN-PROD/PROD0000000000200245/Offshoring+an+neuen+Ufern%3A+Nearshoring+nach+Mittel-+und+Osteuropa.PDF (letzter Stand: 01.07.2014) (zit.: *Meyer*, Offshoring).

Moderegger, Christian: Auswirkungen eines Betriebs(teil)übergangs auf das Betriebsratsamt, Zur Reichweite des Rest-, Übergangs- und „normalen" Mandats, in: ArbR 2011, S. 281–284 (zit.: *Moderegger*, ArbRB 2011).

Moll, Wilhelm: Bedeutung und Voraussetzungen des Betriebsübergangs im Wandel, in: RdA 1999, S. 233–243 (zit.: *Moll*, RdA 1999).

Müller, Carolina: EU Kommission leitet Konsultation zur grenzüberschreitenden Sitzverlegung ein, in: AG 2013, R 65 (zit.: *Müller*, AG 2013).

Müller-Bonanni, Thomas/ Mehrens Christian: Sicherung der kollektiven Tarifgeltung nach Betriebsübergang, in: NZA 2012, S. 195–197 (zit.: *Müller-Bonanni/ Mehrens*, NZA 4/2012).

Münchener Anwaltshandbuch: Arbeitsrecht, *Moll, Wilhelm* (Hrsg.), 3. Auflage, München 2012 (zit.: MüAnH/*Bearbeiter*).

Münchener Kommentar zum Bürgerlichen Gesetzbuch: Band 4: Schuldrecht – Besonderer Teil II, §§ 611–704 EFZG; TzBfG; KSchG, 6. Auflage, München 2012 (zit.: MüKo/*Bearbeiter*).

Münchener Kommentar zum Bürgerlichen Gesetzbuch: Band 10: Internationales Privatrecht, Rom I-Verordnung, Rom II-Verordnung, EGBGB, 5. Auflage, München 2010 (zit.: MüKo/*Bearbeiter*).

Neef, Klaus: Betriebsübergang und Betriebsänderung, Eine Analyse der Rechtsprechung, in: NZA 1994, S. 97–102 (zit.: *Neef*, NZA 1994).

Nicolai, Andrea: juris konkret Leitfaden zum Betriebsübergang, 1. Auflage, Saarbrücken 2007 (zit.: *Nicolai*).

Nienerza, Michael: Unternehmerische Mitbestimmung in grenzüberschreitenden Konzernen, Dissertation, Köln 2005 (zit.: *Nienerza*).

Oetker, Hartmut: Kommentierung in: Wiese, Günther/Kreutz, Peter/Oetker, Hartmut/Raab, Thomas/Weber, Christoph/Franzen, Martin/Gutzeit, Martin/ Jacobs, Matthias: Betriebsverfassungsgesetz, Gemeinschaftskommentar, 10. Auflage, Köln 2014 (zit.: *Oetker*, in: GK-BetrVG).

Olbertz, Klaus/Fahring, Stephan: Offshoring als Betriebs(teil)übergang gemäß § 613a BGB, in: ZIP 2012, S. 2045–2050 (zit.: *Olbertz/Fahring*, ZIP 2012).

Ostendorf, Patrick/Schulz-Pabst, Silke: Internationales Wirtschaftsrecht (IWR)/ Internationeles Privatrecht (IPR), 1. Auflage, Stuttgart 2011 (zit.: *Ostendorf/ Schulz-Pabst*).

Otto, Björn/Mückl, Patrick: Kündigungsschutz bei Arbeitsverhältnissen mit Auslandsbezug, in: BB 2008, S. 1231–1235 (zit.: *Otto/Mückl*, BB 2008).

Pauls, Sebastian: Betriebsverlagerung ins Ausland und Wegzugsfreiheit des Unternehmers, Hamburg 2006 (zit.: *Pauls*).

Palandt: Beck'sche Kurz- Kommentare, Band 7, Bürgerliches Gesetzbuch, 72. Auflage, München 2013 (zit.: Palandt/*Bearbeiter*).

Pesch, Benjamin: Offshoring – Welche arbeitsrechtlichen Rechtsfolgen hat ein grenzüberschreitender Betriebsübergang?, in: KSzW 2012, S. 114–121 (zit.: *Pesch*, KSzW 2012).

Picot, Gerhard/Schnitker, Elmar: Arbeitsrecht bei Unternehmenskauf und Restrukturierung, München 2001 (zit.: *Picot/Schnitker*).

Pietzko, Joachim: Der Tatbestand des § 613a BGB, Berlin 1988 (zit.: *Pietzko*).

Pilz, Johannes: Der Verzicht auf das Widerspruchsrecht nach § 613a Abs. 6 BGB, in: BB 2014, S. 185–191 (zit.: *Pilz*, BB 2014).

Prange, Kerstin: Tarifverträge im Lichte des § 613a BGB, in: NZA 2002, S. 817–823 (zit.: *Prange*, NZA 2002).

Rauch, Manuela: Der Betriebsübergang (transfer of undertaking) im englischen Arbeitsrecht, in: *Abbo Junker* (Hrsg.): Betriebsübergang in Europa, Schriften zum Arbeitsrecht und Wirtschaftsrecht, Band 50, Frankfurt 2009, S. 67–92 (zit.: *Rauch*, Betriebsübergang in Europa).

Rautenstrauch, Thomas: 10. KMU – Forum; Interne Kontrollsysteme – Erste Erfahrungen mit IKS in KMU; PowerPoint Vortrag, Zug (Schweiz) 16.09.2008, abrufbar unter: www.hslu.ch/rautenstrauch_iks_erkenntnisse_150908.pdf (letzter Stand: 01.07.2014) (zit.: *Rautenstrauch*).

Ravenstein, Christian: Outsourcing der Buchführung in das Ausland: Neuregelung durch das Jahressteuergesetz 2009, in: BRZ 2009, S. 59–62 (zit.: *Ravenstein*, BRZ 2009).

Reinhard, Barbara: Die Pflicht zur Unterrichtung über wirtschaftliche Folgen eines Betriebsübergangs – ein weites Feld, in: NZA 2009, S. 63–69 (zit.: *Reinhard*, NZA 2009).

Reichold, Hermann: Neues zum grenzüberschreitenden Betriebsübergang, in: *Konzen, Horst/Krebber, Sebastian/Raab, Thomas/Veit, Barbara/Waas, Bernd* (Hrsg.): Festschrift für Rolf Birk zum siebzigsten Geburtstag, Tübingen 2008, S. 687–702 (zit.: *Reichold*, FS Birk).

Reiner, Michael: Gedanken zur Standortverlagerung: Arbeitsbeziehungen zwischen Systemwettbewerb und Arbeitsrecht, in: ZAS Sonderheft 2a, März 2010, S. 117–124 (zit.: *Reiner*, ZAS 2010).

Resch, Reinhard: Betriebsübergang unter Wechsel der Gesetzgebungszuständigkeit, in: ZESAR 2002, S. 45–49 (zit.: *Resch*, ZESAR 2002).

Richardi, Reinhard: Betriebsverfassungsgesetz mit Wahlordnung, Kommentar, 14. Auflage, München 2014 (zit.: Richardi/*Bearbeiter*).

Richter, Christian: Probleme beim grenzüberschreitenden Betriebsübergang, in: ArbuR 1992, S. 65–78 (zit.: *Richter*, ArbuR 1992).

Rieble, Volker/Wiebauer, Bernd: Widerspruchsrecht (§ 613a VI BGB) nach Aufhebungsvertrag, in: NZA 2009, S. 401–408 (zit.: *Rieble/Wiebauer*, NZA 2009).

Riesenhuber, Karl: Informationspflichten beim Betriebsübergang: Fehler bei der Umsetzung der Richtlinie und Anlass für eine grundsätzliche Neuordnung, in: RdA 2004, S. 340–352 (zit.: *Riesenhuber*, RdA 2004).

Rinsdorf, Hauke: Betriebsverlagerung – Kollektives Arbeitsrecht und sozialrechtliche Flankierung, NZA Beilage 1/2012, S. 1–2 (zit.: *Rinsdorf*, NZA Beilage 1/2012).

Rolfs, Christian: Die betriebliche Altersversorgung beim Betriebsübergang, NZA Beilage 2008, S. 164–172 (zit. *Rolfs*, NZA Beilage 2008).

Rossi, Matthias: Kommentierung in: *Calliess, Christian/Ruffert, Matthias* (Hrsg.): EUV/AEUV, Das Verfassungsrecht der Europäischen Union mit Europäischer Grundrechtecharta, 4. Auflage, München 2011 (zit.: *Rossi*).

Roß, Nobert: Konzernrechnungslegungspflichten bei Verlegung des Verwaltungssitzes in das Ausland, in: BB 2012, S. 1783–1785 (zit.: *Roß*, BB 2012).

Saenger, Ingo: Gesellschaftsrecht, München 2010 (zit.: *Saenger*).

Sagan, Adam: Die kollektive Fortgeltung von Tarifverträgen und Betriebsvereinbarungen nach § 613a Abs. 1 Sätze 2–4 BGB, in: RdA 2011, S. 163–173 (zit.: *Sagan*, RdA 2011).

Salamon, Erwin: Der Betriebsteilbegriff des § 613a BGB, in: NZA 2012, S. 482–485 (zit.: *Salamon*, NZA 2012).

—./Hoppe, Christian: Die Maßgabe der fortbestehenden Organisationsstrukturen für den Betriebsteilübergang nach „Klarenberg“, NZA 2010, S. 989–991 (zit.: *Salamon/Hoppe*, NZA 2010).

Schaaf, Jürgen: Offshoring: Globalisierungswelle erfasst Dienstleistungen, in: Deutsche Bank Research, Digitale Ökonomie und struktureller Wandel, Economics Nr. 45 v. 26.08.2004, abrufbar unter: http://www.dbresearch.com/PROD/DBR_INTERNET_EN-PROD/PROD0000000000178654.pdf (letzter Stand: 01.07.2014) (zit.: *Schaaf*, Offshoring).

Schäder, Gerhard: Der Betriebsübergang am Wendepunkt? – Die aktuelle Rechtsprechung des EuGH zum Betriebsübergang, in: AnwBl 1998, S. 577–581 (zit.: *Schäder*, AnwBl. 1998).

Schaub, Günter: Rechtsprobleme des Betriebsübergangs, in: ZIP 1984, S. 272–279 (zit.: *Schaub*, ZIP 1984).

Schaub, Günter: Arbeitsrechtliche Formularsammlung und Arbeitsgerichtsverfahren, 6. Auflage, München 1994 (zit.: *Schaub*, Formularsammlung).

Schiefer, Bernd/Worzalla, Michael: Unterrichtungspflicht bei Betriebsübergang nach § 613a V BGB; Eine Bestandsaufnahme, in: NJW 2009, S. 558–563 (zit.: *Schiefer/Worzalla*, NJW 2009).

Schmidt-Leithoff, Christian: Kommentierung in: *Rowedder, Heinz/Schmidt-Leithoff, Christian (Begründer);* Gesetz betreffend die Gesellschaften mit beschränkter Haftung (GmbHG); 5. Auflage, München 2013 (zit.: *Schmidt-Leithoff*).

Schön, Wolfgang: Das System der gesellschaftsrechtlichen Niederlassungsfreiheit nach VALE, in ZGR 2013, S. 333–365 (zit.: *Schön,* ZGR 2013).

Schwab, Martin: Mindestarbeitsbedingungen nach Verbandsaustritt des Arbeitgebers, in: BB 1994, S. 781–785 (zit.: *Schwab*, BB 1994).

Schwarzer, Christoph M.: Wie Dacia ein Auto für 6.790 Euro baut, Artikel in ZEIT online, 18.10.2012, abrufbar unter: http://www.zeit.de/auto/2012-10/dacia-billigstrategie (letzter Stand: 01.07.2014) (zit.: *Schwarzer*, Zeit online 18.10.2012).

Schwanda, Klaus: Der Betriebsübergang in § 613a BGB. Unter besonderer Berücksichtigung des Betriebsbegriffs, Berlin 1992 (zit.: *Schwanda*).

Schwerdtner, Peter: Individualarbeitsrechtliche Probleme des Betriebsübergangs, in: *Mayer-Maly, Theo/Richardi, Reinhard/Schambeck, Herbert/Zöllner, Wolfgang* (Hrsg.): Arbeitsleben und Rechtspflege, Festschrift für Gerhard Müller, Berlin 1981, S. 557–588 (zit.: *Schwerdtner*, FS Müller).

Sieg, Rainer/Maschmann, Frank: Unternehmensumstrukturierung aus arbeitsrechtlicher Sicht, 2. Auflage, München 2010 (zit.: *Sieg/Maschmann*).

Staudinger, Julius von: Kommentar zum Bürgerlichen Gesetzbuch: Buch 2, Recht der Schuldverhältnisse, §§ 613a – 619a (Dienstvertragsrecht 2), Neubearbeitung 2011 von Annuß, Georg/Fischinger, Philipp S./Oetker, Hartmut/Richardi, Reinhard, Berlin 2011 (zit.: Staudinger/*Bearbeiter*).

Söbbing, Thomas/Weinbrenner, Christoph: Die Zulässigkeit der Auslagerung von IT-Dienstleistungen durch Institute in sog. Offshore-Regionen, in: WM 2006, S. 165–174 (zit.: *Söbbing/Weinbrenner*, WM 2006).

Tillmann, Michael/Eller, Ulrich: Anmerkungen zum Betriebsübergang in Deutschland und Italien, *in: Jayme, Erik/Mansel, Heinz-Peter/Pfeiffer, Thomas* (Hrsg.), Jahrbuch für Italienisches Recht 18 (2005): Klauselrichtlinie – Mobiliarsicherheiten – Strafverfolgung, Heidelberg 2005, S. 191–216 (zit.: *Tillmann/Eller*).

Temming, Felipe: Mit wie viel Verlust muss eine Fähre betrieben werden? Der Fall Viking vor dem EuGH, European Law Reporter Nr. 6, S. 190–205, abrufbar unter: http://www.jura.uni-koeln.de/uploads/tx_ylfnpublication/pub00575.pdf (letzter Stand: 01.07.2014) (zit.: *Temming*).

Theiss, Ursula: in: *Klaus Hümmerich/Franz Josef Düwell/Winfried Boecken* (Hrsg.): AnwaltKommentar Arbeitsrecht, 2. Auflage, Bonn 2010 (zit.: *Theiss*, in: AnwaltKommentar ArbeitsR).

Thüsing Gregor: Europäisches Arbeitsrecht, 2. Auflage, München 2011 (zit.: *Thüsing*).

UNI-Europa: Punkt 8 der Tagesordnung: Die jüngste Rechtsprechung (Vaxholm, Rüffert, Viking, IMPACT und Luxemburg) – Folgen für die europäischen Gewerkschaften; 11. Sitzung des UNI-Europa Regionalvorstands, Istanbul, 26.–27. Mai 2008, Dokument abrufbar unter: http://uni-global-post.org/upload/m48da649f61344_verweis5.pdf (letzter Stand: 01.07.2014) (zit.: *UNI-Europa*).

Von Bredow, Felix: Kommentierung in: *Schwerdtfeger, Armin* (Hrsg.): Kompaktkommentar, Gesellschaftsrecht, Neuwied 2007 (zit.: *Von Bredow*).

Von Hein, Jan: Grundfragen des europäischen Übernahmekollisionsrechts, in AG 2001, S. 213–232 (zit.: *Von Hein*, AG 2001).

Vorpeil, Klaus: Neuere Entwicklungen im englischen Handels- und Wirtschaftsrecht, in: RIW 2008, S. 428–445 (zit.: *Vorpeil*, RIW 2008).

Weiß, Stefanie: Das Schicksal von Arbeitsverhältnissen bei einem Betriebsübergang aus deutscher und europarechtlicher Sicht, Hamburg 2009 (zit.: *Weiß*).

Weimar, Robert/Alfes, Jochen: Arbeitsrechtliche Grundsatzfragen der Betriebsaufspaltung, in: BB 1993, S. 783–789 (zit.: *Weimar/Alfes*, BB 1993).

Weller, Marc-Philippe: Internationales Unternehmensrecht 2010, in: ZGR 2010, S. 679–709 (zit.: *Weller*, ZGR 2010).

—./Leuering, Dieter: Sitzverlegung von Gesellschaften in Europa: rechtliche und praktische Probleme; Referate im Rahmen der Vortragsreihe „Rechtsfragen der Europäischen Integration"; Zentrum für europäisches Wirtschaftsrecht, Vorträge und Berichte, Nr. 198, Bonn 2012, erhältlich beim Zentrum für Europäisches Wirtschaftsrecht; abrufbar unter: http://www.jura.uni-freiburg.de/institute/wirtschaftsrecht/lehrveranstaltungen/sommersemester-2012/europaeisches-wirtschaftsrecht/sitzverlegungen_in-europa_bonn2012 (letzter Stand: 01.07.2014), (zit.: *Weller/Leuering*).

Wilhelm, Jan: Kapitalgesellschaftsrecht, 3. Auflage, Berlin 2009 (zit.: *Wilhelm*).

Willemsen, Heinz Josef: Der Grundtatbestand des Betriebsübergangs nach § 613a BGB, in: RdA 1991, S. 204–216 (zit.: *Willemsen*, RdA 1991).

—.: Aktuelles zum Betriebsübergang, § 613 a BGB im Spannungsfeld von deutschem und europäischem Recht, in: NJW 2007, S. 2065–2075 (zit.: *Willemsen*, NJW 2007).

—./*Hohenstatt, Klaus-Stefan*/*Schnitker, Elmar*/*Schweibert, Ulrike*/*Seibt, Christoph* (Hrsg.), Umstrukturierung und Übertragung von Unternehmen, Arbeitsrechtliches Handbuch, 3. Auflage, München 2008 (zit.: *Willemsen u. a./Bearbeiter,* Umstrukturierung, 2008).

—.: Europäisches und deutsches Arbeitsrecht im Widerstreit, Aktuelle „Baustellen" im Recht des Betriebsübergangs, in: NZA Beilage 2008, S. 155–164 (zit.: *Willemsen,* NZA-Beilage 4/2008).

—.: Erneute Wende im Recht des Betriebsübergangs – ein „Christel Schmidt II"-Urteil des EuGH, in: NZA 2009, S. 289–297 (zit.: *Willemsen,* NZA 2009).

—./*Müller-Bonanni,*: Kommentierung des § 613a BGB, in: *Henssler, Martin*/*Kalb, Heinz-Jürgen*/*Willemsen, Heinz Josef* (Hrsg.): Arbeitsrecht Kommentar, 5. Auflage, Köln 2012 (*Willemsen/Müller-Bonanni,* in: HKW).

Windt Jörg: Die Neukonstruktion des Tatbestands des Betriebsübergangs, Eine Untersuchung zu den dogmatischen und methodischen Grundlagen des § 613a Abs. 1 S. 1 BGB, Berlin 2005 (zit.: *Windt*).

Wollenschläger, Michael/*Fröhlich, Armin:* Kündigungsschutz nach § 613a BGB beim grenzüberschreitenden Betriebsübergang, ArbuR 1990, S. 314–320 (zit.: *Wollenschläger/Fröhlich,* ArbuR 1990).

Wutschka, Antje: Arbeitsrechtliche Maßnahmen bei Verlegungen und Zusammenschluss von Betrieben, in: BB 2010, S. 825–831 (zit.: *Wutschka,* BB 2010).

Zeilinger, Anton: Gesetze der Natur – Natur der Gesetze, in: *Kopetz, Hedwig*/*Marko, Joseph*/*Poier, Klaus* (Hrsg.): Soziokultureller Wandel im Verfassungsstaat, Phänomene politischer Transformation; Festschrift für Wolfgang Mantl zum 65. Geburtstag, Band 1, S. 1217–1236, Wien, Köln, Graz 2004 (zit.: *Zeilinger*).

Zöllner, Wolfgang: Veränderung und Angleichung tarifvertraglich geregelter Arbeitsbedingungen nach Betriebsübergang, in: DB 1995, S. 1401–1408 (zit.: *Zöllner,* DB 1995).

Abkürzungsverzeichnis

a.A.	anderer Auffassung
Abb.	Abbildung
Abl.	Amtsblatt
ABP	Kapitalgesellschaft, nach finnischem Recht
Abs.	Absatz
a.E.	am Ende
AEUV	Vertrag über die Arbeitsweise der Europäischen Union
AfP	Archiv für Presserecht, Zeitschrift
AG	Die Aktiengesellschaft, Zeitschrift
AG	Aktiengesellschaft
AktG	Aktiengesetz
Alt.	Alternative
allg.	allgemeine
Anm.	Anmerkung
AnwBl.	Anwaltsblatt, Zeitschrift
AnwZert	AnwaltZertifikatOnline Arbeitsrecht, juris
AP	Nachschlagewerk des Bundesarbeitsgerichts (seit 1945, vorher: Arbeitsrechtliche Praxis)
AR-Blattei	Arbeitsrecht-Blattei
ArbG	Arbeitsgericht
ArbRB	Arbeitsrechts-Recht-Berater, Zeitschrift
ArbuR	Arbeit und Recht, Zeitschrift
ArbVG	Arbeitsverfassungsgesetz, Österreich
ARST	Arbeitsrecht in Stichworten
Art.	Artikel
Aufl.	Auflage
ausf.	ausführlich
ausl.	ausländischen
Az.	Aktenzeichen
AZR	Registerzeichen für Revisionen, Bundesarbeitsgericht
BAG	Bundesarbeitsgericht
BAGE	Sammlung der Entscheidungen des Bundesarbeitsgerichts

BB	Betriebs-Berater, Zeitschrift
Bearb.	Bearbeiter
BetrVG	Betriebsverfassungsgesetz
BGB	Bürgerliches Gesetzbuch
BGBl.	Bundesgesetzblatt
BGH	Bundesgerichtshof
Bl.	Blatt
BRZ	Zeitschrift für Bilanzierung und Rechnungswesen
Bsp.	Beispiel
bspw.	beispielsweise
BT-Drucks.	Drucksache des Deutschen Bundestages
bzgl.	bezüglich
ca.	circa
CMS	International tätige Anwaltskanzlei
DB	Der Betrieb, Zeitschrift
ders.	derselbe
D.h.	Das heißt
dies.	dieselbe
DGB	Deutscher Gewerkschaftsbund
EAT	Employment Appeal Tribunal, oberste Arbeitsgericht in Großbritannien
EG	Europäische Gemeinschaften
EGBGB	Einführungsgesetz zum Bürgerlichen Gesetzbuch
EGV	Vertrag zur Gründung der Europäischen Gemeinschaften (alte Fassung)
EStB	Der Ertrags-Steuer-Berater, Zeitschrift
EU	Europäische Union
EU-ProspektVO	Verordnung (EG) Nr. 804/2004 der Kommission vom 29. April 2004 zur Umsetzung der Richtlinie 2003/71/EG des Europäischen Parlaments und des Rates
EuGH	Gerichtshof der Europäischen Gemeinschaften
EuZA	Europäische Zeitschrift für Arbeitsrecht
EWG	Europäische Wirtschaftsgemeinschaft
EWR	Europäischer Wirtschaftsraum
EWS	Europäisches Wirtschafts- und Steuerrecht, Zeitschrift
EzA	Entscheidungen zum Arbeitsrecht (Hrsg. Stahlhacke)

f.	folgend
ff.	folgende
FA	Fachanwalt Arbeitsrecht, Zeitschrift
FAZ	Frankfurter Allgemeine Zeitung für Deutschland
FS	Festschrift
FSU	Finnish Seamens's Union, Gewerkschaft in Finnland
gem.	gemäß
GG	Grundgesetz
ggf.	gegebenenfalls
GmbH	Gesellschaften mit beschränkter Haftung
GmbHG	Gesetz betreffend die Gesellschaften mit beschränkter Haftung
GmbHR	GmbH-Rundschau, Zeitschrift
grds.	grundsätzlich
GuV	Gewinn- und Verlustrechnung
GWR	Gesellschafts- und Wirtschaftsrecht, Zeitschrift
HGB	Handelsgesetzbuch
hins.	hinsichtlich
h.M.	herrschende Meinung
Hrsg.	Herausgeber
i.d.F.	in der Fassung
IHR	Internationales Handelsrecht, Zeitschrift
IPR	Internationales Privatrecht
IPRax	Praxis des Internationalen Privat- und Verfahrensrechts, Zeitschrift
i.R.d.	im Rahmen des/der
i.R.e.	im Rahmen eines
i.S.d.	im Sinne der/ des
IStR	Internationales Steuerrecht, Zeitschrift
i.S.v.	im Sinne von
ITF	International Transport Workers Federation, internationaler Gewerkschaftsbund
i.V.m.	in Verbindung mit
i.W.d.	im Wege des
KMU	Kleine und mittlere Unternehmen
KSchG	Kündigungsschutzgesetz

KSzW	Kölner Schrift zum Wirtschaftsrecht, Zeitschrift
LAG	Landesarbeitsgericht
LAGE	Sammlung der Entscheidungen der Landesarbeitsgerichte (Hrsg. Stahlhacke)
lit.	litera (Buchstabe)
Ltd.	Limted, Rechtsform nach dem britischen Gesellschaftsrecht
m.	mit
MoMiG	Gesetz zur Modernisierung des GmbH-Rechts und zur Bekämpfung von Missbräuchen
m.w.N.	mit weiteren Nachweisen
m.W.z.	mit Wirkung zum
NachwG	Gesetz über den Nachweis der für ein Arbeitsverhältnis geltenden wesentlichen Bedingungen
n.F.	neue(r) Fassung
NJW	Neue Juristische Wochenschrift, Zeitschrift
NJW-RR	NJW-Rechtsprechungs-Report Zivilrecht, Zeitschrift
Nr.	Nummer
NZA	Neue Zeitschrift für Arbeitsrecht, Zeitschrift
NZA-RR	NZA-Rechtsprechungs-Report Arbeitsrecht, Zeitschrift
PLC	Public Limited Company, Rechtsform nach britischen Gesellschaftsrecht
RdA	Recht der Arbeit, Zeitschrift
Reg.	Regulation (englisch)
RIW	Recht der Internationalen Wirtschaft, Zeitschrift
RL	Richtlinie
Rn.	Randnummer
Rs.	Rechtssache
Rspr.	Rechtsprechung
Rom I-VO	Verordnung (EG) Nr. 593/2008 des europäischen Parlaments und des Rates vom 17. Juni 2008 über das auf vertragliche Schuldverhältnisse anzuwendende Recht („Rom I")

Rom II-VO	Verordnung (EG) Nr. 864/2007 des europäischen Parlaments und des Rates vom 11. Juli 2007 über das auf vaußerertragliche Schuldverhältnisse anzuwendende Recht („Rom II“)
RzK	Rechtsprechung zum Kündigungsrecht, Zeitschrift
SA	Société Anonyme, franzsöische Aktiengesellschaft
S.	Seite; Satz
SAE	Sammlung arbeitsrechtlicher Entscheidungen, Zeitschrift
sog.	so genannt(e)
Sonderbeil.	Sonderbeilage
SPD	Sozialdemokratische Partei Deutschlands
TUPE	Transfer of Undertakings (Protection of Employment) Regulations 2006, britische Umsetzung der Betriebsübergangsrichtlinie
TVG	Tarifvertragsgesetz
u.a.	unter anderem
u.ä.	und ähnliches
UmwG	Umwandlungsgesetz
UR	Umsatzsteuer-Rundschau, Zeitschrift
Urt.	Urteil
v.	vom; von
vgl.	vergleiche
vs.	versus
WM	Wertpapier-Mitteilungen, Zeitschrift
WpPG	Wertpapierprospektgesetz
ZAS	Zeitschrift für Arbeits- und Sozialrecht (Österreich)
ZESAR	Zeitschrift für europäisches Sozial- und Arbeitsrecht
ZfA	Zeitschrift für Arbeitsrecht
ZGR	Zeitschrift für Unternehmens- und Gesellschaftsrecht
ZIP	Zeitschrift für Wirtschaftsrecht
zit.	zitiert
ZTR	Zeitschrift für Tarifrecht
z.B.	zum Beispiel

1. Teil Einleitung

Ein übermitteltes[1] und oft verwendetes[2] Zitat von Mark Twain[3] lautet wie folgt:

> *„Gesetzeslücken lassen sich durch beständigen Gebrauch beträchtlich erweitern."*

Dieses Zitat spiegelt die Situation eines grenzüberschreitenden Betriebsübergangs wider. Mit Blick auf grenzüberschreitende Betriebsübergänge kann das vorangegangene Zitat in folgender Weise verstanden werden: Ein grenzüberschreitender Betriebsübergang ist bislang weder auf nationaler noch auf europäischer Ebene geregelt. Insoweit besteht eine Gesetzeslücke. Ein innerdeutscher Betriebsübergang richtet sich nach den Regelungen des § 613a BGB.[4] In der Praxis wird versucht, die Gesetzeslücke durch Anwendung der nationalen Regelung zu schließen.[5] Allerdings führt ein grenzüberschreitender Betriebsübergang zu einer Vielzahl von Fragestellungen, die es bei einem nationalen Betriebsübergang nicht gibt. § 613a BGB trägt den Besonderheiten der Grenzüberschreitung nur ungenügend Rechnung. Daher führt die pragmatische Lösung, die nationale Regelung auf grenzüberschreitende Sachverhalte zu übertragen, zu Rechtsunsicherheiten. Mit anderen Worten zieht der Versuch, eine Gesetzeslücke zu schließen, weitere Gesetzeslücken nach sich.

Das Bundesarbeitsgericht (nachfolgend „**BAG**") prüfte im Jahr 2011 die Voraussetzungen[6] des § 613a BGB im Zusammenhang mit einem

---

1 Vgl. *Zeilinger*, S. 1221; *Frechen*, S. 5; *dies.*, 63. Sitzung Deutscher Bundestag, S. 6226; *Feernes*, S. 8.

2 Vgl. *Ilg*, S. 102, Fn. 180; *Frechen*, S. 5; *dies.*, 63. Sitzung Deutscher Bundestag, S. 6226; *Rautenstrauch*, S. 5.

3 Mark Twain (1835–1910), bürgerliche Name: Samuel L. Clemens, amerikanischer Schriftsteller.

4 Die deutsche Vorschrift des § 613a BGB wurde 1972 in das BGB eingeführt: Betriebsverfassungsgesetz (BVerG) v. 15.01.1972, BGBl I., S. 40 f.; Weitere Informationen zur Entstehungs- und Entwicklungsgeschichte des § 613a BGB finden sich beispielsweise unter *Willemsen u. a./Willemsen*, Umstrukturierung, 2008, S. 725 Rn. 1 ff.

5 BAG, Urt. v. 26.05.2011 (Az. 8 AZR 37/10), AP Nr. 409 zu § 613a BGB sowie Parallelentscheidung BAG, Urt. v. 26.05.2011 (Az. 8 AZR 793/09), AP Nr. 411 zu § 613a BGB.

6 Das BAG traf in dem Urt. v. 26.05.2011 (Az. 8 AZR 793/09), AP Nr. 411 zu § 613a BGB, keine Aussage hinsichtlich dem Eintritt der Rechtsfolgen bei einem grenzüberschreitenden Betriebsübergang.

grenzüberschreitenden Sachverhalt.[7] Anknüpfungspunkt waren Kündigungsschutzklagen im Zusammenhang mit einem grenzüberschreitenden Betriebsübergang von Deutschland in die Schweiz. Der Anwendungsbereich des § 613a BGB wurde damit von der Rechtsprechung – zumindest inzident – auf Betriebsübergänge, die zu einer grenznahen Betriebsverlagerung führen, ausgeweitet. Ein ähnliches Urteil findet sich in Großbritannien.[8] Hier entschied das *Employment Appeal Tribunal*[9] (nachfolgend „**EAT**"), dass die entsprechenden britischen Regelungen für einen Betriebsübergang[10] auf eine grenzüberschreitende Verlagerungen von Großbritannien nach Israel anwendbar waren.[11]

Ziel dieser Arbeit ist es, ausgewählte Rechtsprobleme und den insoweit bestehenden Regelungsbedarf im Zusammenhang mit einem grenzüberschreitenden Betriebsübergang herauszuarbeiten sowie entsprechende Lösungsvorschläge zu entwickeln.

Eine Regulierung wäre insbesondere im Hinblick auf die zu erwartenden steigenden[12] grenzüberschreitenden Betriebsübergänge wünschenswert. Mit Blick

---

7 BAG, Urt. v. 26.05.2011 (Az. 8 AZR 37/10), AP Nr. 409 zu § 613a BGB sowie Parallelentscheidung BAG, Urt. v. 26.05.2011 (Az. 8 AZR 793/09), AP Nr. 411 zu § 613a BGB.

8 Holis Metal Industries Ltd v. (1) GMB & (2) Newell Ltd [2007] (Appeal No. UKEAT/0171/07/CEA), abrufbar unter: http://www.employmentappeals.gov.uk/Public/Upload/07_0171ResfhCNCEA.doc (letzter Stand: 01.07.2014).

9 Das Employment Appeal Tribunal ist das oberste Arbeitsgericht in Großbritannien; Weiterführende Informationen finden sich unter: http://www.justice.gov.uk/tribunals/employment-appeals (letzter Stand: 01.07.2014).

10 Die europäische Richtlinie 77/187/EWG wurde in Großbritannien durch die Transfer of Undertaktings (Protection of Employment) Regulations 1981 (TUPE) umgesetzt. 2006 wurde eine konsolidierte Fassung der zwischenzeitlich vollzogenen Anpassungen – die Transfer of Undertaktings (Protection of Employment) Regulations 2006 (TUPE) erlassen. Siehe für grundsätzlich Ausführungen zu den britischen Regelungen *Pietzko*, S. 211; *Alsbaek*, S. 53 ff.; *Rauch*, Betriebsübergang in Europa, S. 68 f.

11 Holis Metal Industries Ltd v. (1) GMB & (2) Newell Ltd [2007] (Appeal No. UKEAT/0171/07/CEA), abrufbar unter: http://www.employmentappeals.gov.uk/Public/Upload/07_0171ResfhCNCEA.doc (letzter Stand: 01.07.2014).

12 *Feudner*, DB 2004, 982 (983): Nach *Feudner* ist von einem Anstieg der grenzüberschreitenden Betriebsverlagerungen auszugehen, bis sich der Unterschied zwischen den jeweiligen Standortkosten und Rahmenbedingungen relativiert hat; *Land*, BB 2013, 2976 (2976): *Land* führt aus, dass die Zahl der grenzüberschreitenden Unternehmenskäufe steigt, so betrug der Anteil der internationalen Unternehmenskäufe im Jahr 36 % gemessen an dem gesamten Volumen der Unternehmenskäufe.

auf die zunehmende Europäisierung und Globalisierung[13] sind Umstrukturierungen zur Effizienzsteigerung, Kostensenkung[14] und Fortentwicklung der Wettbewerbsfähigkeit[15] immer wiederkehrende Themen in den Chefetagen. Der grenzüberschreitende Betriebsübergang kann je nach Ausgestaltung und Einzelfall eine Möglichkeit sein, diese unternehmerischen Ziele zu erreichen.

Zudem ist es ein erklärtes Ziel der Europäischen Union (nachfolgend „**EU**"), *„das Potential des Binnenmarkts voll aus[zu]schöpfen*"[16] und der Industrie *„Perspektiven und günstige Bedingungen*"[17] zu bieten. Eine Regulierung grenzüberschreitender Betriebsübergänge würde für Rechtsklarheit in der Praxis sorgen. Daneben wäre es ein Schritt, das gesteckte Ziel der EU zu erreichen.

Die Bedeutung von Umstrukturierungen, die zu einem grenzüberschreitenden Betriebsübergang führen, begründen beispielsweise die vergleichsweise niedrigen Steuerbelastungen in den so genannten *„Niedrig- oder Billiglohnländer*"[18].[19]

Ein Betriebsübergang auf einen ausländischen Betriebserwerber kann – muss aber nicht[20] – zu einer räumlichen Verlagerung des Betriebs und damit zu einem Wechsel des Arbeitsortes führen.[21] Insbesondere innerhalb eines Konzerns spricht bei der Abwägung zwischen einer nationalen und einer grenzüberschreitenden Standortwahl eine Vielzahl wirtschaftlicher Faktoren für das Ausland.[22] Vorreiter für typische grenzüberschreitende Produktionsbetriebe finden sich

---

13 *Feudner*, NZA 1999, 1184 (1184); *Cohnen*, FS zum 25-jährigen Bestehen der Arge ArbeitsR, S. 595; *Willemsen u. a./Seibt*, Umstrukturierung, 2008, S. 673 Rn. 122; *Bezani/Richter*, S. 236; *Bachner/Gerhardt*, S. 55 Rn. 83.

14 *Franzen*, S. 1; *Feudner*, DB 2004, 982 (982); *Söbbing/Weinbrenner*, WM 2006, 165 (165); *Cohnen*, FS zum 25-jährigen Bestehen der Arge ArbeitsR, S. 595; *Reichold*, FS Birk, S. 687; *Becker*, S. 1; *Meyer*, Offshoring, S. 7 f.; *Kania*, S. 13; *Düwell/Wichert*, S. 566 Rn. 102; *Olbertz/Fahring*, ZIP 2012, 2045 (2045).

15 *Feudner*, DB 2004, 982 (982); *Becker*, S. 1.

16 *Europäischer Wirtschafts- und Sozialausschuss*, ABl. C 341 vom 21.11.2013, Ziff. 3.1.

17 *Europäischer Wirtschafts- und Sozialausschuss*, ABl. C 327 vom 12.11.2013, Ziff. 1.6 ff.

18 *Franzen*, S. 1; *Cohnen*, FS zum 25-jährigen Bestehen der Arge ArbeitsR, S. 595; *Schaaf*, Offshoring, S. 3.

19 *Feudner*, DB 2004, 982 (982); *Cohnen*, FS zum 25-jährigen Bestehen der Arge ArbeitsR, S. 595; *Schaaf*, Offshoring, S. 3.

20 Der Betriebsübergang auf einen ausländischen Betriebserwerber und die räumliche Verlagerung sind zwei separate Vorgänge. Vgl. *Leuchten*, ZESAR 10/12, 411 (412); *Kania*, S. 68; *CMS Study*, Ziffer 1.3.3. S. 16; *Däubler*, FS Kissel, S. 119 (121).

21 *CMS Study*, Ziffer 1.3.3 "*cross-border*" situations, S. 16 ff; *Reiner*, ZAS 2010, 117 (122); *Rinsdorf*, NZA Beilage 1/2012, 1 (1); *Leuchten*, ZESAR 10/12, 411 (412).

22 *Junker*, Intern. ArbR, § 8 S. 230.

insbesondere in der Automobilbranche[23]: Volkswagen unterhält drei Standorte in der Slowakei[24], MAN hat drei Produktionsstandorte in Polen[25], Renault produziert in Rumänien[26] und BMW plant laut Pressemeldungen aus dem Jahr 2013 den Bau eines Werks in Osteuropa[27].

Die praktische Relevanz von Umstrukturierungen im Zusammenhang mit einem grenzüberschreitenden Betriebsübergang ist branchenübergreifend hoch.[28] Sowohl für Produktions- als auch für Dienstleistungsbetriebe (bspw. IT-Firmen[29], Callcentern, Buchhaltungen oder Personalabteilungen) stellt ein grenzüberschreitender Betriebsübergang, der zu einer Betriebsverlagerung in das kostengünstige Ausland führt, eine attraktive Möglichkeit dar.[30]

§ 1 Anlass der Untersuchung

Anlass der Untersuchung ist ein Urteil des BAG vom 26. Mai 2011, in dem es inzident um die Frage der Anwendbarkeit des § 613a BGB bei einer grenzüberschreitenden Betriebsteilverlagerung ging.[31] Dem Urteil lag eine konzerninterne

---

23 *Cohnen*, FS zum 25-jährigen Bestehen der Arge ArbeitsR, S. 596.

24 VW unterhält den Standort Bratislava sowie die Standorte Martin und Košice; weitere Informationen abrufbar unter: http://de.volkswagen.sk/de/unternehmen/standorte.html (letzter Stand: 01.07.2014).

25 MAN unterhält die Produktionsstandorte Krakau, Posen und Starachowice; weitere Informationen abrufbar unter: http://www.man.eu/de/unternehmen/produktion/man-truck-und-bus/Produktionsstandorte.html (letzter Stand: 01.07.2014).

26 *Schwarzer*, Zeit online 18.10.2012. Hier verdeutlicht *Schwarzer*, dass Dacia aufgrund der geringen Entwicklungs-, Material- und Lohnkosten an dem Produktionsstandorts Rumänien ein Auto für 6.790 Euro anbieten kann.

27 Information stammt aus einem online Artikel (ohne Angaben zum Autor) vom 20.03.2013 von nachrichten.at, abrufbar unter: http://www.nachrichten.at/nachrichten/wirtschaft/BMW-will-Werk-in-Osteuropa-bauen-Slowakei-im-Rennen-um-Standort;art15,1087291 (letzter Stand: 01.07.2014).

28 *Feudner*, DB 2004, 982 (982); *Ravenstein*, BRZ 2009, 59 (59); *Gaul/Mückl*, DB 2011, 2318 (2318); *Cohnen*, FS zum 25-jährigen Bestehen der Arge ArbeitsR, S. 596; *Schaaf*, Offshoring, S. 3.

29 *Söbbing/Weinbrenner*, WM 2006, 165 (165).

30 *Feudner*, DB 2004, 982 (982); *Ravenstein*, BRZ 2009, 59 (59); *Gaul/Mückl*, DB 2011, 2318 (2318); *Cohnen*, FS zum 25-jährigen Bestehen der Arge ArbeitsR, S. 596; *Schaaf*, Offshoring, S. 3, 5.

31 BAG, Urt. v. 26.05.2011 (Az. 8 AZR 37/10), AP Nr. 409 zu § 613a BGB sowie Parallelentscheidung BAG, Urt. v. 26.05.2011 (Az. 8 AZR 793/09), AP Nr. 411 zu § 613a BGB.

Verlagerung eines Betriebsteils von Südbaden an einen ca. 60 km entfernten Standort in der Schweiz zugrunde.[32]

Das BAG bejahte im Rahmen der Prüfung hinsichtlich der Zulässigkeit ausgesprochener Kündigungen die Anwendbarkeit[33] (sowohl kollisionsrechtlich als auch materiell-rechtlich[34]) des § 613a BGB sowie das Vorliegen der Voraussetzungen des § 613a BGB[35]. Insoweit führte das BAG in seinen Entscheidungsgründen hierzu aus:

> *„Nach der Rechtsprechung des Senats ist § 613a BGB auch bei Betriebsübergängen in das Ausland grundsätzlich anwendbar (...).“*[36]

Die Bejahung der grenzüberschreitenden Anwendbarkeit und Anwendung des § 613a BGB führt zu einer Vielzahl von Rechtsfragen:

Die Frage, welche Rechtsordnung im Falle eines grenzüberschreitenden Betriebsübergangs anzuwenden ist, ist in diesem Zusammenhang das am häufigsten diskutierte Rechtsproblem. Sowohl in der Literatur[37] als auch in der Instanzenrechtsprechung[38] gibt es Gegenstimmen zu der im BAG Urteil vom 26. Mai 2011 vertretenen Ansicht.

In einem engen thematischen Zusammenhang zu der kollisionsrechtlichen Frage nach der anzuwendenden Rechtsordnung steht die Frage, ob die Sachnorm des § 613a BGB grenzüberschreitend anwendbar ist oder ob die Konstruktion des § 613a BGB eine territoriale Beschränkung des Anwendungsbereichs

---

32 *Junker*, NZA Beilage 1/2012, 8 (13); *Leuchten*, ZESAR 10/12, 411 (412).

33 BAG, Urt. v. 26.05.2011 (Az. 8 AZR 793/09), Rn. 46 (juris), AP Nr. 411 zu § 613a BGB.

34 In Anlehnung an *Kegel*, S. 4 werden die Begriffe „materielles Recht“ und „Sachnorm“ im Folgenden synonym verwendet.

35 BAG, Urt. v. 26.05.2011 (Az. 8 AZR 793/09), Rn. 35 ff (juris), AP Nr. 411 zu § 613a BGB.

36 BAG, Urt. v. 26.05.2011 (Az. 8 AZR 793/09), Rn. 46 (juris), AP Nr. 411 zu § 613a BGB.

37 *Loritz*, ZfA 1991, 585 (597 f.); *Drobnig/Puttfraken*, S. 81 Nr. 93; *Bezani/Richter*, S. 240.

38 ArbG Hamburg, Urt. 20.07.1979 (Az. S. 15 Ca 410/78), AP Nr. 25 zu § 613a BGB: *„Bei der Veräußerung eines deutschen Schiffes an eine liberianische Firma ist die liberianische Erwerberin nicht verpflichtet, § 613a BGB gegen sich gelten zu lassen; (...)“*; LAG Hamburg, Urt. v. 22.10.1979 (Az.: 4 Sa 103/79); IPRax 1981, S. 175: „§ 613a BGB findet keine Anwendung bei Veräußerung von Schiffen durch eine deutsche an eine ausländische Reederei.“ sowie *„(...) die Regelung dieser Gesetzesbestimmung [§ 613a BGB] ist nur dann anwendbar und zeigt Rechtswirkung, wenn sowohl der Veräußerer als auch der Erwerber an sie gebunden sind.“*

nahe legt.[39] Auch zu dieser Problematik werden unterschiedliche Ansichten vertreten.[40]

Ein interessanter und bisher weniger beleuchteter Aspekt sind die Anforderungen an ein ordnungsgemäßes Unterrichtungsschreiben bei einem grenzüberschreitenden Betriebsübergang. Hieran knüpft sich die Fragestellung, ob die Anforderungen an ein ordnungsgemäßes Unterrichtungsschreiben (§ 613a Abs. 5 BGB) für einen nationalen Betriebsübergang den Besonderheiten eines grenzüberschreitenden Betriebsübergangs genügen.

Ferner bedarf es der Klärung, inwieweit die Beteiligungsrechte des Betriebsrats bei einem grenzüberschreitenden Betriebsübergang gesichert sind. Ein rein nationaler Betriebsübergang eröffnet dem Betriebsrat keine Mitwirkungs-/Beteiligungsrechte.[41] Weder aus der Norm des § 613a BGB noch aus den Regelungen der §§ 111 ff. BetrVG.[42]

Bezugsnehmend auf das eingangs vorgetragene Zitat von Mark Twain zeigt die nachfolgende Untersuchung, inwieweit die grenzüberschreitende

---

39 Die letzt genannte Ansicht vertritt bspw. *Junker*, NZA Beilage 1/2012, 8 (15), der mit Blick auf die negativen Folgen für die Arbeitnehmer bei einer grenzüberschreitenden Anwendbarkeit des § 613a BGB die Ansicht *Loritz*, RdA 1987, S. 65 (S. 84) nennt, nach der dem § 613a BGB eine territoriale Beschränkung innewohnt.

40 Für eine grenzüberschreitende Anwendbarkeit des § 613a BGB: BAG, Urt. v. 26.05.2011 (Az.: 8 AZR 793/09), Rn. 47 (juris), AP Nr. 411 zu § 613a BGB; BAG, Urt. v. 25.04.2013 (Az.: 6 AZR 49/12), Rn. 166 (juris), EzA-SD 2013, Nr. 14, 4–8; LAG Baden-Württemberg Urt. v. 15.12.2009 (Az.: 22 SA 45/09), Rn. 24 (juris), BB 2010, 1415–1416; hinsichtlich grenzüberschreitender Betriebsübergänge innerhalb der EU zustimmend LAG Hamburg, Urt. v. 22.05.2003 (Az.: 8 Sa 29/03), Rn. 59 (juris), AfP 2004, 377–380; Gegen eine grenzüberschreitende Anwendbarkeit des § 613a BGB: *Loritz*, RdA 1987, 65 (84); *ders.* ZfA 1991, S. 598; *Bezani/Richter*, S. 240.

41 Rspr.: BAG, Urt. v. 4.12.1979 (Az.: 1 AZR 843/76), Rn. 20 (juris), AP Nr. 6 zu § 111 BetrVG 1972; BAG, Urt. v. 19.01.1999 (Az.: 1 AZR 342/98), Rn. 32 (juris), AP Nr. 37 zu § 113 BetrVG 1972; Lit.: Richardi/*Annuß*, § 111 BetrVG, Rn. 124; *Fitting*, § 111 BetrVG, Rn. 50; *Neef*, NZA 1994, 97 (97); ErfK/*Kania*, § 111 BetrVG Rn. 12; *Schwerdtner*, FS Müller, S. 571; a.A.: *Däubler*, in: BetrVG § 111 Rn. 125 m.w.N.; *Karthaus*, ArbuR 2007, 114 (114).

42 Rspr.: BAG, Urt. v. 4.12.1979 (Az.: 1 AZR 843/76), Rn. 20 (juris), AP Nr. 6 zu § 111 BetrVG 1972; BAG, Urt. v. 19.01.1999 (Az.: 1 AZR 342/98), Rn. 32 (juris), AP Nr. 37 zu § 113 BetrVG 1972; Lit.: Richardi/*Annuß*, § 111 BetrVG, Rn. 124; *Fitting*, § 111 BetrVG, Rn. 50; *Neef*, NZA 1994, 97 (97); ErfK/*Kania*, § 111 BetrVG Rn. 12; *Schwerdtner*, FS Müller, S. 571; a.A.: *Däubler*, in: BetrVG § 111 Rn. 125 m.w.N.; *Karthaus*, ArbuR 2007, 114 (114).

Anwendbarkeit des § 613a BGB zu Rechtsunsicherheiten hinsichtlich bislang wenig berücksichtigter Bereiche führt.

§ 2 Gang der Untersuchung

Zunächst erfolgt die Darstellung eines grenzüberschreitenden Betriebsübergangs (siehe 2. Teil, S. 7 ff.). Hierbei werden (i) die Grundlagen des Betriebsübergangs i.S.d. § 613a BGB (siehe 2. Teil, § 1, S. 10 ff.) vorgestellt. Dem folgt (ii) eine Herausarbeitung der Besonderheiten grenzüberschreitender Sachverhalte im Zusammenhang mit § 613a BGB (siehe 2. Teil, § 2 S. 32 ff.).

Hieran knüpft sich der Schwerpunkt der Untersuchung – die Darstellung der Rechtsunsicherheiten/des Regelungsbedarfs im Zusammenhang mit einem grenzüberschreitenden Betriebsübergangs (siehe 3. Teil, S. 62 ff.). Die Prüfungsreihenfolge ist an die Perspektive der Arbeitnehmer angelehnt. Zunächst werden (i) die Rechtsunsicherheiten hinsichtlich der Anforderungen an ein Unterrichtungsschreiben gem. § 613a Abs. 5 BGB im Fall eines grenzüberschreitenden Betriebsübergangs dargestellt (siehe 3. Teil, § 1, S. 64 ff). Dem folgt eine Aufarbeitung der Rechtsunsicherheiten (ii) hinsichtlich der betrieblichen Mitwirkung (siehe 3. Teil, § 2, S. 106 ff.). Daran schließt sich (iii) die Aufarbeitung der Rechtsunsicherheit hinsichtlich der kollisionsrechtlichen Frage nach der anzuwendenden Rechtsordnung (siehe 3. Teil, § 3, S. 144 ff.) an. Der dritte Teil der Arbeit endet (iv) mit der Analyse, ob § 613a BGB auf Sachnormebene grenzüberschreitend anwendbar ist (siehe 3. Teil, § 4, S. 180 ff.).

Die Arbeit schließt mit einer Zusammenfassung der gewonnenen Erkenntnisse und einem Ausblick (siehe 4. Teil, S. 213 ff.).

2. Teil Der grenzüberschreitende Betriebsübergang

Die Bedeutung grenzüberschreitender Umstrukturierungsmaßnahmen - oft auch mit der Konsequenz eines grenzüberschreitenden Betriebsübergangs - wächst stetig.[43]

Die Gründe hierfür sind vielfältig. Neben den bereits eingangs erwähnten Kostengründen[44] und der zunehmenden Verflechtung der Wirtschaftsmärkte[45], sind u.a. die fortschreitende technische Entwicklung[46], abnehmende Transportkosten[47] und verbesserte Sprachfähigkeiten[48] in den mittel- und osteuropäischen Ländern der EU als Gründe hierfür zu nennen. Zudem schafft der europäische Binnenmarkt durch die Niederlassungsfreiheit sowie die Europapolitik, die auf eine immer weitere Annäherung der Rahmenbedingungen zielt, Anreize für grenzüberschreitende Verlagerungen.[49]

Um einen Mindeststandard hinsichtlich des Arbeitnehmerschutzes zu erzielen, erließ der Rat der Europäischen Gemeinschaften am 14. Februar 1977 die Richtlinie 77/187/EWG zur „*Angleichung der Rechtsvorschriften der Mitgliedstaaten über die Wahrung von Ansprüchen der Arbeitnehmer beim Übergang von Unternehmen, Betrieben oder Betriebsteilen*" (nachfolgend **„Richtlinie 77/187/EWG"**).[50] Interessanterweise erging die Richtlinie zu einer Zeit, in der

---

43 *Meyer*, Offshoring, S. 5: siehe Grafik Nr. 5, die die Wachstumsrate für IT-basierte Dienstleistungen in den Jahren 2005–2009 darstellt.

44 *Cohnen*, FS zum 25-jährigen Bestehen der Arge ArbeitsR, S. 595; *Franzen*, S. 1 f.; *Meyer*, Offshoring, S. 7 f.; a.A.: *Kania*, ZESAR 2010, 112 (113), der darauf verweist, dass die Erwartungen der Kosteneinsparung hinter der Realität zurückbleiben.

45 *Feunder*, NZA 1999, 1184 (1184); *Willemsen u. a./Seibt*, Umstrukturierung, S. 673 Rn. 122; *Reichold*, FS Birk, S. 687; *Cohnen*, FS zum 25-jährigen Bestehen der Arge ArbeitsR, S. 595.

46 *Feudner*, DB 2004, 982 (982).

47 *Feudner*, DB 2004, 982 (982).

48 *Meyer*, Offshoring, S. 6: Insbesondere an grenznahen Standorten finden sich häufig Arbeitnehmer, die neben ihrer Landessprache, die Sprache des Auftraggebers beherrschen. Nach einer Studie von *Meyer* lernen knapp 40 % aller Schüler in den neuen Mitgliedstaaten der EU Deutsch. Dies ist ggf. ein Vorteil gegenüber beispielsweise dem Standort Indien.

49 *Franzen*, S. 2; *Kreitner*, Anm. zu AP Nr. 81 zu § 613a BGB, Bl. 357; *Kania*, S. 13 f.

50 Richtlinie 77/187/EWG des Rates, ABl. L 61 vom 05.03.1977, S. 26. Die Richtlinie 77/187/EWG trat am 14.02.1977 in Kraft.

grenzüberschreitende Umstrukturierungen im Vergleich zu den Vorjahren in geringem Maße auftraten.[51] Laut einem Bericht aus dem Jahr 1998 von *Professor Bob Hepple* an die Europäische Kommission gab es in den späten 60iger/frühen 70iger Jahren sowie in den Jahren 1989 und 1995 signifikante Spitzen hinsichtlich der Anzahl der grenzüberschreitenden Betriebsübergänge.[52]

In Deutschland gab es bereits vor Erlass der Richtlinie 77/187/EWG eine arbeitnehmerschützende Vorschrift für den Fall des Betriebsübergangs. Bereits im Jahr 1972[53] führte der deutsche Gesetzgeber die Regelung des § 613a BGB anlässlich einer Novellierung des Betriebsverfassungsgesetzes (nachfolgend „**BetrVG**") über die Vorschrift des § 122 BetrVG ein.[54] Schon in dieser ersten Fassung brachte der Gesetzgeber die auch noch heute wichtigste Intention des § 613a BGB – den Schutz der Kontinuität der Arbeitsverhältnisse – zum Ausdruck.[55]

Im Vergleich zu einem Teil der Nachbarländer war diese Regelung zur damaligen Zeit fortschrittlich. Zwar gab es in Frankreich bereits seit 1928[56] und in

51 *Hepple*, S. 10 Ziffer 5.1.

52 *Hepple*, S. 10 Ziffer 5. 1.

53 § 613 a BGB trat am 19. Januar 1972 in Kraft, Betriebsverfassungsgesetz (BVerfG) v. 15.01.1972, BGBl. I., S. 43.

54 *Willemsen u. a./Willemsen*, Umstrukturierung, S. 726 f. Rn. 3; *Bachner/Gerhardt*, S. 21 Rn. 1 ff.

55 So auch *Alsbaek*, S. 23; § 613a BGB in der Fassung vom 15.01.1972 (BGBl. I., S. 40 f.) lautete wie folgt:
„(1) Geht ein Betrieb oder Betriebsteil durch Rechtsgeschäft auf einen anderen Inhaber über, so tritt dieser in die Rechte und Pflichten aus den im Zeitpunkt des Übergangs bestehenden Arbeitsverhältnisses ein.
(2) Der bisherige Arbeitgeber haftet neben dem neuen Inhaber für Verpflichtungen nach Absatz 1, soweit sie vor dem Zeitpunkt des Übergangs entstanden sind und vor dem Ablauf von einem Jahr nach diesem Zeitpunkt fällig werden, als Gesamtschuldner. Werden solche Verpflichtungen nach dem Zeitpunkt des Übergangs fällig, so haftet der bisherige Arbeitgeber für sie jedoch nur in dem Umfang, der dem Zeitpunkt des Übergangs abgelaufen Teil ihres Bemessungszeitraums entspricht.
(3) Absatz 2 gilt nicht, wenn eine juristische Person durch Verschmelzung oder Umwandlung erlischt; § 8 des Umwandlungsgesetzes in der Fassung der Bekanntmachung vom 6. November 1969 (BGBl. I S. 2081) bleibt unberührt."

56 *Franzen*, S. 11; *Alsbaek*, S. 22; *Weiß*, S. 5.

Italien seit 1942[57] eine ähnliche Arbeitnehmerschutzvorschrift, die Mehrzahl[58] der anderen europäischen Länder kannte solch eine Regelung hingegen nicht.

Trotz mehrmaliger Änderungen der Richtlinie 77/187/EWG und der jeweils daran anknüpfenden Umsetzung in den Mitgliedstaaten, gibt es heute immer noch keine europaweit einheitliche Regelung des Betriebsübergangs.[59]

Dies liegt zum einen daran, dass die Richtlinie einige Begriffsdefinitionen den Mitgliedstaaten überlässt. So beispielsweise die wesentlichen Begriffe *„Arbeitnehmer“*[60] und *„Arbeitsvertrag oder Arbeitsverhältnis“*[61].[62] Zum anderen wurde den Mitgliedstaaten hinsichtlich der Umsetzung der Richtlinie ein gewisser Gestaltungsspielraum überlassen.[63] Überdies verweist der Europäische Gerichtshof (nachfolgend „**EuGH**“) teilweise auf das nationale Recht der Mitgliedstaaten.[64]

---

57 *Gamillscheg*, Intern. ArbR, S. 236; *Tillmann/Eller*, S. 197: Art. 2112 des italienischen Codice civile stammte aus dem Jahr 1942.

58 *Alsbaek*, S. 22; *Weiß*, S. 5: In Großbritannien und Dänemark gab es beispielsweise bis zum Erlass der Richtlinie 77/187/EWG keine vergleichbare Vorschrift. Hier hatte ein Betriebsübergang die Beendigung der Arbeitsverträge zur Folge.

59 *CMS Study*, Ziffer 1.1., S. 1; Ziffer 1.3.4, S. 20.

60 *CMS Study*, Ziffer 1.4.1., S. 20; Art. 2 Abs. 1 Buchstabe d) Richtlinie 2001/23/EG des Rates der Europäischen Union, ABl. L 82 vom 22.03.2001 S. 17, lautet wie folgt: *„„Arbeitnehmer“ ist jede Person, die in dem betreffenden Mitgliedstaat aufgrund des einzelstaatlichen Arbeitsrechts geschützt, ist.“*

61 Art. 2 Abs. 2 der Richtlinie 2001/23/EG des Rates der Europäischen Union, ABl. L 82 vom 22.03.2001 S. 17, lautet wie folgt: „Diese Richtlinie lässt das einzelstaatliche Recht in Bezug auf die Begriffsbestimmung des Arbeitsvertrags oder des Arbeitsverhältnisses unberührt.“

62 *Alsbaek*, S. 34 verweist insofern auf hierzu ergangene Kritik in der Literatur.

63 *CMS Study*, Ziffer 1.5., S. 24; Ziffer 1.8, S. 37; Art. 3 Abs. 1 UA 2 der Richtlinie 2001/23/EG des Rates der Europäischen Union, ABl. L 82 vom 22.03.2001 S. 17, lautet wie folgt: *„Die Mitgliedstaaten können vorsehen, dass der Veräußerer und der Erwerber nach dem Zeitpunkt des Übergangs gesamtschuldnerisch für die Verpflichtungen haften, die vor dem Zeitpunkt des Übergangs durch einen Arbeitsvertrag oder ein Arbeitsverhältnis entstanden sind, der bzw. das zum Zeitpunkt des Übergangs bestand.“*

64 So beispielsweise im EuGH, Urt. v. 12.11.1992 (Rs. C-209/91), Rn. 28 (juris): *„Soweit daher nach nationalem Recht unabhängig vom Fall des Unternehmensübergangs das Arbeitsverhältnis, insbesondere hinsichtlich der Entgeltbedingungen, zum Nachteil des Arbeitnehmers abgeändert werden kann, wird diese Möglichkeit nicht allein dadurch ausgeschlossen, daß das Unternehmen in der Zwischenzeit übertragen und die Vereinbarung daher mit dem neuen Unternehmensinhaber geschlossen worden ist.“*

Alles in allem führt dies dazu, dass bereits der Anwendungsbereich eines nationalen Betriebsübergangs in den Mitgliedstaaten variiert.[65]

Die Unterschiede hinsichtlich des Anwendungsbereichs zwischen den einzelnen Mitgliedstaaten werden an Hand des Begriffs „Übergang“ (englisch: „*transfer*“) deutlich.[66] Bereits im Fall eines nationalen Betriebsübergangs werden unterschiedliche Sachverhalte unter dem Begriff „Übergang“ subsumiert.

In Großbritannien beispielsweise fällt ausdrücklich die Auslagerung von Dienstleistungsunternehmen (so genannte „*service provision change*“) unter den Anwendungsbereich der Reg. 3 (1) (b) der *Transfer of Undertakings (Protection of Employment) Regulations 2006 (TUPE)*[67] (nachfolgend „**TUPE**“). Durch diese Vorschrift sind „*Outsourcing*“ Maßnahmen von dem Anwendungsbereich der TUPE von Gesetzes wegen erfasst.[68]

Eine vergleichbare Regelung fehlt im deutschen Recht. Ferner werden nach deutschem Recht „*Outsourcing*“ Maßnahmen von den Regelungen des § 613a BGB nur erfasst, wenn sich der Betriebsinhaber ändert und auf diesen die wesentlichen Betriebsmittel übertragen werden (siehe hierzu S. 29). Denkt man an den Fall, dass ein Unternehmen aus Kostengründen Dienstleistungen (beispielsweise Pensionsabrechnungen) von einem außenstehenden Unternehmen

---

65 *CMS Study*, Ziffer 1.1, S. 1; Ziffer 1.3.1, S. 6; *Ius Laboris*, 2009, S. 14.

66 *CMS Study*, Ziffer 1.3.2 "*Transfer*", S. 13.

67 Reg. 3 (1) (b) der Transfer of Undertaktings (Protection of Employment) Regulations 2006 (TUPE), abrufbar unter: http://www.legislation.gov.uk/uksi/2006/246/regulation/3/made (Stand: 01.07.2014), lautet wie folgt:
"*A relevant transfer – (1) These Regulations apply to (…) (b) a service provision change, that is a situation in which—*
(i) activities cease to be carried out by a person ("a client") on his own behalf and are carried out instead by another person on the client's behalf ("a contractor");.
(ii) activities cease to be carried out by a contractor on a client's behalf (whether or not those activities had previously been carried out by the client on his own behalf) and are carried out instead by another person ("a subsequent contractor") on the client's behalf; or.
(iii) activities cease to be carried out by a contractor or a subsequent contractor on a client's behalf (whether or not those activities had previously been carried out by the client on his own behalf) and are carried out instead by the client on his own behalf,.
and in which the conditions set out in paragraph (3) are satisfied."

68 *Rauch*, Betriebsübergang in Europa, 2009, S. 73 ff.

ausführen lässt, fehlt es in der Regel an der Übertragung der identitätsprägenden Betriebsmittel.[69]

Überdies besteht die Besonderheit der Reg. 3 (1) (b) TUPE – im Vergleich zur deutschen Regelung des § 613a BGB – darin, dass im Falle eines „*service provision change*" nach dem britischen Recht die Wahrung der Betriebsidentität nicht nötig ist. In Deutschland kommt es hingegen bei jedem Betriebsübergang darauf an, dass die Betriebsidentität der übernommenen wirtschaftlichen Einheit auch nach dem Betriebsübergang fortbesteht.[70] Insbesondere bei Dienstleistungsbetrieben kann dies schwierig sein.[71]

Ziel dieses zweiten Teils ist es, den grenzüberschreitenden Betriebsübergang näher zu beleuchten. Hierfür werden nachfolgend (i) die wesentlichen Grundlagen im Zusammenhang mit einem innerdeutschen Betriebsübergang gem. § 613a BGB erläutert. Anschließend werden (ii) die Besonderheiten grenzüberschreitender Sachverhalte im Zusammenhang mit § 613a BGB vorgestellt.

§ 1 Grundlagen des Betriebsübergangs i.S.d. § 613a BGB

Die deutsche Vorschrift, die den Betriebsübergang regelt, ist § 613a BGB. Die heute in Deutschland geltende Fassung des § 613a BGB ist stark durch die Umsetzung[72] der Richtlinie 77/187/EWG und der sich anschließenden

---

69 *Sieg/Maschmann*, S. 3. Der Kostenvorteil des Outsourcings wird damit begründet, dass i.R.d. Outsourcings Dienstleistungen durch eine externe Firma erbacht werden, die bislang das Unternehmen selbst leistete.

70 Dies entspricht auch der sonstigen Regelungen des britischen Rechts: Reg. 3 (1) (a) der Transfer of Undertakings (Protection of Employment) Regulations 2006 (TUPE), abrufbar unter: http://www.legislation.gov.uk/uksi/2006/246/regulation/3/made (Stand: 01.07.2014), Reg. 3 (1) (a) TUPE lautet wie folgt:
"*A relevant transfer – (1) These Regulations apply to (a) a transfer of an undertaking, business or part of an undertaking or business situated immediately before the transfer in the United Kingdom to another person where there is a transfer of an economic entity which retains its identity*".

71 Bei einem Dienstleistungsbetrieb spielt die Übernahme des Personals eine wichtige Rolle. Je nach Einzelfall kann daher die Wahrung der Betriebsidentität davon abhängen, ob der überwiegende Teil (nach Zahl und Sachkunde) der Belegschaft dem Übergang des Arbeitsverhältnisses widerspricht. Vgl. BAG, Urt. v. 25.06.2009 (Az. 8 AZR 258/08), Rn. 30 f. (juris), AP Nr. 373 zu § 613a BGB – hier stellte das BAG fest, dass im Fall eines Callcenters die Dienstleistungen der Mitarbeiter identitätsprägend war. Maßgeblich für das Vorliegen eines Betriebsübergangs, war daher die Übernahme des Personals.

72 Nach Art. 288 Abs. 3 AEUV ist eine Richtlinie für jeden Mitgliedstaat, an den sie gerichtet wird, nur hinsichtlich des zu erreichenden Ziels verbindlich. Die Wahl der

Änderungen[73] geprägt. Die letzte Änderung der Richtlinie 77/187/EWG erfolgte durch die Richtlinie 2001/23/EG vom 12. März 2001 (nachfolgend **„Betriebsübe rgangsrichtlinie“**).[74] Die insoweit notwendigen Änderungen wurden durch das *„Gesetz zur Änderung des Seemannsgesetzes und anderer Gesetze“* vom 23. März 2002 vollzogen. Aufgrund des europarechtlichen Einflusses auf § 613a BGB ist § 613a BGB europarechtskonform auszulegen.[75]

Mit Blick auf die weitere Untersuchung werden im Folgenden (i) die wesentlichen Begriffe im Zusammenhang mit § 613a BGB, (ii) der innerdeutsche Anwendungsbereich und die Abgrenzungsfälle des § 613a BGB sowie (iii) die Rechtsfolgen eines innerdeutschen Betriebsübergangs gem. § 613a BGB erläutert. Dieses Unterkapitel schließt (iv) mit einer Zusammenfassung der gewonnenen Ergebnisse.

Zur Konkretisierung des innerdeutschen Anwendungsbereichs und der Voraussetzungen des § 613a BGB erging eine Vielzahl an Urteilen[76] und Literaturmeinungen[77]. Diese werden hier nicht explizit wiedergegeben. Vielmehr beschränken sich die nachfolgenden Ausführungen auf die Erläuterung der wesentlichen Begriffe.

Form und des Mittels zur Umsetzung in nationales Recht wird den Mitgliedstaaten überlassen. Grundsätzlich bedarf es also der Transformation/der Umsetzung einer Richtlinie in innerstaatliches Recht, damit sie unmittelbare Wirkung entfalten kann.

73 Im Wesentlichen basieren die Änderungen auf der in der Zwischenzeit ergangenen Rspr. des EuGH zur Auslegung der Richtlinie 77/187/EWG. Die Richtlinie 77/187/EWG und die Änderungsrichtlinie 98/50/EW wurden in konsolidierter Form als Richtlinie 2001/23/EG vom 12. März 2001, abgedruckt in ABl. 2001, L 82/16 – L82/20, neu verkündet. Die Umsetzung in deutsches Recht erfolgte durch das *„Gesetz zur Änderung des Seemannsgesetzes und anderer Gesetze“* vom 23. März 2002, abgedruckt in BGBl. I, S. 1163.

74 Die letzte Änderung erfolgte in Bezug auf Umsetzung der Richtlinie 2001/23/EG vom 23. März 2001 durch das *„Gesetz zur Änderung des Seemannsgesetzes und anderer Gesetze“* vom 23. März 2002, abgedruckt in BGBl. I, S. 1163. Die Änderungen traten am 01.04.2002 in Kraft.

75 *Bayreuther*, § 613a BGB Rn. 2; *Thüsing*, § 5 Rn. 6.

76 So bspw.: EuGH, Urt. v. 18.03.1986 (Rs. 24/85), Slg. 1986, S. 1119 – S. 1130 (Spijkers); EuGH, Urt. 14.04.1994 (Rs. C 392/92), Slg. 1994, I-1311 – I-1328 (Christel Schmidt); EuGH v. 11.03.1997 (Rs. C-13/95), Slg. 1997, I-1259 – I-1277 (Ayse Süzen).

77 So bspw.: *Pietzko*, S. 3 ff; *Hauck*, FS Düwell, S. 64 ff.; *Hergenröder*, AR-Blattei SD 500.1, Rn. 1 ff.; *Alsbaek*, S. 27 ff.; *Schwerdtner*, FS Müller, S. 564 ff.; *Sieg/Maschmann*, S. 10 ff.; *Moll*, RdA 1999, 233 (233 ff.); *Windt*, S. 88 ff.

A. Wesentliche Begriffe im Zusammenhang mit § 613a BGB

Für die weitere Prüfung sind (i) Begriffserläuterungen im Rahmen der Voraussetzungen des § 613a BGB als auch (ii) Ausführungen zu dem Zeitpunkt des Eintritts des Betriebsübergangs relevant.

I. Begriffserläuterung im Rahmen der Voraussetzungen des § 613a BGB

Nach dem Wortlaut des § 613a Abs. 1 S. 1 BGB liegt ein Betriebsübergang vor, wenn ein Betrieb oder Betriebsteil durch Rechtsgeschäft auf einen anderen Inhaber übergeht.

Voraussetzung ist damit (i) das Vorliegen eines Betriebs, (ii) ein Inhaberwechsel und (iii) ein Betriebsübergang.[78] In der Praxis ist insbesondere die dritte Voraussetzung - das Vorliegen eines Betriebsübergangs i.S.d. § 613a BGB - oft umstritten.[79]

Nach der Betriebsübergangsrichtlinie und der Rechtsprechung des EuGH[80] ist die Frage hinsichtlich des Vorliegens eines Betriebsübergangs untrennbar mit der Prüfung, ob die Übertragung des Betriebs oder Betriebsteils unter Wahrung der bisherigen Identität geschieht, verbunden.[81]

---

78 *Nicolai*, Kapitel 1, Rn. 1.

79 Sowohl der EuGH als auch das BAG hatten wiederholt Möglichkeit hierzu Stellung zu nehmen: Siehe beispielsweise EuGH, Urt v. 07.02.1985 (Rs. 135/83), Slg. 1985, S. 469 (S. 482 Rn. 8 ff.); EuGH, Urt. v. 18.03.1986 (Rs. 24/85), Slg. 1986, S. 1119 (S. 1127 Rn. 7 ff.) (Spijkers); EuGH, Urt. v. 14.04.1994 (Rs. C-392/92), Slg. 1994, I-1311 (Leitsatz 1, I-1311; Rn. 6 ff.) (Christel Schmidt); EuGH v. 11.03.1997 (Rs. C-13/95), Slg. 1997, I-1259 (Leitsatz 1, I-1259; Rn. 6 ff.) (Ayse Süzen); BAG, Urt. v.21.05.2008 (Az. 8 AZR 481/07), Rn. 32 (juris), EzA BGB 2002 § 613a Nr. 97; BAG, Urt. v. 23.09.2010 (Az. 8 AZR 567/09), Rn. 31 (juris), AP Nr. 389 zu § 613a BGB; so auch *Krimphove*, S. 367 Rn. 564; *Thüsing*, § 5 Rn. 7.

80 Siehe bspw. EuGH, Urt. v. 18.03.1986 (Rs. 24/85), Slg. 1986, S. 1119 (S. 1127 Rn. 7) (Spijkers).

81 *Krimphove*, S. 368 Rn. 564; *Bayreuther*, § 613a BGB Rn. 4.

1. *Betrieb und Betriebsteil i.S.d. § 613a BGB/wirtschaftliche Einheit i.S.d. Betriebsübergangsrichtlinie*

Nach der in Rechtsprechung[82] und Literatur[83] vertretenen Ansicht, versteht man unter einem Betrieb i.S.d. § 613a BGB bzw. einer betreffenden wirtschaftlichen Einheit[84] i.S.d. Betriebsübergangsrichtlinie Folgendes:

> *„[...] eine organisierte Gesamtheit von Personen und Sachen zur auf Dauer angelegten Ausübung einer wirtschaftlichen Tätigkeit mit eigener Zielsetzung."*[85]

Hierbei handelt es sich – entgegen der früheren Rechtsprechung[86] – nicht um den allgemeinen betriebsverfassungsrechtlichen Betriebsbegriff.[87] Hervorzuheben ist, dass die vorgehende Definition die Arbeitnehmer als Teil des Betriebs

---

82 EuGH, Urt. v. 11.03.1997 (Rs. C 13/95), Slg. 1997, I-1259 (I-1273 Rn. 13) (Ayse Süzen), in diesem Urteil definierte der EuGH erstmals den Begriff „*wirtschaftliche Einheit*"; im Zusammenhang mit dem Betriebsübergang eines Callcenters entschied das BAG, Urt. v. 25.06.2009 (Az. 8 AZR 258/08), Rn. 26 (juris), AP Nr. 373 zu § 613a BGB: „*Eine solche [wirtschaftliche Einheit] besteht aus einer organisatorischen Gesamtheit von Personen und/oder Sachen zur auf Dauer angelegten Ausübung einer wirtschaftlichen Tätigkeit mit eigener Zielsetzung.*" In vorhergehenden Urteilen vertrat das BAG den betriebsverfassungsrechtlichen Betriebsbegriff. Danach gehören „*Zum Betrieb im Sinne von § 613 a Abs. 1 BGB (...) nur die sächlichen und immateriellen Betriebsmittel, nicht auch die Arbeitnehmer.*", vgl. BAG, Urt. v. 25.02.1981 (Az.: 5 AZR 991/78), Rn. 10 (juris), BAGE 35, 104–110 (106); ähnlich in BAG, Urt. v. 04.03.1993 (Az.: 2 AZR 507/92), Rn. 35 (juris), AP Nr. 101 zu § 613a BGB.

83 *Picot/Schnitker*, S. 10 Rn. 18 ff.; *Bayreuter*, § 613 a Rn. 4; *Franzen*, NZA Beilage 4/2008, 139 (139).

84 Die Betriebsübergangsrichtlinie definierte weder die Begriffe Unternehmen, Betrieb oder Betriebsteil, sondern verwendete den gemeinsamen Oberbegriff der wirtschaftlichen Einheit; siehe hierzu *Alsbaek*, S. 27.

85 EuGH, Urt. v. 11.03.1997 (Rs. C 13/95), Slg. 1997, I – 1259 (I – 1273 Rn. 13) (Ayse Süzen); BAG, Urt. v. 22.05.1997 (Az.: 8 AZR 101/96), Rn. 33 (juris), BAGE 86, 20–30.

86 BGB BAG, Urt. v. 25.02.1981 (Az.: 5 AZR 991/78), Rn. 10 (juris), BAGE 35, 104–110 (106); BAG, Urt. v. 22.05.1985 (Az.: 5 AZR 173/84), Rn. 14 (juris), BAGE 48, 376–390; BAG, Urt. v. 04.03.1993 (Az.: 2 AZR 507/92), Rn. 35 (juris), AP Nr. 101 zu § 613a BGB; BAG, Beschl. v. 27.07.1994 (Az.: 7 ABR 37/93), Rn. 14 (juris), AP Nr. 118 zu § 613a.

87 B/D/H/*Dreher*, § 613a BGB Rn. 33.

umschreibt.[88] Dies folgt aus der Formulierung „*Gesamtheit von Personen und Sachen*“[89].

Diese Auffassung entspricht dem Verständnis des EuGH.[90] Auch dieser berücksichtigt neben sächlichen und immateriellen Mitteln personelle Betriebsmittel.[91] In der Praxis spielt die Einbeziehung der Arbeitnehmer in den Betriebsbegriff insbesondere bei Dienstleistungsbetrieben eine große Rolle.[92]

Dienstleistungsbetriebe zeichnen sich – im Gegensatz zu Produktionsbetrieben – dadurch aus, dass die Arbeitnehmer das wichtigste „Betriebsmittel“ sind.[93] Würden die Arbeitnehmer nicht von dem Betriebsbegriff erfasst, bestünde bei Dienstleistungsbetrieben zumindest die Gefahr, dass Betriebsveräußerungen nicht zu einem Betriebsübergang i.S.d. § 613a BGB führen würden.[94] Die

---

88 Anders ist dies bei der betriebsverfassungsrechtlichen Betriebsdefinition (§§ 1, 4 BetrVG). Dieser lautet wie folgt: „*Als Betrieb ist die organisatorische Einheit anzusehen, innerhalb derer der Unternehmer allein oder in Gemeinschaft mit seinen Mitarbeitern mit Hilfe von sächlichen und immateriellen Mitteln bestimmte arbeitstechnische Zwecke fortgesetzt verfolgt.*“ vgl. BAG, Urt. v. 23.09.1982 (Az.: 6 ABR 42/81) Rn. 16 (juris), BAGE 40, 163–171; BAG, Beschl. v. 09.12.1992 (Az.: 7 ABR 15/92), Rn. 14 m.w.N. (juris). Die Arbeitnehmer sind von dem betriebsverfassungsrechtlichen Betriebsbegriff nicht umfasst, vgl. ErfK/*Preis*, § 613 a BGB Rn. 5; *Thüsing*, § 5 Rn. 9.

89 EuGH, Urt. v. 11.03.1997 (Rs. C 13/95), Slg. 1997, I – 1259 (I – 1273 Rn. 13) (Ayse Süzen); BAG, Urt. v. 22.05.1997 (Az.: 8 AZR 101/96), Rn. 33 (juris), BAGE 86, 20–30.

90 EuGH, Urt. v. 20.01.2011 (Rs. C- 463/09), Rn. 36 (juris), Slg. I-95 – I-137 (CLECE); *Thüsing*, § 5 Rn. 9.

91 EuGH, Urt. v. 20.01.2011 (Rs. C- 463/09), Rn. 36 (juris), Slg. I-95 – I-137 (CLECE); *Thüsing*, § 5 Rn. 9.

92 EuGH, Urt. v. 20.01.2011 (Rs. C- 463/09), Rn. 36 (juris), Slg. I-95 – I-137 (CLECE), in dem entschiedenen Fall ging es um Reiningungstätigkeiten; *Thüsing*, § 5 Rn. 9.

93 Anders ist dies bei Dienstleistungsbetrieben „*(…) mit geringen Qualifikationsanforderungen und wenigen bzw. fehlenden arbeitsteiligen Strukturen der Zusammenarbeit (…). Damit würden die eingesetzten materiellen oder immateriellen Betriebsmittel bei der wertenden Gesamtbetrachtung an Bedeutung gewinnen.*“, LAG München, Urt. v. 21.11.2013 (Az.: 2 Sa 414/13), Rn. 32 (juris).

94 Die Gefahr, dass Dienstleistungsbetriebe ohne Berücksichtigung der Arbeitnehmer als Teil der wirtschaftlichen Einheit ihre wirtschaftliche Identität nach dem Betriebsübergang verlieren könnten, resultiert aus Folgendem: Dienstleistungsbetriebe sind in der Regel nur mit geringen sachlichen Betriebsmitteln (beispielsweise Büroeinrichtung) ausgestattet. Ob diese im Fall eines Betriebsübergangs auf den Betriebserwerber übertragen werden, erscheint zweifelhaft. Zumindest wäre es – selbst bei einer Übertragung der geringen sachlichen Betriebsmittel – schwer, hieraus eine wirtschaftliche Einheit herzuleiten. Dies entspricht auch der Auffassung des BAG, vgl. BAG, Urt. v. 25.06.2009 (Az.8 AZR 258/08), Rn. 30 f. (juris), AP Nr. 373 zu § 613a

Arbeitnehmer kämen in diesem Fall nicht in den Genuss der arbeitnehmerschützenden Rechte des § 613a BGB.

Dass dies nicht gewollt ist, zeigt die ständige Rechtsprechung des BAG.[95] Darin heißt es:

> „*In Branchen, in denen es im Wesentlichen auf die menschliche Arbeitskraft ankommt, kann auch die Gesamtheit von Arbeitnehmern, die durch eine gemeinsame Tätigkeit dauerhaft verbunden ist, eine wirtschaftliche Einheit darstellen.*“[96]

Neben einem Betriebsübergang schützt § 613a BGB auch einen Betriebsteilübergang. Ein Betriebsteil ist die nächst kleinere Einheit eines Betriebes.[97] Das BAG[98] und die herrschende Ansicht in der Literatur[99] verstehen darunter:

> „*(...) eine organisatorische Untergliederung des Gesamtbetriebs, mit der innerhalb des betrieblichen Gesamtzwecks ein Teilzweck verfolgt wird, auch wenn es sich dabei um eine untergeordnete Hilfsfunktion handelt.*“[100]

Nach der Rechtsprechung des BAG[101] ist es für das Vorliegen eines Betriebsteilübergangs notwendig, dass bereits bei dem Betriebsveräußerer der Betriebsteil als „*selbständig abtrennbare organisatorische Einheit*“[102] bestand.

BGB – hier stellte das BAG fest, dass im Fall eines Callcenters die Dienstleistungen der Mitarbeiter identitätsprägend war. Maßgeblich für das Vorliegen eines Betriebsübergangs, war daher die Übernahme des Personals.

95 So bspw. BAG, Urt. v. 11.12.1997 (Az.: 8 AZR 426/94), Rn. 19 (juris), BAGE 87, 296–302; BAG, Urt. v. 25.06.2009 (Az.: 8 AZR 258/08), Rn. 27 (juris), AP Nr. 373 zu § 613a BGB.

96 BAG, Urt. v. 25.06.2009 (Az. 8 AZR 258/08), Rn. 27 (juris), AP Nr. 373 zu § 613a BGB; dies entspricht auch der Rechtsprechung des EuGH: EuGH, Urt. v. 11.03.1997 (Rs. C 13/95), Rn. 32 (juris), Slg. 1997, I–1259 (Ayse Süzen); EuGH, Urt. v. 20.01.2011 (Rs. C- 463/09), Rn. 36 (juris), Slg. I-95 – I-137 (CLECE).

97 B/D/G/*Beseler*, S. 19.

98 BAG, Urt. v. 13.10.2011 (Az.: 8 AZR 455/10), Rn. 37 (juris), BAGE 139, 309–322; BAG, Urt. v. 10.11.2011 (Az. 8 AZR 538/10), Rn. 20 (juris), AP Nr. 421 zu § 613a BGB.

99 *Bayreuter*, § 613a BGB Rn. 4; *Burgmer/Richter*, S. 25; B/D/G/*Beseler*, S. 20; *Commandeur/Kleinebrink*, NZA-RR 2004, 449 (449); *Salamon*, NZA 2012, 482 (484 f.).

100 *Bayreuter*, § 613a BGB Rn. 4; *Commandeur/Kleinebrink*, NZA-RR 2004, 449 (449).

101 BAG, Urt. v. 13.10.2011 (Az. 8 AZR 455/10), Rn. 34 (juris), BAGE 139, 309–322; BAG, Urt. v. 25.04.2013 (Az.: 6 AZR 49/12), Rn. 169 (juris), EzA-SD 2013, Nr. 14, 4–8.

102 BAG, Urt. v. 25.04.2013 (Az.: 6 AZR 49/12), Rn. 169 (juris), EzA-SD 2013, Nr. 14, 4–8.

Im Rahmen des § 613a BGB wird sowohl bei einem Betrieb als auch bei einem Betriebsteil an das Vorliegen einer „*wirtschaftlich abgrenzbaren Einheit*“[103] angeknüpft.[104] Daher wird im Folgenden nur an den jeweils relevanten Stellen zwischen einem Betrieb und einem Betriebsteil differenziert. Andernfalls gelten die Ausführungen zum Betrieb auch für die Übertragung eines Betriebsteils.

2. *Inhaberwechsel*

Der Wortlaut des § 613a BGB setzt als Voraussetzung für einen Betriebsübergang ausdrücklich die Übertragung „*durch Rechtsgeschäft auf einen anderen Inhaber*“ voraus.

Mit anderen Worten dient das zivilrechtliche Rechtsgeschäft als „Basis“ für einen Inhaberwechsel und bietet eine Vielzahl von rechtlichen Konstruktionen zur Durchführung eines solchen.[105] Das Arbeitsrecht knüpft als Konsequenz an den Inhaberwechsel an.[106]

Eine zivilrechtliche Umstrukturierung kann sich grundsätzlich sowohl innerhalb des Umwandlungsgesetzes[107] (nachfolgend „**UmwG**“) als auch außerhalb des UmwG vollziehen.[108] Hinsichtlich der gesellschaftsrechtlichen Konstruktion haben die Unternehmer die freie Wahl.[109] Wirtschaftlich betrachtet sind die Ergebnisse oft gleich.[110] Der Unterschied zwischen Umstrukturierungen innerhalb und außerhalb des UmwG liegt insbesondere in der Durchführung der jeweiligen Umstrukturierung.[111]

---

103 BAG, Urt. v. 23.05.2013 (Az.: 8 AZR 207/12), Rn. 22 ff. (juris), DB 2013, 2336–2338; BAG, Urt. v. 10.11.2011 (Az.: 8 AZR 546/10), Rn. 18 (juris), AP Nr. 422 zu § 613a BGB; *Bayreuter*, § 613a BGB Rn. 4; *Commandeur/Kleinebrink*, NZA-RR 2004, 449 (449).

104 *Nicolai*, Kapitel 1, Rn. 71.

105 *Willemsen u. a./Willemsen*, Umstrukturierung, S. 33 Rn. 55.

106 *Willemsen u. a./Willemsen*, Umstrukturierung, S. 33 Rn. 55.

107 Das Umwandlungsgesetz sieht vier Arten der Umwandlung vor: Verschmelzung, Spaltung, Vermögensübertragung, und Formwechsel. Zu den Umwandlungstypen nach dem UmwG siehe *Willemsen u. a./Willemsen*, Umstrukturierung, S. 41 Rn. 73 ff.

108 *Willemsen u. a./Willemsen*, Umstrukturierung, S. 34 Rn. 56.

109 *Willemsen u. a./Willemsen*, Umstrukturierung, S. 34 Rn. 56; *Bachner/Gerhardt*, S. 47 Rn. 65.

110 *Willemsen u. a./Willemsen*, Umstrukturierung, S. 34 Rn. 57: Sowohl eine Spaltung/Ausgliederung nach dem UmwG als auch eine Einzelrechtsübertragung der jeweiligen „*assets*“ führt zu einer „Teilung“ des Unternehmens oder des Betriebs.

111 Maßnahmen nach dem UmwG gehen im Wege der Gesamtrechtsnachfolge über. Der Anwendungsbereich des § 613a BGB setzt hingegen Einzelrechtsübertragungen voraus.

Außerhalb des UmwG kann die Veräußerung eines Betriebs[112] durch einen sog. „*asset deal*"[113] oder durch einen sog. „*share deal*"[114] vollzogen werden. Nur bei einem „*asset deal*" liegt ein Inhaberwechsel vor.[115] Im Falle eines „*share deal*" wechselt dagegen lediglich die Inhaberschaft an den Geschäftsanteilen oder Aktien.[116] Der Anwendungsbereich des § 613a BGB erfasst somit nur Fälle des „*asset deal*".[117]

Der „*asset deal*" charakterisiert das zugrunde liegende Rechtsgeschäft des Betriebsübergangs. Unter einem „*asset deal*" versteht man die einzelne Veräußerung und Verfügung über die betreffenden Betriebsmittel.[118] Charakteristisch für einen Betriebsübergang ist, dass über die Betriebsmittel einzeln verfügt wird.[119] Dies bezeichnet man auch als Einzelrechtsnachfolge (oder Singularsukzession).[120] Für die Bestimmung des Anwendungsbereichs des § 613a BGB ist maßgeblich, dass Fälle der Gesamtrechtsnachfolge – wie beispielsweise Umstrukturierungen nach dem UmwG – hiervon nicht erfasst sind.[121]

Die weitere Untersuchung beschränkt sich auf Umstrukturierungen außerhalb des UmwG. Angemerkt sei allerdings, dass eine Umstrukturierung nach dem UmwG die Anwendung des § 613a BGB nicht gänzlich ausschließt.[122] Hinsichtlich des Fortbestands des Arbeitsverhältnisses besteht zwischen einer

---

112 Für den Fall eines Betriebsteilverkaufs ist grds. nur die Variante des „*asset deal*" möglich, da sich ein „*share deal*" stets auf die Gesellschaft als Ganzes bezieht. Siehe hierzu ausf. *Willemsen u. a./Willemsen*, Umstrukturierung, S. 68 Rn. 120.

113 *Willemsen u. a./Willemsen*, Umstrukturierung, S. 33 Rn. 54 a; *Saenger*, S. 580 Rn. 1075: Unter einem „*asset deal*" versteht man die rechtsgeschäftlichen Einzelübertragung von Vermögensgegenständen.

114 *Saenger*, S. 580 Rn. 1075: Unter einem „*share deal*" versteht man den Erwerb der gesellschaftsrechtlichen Beteiligung (Aktien oder Geschäftsanteile).

115 *Willemsen u. a./Willemsen*, Umstrukturierung, S. 33 Rn. 54 a, S. 68 Rn. 119: bei einem „*share deal*" fehlt es an einem Inhaberwechsel.

116 BAG, Urt. v. 12.7.1990 (Az. 2 AZR 39/90), Rn. 37 (juris), AP Nr. 87 zu BGB § 613a; siehe hierzu: *Alsbaek*, S. 29.

117 *Willemsen u. a./Willemsen*, Umstrukturierung, S. 33 Rn. 54 a, S. 68 Rn. 119; *Picot/Schnitker*, S. 6 Rn. 5.

118 *Merkt*, RIW 1995, 533 (533).

119 *Willemsen u. a./Willemsen*, Umstrukturierung, S. 33 Rn. 54 a.; *Bachner/Gerhardt*, S. 27 Rn. 16.

120 *Hauck*, in: AnwaltKommentar ArbeitsR, § 613a BGB Rn. 24.

121 *Willemsen u. a./Willemsen*, Umstrukturierung, S. 39 Rn. 69; *Thüsing*, § 5 Rn. 29.

122 § 324 UmwG in der aktuellen Fassung lautet wie folgt: „*§ 613 a Abs. 1, 4 bis 6 des Bürgerlichen Gesetzbuchs bleibt durch die Wirkungen der Eintragung einer Verschmelzung, Spaltung oder Vermögensübertragung unberührt.*"

Umstrukturierung nach dem UmwG und einer Einzelrechtsübertragung ein Gleichlauf.[123]

Der Begriff *„Rechtsgeschäft"* wird weit ausgelegt, so dass es diesbezüglich einen großen Gestaltungsspielraum gibt.[124] In der Praxis reicht beispielsweise der Abschluss einer Nutzungsvereinbarung oder eines Mietvertrags hierfür aus.[125] Auch Pachtverträge oder Schenkungen sind zur Erfüllung der Voraussetzung *„Rechtsgeschäft"* i.S.d. § 613a Abs. 1 S. 1 BGB ausreichend.[126]

Festzuhalten ist, dass das Vorliegen eines Rechtsgeschäfts, das auf eine Eigentumsübertragung gerichtet ist, keine Voraussetzung für die Anwendung des § 613a BGB ist.[127] Hintergrund für dieses weite Verständnis ist die Intention des § 613a BGB. Die Arbeitnehmer sollen danach in jedem Fall vor Nachteilen des Betriebsinhaberwechsels geschützt werden.[128]

3. *Wahrung der Betriebsidentität*

Nach dem Wortlaut der Betriebsübergangsrichtlinie ist die Wahrung der Identität der übertragenen wirtschaftlichen Einheit eine maßgebliche Voraussetzung für das Vorliegen eines Betriebsübergangs. Insoweit lautet Art. 1 I lit. b) der Betriebsübergangsrichtlinie wie folgt:

> *„(...) gilt als Übergang im Sinne dieser Richtlinie der Übergang einer ihre Identität bewahrenden wirtschaftlichen Einheit im Sinne einer organisierten Zusammenfassung von Ressourcen zur Verfolgung einer wirtschaftlichen Haupt- oder Nebentätigkeit."*[129]

Kernbegriff dieser Definition ist die Wahrung und Fortsetzung der Identität der wirtschaftlichen Einheit (nachfolgend „**Betriebsidentität**").[130] Maßgeblich ist, dass das Rechtssubjekt wechselt, die Betriebsidentität von dem Inhaberwechsel

---

123 Weitere Ausführungen unter *Willemsen u. a./Willemsen*, Umstrukturierung, S. 55 f. Rn. 88 f.

124 *Alsbaek*, S. 30; *Thüsing*, § 5 Rn. 29.

125 *Burgmer/Richter*, S. 46; *Beseler*, S. 54.

126 *Thüsing*, § 5 Rn. 29.

127 *Krimphove*, S. 370 Rn. 566.

128 Für den Schutz der Arbeitnehmer spielt es keine Rolle, ob dem neuen Betriebsinhaber das Eigentum an den *„asstes"* übertragen wird. Vgl. EuGH, Urt. v. 17.12.1987 (Rs. 287/86), Rn. 25 (juris), Slg. 1987, S. 5465; *Krimphove*, S. 370 Rn. 566.

129 Richtlinie 2001/23/EG vom 12. März 2001, abgedruckt in ABl. 2001, L 82/16 – L82/20.

130 *Willemsen u. a./Willemsen*, Umstrukturierung, S. 792 Rn, 97; *Burgmer/Richter*, S. 28.

unberührt bleibt[131] und der neue Betriebsinhaber den Betrieb in derselben Weise nutzt wie der alte Betriebsinhaber[132].

Auch nach der Rechtsprechung des EuGH[133] und des BAG[134] ist die Wahrung der Betriebs-identität eine maßgebliche Voraussetzung für das Vorliegen eines Betriebsübergangs i.S.d. Betriebsübergangsrichtlinie bzw. des § 613a BGB. Die Relevanz der Wahrung der wirtschaftlichen Einheit zeigt sich in der Praxis beispielsweise in Fällen, in denen der Betriebserwerber versucht, den Rechtsfolgen des § 613a BGB durch Zerschlagung der Betriebsidentität zu entgehen.[135]

Zur Erleichterung der Frage, wann die Betriebsidentität trotz des Betriebsübergangs gewahrt bleibt, entwickelte der EuGH[136] und dem folgend das BAG[137] einen sog. „Sieben-Punkte-Katalog". Hiernach sind folgende Kriterien in einer Gesamtschau[138] zu berücksichtigen: (1) die Art des Unternehmens oder Betriebs, (2) der Übergang materieller Betriebsmittel, (3) der Wert der immateriellen Aktiva beim Übergang, (4) die Übernahme der Hauptbelegschaft durch den neuen Inhaber, (5) die Übernahme der Kundschaft, (6) der Grad der Ähnlichkeit der vor und nach dem Übergang verrichteten Tätigkeit sowie (7) die Dauer einer eventuellen Unterbrechung dieser Tätigkeit.[139]

---

131 *Bayreuther*, § 613a BGB Rn. 3; *Franzen*, NZA Beilage 4/2008, 139 (139); *Bachner/Gerhardt*, S. 30 Rn. 23.

132 *Franzen*, NZA Beilage 4/2008, 139 (139); *Willemsen u. a./Willemsen*, Umstrukturierung, S. 792 Rn. 97.

133 EuGH, Urt. 18.03.1986 (Rs. 24/85), Rn. 11 (juris), Slg. 1986, S. 1119 (Spijkers); EuGH, Urt. v.19.09.1995 (Rs. C-48/94), Rn. 15 f. (juris), Slg. 1995, I – 2745; EuGH, Urt. 11.03.1997 (Rs. C-13/95), Rn. 10 (juris), Slg. 1997, I–1259 (Ayse Süzen).

134 BAG, Urt. v. 06.04.2006 (Az. 8 AZR 249/04), Rn. 23 (juris), BAGE 117, 361–370; BAG, Urt. v. 25.06.2009 (Az. 8 AZR 258/08), Rn. 26 (juris), AP Nr. 373 zu § 613a BGB.

135 BAG, Urt. v. 04.05.2006 (Az.: 8 AZR 299/05), Rn. 34 (juris), BAGE 118, 168–183.

136 EuGH, Urt. v. 18.03.1986 (Rs. C 24/85), Rn. 13 (juris), Slg. 1986, S. 1119 (Spijkers); EuGH, Urt. v. 11.03.1997 (Rs. C-13/95), Rn. 14 (juris), Slg. 1997, I-1259 (Ayse Süzen).

137 BAG, Urt. v. 16.05.2002 (Az. 8 AZR 319/01), Rn. 75 (juris), AP Nr. 237 zu § 613a BGB; BAG, Urt. v. 21. 02.2008 (Az. 8 AZR 77/07), Rn. 18 (juris), AP Nr. 343 zu § 613a BGB.

138 EuGH, Urt. v. 18.03.1986 (Rs. C 24/85), Rn. 13 (juris), Slg. 1986, S. 1119 (Spijkers); EuGH v. 11.03.1997 (Rs. C-13/95), Rn. 14 (juris), Slg. 1997, I – 1259 (Ayse Süzen); *Willemsen u. a./Willemsen*, Umstrukturierung, S. 792 Rn. 97; *Thüsing*, § 5 Rn. 15.

139 Siehe hierzu: *Alsbaek*, S. 27; *Willemsen u. a./Willemsen*, Umstrukturierung, S. 793 Rn. 98; B/D/G/*Beseler*, S. 18; *Bachner/Gerhardt*, S. 29 f. Rn. 19; *Nicolai*, Kapitel 1, Rn. 10 ff.

Je nach Branche des Betriebs werden die Kriterien des Sieben-Punkte-Katalogs unterschiedlich bewertet und im Rahmen einer Gesamtbewertung gewürdigt.[140] Zu unterscheiden sind (i) reine Produktionsbetriebe[141] (nachfolgend auch „**betriebsmittelintensive Betriebe**"[142] genannt) von (ii) Dienstleistungsbetrieben (nachfolgend auch „**betriebsmittelarme Betriebe**"[143] genannt). Bei den betriebsmittelintensiven Betrieben kommt es zur Beurteilung der Frage hinsichtlich der Wahrung der Betriebsidentität maßgeblich darauf an, ob die wesentlichen Produktionsmittel übernommen werden.[144] Die Übernahme des Personals spielt insoweit nur eine untergeordnete Rolle.[145] Bei den betriebsmittelarmen Betrieben steht hingegen die Frage nach dem Übergang der immateriellen Betriebsmittel („*wie Kundenstamm, Kundenlisten, die Geschäftsbeziehungen zu Dritten, das „know-how" und der „good will" sowie die Einführung des Unternehmens auf dem*

---

140 EuGH, Urt. v. 18.03.1986 (Rs. C 24/85), Rn. 13 (juris), Slg. 1986, S. 1119 (Spijkers); EuGH, Urt. v. 11.03.1997 (Rs. C-13/95), Rn. 14 (juris), Slg. 1997, I - 1259 (Ayse Süzen); BAG, Urt. v. 23.05.2011 (Az.: 8 AZR 793/09), Rn. 36 (juris), AP Nr. 411 zu § 613a BGB; *Willemsen u. a./Willemsen*, Umstrukturierung, S. 794 Rn. 100.

141 So bspw. BAG, Urt. v. 25.05.2000 (Az. 8 AZR 335/99), Rn. 67 (juris), RzK I 5e Nr. 137; BAG, Urt. v. 16.05. 2002 (Az.: 8 AZR 319/01), Rn. 77 (juris), AP Nr. 237 zu § 613a BGB; siehe hierzu: *Nicolai*, Kapitel 1, Rn. 23 ff.

142 *Willemsen u. a./Willemsen*, Umstrukturierung, S. 788 Rn. 96 j.

143 Betriebsmittelarme Betriebe sind beispielsweise Reinigungs- und Überwachungsbetriebe, siehe *Willemsen u. a./Willemsen*, Umstrukturierung, S. 796 Rn. 103; *Hauck*, FS Düwell, S. 65; Insbesondere bei betriebsmittelarmen Betrieben kann es maßgeblich auf die Übernahme des Personals ankommen. So beispielsweise BAG, Urt. v. 21.06.2012 (Az. 8 AZR 181/11), Rn. 31 (juris), NZA-RR 2013, 6–15. Hier heißt es: *„In Branchen, in denen es im Wesentlichen auf die menschliche Arbeitskraft ankommt, kann auch eine Gesamtheit von Arbeitnehmern, die durch eine gemeinsame Tätigkeit dauerhaft verbunden sind, können eine wirtschaftliche Einheit darstellen"*.

144 BAG, Beschl. v. 27.07.1994 (Az.: 7 ABR 37/93), Rn. 17 (juris), AP Nr. 118 zu § 613a BGB; *CMS Study*, Ziffer 1.3.1, S. 6; *Bachner/Gerhardt*, S. 31 Rn. 25; *Nicolai*, Kapitel 1, Rn. 25.

145 BAG, Urt. v. 21.08.2008 (Az.: 8 AZR 201/07), Rn. 50 (juris), AP Nr. 353 zu § 613a BGB: „Bei betriebsmittelgeprägten Betrieben (…) sind sächliche Betriebsmittel, wie Gebäude und Einrichtungsgegenstände, und nicht die Belegschaft prägend."; So auch beispielsweise BAG, Urt. v. 24.01.2013 (Az.: 8 AZR 706/11), Rn. 24 (juris), EzA § 613a BGB 2002 Nr. 142; Willemsen u. a./Willemsen, Umstrukturierung, S. 788 Rn. 96 j.

Markt"[146]) im Vordergrund.[147] D.h. für die Wahrung der Betriebsidentität bei betriebsmittelarmen Betrieben kommt es maßgeblich auf die Übernahme der Arbeitsorganisation und der Betriebsmethode an.[148]

Die Bewertung des Kriteriums „*Ähnlichkeit vor und nach der Übertragung*"[149] konkretisierte der EuGH[150] (nachfolgend „**Klarenberg Rechtsprechung**") und ihm folgend das BAG[151] im Jahr 2009. Danach ist die „*funktionelle Verknüpfung*"[152] zwischen den übertragenen Betriebsmitteln und dem mit ihnen bislang verfolgten Betriebszweck entscheidend.[153]

Entgegen der früher vertretenen Auffassung ist es nach der Klarenberg Rechtsprechung nicht mehr notwendig, dass der übertragene Betrieb seine organisatorische Selbständigkeit in dem neuen Betrieb behält.[154] Durch eine Eingliederung des übertragenen Betriebs in einen bereits bestehenden Betrieb geht die Betriebsidentität nicht verloren, wenn die funktionelle Verknüpfung zwischen den Produktionsmitteln weiterhin besteht.[155]

Die funktionelle Verknüpfung zwischen den Produktionsmitteln ist gegeben, wenn der neue Betriebsinhaber die übertragenen Ressourcen gleichartig weiter nutzt und dadurch von der Übernahme profitiert.[156] Keine Wahrung der

---

146 BAG, Beschl. v. 27.07.1994 (Az.: 7 ABR 37/93), Rn. 17 (juris), AP Nr. 118 zu § 613a BGB.

147 BAG, Beschl. v. 27.07.1994 (Az.: 7 ABR 37/93), Rn. 17 (juris), AP Nr. 118 zu § 613a BGB,; BAG, Urt. v. 27.10.2005 (Az. 8 AZR 568/04), Rn. 16 (juris), AP Nr. 292 zu § 613a BGB; *CMS Study*, Ziffer 1.3.1, S. 6; *Bachner/Gerhardt*, S. 31 Rn. 26.

148 *Willemsen u. a./Willemsen*, Umstrukturierung, S. 794 Rn. 101.

149 EuGH, Urt. v. 18.03.1986 (Rs. C 24/85), Rn. 13 (juris), Slg. 1986, S. 1119 (Spijkers).

150 EuGH, Urt. v. 12.02.2009 (Rs. C-466/07), Slg 2009, I-803 – I-837, *Junker*, SAE 2010, 113 m. Anmerkung; hierzu kritisch *Willemsen*, NZA 2009, 289; LAG Düsseldorf 29.01.2010, LAGE § 613a BGB 2002 Nr. 28, ZIP 2010, 1258–1264.

151 BAG, Urt. v. 22.01.2009 (Az. 8 AZR 158/07), EzA-SD 2009, Nr. 17, 10–12; BAG, Urt. v. 17.12.2009 (Az. 8 AZR 1019/08), EzA-SD 2010, Nr. 7, 10–12; BAG, Urt. v. 13.10.2011 (Az.: 8 AZR 455/10), Rn. 36 (juris), BAGE 139, 309–322.

152 EuGH, Urt. v. 12.02.2009 (Rs. C-466/07), Rn. 47 (juris), Slg 2009, I-803 – I-837.

153 *Bachner/Gerhardt*, S. 28 f., Rn. 18; *Beseler*, S. 28 f.

154 *Junker*, SAE 2010, 113 – *Junker* führt insoweit aus, dass in der Rechtsprechung des BAG die Eingliederung als „*K.-o.-Kriterium*" für das Vorliegen eines Betriebsübergangs galt; *Salamon/Hoppe*, NZA 2010, 989 (991); *Bachner/Gerhardt*, S. 29 Rn. 18; *Beseler*, S. 28 f.

155 *Bachner/Gerhardt*, S. 29. Rn. 18.

156 *Bachner/Gerhardt*, S. 29. Rn. 18; *Beseler*, S. 28 f; *Salamon/Hoppe*, NZA 2010, 989 (991); *Thüsing*, § 5 Rn. 15.

Betriebsidentität liegt hingegen vor, wenn die Arbeits- und Organisationsstrukturen wesentlich geändert werden.[157]

II. Zeitpunkt des Eintritts des Betriebsübergangs

Maßgeblich für die spätere Diskussion ist die Frage, zu welchem Zeitpunkt der Betriebsübergang eintritt. An dieser Stelle sei abermals auf die Differenzierung zwischen dem Betriebsübergang und einer etwaigen Verlagerung des Betriebs hingewiesen.

In zivilrechtlicher Sicht sind im Hinblick auf den Betriebsübergang folgende Zeitpunkte zu unterscheiden: (i) der Abschluss des schuldrechtlichen Kausalgeschäfts (bspw. Kaufvertrag), (ii) der Zeitpunkt des dinglichen Verfügungsgeschäfts (einzelne Verfügungen über die entsprechenden Betriebsmittel) und (iii) der Zeitpunkt der tatsächlichen Übernahme der Leitungsmacht.[158]

Die Ansicht der Rechtsprechung[159] und der Literatur[160] hinsichtlich der Bestimmung des Zeitpunkts des Betriebsübergangs ist weitgehend einheitlich.

Nach dem BAG ist für den Eintritt des Betriebsübergangs der Zeitpunkt maßgeblich, in dem *„der Erwerber die Leitungsmacht im Betrieb im Einvernehmen mit dem Betriebsveräußerer ausüben kann"*[161]. Relevant ist damit der Moment, in dem der Betriebserwerber *„in die Lage versetzt worden ist, die Leitungsmacht im Betrieb mit dem Ziel der Betriebsfortführung auszuüben."*[162]. Entgegen der früheren Rechtsprechung[163] kommt es auf die tatsächliche Ausübung der Leitungsmacht an. *„Die bloße Möglichkeit allein, den Betrieb selbst unverändert fortführen zu können, reicht*

---

157 BAG, Urt. v. 04.05.2006 (Az.: 8 AZR 299/05), Rn. 32 ff. (juris), BAGE 118,168–183; siehe hierzu *Bezani/Richter*, S. 247.

158 *Bayreuther*, § 613a BGB Rn. 38; MüAnH/*Cohnen*, § 53 Rn. 53; *Kania*, S. 60, S. 65.

159 EuGH, 26.05.2005 (Rs. C-478/03), Rn. 36 (juris), Slg. 2005, I-4389 (Celtic); BAG, Urt. v. 23.07.1991 (Az.: 3 AZR 366/90), Rn. 44 (juris), BAGE 68, 160–170; BAG, Urt. v. 26.03.1996 (Az. 3 AZR 965/94), Rn. 21 (juris), AP Nr. 148 zu § 613a BGB; BAG, Urt. v. 21.08.2008 (Az. 8 AZR 201/07), Rn. 46 (juris), AP Nr. 353 zu § 613a BGB.

160 *Bachner/Gerhardt*, S. 43 Rn. 55; *Bayreuther*, § 613a BGB Rn. 33, Rn. 38; MüAnH/*Cohnen*, § 53 Rn. 53; *Karthaus/Richter*, in: HK-ArbR, § 613a BGB Rn. 89.

161 BAG, Urt. 23.07.1991 (Az.: 3 AZR 366/90), Leitsatz 2 (juris), BAGE 68, 160–170.

162 BAG, Urt. v. 26.03.1996 (Az. 3 AZR 965/94), Rn. 21 (juris), AP Nr. 148 zu § 613a BGB.

163 BAG, Urt. v. 16.10.1987 (Az.: 7 AZR 519/86), Rn. 47 (juris), AP Nr. 69 zu § 613a BGB – *„ohne daß es auf die tatsächliche Ausnutzung dieser Möglichkeit ankommt"*; BAG, Urt. v. 23.07.1991 (Az.: 3 AZR 366/90), Rn. 44 (juris), BAGE 68, 160–170; BAG, Urt. v. 26.03.1996 (Az. 3 AZR 965/94), Rn. 21 (juris), AP Nr. 148 zu § 613a BGB – *„Es ist nicht entscheidend, daß die Betriebsleitungsmacht zu diesem Zeitpunkt bereits*

nicht für die Annahme eines Betriebsübergangs, vielmehr muss der Betrieb auch tatsächlich weitergeführt werden.“[164] Zudem muss der Betriebserwerber den Willen zur Fortführung des Betriebes haben.[165]

Den Zeitpunkt, in dem die Leitungsmacht auf den Betriebserwerber übergeht, beschreibt das BAG[166] in einem Urteil aus dem Jahr 2008 wie folgt:

> *„Der Betriebsübergang tritt mit dem Wechsel in der Person des Betriebsinhabers ein, also mit dem Wechsel der Person, die für den Betrieb der übertragenen Einheit als Inhaber* ***verantwortlich*** *ist. Verantwortlich ist die Person, die den Betrieb im eigenen Namen führt und nach außen als Betriebsinhaber auftritt. Einer besonderen Übertragung einer irgendwie gearteten Leitungsmacht bedarf es wegen des Merkmals der Fortführung des Betriebes nicht. Der bisherige Inhaber muss seine wirtschaftliche Betätigung in dem Betrieb oder Betriebsteil einstellen (…).*“[167]

Maßgeblich ist daher, wann der Betriebserwerber die Inhaberschaft und damit die Verantwortung für den Betrieb übernimmt.[168]

Als Indizien für die Übernahme der Verantwortung stellt das BAG beispielsweise auf die Nutzung und Fortführung der wirtschaftlichen Einheit[169], die *„umfassende Nutzung des Betriebs nach außen*“[170], den *„tatsächliche[n] Übergang und die Nutzung der wesentlichen Betriebsmittel*“[171] sowie das Auftreten am *„Markt*

---

tatsächlich ausgeübt worden ist“; ebenso *Willemsen u. a./Willemsen*, Umstrukturierung, S. 825 Rn. 150.

164 BAG, Urt. v. 17.12.2009 (Az.: 8 AZR 1019/08), Rn. 20 (juris), AP Nr. 383 zu § 613a BGB; ebenso *Bayreuther*, § 613a BGB Rn. 38; MüAnH/*Cohnen*, § 53 Rn. 53; *Hauck*, in: AnwaltKommentar ArbeitsR, § 613a BGB Rn. 81 f.; *Koch*, in: Schaub, § 117 Rn. 29.

165 *Willemsen u. a./Willemsen*, Umstrukturierung, S. 825 Rn. 150.

166 BAG, Urt. v. 21.08.2008 (Az.: 8 AZR 201/07), Rn. 46 (juris), AP Nr. 353 zu § 613a BGB.

167 BAG, Urt. v. 21.08.2008 (Az.: 8 AZR 201/07), Rn. 46 (juris), AP Nr. 353 zu § 613a BGB – Hervorhebung ist im Original nicht enthalten.

168 EuGH, 26.05.2005 (Rs. C-478/03), Rn. 36 (juris), Slg. 2005, I-4389 (Celtic); danach ist der Zeitpunkt des Betriebsübergangs der Zeitpunkt, *„zu dem die Inhaberschaft, mit der die Verantwortung für den Betrieb der übertragenen Einheit verbunden ist, vom Veräußerer auf den Erwerber übergeht*“; BAG, Urt. v. 15.12.2005 (Az.: 8 AZR 202/05), Rn. 42 (juris), NZA 2006, 597–605; BAG, Urt. v. 21.08.2008 (Az. 8 AZR 201/07), Rn. 46 (juris), AP Nr. 353 zu § 613a BGB; *Bayreuther*, § 613a BGB Rn. 33; Palandt/*Weidenkaff*, § 613a BGB Rn. 12; *Kania*, S. 65.

169 BAG, Urt. v. 27.10.2005 (Az.: 8 AZR 568/04), Rn. 24 (juris), AP Nr. 292 zu § 613a BGB.

170 BAG, Urt. v. 20.03.2003 (Az.: 8 AZR 312/02), Rn. 43 (juris), BB 2003, 1793–1796.

171 BAG, Urt. v.15.12.2005 (Az.: 8 AZR 202/05), Rn. 51 (juris), AP Nr. 294 zu § 613a BGB.

gegenüber Kunden und Lieferanten als Betriebsinhaberin"[172] unter Nutzung der Betriebsmittel ab. Nicht allein ist daher das Auftreten gegenüber der Belegschaft als neuer Betriebsinhaber ausschlaggebend.[173]

Für das Wirksamwerden des Betriebsübergangs spielen damit weder der Zeitpunkt des Abschlusses des Kausalgeschäfts, noch ein vertraglich vereinbarter Eintritt des Betriebsübergangs oder der Zeitpunkt der Übertragung der einzelnen Betriebsmittel eine Rolle.[174]

Erfolgt die Übereignung der Betriebsmittel in mehreren Schritten, tritt der Betriebsübergang in dem Zeitpunkt ein, in dem die wesentlichen Betriebsmittel auf den Betriebserwerber übergegangen sind und der Betriebsübergang nicht mehr rückgängig gemacht werden kann.[175]

B. Innerdeutscher Anwendungsbereich sowie Abgrenzungsfälle des § 613a BGB

Als Grundlage für die weitere Untersuchung des grenzüberschreitenden Betriebsübergangs dient (i) die folgende abrissartige Darstellung der typischen Sachverhalte, die den Regelungen des § 613a BGB unterliegen sowie (ii) ein Hinweis auf die entsprechenden Abgrenzungsfälle. Das Unterkapitel schließt (iii) mit einer Zusammenfassung.

I. Typische Sachverhalte im Zusammenhang mit § 613a BGB

Nachfolgend werden typische innerdeutsche Sachverhalte dargestellt, die dem Anwendungsbereich des § 613a BGB unterliegen.

In der Praxis findet § 613a BGB bei Umstrukturierungen Anwendung, die durch die Übertragung von Vermögensgegenständen eines Betriebs entweder (i) auf eine Betriebsteilung oder (ii) auf eine Betriebsbildung gerichtet sind.[176]

---

172 BAG, Urt. v. 31.01.2008 (Az.: 8 AZR 3/07), Rn. 31 (juris), siehe hierzu: *Kania*, S. 66.

173 BAG, Urt. v. 20.03.2003 (Az.: 8 AZR 312/02), Rn. 43 (juris), BB 2003, 1793–1796.

174 BAG, Urt. v.16.10.1987 (Az.: 7 AZR 519/86), Rn. 47 (juris), AP Nr. 69 zu § 613a BGB; *Willemsen u. a./Willemsen*, Umstrukturierung, S. 825 Rn. 150; *Bachner/Gerhardt*, S. 43 Rn. 55; MüAnH/*Cohnen*, § 53 Rn. 53.

175 BAG, Urt. v. 16.02.1993 (Az.: 3 AZR 347/92), Rn. 24 (juris), AP Nr. 15 zu § 1 BetrAVG Betriebsveräußerung; BAG, Urt. v. 27.10.2005 (Az. 8 AZR 568/04), Rn. 24 (juris), AP Nr. 292 zu § 613a BGB; *Bayreuther*, § 613a BGB Rn. 33; Palandt/*Weidenkaff* § 613 a BGB Rn. 12; *Koch*, in: Schaub, § 117 Rn. 29.

176 Siehe Willemsen u. a./Willemsen, Umstrukturierung, S. 34 Rn. 56 ff. „Ausgliederung von Unternehmensaktivitäten (Betrieben oder Betriebsteilen) in neu gegründete oder bereits bestehende (Konzern-) Gesellschaften" und S. 36 Rn. 62 ff „„Verschmelzung"

Auf eine Darstellung des Betriebsübergangs im Zusammenhang mit einem Insolvenzverfahren wird hier verzichtet.

1. *Innerdeutsche Betriebsteilung*

Ein typischer Sachverhalt für einen Betriebsübergang, ist der Fall der Betriebsteilung.[177]

Insbesondere in Bezug auf Dienstleistungsbetriebe wird hinsichtlich einer Betriebsteilung oft der Begriff „*Outsourcing*" verwendet.[178] Unter „*Outsourcing*" versteht man die organisatorische Auslagerung einzelner Arbeitsprozesse oder Funktionen an externe oder interne[179] Dienstleister.[180] (Zu der Abgrenzung Betriebsübergang vs. Outsourcing siehe S. 29.)

Bereits in der vorhergehenden Definition des Begriffs „*Outsourcing*" klingt an, dass der Betriebsübergang sowohl auf eine außenstehende Gesellschaft als auch auf eine konzernangehörige Gesellschaft erfolgen kann. Diese Differenzierung gilt auch für den Betriebsübergang. Beide Fälle werden nachfolgend aufgefächert untersucht:

a) Übertragung der Betriebsmittel auf eine extern bestehende Gesellschaft

Der einfachste Fall einer Betriebsteilung ist der des Verkaufs und der dinglichen Übertragung der identitätsprägenden Betriebsmittel eines Betriebs auf eine

---

von Unternehmen durch Einbringung von Einzelvermögenswerten (assets) in die aufnehmende Gesellschaft".

177 *Willemsen u. a./Willemsen*, Umstrukturierung, S. 35 Rn. 56 ff.

178 *Becker*, S. 1, 3, 5 f.

179 Mit Blick auf die Abgrenzung ist Folgendes wichtig: Nach dem „*klassischen Outsourcing*" Begriff muss der Arbeitsprozess auf ein rechtlich und wirtschaftlich selbständiges Unternehmen übertragen werden, siehe *Becker*, S. 6. Danach unterfallen die in Konzernen weit verbreiteten „*Shared Services Center*" nicht dem „*klassischen Outsourcing*" Begriff, siehe *Becker*, S. 6. In Hinblick auf einen Betriebsübergang spielt die Subsumtion unter den „*klassischen Outsourcing*" Begriff keine Rolle. Daher wird weiter unten (siehe S. 183) der Begriff des „*arbeitnehmergeprägten*" Betrieb eingeführt.

180 Siehe für weitergehende Informationen hinsichtlich Begriff und Charakteristika ausf. *Becker*, S. 5 ff. *Becker* (vgl. S. 1) definiert „*Outsourcing*" wie folgt: „*Das Konzept des „outside resource using" beschreibt den strategischen Einsatz externer Ressourcen zur Erstellung originär unternehmensintern generierter Leistungen und Aufgaben in der eigenen Wertschöpfungskette.*" Für begriffliche Abgrenzungen zum „*Offshore-Outsourcing*" vgl. *Schaaf*, S. 3 ff.

bereits bestehende außenstehende Gesellschaft (nachfolgend „**Grundfall der Betriebsteilung**").

In der Praxis sind dies Fälle, in denen beispielsweise eine Fokussierung auf das eigentliche Hauptgeschäft stattfinden soll oder eine Ausnutzung steuerlicher Vorteile[181] intendiert ist.

Zur Veranschaulichung dient folgendes Beispiel: Unternehmer A produziert Getränkekisten. Zu der Unternehmensgruppe des A gehört auch eine Sparte, die Getränkeverschlüsse herstellt. Um sich auf das Hauptgeschäft zu konzentrieren, überträgt A dem B gegen Zahlung einer entsprechenden Nutzungsgebühr die Nutzungsrechte an dem Getränkeverschlussbetrieb. Unternehmer B setzt die Produktion der Getränkeverschlüsse in seinem Namen fort, ohne den Standort der Produktionsanlage zu verlagern. Mit der Erlangung der tatsächlichen Leitungsmacht über die Produktionsanlage vollzieht sich der Betriebsübergang auf den Unternehmer B.

b) Übertragung der Betriebsmittel auf eine andere Konzerngesellschaft

Konzernsachverhalte stellen stets eine Besonderheit dar. So auch im Fall des Betriebsübergangs. Anknüpfend an den Grundfall der Betriebsteilung gibt es daher die Variante einer konzerninternen Betriebsteilung mit der Folge eines konzerninternen Betriebsübergangs (nachfolgend „**konzerninterne Betriebsteilung**"). D.h. innerhalb einer Unternehmensgruppe wird ein Betrieb von einem konzernangehörigen Unternehmen auf ein anderes konzernangehöriges Unternehmen übertragen.

Ein konzerninterner Betriebsübergang ist gegenüber dem Grundfall der Betriebsteilung in der Praxis oft unproblematischer. Zum einen ist es wahrscheinlicher, dass (i) der Betrieb als geschlossene Organisation übernommen und somit die Betriebsidentität fortgeführt wird[182], (ii) der neue Betriebsinhaber ein bereits mit der Konzernstruktur vertrautes Personal erhält, mit der Folge, dass sein Interesse an einem Personalabbau – im Vergleich zu einem externen

---

181 Zur Ausnutzung der steuerlichen Vorteile vgl. BFH, Beschl. v. 22.08.1994 (Az.: V B 179/93), UR 1995, 313–314; *Weimar/Alfes*, BB 1993, 783 (783); *Günther*, EstB 2008, 394.

182 Vgl. *Willemsen u. a./Willemsen*, Umstrukturierung, S. 35 Rn. 60; *Willemsen*, RdA 1991, 204 (210).

Betriebserwerber – geringer ist und (iii) bei einem konzerninternen Betriebsübergang mit weniger Widersprüchen[183] der Arbeitnehmer zu rechnen ist[184].

Aus Unternehmenssicht bietet eine Betriebsteilung eine Vielzahl von Möglichkeiten zur Kostensenkung[185] oder Nutzung von Steuervorteilen[186]. So können beispielsweise einzelne Betriebe rechtlich verselbständigt[187] oder ein Betrieb in eine Betriebs- und eine Produktionsgesellschaft geteilt werden[188].

Zur Illustration dient folgendes Beispiel: Zu der Unternehmensgruppe des deutschen Konzerns A gehört eine IT-Abteilung. Die IT-Abteilung gehört zu einem deutschen Betrieb. Sowohl steuerliche Gründe als auch Markterschließungsgründe veranlassen die Konzernmutter dazu, die IT-Abteilung rechtlich zu verselbständigen und auf eine ausländische Konzerngesellschaft mit grenznahem Sitz zu übertragen. Unterstellt, (i) die IT-Abteilung erfüllt den vorgenannten Betriebsteilbegriff (siehe S. 12 f.) und (ii) die wesentlichen (materiellen und immateriellen) Betriebsmittel gehen auf die Konzernschwester über sowie der (zahlenmäßige und sachkundige[189]) wesentliche Teil der Arbeitnehmer ist bereit, das Arbeitsverhältnis bei der Konzernschwester fortzusetzen, liegt ein Fall einer konzerninternen Betriebsteilung vor.

Für die Arbeitnehmer ändert sich zwar auch im Fall einer konzerninternen Betriebsteilung der Betriebsinhaber und damit der Arbeitgeber. Durch die Tatsache der Konzernverbundenheit des alten und des neue Betriebsinhabers wirkt sich diese Änderung in der Regel wohl kaum aus.

Auch im Hinblick auf die wirtschaftlichen Risiken[190] stehen Arbeitnehmer, deren Arbeitsverhältnis auf den Betrieb eines konzernangehörigen Unternehmens

---

183 Den Arbeitnehmers steht gem. § 613a Abs. 6 BGB ein Widerspruchsrecht im Falle eines Betriebsübergangs zu. Üben die Arbeitnehmer dieses Widerspruchsrecht aus, geht das entsprechende Arbeitsverhältnis nicht automatisch auf den Betriebserwerber über.

184 *Willemsen u. a./Willemsen*, Umstrukturierung, S. 35 Rn. 60.

185 *Junker*, Intern. ArbR, § 8 S. 230; *Reichold*, FS Birk, S. 687.

186 *Weimar/Alfes*, BB 1993, 783 (783); *Feudner*, DB 2004, 982 (982); *Cohnen*, FS zum 25-jährigen Bestehen der Arge ArbeitsR, S. 595; *Schaaf*, S. 3.

187 *Günther*, EStB 2008, 394.

188 *Junker*, Intern. ArbR, § 8 S. 230; B/D/G/*Beseler*, S. 23.

189 EuGH, Urt. v. 20.01.2011 (Rs.: C-463/09), Rn. 36 (juris), Slg 2011, I-95 – I-137 (CLECE); ebenso entschied das BAG zuletzt am 21.06.2012; vgl. BAG, Urt. v. 21.06.2012 (Az.: 8 AZR 181/11), Rn. 31 (juris), ArbuR 2012, 454.

190 Beispielsweise im Hinblick auf die Solvenz des Betriebserwerbers.

übergeht gegenüber Arbeitnehmern, deren Arbeitsverhältnis auf einen externen mittelständischen oder kleineren Unternehmen übergeht, besser.[191]

Folgende einschränkende Anmerkung zur weiteren Untersuchung: Die Untersuchung konzentriert sich auf die *„funktionsorientierte"*[192] Umstrukturierung innerhalb eines Konzerns. Das bedeutet, Unternehmensprozesse werden beispielsweise zur Ausnutzung globaler Steuer-/Kostenunterschiede ausgegliedert.[193] Nicht explizit dargestellt wird hingegen die so genannte *„objektivorientierte"*[194] Umstrukturierung. Im Rahmen der *„objektivorientierte"*[195] Umstrukturierung erfolgt eine Umgruppierung in eine Betriebs- und eine Besitzgesellschaft.[196]

2. *Innerdeutsche Betriebsbildung*

Eine andere Form der Umstrukturierung ist die Bildung[197] einer neuen Gesellschaft durch die „Einbringung" der jeweiligen Vermögensgegenstände in eine bereits bestehende Gesellschaft.[198] Dies ist der spiegelbildliche Fall einer Betriebsteilung.[199] Der Betriebsinhaber entledigt sich nicht vollständig eines Betriebs, sondern nutzt die Einbringung des Betriebs zur Beteiligung an einer bereits bestehenden Gesellschaft. Hierbei handelt es sich um eine *„Quasi-Fusion"*[200]. Der Unterschied zu einer Fusion nach dem UmwG liegt in der Einzelrechtsübertragung der Betriebsmittel (siehe S. 14 f.). Die Betriebsbildung erfolgt auch nicht durch Verschmelzung i.S.d. Art. 1 Abs. 1 lit. c) der Betriebsübergangsrichtlinie.[201] Der Unterschied liegt darin, dass bei einer Verschmelzung eine Gesamtrechtsnachfolge und keine Einzelrechtsübertragung stattfindet.

Im Unterschied zu der Betriebsteilung erfolgt die Übertragung der Vermögensgegenstände auf die andere Gesellschaft nicht gegen einen Kaufpreis oder einen Mietzins, sondern gegen Gewährung von Anteilen an dieser.[202] Vereinfacht

---

191 Hintergrund hierfür ist die Konzernstruktur. Innerhalb eines Konzerns werden die liquiden Mittel verbundener Unternehmen gebündelt, siehe *Saenger*, S. 500 Rn. 924.

192 *Junker*, Intern. ArbR, § 8 S. 230.

193 *Junker*, Intern. ArbR, § 8 S. 230.

194 *Junker*, Intern. ArbR, § 8 S. 230.

195 *Junker*, Intern. ArbR, § 8 S. 230.

196 *Junker*, Intern. ArbR, § 8 S. 230.

197 Der Begriff Gründung wird absichtlich nicht verwendet, um eine Kollision mit dem gesellschaftsrechtlichen Begriff der *„Gründung einer Gesellschaft"* zu vermeiden.

198 *Willemsen u. a./Willemsen*, Umstrukturierung, S. 36 Rn. 62.

199 *Willemsen u. a./Willemsen*, Umstrukturierung, S. 36 Rn. 62.

200 *Willemsen u. a./Willemsen*, Umstrukturierung, S. 36 Rn. 62.

201 Vgl. für weitere Informationen *Thüsing*, § 5 Rn. 33.

202 *Willemsen u. a./Willemsen*, Umstrukturierung, S. 36 Rn. 62.

gesagt, wird ein Betriebsteil eines Unternehmens als Sacheinlage in eine GmbH eingebracht.[203]

Ebenso wie bei dem Grundfall der Betriebsteilung ist der Zusammenschluss entweder mit einem externen oder einem konzerninternen Betrieb möglich. Hierzu im Einzelnen:

a) Betriebsbildung mit einem externem Betrieb

Die Betriebsbildung mit einem externen Betrieb wird an folgendem Beispiel illustriert: Ein Konzern, der in unterschiedlichen Geschäftsfeldern tätig ist, überträgt gegen Gewährung von entsprechenden Geschäftsanteilen den Forschung und Entwicklungsbetrieb einem auf Forschung und Entwicklung spezialisierten Unternehmen.

Im Unterschied zu dem Fall der Betriebsteilung ist der Betriebsveräußerer nach Vollzug des Betriebsübergangs in Form der Betriebsbildung durch die entsprechenden Geschäftsanteile an dem Betriebserwerber beteiligt. Im Falle der Betriebsteilung besteht zwischen Betriebserwerber und Betriebsveräußerer hingegen – neben einer gesamtschuldnerischen Haftung gem. § 613a Abs. 2 BGB – keine weitere Rechtsbeziehung.

b) Konzerninterne Betriebsbildung

Die konzerninterne Betriebsbildung wird an folgendem Beispiel veranschaulicht: Zu der Unternehmensgruppe des deutschen Konzerns A gehören zwei Gesellschaften, die jeweils auf unterschiedlichen Geschäftsfeldern tätig sind. Die eine Gesellschaft produziert Solarmodule für Privathaushalte. Die andere plant, errichtet und verkauft schlüsselfertige Solarkraftwerke. Beide Gesellschaften unterhalten jeweils eine eigene Forschungs- und Entwicklungsabteilung. Zur Ausnutzung von Synergieeffekten wird der Betrieb der Forschungs- und Entwicklungsabteilung des Produktionsunternehmens der Solarmodule gegen Gewährung von Geschäftsanteilen auf die Konzernschwester übertragen. Das Beispiel verdeutlicht, dass eine konzerninterne Betriebsbildung der spiegelbildliche Fall einer konzerninternen Betriebsteilung ist.

Das Motiv für die Betriebsbildung mit einem konzernangehörigen Betrieb ist in der Regel steuerlicher Art.[204]

---

203 *Von Bredow*, Kapitel 7, § 5 GmbHG Rn. 24.

204 *Weimar/Alfes*, BB 1993, 783 (783).

3. *Zusammenfassender Überblick*

Nachfolgend werden die dargestellten Sachverhaltskonstellationen überblicksmäßig zusammengefasst:

Abbildung 1: Überblick über die typischen Sachverhaltskonstellationen eines Betriebsübergangs.

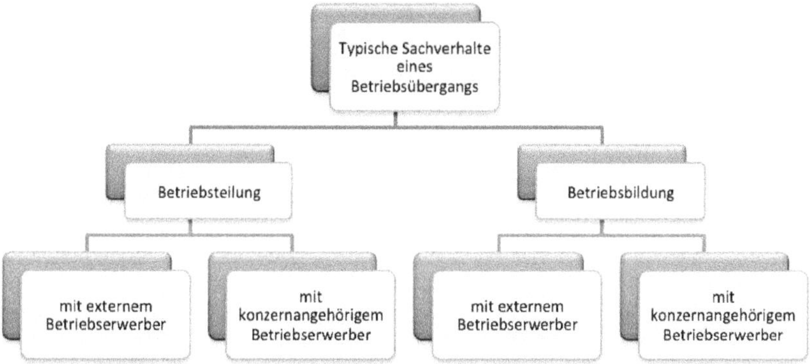

4. *Innerdeutscher Betriebsübergang mit einer innerdeutschen Betriebsverlagerung*

Ein Betriebsübergang kann – muss aber nicht – zu einer räumlichen Verlagerung des Betriebs und damit zu einem Wechsel des Arbeitsortes führen.[205] Der Betriebsübergang und die räumliche Verlagerung sind zwei separate Vorgänge.[206]

Hierzu folgende klarstellende Anmerkung: Die Frage des Ortswechsels des übernommenen Betriebs (nachfolgend „**Betriebsverlagerung**"), ist sowohl bei innerdeutschen Sachverhalten als auch bei grenzüberschreitenden Sachverhalten streng von der Frage des Betriebsübergangs zu trennen.

II. *Abgrenzungen*

Im Folgenden wird der Betriebsübergang i.S.d. § 613a BGB von (i) einer Betriebsstilllegung, (ii) einer Auftragsneuvergabe und (iii) den klassischen „Outsourcing"

205 *CMS Study*, Ziffer 1.3.3 "cross-border" situations, S. 16 ff; *Reiner*, ZAS 2010, 117 (122); *Rinsdorf*, NZA Beilage 1/2012, 1 (1); *Leuchten*, ZESAR 10/12, 411 (412); *Kania*, S. 68.

206 *Hergenröder*, AR-Blattei SD 500.3, Rn. 9 f.; *Leuchten*, ZESAR 10/12, 411 (412); *Kania*, S. 68.

Fällen abgegrenzt. Diese Konstellationen sind im Kontext mit grenzüberschreitenden Betriebsübergängen relevant.

1. *Betriebsstilllegung*

Die Abgrenzung zwischen Betriebsstilllegung und Betriebsübergang ist wichtig, da sich Betriebsstilllegung und Betriebsübergang gegenseitig ausschließen.[207] Beide Fälle sind strikt voneinander zu trennen.

Früher nahm das BAG[208] bei einer grenzüberschreitenden Betriebsverlagerung stets den Fall einer Betriebsstilllegung an, wenn *„eine nicht unerhebliche räumliche Verlegung des Betriebes vorgenommen (...) [wurde] und damit die Auflösung der alten Betriebsgemeinschaft und der Aufbau einer im wesentlichen neuen Belegschaft verbunden (...) [war].“*[209]

Diese Ansicht vertrat auch die Beklagte in dem eingangs erwähnten Fall (siehe S. 4) des grenzüberschreitenden Betriebsteilübergangs von Deutschland in die Schweiz.[210] Hintergrund dieser Argumentation war die unterstellte fehlende Anwendbarkeit des § 613a BGB auf grenzüberschreitende Sachverhalte.[211] Demgegenüber vertrat das BAG die Ansicht, dass ein Betriebsübergang i.S.d. § 613a BGB und keine Betriebsstilllegung vorlag.[212]

---

207 BAG, Urt. v. 27.09.1984 (Az.: 2 AZR 309/83), Rn. 39 (juris), BAGE 47, 13–26; BAG, Urt. v. 28.04.1988 (Az. 2 AZR 623/87), Rn. 29 (juris), AP Nr. 74 § 613a BGB; BAG, Urt. v. 26.05.2011 (Az.: 8 AZR 793/09), Rn. 32 (juris), AP Nr. 411 zu § 613a BGB; *Pietzko*, S. 60; *Willemsen u. a./Willemsen*, Umstrukturierung, S. 30 Rn. 51; S. 797 Rn. 106; MüKO/*Müller-Glöge*, § 613a BGB Rn. 61.

208 BAG, Urt. v. 06.11.1959 (Az.: 1 AZR 329/58), Rn. 18 (juris), BAGE 8, 207; BAG, Urt. v. 12.2.1987 (Az. 2 AZR 247/86), Rn. 29 (juris), AP Nr. 67 zu § 613a BGB; siehe hierzu *Kania*, S. 53; *Kania*, ZESAR 2010, 112 (115); so auch *Bachner/Gerhardt*, S. 51 Rn. 72.

209 BAG, Urt. v. 06.11.1959 (Az.: 1 AZR 329/58), Rn. 18 (juris), BAGE 8, 207.

210 Siehe hierzu *Krannich*, BB-Kommentar zum Urt. v. 26.05.2011, BB 2012, 577 (581 f.).

211 Siehe hierzu *Krannich*, BB-Kommentar zum Urt. v. 26.05.2011, BB 2012, 577 (581 f.).

212 BAG, Urt. v. 26.05.2011 (Az. 8 AZR 793/09) Rn. 35, 41 (juris), AP Nr. 411 zu § 613a BGB.

Unter einer Betriebsstilllegung versteht die Rechtsprechung[213] und die Literatur[214] die Auflösung der wirtschaftlichen Einheit. Wörtlich heißt es in den Entscheidungsgründen eines im Jahr 2013 ergangenen Urteils des BAG:

> *„Unter Betriebsstilllegung ist die Auflösung der zwischen Arbeitgeber und Arbeitnehmer bestehenden Betriebs- und Produktionsgemeinschaft zu verstehen, die ihre Veranlassung und ihren unmittelbaren Ausdruck darin findet, dass der Unternehmer die bisherige wirtschaftliche Betätigung in der ernstlichen Absicht einstellt, die Verfolgung des bisherigen Betriebszweckes dauernd oder für eine ihrer Dauer nach unbestimmte, wirtschaftlich nicht unerhebliche Zeitspanne nicht weiter zu verfolgen."*[215]

Die Frage, ob es sich um eine Betriebsstilllegung oder um einen Betriebsübergang handelt, richtet sich nach der Bewertung des Sieben-Punkte-Katalogs.[216] Der Wille des Unternehmers ist insoweit irrelevant.[217]

Unterstellt der Betriebserwerber würde eine Zerschlagung der wirtschaftlichen Identität mit Blick auf die Rechtsfolgen des § 613a BGB beabsichtigen, wäre dies nur durch Auflösung der funktionellen Verknüpfungen der einzelnen Betriebsmittel möglich.[218]

2. *Funktionsnachfolge*

Ein weiterer Abgrenzungsfall ist die Funktionsnachfolge.[219] Rechtlich knüpft dies an die Frage der Eröffnung des Anwendungsbereichs der Betriebsübergangsrichtlinie/des § 613a BGB an.

---

213 BAG, Urt. v. 28.04.1988 (Az. 2 AZR 623/87), Rn. 29 (juris), AP Nr. 74 § 613a BGB; BAG, Urt. v. 18.5.1995 (Az. 8 AZR 741/94), Rn. 25 (juris), EzA Nr. 139 zu § 613a BGB; BAG, Urt. v. 16.02.2012 (Az. 8 AZR 693/10), Rn. 37 (juris), NZA-RR 2012, 465–471; BAG, Urt. v. 14.03.2013 (Az. 8 AZR 154/12), Rn. 25 (juris).

214 *Willemsen u. a./Willemsen*, Umstrukturierung, S. 30 f. Rn. 49; *Beseler*, S. 46; *Bachner/Gerhardt*, S. 51 ff. Rn. 73, 79.

215 BAG, Urt. v. 14.03.2013 (Az. 8 AZR 154/12), Rn. 25 (juris).

216 BAG, Urt. v. 26.05.2011 (Az. 8 AZR 793/09), Rn. 35 f. (juris), AP Nr. 411 zu § 613a BGB; *Willemsen u. a./Willemsen*, Umstrukturierung, S. 804 Rn. 119; MüKo/*Müller-Glöge*, § 613a BGB Rn. 20.

217 BAG, Urt. v. 26.05.2011 (Az. 8 AZR 793/09), Rn. 32 (juris), AP Nr. 411 zu § 613a BGB; *Willemsen u. a./Willemsen*, Umstrukturierung, S. 804 Rn. 119.

218 Dies könnte beispielsweise durch eine Auflösung der bisherigen Organisationsstruktur erreicht werden. Siehe BAG, Urt. v. 04.05.2006 (Az.: 8 AZR 299/05) Rn. 34 (juris), BAGE 118, 168–183.

219 B/D/H/*Dreher*, § 613a BGB Rn. 43.

In diesem Zusammenhang erlangte die Entscheidung des EuGH[220] in der Sache „Christel Schmidt" Bedeutung. Dem Fall „Christel Schmidt" lag folgender Sachverhalt zugrunde: eine Sparkasse kündigte ihrer angestellten Reinigungskraft, vergab den Reinigungsauftrag an ein externes Unternehmen und dieses bot wiederum der gekündigten Arbeitnehmerin einen neuen Arbeitsvertrag – allerdings zu schlechteren Konditionen – an.[221] Daraufhin erhob die gekündigte Arbeitnehmerin Kündigungsschutzklage mit der Argumentation, dass ihr Arbeitsverhältnis gem. § 613a BGB, d.h. zu den vormals vereinbarten Konditionen, auf das externe Reinigungsunternehmen übergegangen sei.[222] Der EuGH gab der gekündigten Arbeit-nehmerin Recht und entschied, dass ein Betriebsübergang vorlag.[223]

Diese Entscheidung des EuGH traf auf scharfe Kritik[224], da der EuGH hierin die bloße Funktionsnachfolge als ausreichend für das Vorliegen eines Betriebsübergangs erachtete.[225] Insoweit wurde von der *„unternehmensfeindlichsten Rechtsprechung der Nachkriegszeit"*[226] gesprochen. Teilweise wurde sogar das Ende des *„Outsourcings"* prophezeit.[227]

In Folge der Kritik änderte der EuGH seine Rechtsprechung und lehnte die Eröffnung des Anwendungsbereichs in ähnlich gelagerten Fällen ab.[228]

---

220 EuGH, Urt. v. 14.4.1994 (Rs. C 392/92), Slg. 1994, I-1311-1328 (Christel Schmidt), EzA § 613 a BGB Nr. 114.

221 *Krimphove*, S. 373 Rn 568; *Burgmer/Richter*, S. 15; *Weiß*, S. 20.

222 *Krimphove*, S. 373 Rn 568; *Burgmer/Richter*, S. 15.

223 EuGH, Urt. v. 14.4.1994 (Rs. C 392/92), Slg. 1994, I-1311 – I-1328 (Christel Schmidt); *Krimphove*, S. 373 Rn 568.

224 Siehe hierzu *Alsbaek*, S. 222 insbesondere Fn. 6; *Schäder*, AnwBl. 1998, 577 (579); *Bauer*, BB 1994, 1433 (1435) verwendete die Formulierung *„unternehmensfeindlichsten Rechtsprechung der Nachkriegszeit"*; *Buchner*, DB 1994, 1417 (1417) qualifizierte die Entscheidung als *„unzumutbar"* für die Wirtschaft und *„mit einer enttäuschenden Begründung"*; *Henssler*, NZA 1994, 913 (913) kritisiert das BAG dahingehend, dass es *„(...) zu einer extensiven Auslegung der Tatbestandsvoraussetzungen neigt, ohne dem Rechtsanwender eine einheitliche und widerspruchsfreie Linie vermitteln zu können."*; *Junker*, NJW 1994, 2527 (2527) qualifizierte das Urteil unter Platz 3 der Hitliste der schwarzen Entscheidungen des EuGH nur einen Teil der Kritiker zu nennen.

225 *Alsbaek*, S. 222; *Krimphove*, S. 373 Rn 568.

226 *Bauer*, BB 1994, 1433 (1435).

227 *Alsbaek*, S. 222; *Weiß*, S. 21.

228 EuGH, Urt. v. 11.03.1997 (Rs. C-13/95), Rn. 23 (juris), Slg. 1997, I – 1259 (Ayse Süzen); siehe Schlussantrag des Generalanwalts Antonio La Pergola vom 15.10.1996: *Ascheid*, S. 33 Rn. 32.

Heute ist unstreitig, dass eine bloße Funktionsnachfolge kein Betriebsübergang ist.[229] Der EuGH stellte im Jahr 2011 klar, dass *„der bloße Umstand, dass die (...) durchgeführten Tätigkeiten einander ähnlich oder sogar identisch sind, (...) nicht auf die Wahrung der Identität einer wirtschaftlichen Einheit schließen [lässt]. Eine Einheit darf nämlich nicht als bloße Tätigkeit verstanden werden.“*[230].

Mangels Fortführung eines *„Substrats“*[231] ist der Anwendungsbereich des § 613a BGB in Fällen der bloßen Funktionsnachfolge nicht eröffnet.[232]

Im Zusammenhang mit grenzüberschreitenden Sachverhalten könnte diese Abgrenzung beispielsweise bei der Neuvergabe eines Auftrags an ein grenznahes Unternehmen relevant werden. Zu denken wäre an den Fall, dass das Unternehmen A (Sitz: Frankfurt a. d. Oder) einen Auftrag statt an ein deutsches Unternehmen an ein grenznahes polnisches IT-Unternehmen vergibt. In diesem Fall gehen keine Betriebsmittel über, vielmehr führt das polnische Unternehmen lediglich die Tätigkeit aus, die vorher das deutsche Unternehmen ausführte. In diesem Fall läge kein Betriebsübergang sondern ein Fall der Funktionsnachfolge vor.

Überdies ist die Abgrenzung zwischen der Funktionsnachfolge und dem Betriebsübergang bei Konzernsachverhalten wichtig.[233] Eine Konzernmutter kann die Verteilung einzelner Prozesse/Tätigkeiten zwischen den konzernangehörigen Unternehmen umgestalten.[234] Sitzen die jeweiligen Konzernunternehmen in unterschiedlichen Ländern können sich interne Vorteile in Bezug auf das Lohnniveau[235] und die Steuerbelastung[236] etc. ergeben.

Grundsätzlich erfolgt die Abgrenzung zwischen Funktionsnachfolge und Vorliegen eines Betriebsübergangs gem. § 613a BGB danach, ob nur eine Tätigkeit

---

229 Abgrenzung zur Neuvergabe eines Auftrags siehe EuGH, Urt. v. 20.01.2011 (Rs. C-463/09), Rn. 42 (juris), Slg 2011, I-95 – I-137; BAG, Urt. v. 13.06.2006 (Az. 8 AZR 271/05), Rn. 20 (juris), AP Nr. 305 zu § 613a BGB; BAG, Urt. v. 14.08.2007 (Az. 8 AZR 1043/06), Rn. 20 (juris), AP Nr. 325 zu § 613a BGB; BAG, Urt. v. 27.09.2007 (8 AZR 941/06), Rn. 23 (juris), BAGE 124, 159–174 sowie *Beseler*, S. 38; *Willemsen u. a./Willemsen*, Umstrukturierung, S. 794 Rn. 99.

230 EuGH, Urt. v. 20.01.2011 (Rs. C- 463/09), Rn. 41 (juris), Slg 2011, I-95 – I-137 (CLECE).

231 *Alsbaek*, S. 31.

232 *Alsbaek*, S. 31.

233 *Junker*, Intern. ArbR, § 8 S. 237.

234 *Junker*, Intern. ArbR, § 8 S. 237.

235 *Meyer*, Offshoring, S. 7 f.

236 *Weimar/Alfes*, BB 1993, 783 (783).

oder eine wirtschaftliche Einheit fortgesetzt wird.[237] Maßgeblich ist, dass im Falle der Funktionsnachfolge keine Betriebsmittel übertragen werden.[238]

3. Klassische „Outsourcing" Fälle

Zur Klarstellung sei festgehalten, dass die im allgemeinen Sprachgebrauch unter „*Outsourcing*" verstandenen Fälle keinen Betriebsübergang gem. § 613a BGB nach sich ziehen.[239]

Ein klassischer „*Outsourcing*" Fall läge beispielsweise vor, wenn ein Unternehmen dauerhaft Dienstleistungen eines anderen Unternehmens in Anspruch nimmt[240], statt diese Aufgaben/Prozesse selbst auszuführen (nachfolgend „**klassischer Outsourcing Fall**").[241] Im Unterschied zu einem Betriebsübergang fehlt es insoweit an der Übertragung von Betriebsmitteln.[242] In diesem Fall handelt es sich um eine reine Funktionsnachfolge.[243]

Die Abgrenzung zwischen einem klassischen Outsourcing Fall und dem Betriebsübergang eines Dienstleistungsbetriebs kann im Einzelfall schwierig sein.

III. Zusammenfassung

Zusammenfassend lässt sich festhalten, dass die typischen Fälle, in denen ein Betriebsübergang i.S.d. § 613a BGB vorliegt, Fälle der Betriebsteilung[244] oder der Betriebsbildung[245] sind. Betriebsstilllegung oder eine bloße Funktionsnachfolge schließen hingegen einen Betriebsübergang aus. Der Betriebsübergang kann – muss aber nicht zwingend[246] – mit einer örtlichen Verlagerung zusammenfallen.

---

237 BAG, Urt. v. 25.05.2000 (Az.: 8 AZR 335/99), RzK I 5 e Nr. 137; Der Orientierungssatz (juris) lautet wie folgt: „*Eine Einheit darf nicht als bloße Tätigkeit verstanden werden. Die Identität ergibt sich auch aus anderen Merkmalen wie ihrem Personal, ihren Führungskräften, ihrer Arbeitsorganisation, ihren Betriebsmethoden und gegebenenfalls den ihr zur Verfügung stehenden Betriebsmitteln.*"; so auch *Willemsen*, NZA-Beilage 4/2008, 155 (155).

238 *Junker*, Intern. ArbR, § 8 S. 237.

239 *Willemsen u. a./Willemsen*, Umstrukturierung, S. 803 Rn. 118; *Hauck*, in: AnwaltKommentar ArbeitsR, § 613a BGB Rn. 75; MüKo/*Müller-Glöge*, § 613a BGB Rn. 50 a.E.

240 *Becker*, S. 5.

241 *Picot/Schnitker*, S. 15 Rn. 32, 36 ff.

242 *Willemsen u. a./Willemsen*, Umstrukturierung, S. 803 Rn. 118.

243 *Willemsen u. a./Willemsen*, Umstrukturierung, S. 803 Rn. 118.

244 Siehe hierzu *Willemsen u. a./Willemsen*, Umstrukturierung, S. 34 Rn. 56 ff.

245 Siehe hierzu *Willemsen u. a./Willemsen*, Umstrukturierung, S. 36 Rn. 62.

246 Der Betriebsübergang auf einen ausländischen Betriebserwerber und die räumliche Verlagerung sind zwei separate Vorgänge. Vgl. *Leuchten*, ZESAR 10/12, 411 (412);

Die räumliche Verlagerung ist ein – von dem Betriebsübergang – separater Vorgang.[247]

C. Überblick über die Rechtsfolgen eines innerdeutschen Betriebsübergangs gem. § 613a BGB

Aus Arbeitnehmersicht löst die Thematik „Betriebsübergang" auf den ersten Blick oftmals Besorgnis aus.

Zum Schutz der Arbeitnehmer wurde die Betriebsübergangsrichtlinie erlassen.[248] In dem dritten Erwägungsgrund der Betriebsübergangsrichtlinie heißt es wie folgt:

> *„Es sind Bestimmungen notwendig, die die Arbeitnehmer bei einem Inhaberwechsel schützen und insbesondere die Wahrung ihrer Ansprüche gewährleisten."*[249]

Die Intention des § 613a BGB ist daher der umfassende Schutz der Arbeitnehmer und deren Arbeitsverhältnisse für den Fall eines Betriebsübergangs.[250]

Nachfolgend wird ein zusammenfassender Überblick über die Rechtsfolgen des § 613a BGB dargestellt:

Wichtigste Rechtsfolge des § 613a BGB ist der automatische Schuldnerwechsel gem. § 613a Abs. 1 S. 1 BGB. Der Betriebserwerber tritt kraft Gesetzes in die bestehenden Vertragsverhältnisse zwischen dem Betriebsveräußerer und den Arbeitnehmern ein.[251]

Kania, S. 68; *CMS Study*, Ziffer 1.3.3. S. 16.

247 *Leuchten*, ZESAR 10/12, 411 (412); *Kania*, S. 68.

248 *Krimphove*, S. 364 Rn. 556; *Thüsing*, § 5 Rn. 37.

249 Richtlinie 2001/23/EG vom 12. März 2001, abgedruckt in ABl. 2001, L 82/16 – L82/20.

250 BAG, Urt. v. 25.02.1981 (Az. 5 AZR 991/78), Rn. 17 (juris), AP Nr. 24 § 613a BGB: *„§ 613 a Abs. 1 BGB ist ein Schutzgesetz zugunsten der Arbeitnehmer. Er will in erster Linie für den Fall eines Betriebsübergangs die bestehenden Arbeitsverhältnisse schützen. Diese sollen mit den sächlichen und immateriellen Betriebsmitteln auf den Betriebsnachfolger übergehen. Die Arbeitsplätze sollen denjenigen Arbeitnehmern erhalten bleiben, die sie im Zeitpunkt des Betriebsübergangs innehaben. Der Betriebsnachfolger soll nicht das Recht haben, einzelne oder Teile der Belegschaft vom Übergang der Arbeitsverhältnisse auszuschließen. Außerdem wird der Bestandsschutz des Arbeitsverhältnisses dadurch erweitert, daß der frühere Inhaber des Betriebes das Arbeitsverhältnis aus betriebsbedingten Gründen nicht allein deshalb kündigen kann, weil der Erwerber die Übernahme einzelner Arbeitnehmer ablehnt (…)*"; so auch MüKo/*Müller-Glöge*, § 613a BGB Rn. 6; *Krimphove*, S. 364 Rn. 556.

251 *Schaub*, ZIP 1984, 272 (277); *Feudner*, NZA 1999, 1184 (1187).

Das heißt sämtliche Pflichten des Arbeitsvertrags muss nun der Betriebserwerber als Vertragspartner der Arbeitnehmer erfüllen.[252] Dazu gehören neben der Pflicht zur Erfüllung der Lohnansprüche[253], die im ursprünglichen Vertrag vereinbarte Gewährung von Urlaubstagen[254], aber auch unter Umständen Regelungen hinsichtlich einer betrieblichen Altersversorgung[255]. In der Praxis wird ein sog. „*Überleitungsvertrag*“[256] geschlossen. Dieser regelt explizit, in welche Rechte und Pflichten der Betriebserwerber eintritt.[257]

Neben dem Fortbestand des Arbeitsverhältnisses sichert der Wortlaut des § 613a BGB die Weitergeltung der kollektivrechtlichen Arbeitsbedingungen[258], die gesamtschuldnerische Haftung[259] des alten und des neuen Betriebsinhabers sowie die Unterrichtung und das Widerspruchsrecht[260] der Arbeitnehmer.

Im Einzelnen führt das Vorliegen der Voraussetzungen des § 613a BGB Abs. 1 S. 1 BGB zu folgenden Rechtsfolgen: (i) automatischer Übergang des Arbeitsverhältnisses auf den Erwerber (§ 613a Abs. 1 S. 1 BGB), (ii) Weitergeltung der kollektivrechtlichen Normen und in bestimmten Fällen ein Verschlechterungsverbot für die Dauer von einem Jahr (auch „Veränderungssperre“ genannt) (§ 613 a Abs. 1 S. 2 BGB), (iii) eine Haftungserweiterung (§ 613a Abs. 2 BGB), (iv) ein Kündigungsverbot wegen des Betriebsübergangs (§ 613a Abs. 4 BGB), (v) ein Anspruch auf Unterrichtung über den Betriebsübergang (§ 613a Abs. 5 BGB) sowie (vi) ein Widerspruchsrecht gegen den automatischen Übergang des Arbeitsverhältnisses (§ 613a Abs. 6 BGB).

D. Ergebnis

Bereits die vorgenannten Grundlagen des § 613a BGB bei einem nationalen Sachverhalt zeigen, dass ein Betriebsübergang zumeist eine Vielzahl von Rechtsfragen mit sich bringt. Im folgenden Unterkapitel werden darauf aufbauend die Besonderheiten eines grenzüberschreitenden Sachverhalts dargestellt.

---

252 Für weitere Informationen siehe hierzu *Koch*, in: Schaub, § 118 Rn. 1; *Hergenröder*, AR-Blattei SD 500.1, Rn. 64 ff.

253 Für weitere Informationen siehe hierzu *Koch*, in: Schaub, § 118 Rn. 7.

254 Für weitere Informationen siehe hierzu *Koch*, in: Schaub, § 118 Rn. 17.

255 Siehe *Rolfs*, NZA Beilage 2008, 164 (164 ff.) für weitere Informationen hinsichtlich der betrieblichen Altersversorgung beim Betriebsübergang.

256 *Schaub*, Formularsammlung, § 20, S. 209 ff.

257 *Schaub*, Formularsammlung § 20, S. 209 ff.

258 Für weitere Informationen siehe hierzu *Koch*, in: Schaub, § 119 Rn. 1 ff.

259 Für weitere Informationen siehe hierzu *Koch*, in: Schaub, § 118 Rn. 20 ff.

260 Für weitere Informationen siehe hierzu *Koch*, in: Schaub, § 118 Rn. 33 ff.

§ 2 Besonderheiten grenzüberschreitender Sachverhalte im Zusammenhang mit § 613a BGB

Art. 1 Abs. 2 der Betriebsübergangsrichtlinie lautet wie folgt:

> *„Diese Richtlinie ist anwendbar, wenn und soweit sich das Unternehmen, der Betrieb oder der Unternehmens- bzw. Betriebsteil, das bzw. der übergeht, innerhalb des räumlichen Anwendungsbereichs des Vertrages befindet.“*[261]

Hieraus folgt, dass die Betriebsübergangsrichtlinie keine Angaben hinsichtlich des Ziellands enthält.[262] Dies hat zur Folge, dass grundsätzlich auch grenzüberschreitende Sachverhaltskonstellationen von dem Anwendungsbereich der Betriebsübergangsrichtlinie erfasst sind. Auch die deutsche Umsetzung der Betriebsübergangsrichtlinie beinhaltet keine Einschränkungen hinsichtlich des Anwendungsbereichs des § 613a BGB mit Blick auf das Zielland.[263]

Grundsätzlich sind damit die folgenden grenzüberschreitende Sachverhaltskonstellationen von dem Anwendungsbereich der Betriebsübergangsrichtlinie und dem § 613a BGB erfasst: (1) Betriebsveräußerer und Betriebserwerber entstammen verschiedenen Mitgliedstaaten der EU bzw. der EWR Staaten (Island, Liechtenstein, Norwegen)[264], (2) nur der Betriebsveräußerer entstammt einem Mitgliedstaat der EU bzw. der EWR Staaten (Island, Liechtenstein, Norwegen) und der Betriebserwerber einem Drittstaat[265] und (3) eine Gesellschaft mit Sitz in einem Drittstaat hat eine Niederlassung in einem Mitgliedstaat der EU bzw. der EWR Staaten (Island, Liechtenstein, Norwegen), die wiederum Gegenstand eines Betriebsübergangs ist[266].

Die vorgenannten Sachverhaltskonstellationen werden in diesem Unterkapitel näher beleuchtet. Hierzu werden eingangs (i) die grenzüberschreitenden Sachverhalte aufgefächert dargestellt. Anschließend wird (ii) die Rechtsfrage der sog. „identitätswahrenden Entfernung“ bei einem grenzüberschreitenden Sachverhalt aufgearbeitet. Dieses Unterkapitel schließt (iii) mit einer Zusammenfassung der gewonnenen Ergebnisse.

---

261 Richtlinie 2001/23/EG vom 12. März 2001, abgedruckt in ABl. 2001, L 82/16 – L82/20.

262 *CMS Study*, Ziffer 1.1, S. 1.

263 *CMS Study*, Ziffer 1.2.4., S. 3 – danach ist der Anwendungsbereich des § 613a BGB nicht auf Deutschland begrenzt.

264 *CMS Study*, Ziffer 1.1, S. 1.

265 *CMS Study*, Ziffer 1.1, S. 1.

266 *CMS Study*, Ziffer 1.1, S. 1.

A. Grenzüberschreitende Sachverhalte im Zusammenhang mit § 613a BGB

Die Besonderheiten eines grenzüberschreitenden Sachverhalts im Zusammenhang mit einem Betriebsübergang sind durch zwei Faktoren begründet. Zum einen durch einen ausländischen Betriebserwerber, der entweder einem anderen Mitgliedstaat der EU bzw. der EWR Staaten (Island, Liechtenstein, Norwegen) oder einem Drittstaat angehört.[267] Zum anderen durch eine oftmals einhergehende grenzüberschreitende Betriebsverlagerung.

Im Folgenden werden die Sachverhaltskonstellationen, in denen die beiden vorgenannten Besonderheiten auftreten, aufgearbeitet. Vorab sei festgestellt: Liegt sowohl ein Betriebsübergang auf einen ausländischen Betriebserwerber als auch eine grenzüberschreitende Betriebsverlagerung vor, wird nachfolgend von einem „**grenzüberschreitenden Betriebsübergang**" gesprochen.

Als Grundlage für die weitere Prüfung erfolgt (i) die Darstellung der Konstellationen eines grenzüberschreitenden Betriebsübergangs. Dem schließt sich (ii) die Vorstellung des Sonderfalls eines Betriebsübergangs auf einen ausländischen Betriebserwerber ohne grenzüberschreitende Betriebsverlagerung sowie (iii) die Einführung in den Sonderfall einer grenzüberschreitenden Betriebsverlagerung ohne Betriebsübergang an.

I. Sachverhaltskonstellationen eines grenzüberschreitenden Betriebsübergangs

Zunächst werden die möglichen Sachverhaltskonstellationen eines Betriebsübergangs auf einen ausländischen Betriebserwerber einerseits und einer grenzüberschreitenden Betriebsverlagerung andererseits isoliert betrachtet. Anschließend werden die Sachverhalte, in denen beide Besonderheiten zusammentreffen und ein grenzüberschreitender Betriebsübergang vorliegt, aufgearbeitet.

1. Sachverhaltskonstellationen eines Betriebsübergangs auf einen ausländischen Betriebserwerber

Anknüpfend an die Einleitung dieses Unterkapitels sind hinsichtlich des Betriebsübergangs auf einen ausländischen Betriebserwerber drei Konstellationen denkbar: Als erstes ist der Fall zu nennen, in dem Betriebsveräußerer und Betriebserwerber unterschiedlichen Mitgliedstaaten der EU bzw. der EWR

267 *CMS Study*, Ziffer 1.1, S. 1.

Staaten (Island, Liechtenstein, Norwegen) angehören.[268] Als zweitens kommen grundsätzlich Sachverhalte in Betracht, in denen der Betriebsveräußerer einem Mitgliedstaat der EU bzw. der EWR Staaten (Island, Liechtenstein, Norwegen) angehört, der Betriebserwerber jedoch einem Drittstaat.[269] Drittens ist der Fall denkbar, in dem eine Gesellschaft mit Sitz in einem Drittstaat eine Niederlassung in einem Mitgliedstaat der EU bzw. der EWR Staaten (Island, Liechtenstein, Norwegen) hat, die wiederum Gegenstand eines Betriebsübergangs ist.[270]

Zusammenfassend gibt es folgende Sachverhaltskonstellationen, in denen ein Betriebsübergang auf einen ausländischen Betriebserwerber stattfindet:

Abbildung 2: Überblick über die möglichen Konstellationen eines ausländischen Betriebserwerbers.

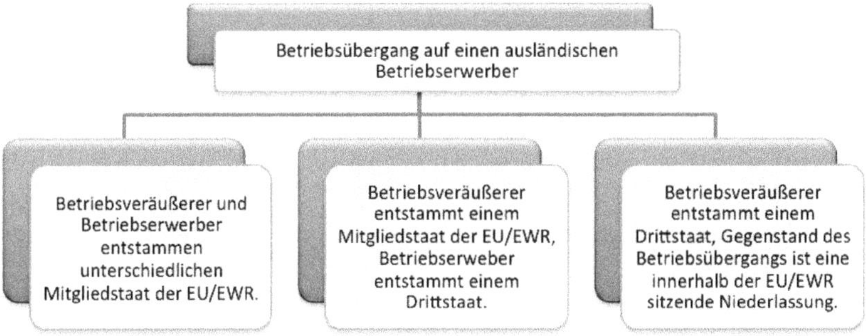

In all diesen Sachverhaltskonstellationen kann ein Betriebsübergang in den oben dargestellten Formen (siehe Abbildung 1, § 1 B I. 3., S. 25) vorkommen.

Die vorgenannte dritte Konstellation, der Übertragung einer Niederlassung eines drittstaatsangehörigen Unternehmens, wird im Folgenden vernachlässigt.

2. *Sachverhaltskonstellationen einer grenzüberschreitenden Betriebsverlagerung*

Die grenzüberschreitende Betriebsverlagerung kann entweder zu einem „Wegzug“ aus Deutschland (nachfolgend „**Wegzugs-Fall**“[271]) oder zu einem „Zuzug“ nach Deutschland (nachfolgend „**Zuzugs-Fall**“) führen.

268 *CMS Study*, Ziffer 1.1, S. 1.
269 *CMS Study*, Ziffer 1.1, S. 1.
270 *CMS Study*, Ziffer 1.1, S. 1.
271 Die Differenzierung zwischen Wegzugs-Fällen und Zuzugs-Fällen lehnt sich an die Fälle der grenzüberschreitenden Sitzverlegung an.

Die nachfolgenden Ausführungen beschränken sich auf die Prüfung des Wegzugs-Falls. Ein Beispiel für einen Wegzugs-Fall ist die Konstellation, in der ein deutsches Unternehmen aufgrund günstigerer Steuersätze einen Betrieb von Deutschland ins Ausland verlagert. Der spiegelbildliche Fall des „Zuzugs-Fall" wird hingegen nachfolgend nicht explizit untersucht.

3. *Sachverhaltskonstellationen eines grenzüberschreitenden Betriebsübergangs*

Als grenzüberschreitender Betriebsübergang wird der Fall umschrieben, in dem sich an den Betriebsübergang auf einen ausländischen Betriebserwerber (= Inhaberwechsel) eine Betriebsverlagerung ins Ausland anschließt (= Ortswechsel) bzw. diese zeitlich vor dem Betriebsübergang stattfindet.[272]

Der Aspekt des Auslandsbezugs umfasst ein weites Spektrum. Hiervon sind sowohl Fälle erfasst, in denen der Inhaberwechsel zu einem Betriebsübergang auf einen Betriebserwerber aus einem anderen EU Mitgliedstaat als auch aus einem Drittstaat führt (siehe Var. 1 und 2 unter Ziffer 1, S. 33).[273] Zudem kann der Ortswechsel zu einer Betriebsverlagerung innerhalb der EU als auch außerhalb der EU führen.

Zur Veranschaulichung folgender Beispielsfall: ein deutsches Unternehmen gründet eine polnische Tochtergesellschaft, überträgt die wesentlichen identitätsprägenden Betriebsmittel auf diese und verlagert den Betrieb nach Polen.[274] Dies wäre ein Fall eines konzerninternen, grenzüberschreitenden Betriebsübergangs.

Vor dem Hintergrund der unter § 1 B (siehe S. 21 ff.) dargestellten Differenzierung zwischen einer Betriebsteilung und einer Betriebsbildung sind folgende Sachverhaltskonstellationen bei einem grenzüberschreitenden Betriebsübergang von Deutschland ins Ausland denkbar:

272 *Neef*, NZA 1994, 97 (99 f.).

273 Aufgrund der vorhergehenden Einschränkung auf Wegzugs-Fälle aus Deutschland, ist der unter Ziff. 1 dargestellte dritte Fall (einer in einem Drittstaat ansässigen Niederlassung) hier nicht relevant.

274 Siehe hierzu *Kania*, ZESAR 2012, 112 (113).

Abbildung 3: Überblick über das Zusammentreffen der unterschiedlichen Arten eines Betriebsübergangs mit dem Inhaberwechsel auf einen ausländischen Betriebserwerbers und dem Ortswechsel aufgrund der grenzüberschreitenden Betriebsverlagerung.

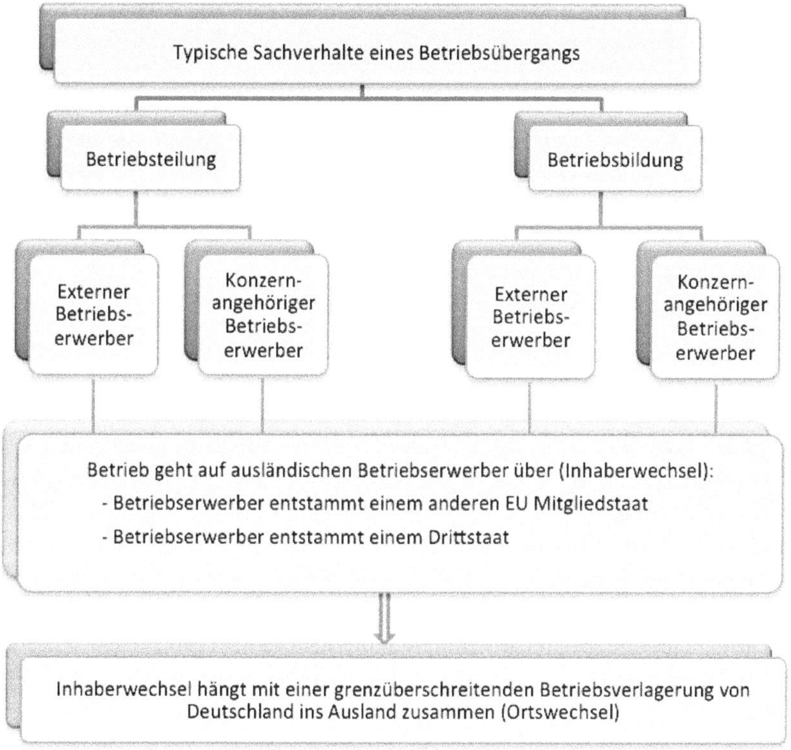

Bei Betrachtung dieser Abbildung stellt sich die Frage, ob die theoretische Auffächerung möglicher Sachverhaltskonstellationen in der Praxis einer Einschränkung unterliegt.

Zumindest in Fällen, in denen die grenzüberschreitende Betriebsverlagerung zu einer Verlagerung des Arbeitsplatzes an einen weiter entfernten Ort führt und der verlagerte Betrieb auf einige Spezialisten angewiesen ist, taucht die

Überlegung hinsichtlich einer Einschränkung der möglichen Sachverhaltskonstellationen in Bezug auf das Zielland auf.[275]

Insoweit liegt – in Anlehnung an die BAG Rechtsprechung zur Wahrung der Betriebsidentität[276] – die Vermutung nahe, dass die Arbeitnehmer in der Regel nur bei grenznahen Betriebsübergängen bereit sind, die Arbeitsleistung am neuen Betriebsort zu erbringen.[277] Führt man diesen Gedanken fort, könnte die Relevanz der nachfolgend erörterten Rechtsfragen davon abhängen, in welches Zielland der Ortswechsel im Rahmen eines grenzüberschreitenden Betriebsübergangs führt. Inwieweit das Zielland für die Relevanz der in der Praxis vorkommenden grenzüberschreitenden Betriebsübergange eine Rolle spielt, wird nachfolgend untersucht:

a) Einschränkung der theoretisch denkbaren Sachverhaltskonstellationen in Bezug auf das Zielland?

Mit Blick auf das Zielland sind zwei Sachverhaltskonstellationen eines grenzüberschreitenden Betriebsübergangs denkbar: Der Ortswechsel führt entweder zu einer Betriebsverlagerung in ein nahe gelegenes oder in ein weiter entfernt gelegenes Land. Die beiden Fälle werden für die weitere Prüfung definiert:

Eine grenznahe Betriebsverlagerung liegt bei einer Verlagerung zwischen zwei Nachbarländern vor, soweit die Entfernung zwischen der alten und der neuen Betriebsstätte für die Arbeitnehmer zumutbar ist (nachfolgend „**grenznahe Betriebsverlagerung**").[278] Dies wäre beispielsweise bei einer Verlagerung von Deutschland nach Frankreich der Fall. Hierzu folgendes Beispiel:

Die bei Freiburg im Breisgau mittelständische A-GmbH produziert Getränkekisten. Die A-GmbH veräußert durch Abschluss eines notariellen Kaufvertrags

---

275 Die Relevanz hinsichtlich des Übergangs der Arbeitsverhältnisse variiert je nach Betriebstyp. Bei produktionsmittelarmen Betrieben spielt der Übergang der Arbeitnehmer eine wichtigere Rolle als bei produktionsmittelintensiven Betrieben. Dennoch kann es auch bei produktionsmittelintensiven Betrieben auf die Übernahme von Spezialisten ankommen, ohne die die übernommenen Maschinen beispielsweise nicht betrieben werden könnten.

276 Siehe S. 38 ff.

277 MüAnH/*Cohnen*, § 53 Rn. 71.

278 Von dem hier definierten Begriff der grenznahen Betriebsverlagerung sind auch so genannte „*Nearshoring*" Vorgänge erfasst. Unter „*Nearshoring*", einem Unterfall des „*Offshorings*", versteht man die Auslagerung von Geschäftsprozessen ins grenznahe Ausland. Für weitere Informationen s. *Meyer*, S. 3; *Schaaf*, S. 3; *Pesch*, KSzW 2012, 114 (114).

sämtliche Vermögensgegenstände an die B-SA, eine Gesellschaft französischen Rechts.[279] Die Vermögensübertragung erfolgt im Wege des *„asset deal"*. Die B-SA setzt unmittelbar nach der Übertragung und Verlagerung den Produktionsbetrieb an einer ca. 6 km entfernten Betriebsstätte im Elsass (Frankreich) fort.

Im Gegensatz dazu liegt ein grenzüberschreitender Betriebsübergang in ein weiter entferntes Land vor, wenn die Entfernung zwischen der alten und der neuen Betriebsstätte eine für die Arbeitnehmer zumutbare Distanz überschreitet (nachfolgend **„grenzferne Betriebsverlagerung"**).

Dies wäre beispielsweise der Fall, wenn ein deutsches Unternehmen an einen spanischen Betriebserwerber veräußert wird, der beabsichtigt, den Betrieb nach Spanien zu verlagern.

Maßgeblich für die Sachverhaltskonstellationen, in denen in der Praxis ein grenzüberschreitender Betriebsübergang vorliegt, ist nach den vorhergehenden Überlegungen die Distanz zwischen alter und neuer Betriebsstätte.

Der Achte Senat des BAG erörterte im Urteil vom 26. Mai 2011 die Frage nach der zumutbaren Distanz zwischen alter und neuer Betriebsstätte unter einem anderen Blickwinkel.[280] Insoweit ging es um die Frage, ob die grenzüberschreitende Betriebsverlagerung einer *„beabsichtigten identitätswahrenden Übertragung des Betriebsteils"*[281] entgegensteht. Mit anderen Worten lag der Fokus auf der Frage, ob die grenzüberschreitende Betriebsverlagerung zu einem Verlust der Betriebsidentität und in der Folge zu einem Fehlen der notwendigen Voraussetzungen für die Anwendung des § 613a BGB führt. Auf die Aspekte des BAG wird weiter unten eingegangen (siehe S. 39 ff.).

In Bezug auf die Relevanz grenzüberschreitender Betriebsübergangskonstellationen gilt – vor dem Hintergrund der BAG Ansicht zum Verlust der Betriebsidentität – nach der hier vertretenen Ansicht Folgendes: Die Richtschnur des BAG zur Frage der Identitätswahrung kann auf die Relevanz grenzüberschreitender Betriebsübergangskonstellationen übertragen werden. Das BAG stellt hinsichtlich der Identitätswahrung auf die Distanz zwischen alter und neuer Betriebsstätte ab.[282] Die Anknüpfung an die Distanz gibt Aufschluss über die

---

279 Beispielsfall in Anlehnung an *Franzen*, S. 4.

280 BAG, Urt. v. 26.05.2011 (Az.: 8 AZR 37/10), Rn. 36 (juris), AP Nr. 409 zu § 613a BGB.

281 BAG, Urt. v. 26.05.2011 (Az.: 8 AZR 37/10), Rn. 36 (juris), AP Nr. 409 zu § 613a BGB.

282 BAG, Urt. v. 20.04.1989 (2 AZR 431/88), BAGE 61, 369–375: in diesem Fall ging es um eine grenzüberschreitende Verlagerung eines Produktionsbetriebs (PVC-Fußbodenplatten) von Berlin nach Lyon (Frankreich); BAG, Urt. v. 26.05.2011 (Az.: 8 AZR 37/10), Rn. 36 (juris), AP Nr. 409 zu § 613a BGB.

Fortsetzungsbereitschaft der Arbeitnehmer.[283] Für diejenigen Betriebe, bei denen die Arbeitnehmer identitätsprägend sind, liegt es nahe, anzunehmen, dass die Arbeitnehmer nur bei grenznahen Betriebsverlagerungen zur Fortsetzung des Arbeitsverhältnisses bereit sind.[284] Dies wiederum begrenzt die theoretisch denkbaren Fälle grenzüberschreitender Betriebsübergänge, auf die in der Praxis relevanten Konstellationen.

In Anlehnung an die vorgenannte BAG Ansicht[285], richtet sich die Grenze zwischen einer – aus Arbeitnehmersicht – zumutbaren grenznahen und einer unzumutbaren grenzfernen Betriebsverlagerung danach, ob die Distanz innerhalb einer Autofahrstunde bewältigt werden kann. In diesem Fall wird vermutet, dass die Arbeitnehmer grundsätzlich bereit sind, ihre Arbeitsverhältnisse beim Betriebserwerber fortzusetzen.

Die vorhergehende pauschale Betrachtung der subjektiven Bereitschaft der Arbeitnehmer beschränkt damit die Relevanz der grenzüberschreitenden Betriebsübergänge auf Konstellationen, die zu grenznahen Betriebsverlagerungen führen.

b) Zwischenergebnis

Zusammenfassend bleibt festzuhalten, dass die nachfolgend erörterten Rechtsunsicherheiten in der Regel[286] nur für grenzüberschreitende Betriebsübergänge eine Rolle spielen, die zu einem grenznahen Ortswechsel des Betriebs führen.[287]

Mit Blick auf diese Pauschalierung ist jedoch Folgendes zu beachten: Neben der Entfernung zwischen alter und neuer Betriebsstätte spielen weitere Faktoren für die Entscheidung der Arbeitnehmer, das Arbeitsverhältnis beim Betriebserwerber fortzusetzen, eine Rolle. Hierzu zählen beispielsweise die jeweils

---

283 BAG, Urt. v. 20.04.1989 (2 AZR 431/88), BAGE 61, 369–375; BAG, Urt. v. 26.05.2011 (Az.: 8 AZR 37/10), Rn. 36 (juris), AP Nr. 409 zu § 613a BGB; ebenso *Deinert*, Int. ArbR, S. 343 Rn. 12 – *„gerade in Grenzregionen [kann] auch die Übernahme wesentlicher Belegschaftsteile möglich sein."*

284 BAG, Urt. v. 25.06.2009 (Az.8 AZR 258/08), Rn. 30 f. (juris), AP Nr. 373 zu § 613a BGB – hier stellte das BAG fest, dass im Fall eines Callcenters die Dienstleistungen der Mitarbeiter identitätsprägend war. Maßgeblich für das Vorliegen eines Betriebsübergangs, war daher die Übernahme des Personals.

285 BAG, Urt. v. 26.05.2011 (Az.: 8 AZR 37/10), Rn. 36 (juris), AP Nr. 409 zu § 613a BGB.

286 Selbstverständlich sind Ausnahmefälle denkbar, in denen die Arbeitnehmer auch bei weiten Betriebsverlagerungen bereit sind, ihr Arbeitsverhältnis bei dem neuen Betriebsinhaber fortzusetzen.

287 So auch MüAnH/*Cohnen*, § 53 Rn. 71.

persönliche Situation, die Arbeitsbedingungen beim ausländischen Betriebserwerber sowie etwaig unterbreitete Angebote anderer inländischer Arbeitgeber.

II. Sonderfall 1: Betriebsübergang auf ausländischen Betriebserwerber ohne grenzüberschreitende Betriebsverlagerung

Wie eingangs bereits festgestellt, führt ein Betriebsübergang auf einen ausländischen Betriebserwerber nicht automatisch zu einer Änderung des Arbeitsortes.[288] Vielmehr kann sich ein Betriebsübergang auf einen ausländischen Betriebserwerber auch ohne eine grenzüberschreitende Betriebsverlagerung vollziehen.

Dies ist beispielsweise der Fall, wenn der ausländische Betriebserwerber unter Beibehaltung seiner ausländischen Rechtspersönlichkeit seinen Verwaltungssitz nach Deutschland verlagert. Nach der *„Gründungstheorie“*[289] wird die ausländische Rechtspersönlichkeit bei einer Verlegung der operativen Tätigkeiten einer aus dem EU-Ausland stammenden Gesellschaft nach Deutschland anerkannt.[290] Unterstellt, eine solche ausländische Gesellschaft (mit Sitz in Deutschland) erwirbt einen deutschen Betrieb im Wege des „asset deals“, übernimmt die tatsächliche Leitungsmacht und gliedert den übernommenen Betrieb in die bereits bestehende ausländische Gesellschaft unter Beibehaltung der Betriebsidentität ein, läge ein Betriebsübergang auf einen ausländischen Betriebserwerber ohne grenzüberschreitende Betriebsverlagerung vor. In Bezug auf die Rechtsfolgen des Betriebsübergangs ergeben sich keine Unterschiede zu dem vorgenannten innerdeutschen Betriebsübergang (siehe S. 30 f.).

Die Relevanz des vorgenannten Sonderfalls wird an der Fluggesellschaft Air Berlin deutlich.[291] Die Gesellschaftsform von Air Berlin ist eine *Public Limited Company* (nachfolgend „**PLC**“) nach britischem Recht.[292] Der Verwaltungssitz von Air Berlin liegt in Berlin.[293] Die ausländische Rechtsform wird in Deutschland aufgrund der insoweit geltenden „Gründungstheorie“[294] anerkannt. Würde nun Air Berlin mittels *„asset deal“* einen deutschen Betrieb erwerben, läge

288 *Leuchten*, ZESAR 10/12, 411 (412).
289 EuGH, Urt. v. 16.12.2008 (Rs. C-210/06), Rn. 99 ff. (juris), BB 2009, 11 (11).
290 Siehe hierzu: *Weller/Leuering*, S. 9. Voraussetzung ist insoweit allerdings, dass das Ursprungsland einen Wegzug ohne vorhergehende Auflösung der Gesellschaft gestattet, vgl. EuGH, Urt. v. 16.12.2008 (Rs. C-210/06), Rn. 99 ff. (juris), BB 2009, 11 (11).
291 *Weller*, ZGR 2010, 679 (683); *Weller/Leuering*, S. 2.
292 *Weller/Leuering*, S. 2.
293 *Weller/Leuering*, S. 2.
294 EuGH, Urt. v. 16.12.2008 (Rs. C-210/06), Rn. 99 ff. (juris), BB 2009, 11 (11).

in diesem Fall ein Betriebsübergang auf einen ausländischen Betriebserwerber ohne grenzüberschreitende Betriebsverlagerung vor.

III. Sonderfall 2: Betriebsverlagerung ins Ausland ohne Betriebsübergang

An den vorgenannten Sonderfall 1 knüpft sich der spiegelbildliche Fall, in dem ein deutscher Betrieb ohne Wechsel des Betriebsinhabers ins Ausland verlagert wird. Mit anderen Worten wird ein Betrieb – unter Wahrung der deutschen Rechtspersönlichkeit – ins Ausland verlagert. Für das Vorliegen eines Betriebsübergangs fehlt es insoweit an einem Inhaberwechsel (siehe S. 14).

Rechtlich ist dies in Deutschland durch die Einführung des Gesetz zur Modernisierung des GmbH-Rechts und zur Bekämpfung von Missbräuchen[295] (nachfolgend: „**MoMiG**") hinsichtlich der Verlegung des Verwaltungssitzes bei Kapitalgesellschaften möglich.[296] Voraussetzung ist hierfür allerdings, dass sie (i) ihren deutschen Satzungssitz beibehält und (ii) das Zielland ebenfalls der Gründungstheorie folgt.[297] Mangels Inhaberwechsel liegt in diesem Fall kein Betriebsübergang gem. § 613a BGB vor.

Auf weitere Ausführungen zu den vorgenannten Sonderfällen wird verzichtet.

B. Problem der „identitätswahrenden Entfernung"

Eine zentrale Frage des grenzüberschreitenden Betriebsübergangs ist die Frage, ob die grenzüberschreitende Betriebsverlagerung zu einem Verlust der Betriebsidentität führt.[298] Wäre dies der Fall, würde es an einer für den Betriebsübergang notwendigen Voraussetzung – der Betriebsidentität (siehe S. 16) – fehlen.

Fehlt die Betriebsidentität handelt es sich – mangels Fortführung eines „*Substrats*"[299] – um eine Betriebsstilllegung.[300] Die Arbeitsverhältnisse würden nicht gem. § 613a Abs. 1 S. 1 BGB auf den Betriebserwerber übergehen. Vielmehr stünden den Arbeitnehmern als Ausgleich die Rechte der §§ 111 ff. BetrVG zu.[301]

295 Gesetz zur Modernisierung des GmbH-Rechts und zur Bekämpfung von Missbräuchen (MoMiG) vom 23. 10. 2008, BGBl. I 2026.

296 *Däubler*, in: BetrVG, Einleitung, Rn. 228c.

297 *Däubler*, in: BetrVG, Einleitung, Rn. 228c; *Kindler*, S. 250, Rn. 7.47 ff.

298 *Leuchten*, ZESAR 10/12, 411 (412); MüAnH/*Cohnen*, § 53 Rn. 66.

299 ErfK/*Preis*, § 613a BGB Rn. 6.

300 ERfK/*Preis*, § 613a BGB Rn. 6a.

301 *Fleck*, AnwZert ArbR 19/2011, Anm. 1.

Hinsichtlich der Rechtsfrage „identitätswahrende Entfernung“ werden unterschiedliche Rechtsansichten vertreten. Nachfolgend werden (i) die unterschiedlichen Standpunkte abrissartig dargestellt. Dabei wird jeweils die entsprechende Rechtsansicht kurz vorgestellt, die Konsequenzen einer Übertragung auf den Fall eines grenzüberschreitenden Betriebsübergangs erläutert und Stellung hierzu genommen. In diesem Zusammenhang wird auch ein Modifizierungsvorschlag des Sieben-Punkte-Katalogs aufgearbeitet. Hieran schließt sich (ii) ein Rechtsprechungsvergleich mit dem eingangs erwähnten Urteil aus England, in dem ein Betriebsübergang von England nach Israel angenommen wurde, an. Das Unterkapitel schließt (iii) mit einer Zusammenfassung der gewonnen Ergebnisse.

I. Rechtsansichten hinsichtlich der Wahrung der Betriebsidentität trotz grenzüberschreitender Verlagerung

Hinsichtlich der Frage, ob die Betriebsidentität durch die Betriebsverlagerung verloren geht, werden unterschiedliche Ansichten vertreten. Ein überblicksmäßiger Auszug der vertretenen Meinungen verdeutlicht die unterschiedlichen Standpunkte:

Das BAG vertritt im Hinblick auf die Identitätswahrung eines Produktionsbetriebs (Schuhbetrieb) im Zusammenhang mit einer Betriebsverlagerung von Deutschland nach Österreich folgende Auffassung:

> *„(...) die Ähnlichkeit einer betrieblichen Tätigkeit und damit die Identität der wirtschaftlichen Einheit [geht] nicht bereits dadurch verloren, daß ein Erwerber einen Betrieb verlegt. Die wirtschaftliche Einheit kann trotz Ortsverlegung gewahrt bleiben, wenn der Erwerber eines Produktionsbetriebs Betriebsmittel verlagert und an einem anderen Ort mit gleicher Arbeitsorganisation und gleichen Betriebsmethoden die Produktion weiterführt.“*[302]

Damit geht das BAG nicht von einem grundsätzlichen Verlust der Betriebsidentität aus.[303] Vielmehr differenziert es nach der kilometermäßigen Entfernung zwischen alter und neuer Betriebsstätte (nachfolgend: „**Entfernungskriterium**“).[304] Das Entfernungskriterium variiert dabei zwischen den einzelnen Betriebstypen.

---

302 BAG, Urt. v. 16.05.2002 (Az.: 8 AZR 319/01), Rn. 77 (juris), AP Nr. 237 zu § 613a BGB.

303 *Deinert*, Int. ArbR, S. 342 Rn. 12.

304 Bsp. für unerhebliche Betriebsverlagerung: BAG, Urt. v. 20.04.1989 (Az.: 2 AZR 431/88), Rn. 20 (juris), BAGE 61, 369–375; BAG, Urt. v. 02.12.1999 (Az.: 8 AZR 796/98), Rn. 27 (juris), AP Nr. 188 zu § 613a BGB; BAG, Urt. v. 26.05.2011 (Az. 8 AZR 37/10), Rn. 36 (juris), AP Nr. 409 zu § 613a BGB; Bsp. für erhebliche Betriebsverlagerungen: BAG, Urt. v. 12.02.1987 (Az.: 2 AZR 247/86), Rn. 29 (juris), AP Nr. 67

Im Gegensatz dazu finden sich in der Literatur[305] Vertreter, nach denen bei einer grenzüberschreitenden Betriebsverlagerung der Verlust der Betriebsidentität zumindest *„nahe liegt“*[306].

Auch die EU Kommission hat sich zu der Frage der Identitätswahrung bei grenzüberschreitender Betriebsverlagerung geäußert.[307] Diese differenziert danach, ob das Zielland der Betriebsverlagerung ein Mitgliedstaat der EU ist.

Bereits ein erster Blick auf die unterschiedlichen Ansichten verdeutlicht, dass die Antworten hinsichtlich der Frage „Identitätswahrung bei (grenzüberschreitenden) Betriebsverlagerungen?“ sehr unterschiedlich ausfallen. Nachfolgend werden die unterschiedlichen Standpunkte näher beleuchtet: Zunächst wird (i) die differenzierte Ansicht der EU Kommission vorgestellt. Dem schließt sich (ii) eine Darstellung der Rechtsansicht an, die auf das Entfernungskriterium abstellt. Dem folgt (iii) eine Erläuterung der Auffassung, nach der ein Verlust der Betriebsidentität aufgrund der grenzüberschreitenden Betriebsverlagerung *„nahe liegt“*[308]. Zu den vorgenannten Rechtsansichten wird (iv) zusammenfassend Stellung genommen. In dem thematischen Kontext mit der Frage „Wahrung der Betriebsidentität bei grenzüberschreitenden Betriebsübergängen“ steht eine Modifikationsidee des Sieben-Punkte-Katalogs von *Kania*[309]. Diese wird (v) aufgearbeitet. Das Unterkapitel schließt (vi) mit einem Zwischenergebnis.

1. Ansicht der EU Kommission: Wahrung der Betriebsidentität hängt vom Zielland ab

Die EU Kommission differenziert hinsichtlich der identitätswahrenden Betriebsverlagerung nach dem Zielland der grenzüberschreitenden Betriebsverlagerung:[310]

---

zu § 613a BGB; BAG, Urt. v. 13.11.1997 (Az.: 8 AZR 435/95), Rn. 27 (juris), ZInsO 1998, 140–141; BAG, Urt. v. 25.05.2000 (Az.: 8 AZR 335/99), Rn. 71 (juris), RzK I 5e Nr. 137.

305 *Willemsen/Müller-Bonanni*, in: HKW, § 613a Rn. 102; siehe hierzu *Kania*, ZESAR 2010, 112 (118).

306 *Willemsen/Müller-Bonanni*, in: HKW, § 613a Rn. 102.

307 *EU Kommission*, Kommissionspapier zur Ersten Phase der Anhörung der Sozialpartner, Ziffer 7.1.2.

308 *Willemsen/Müller-Bonanni*, in: HKW, § 613a Rn. 102.

309 *Kania*, S. 52 f.

310 *EU Kommission*, Kommissionspapier zur Ersten Phase der Anhörung der Sozialpartner, Ziffer 7.1.2.

a) EU Kommission differenziert nach Zielland

In einem Kommissionspapier[311] der EU Kommission heißt es hinsichtlich einer Verlagerung in einen anderen EU-Mitgliedstaat wie folgt:

> *„Zumindest dann, wenn ein Standortwechsel von einem EU-Mitgliedstaat (oder einem EWR-Staat) in einen anderen stattfindet und sich sonst nichts ändert, ist anzunehmen, dass das fortgeschrittene Stadium des Binnenmarkts der wirtschaftlichen Einheit ermöglichen würde, seine Identität zu bewahren."*[312]

Mit Bezug auf eine Verlagerung in einen Drittstaat äußert sich die EU Kommission wie folgt:

> *„Wenn man allerdings bedenkt, dass im rechtlichen, wirtschaftlichen und gesellschaftlichen Umfeld wahrscheinlich erhebliche Unterschiede bestehen, ließe sich anführen, dass ein Übergang in einen Staat außerhalb der EU (oder des EWR) die Identität der wirtschaftlichen Einheit nicht bewahren würde. Daher würde es sich in diesem Fall nicht um einen Übergang im Sinne der Richtlinie handeln."*[313]

b) Übertragung der Rechtsansicht auf den Fall eines grenzüberschreitenden Betriebsübergangs

Überträgt man die vorgenannte Differenzierung auf den Fall eines grenzüberschreitenden Betriebsübergangs, würden Sachverhaltskonstellationen, in denen der Betriebserwerber seinen Sitz in einem Drittstaat hat und den erworbenen Betrieb dort hin verlagert, grundsätzlich aus dem Anwendungsbereich des § 613a BGB ausscheiden.

c) Stellungnahme hinsichtlich der differenzierten Ansicht der EU Kommission

Die Differenzierung der EU Kommission hinsichtlich des Ziellands zwischen EU-Mitgliedstaat und Drittstaat ist nicht überzeugend.

Hiergegen sprechen zum einen der oben dargestellte weite Anwendungsbereich der Betriebsübergangsrichtlinie/des § 613a BGB (siehe S. 33) und der damit bezweckte Arbeitnehmerschutz. Der Wortlaut der Betriebsübergangsrichtlinie

311 *EU Kommission*, Kommissionspapier zur Ersten Phase der Anhörung der Sozialpartner, Ziffer 7.1.2.

312 *EU Kommission*, Kommissionspapier zur Ersten Phase der Anhörung der Sozialpartner, Ziffer 7.1.2.

313 *EU Kommission*, Kommissionspapier zur Ersten Phase der Anhörung der Sozialpartner, Ziffer 7.2.

gibt für die vorgetragene Differenzierung keine Anhaltspunkte. Somit widerspricht die differenzierte Ansicht dem Richtlinientext.

Zum anderen erscheint die Differenzierung zwischen einem EU-Mitgliedstaat und einem Drittstaat als zu starr. Denkt man an den Fall, dass ein Betrieb von Deutschland in die Schweiz (= Drittstaat) verlagert wird, ist nicht ersichtlich, welche *„rechtlichen, wirtschaftlichen und gesellschaftlichen“*[314] Unterschiede für einen Verlust der Betriebsidentität im Falle einer Betriebsverlagerung sprechen sollten. In rechtlicher Hinsicht gehören sowohl die deutsche als auch die schweizerische Rechtsordnung zu dem gleichen Rechtskreis.[315] Auch in wirtschaftlicher und gesellschaftlicher Hinsicht bestehen zwischen Deutschland und der Schweiz weniger Unterschiede als zwischen Deutschland und anderen EU-Mitgliedstaaten.

Die Pauschalierung der EU Kommission ist insoweit nicht nachvollziehbar.

2. *Herrschende Ansicht: Entfernungskriterium entscheidet über Verlust der Betriebsidentität*

Wie bereits einleitend dargestellt, führt nach Ansicht des BAG die Betriebsverlagerung nicht grundsätzlich zu einem Verlust der Betriebsidentität.[316] Vielmehr differenziert das BAG insoweit zwischen unerheblichen und erheblichen Betriebsverlagerungen.[317] Nur eine erhebliche Betriebsverlagerung zieht einen Verlust der Betriebsidentität nach sich. Dazu im Einzelnen:

a) Rechtsprechung differenziert zw. unerheblicher/erheblicher Betriebsverlagerung

Zunächst ist festzustellen, dass bislang ungeklärt ist, was die Rechtsprechung tatsächlich unter einer unerheblichen Entfernung versteht.[318] Die Rechtsprechung basiert auf entschiedenen Einzelfällen. Eine Kilometergrenze, ab der das BAG

---

314 *EU Kommission*, Kommissionspapier zur Ersten Phase der Anhörung der Sozialpartner, Ziffer 7.2.

315 *Kunz*, recht 2006, S. 50.

316 BAG, Urt. v. 20.04.1989 (Az.: 2 AZR 431/88), Rn. 20 (juris), BAGE 61, 369–375 – hier entschied das BAG *„Bleibt trotz einer Verlagerung die Betriebsidentität erhalten, so ist eine Weiterbeschäftigung nur dann möglich, wenn der Arbeitnehmer mit der Änderung des Leistungsortes einverstanden ist, was auch konkludent geschehen kann.“*; *Deinert*, Int. ArbR, S. 312 Rn. 12.

317 BAG, Urt. v. 12.02.1987 (Az.: 2 AZR 247/86), Leitsatz (juris), AP Nr. 67 zu § 613a BGB.

318 *Krannich*, BB-Kommentar zum Urt. v. 26.05.2011, BB 2012, 577 (581).

grundsätzlich von einer erheblichen Betriebsverlagerung spricht, gibt es bislang nicht. Die ergangenen Einzelfallentscheidungen können lediglich zu einem Gesamtbild zusammengesetzt werden.

Nachfolgend werden ausgewählte Entscheidungen wiedergegeben, um die Linien der Rechtsprechung zu verdeutlichen.

Eine unerhebliche Betriebsverlagerung nimmt das BAG an, wenn der Betrieb innerhalb eines Ortes verlagert wird.[319] Insoweit stellte das BAG im Rahmen einer Gesamtwürdigung aller relevanten Umstände hinsichtlich des Standorts eines Einzelhandelsgeschäfts Folgendes fest:

> *„Der Übernahme der Räumlichkeiten oder der Fortführung der Geschäfte* ***in unmittelbarer Nähe*** *kommt (...) je nach der Betriebsform und der Art der verkauften Ware erhebliche Bedeutung zu. Eine Weiterführung derselben organisatorischen Einheit* ***an ganz anderer Stelle*** *liegt, abgesehen von Spezialgeschäften und am Ort konkurrenzlosen Betrieben, häufig fern, weil der Kunde an die Lage des Geschäfts gewöhnt ist."*[320]

In dem Urteil vom 26. Mai 2011 nahm das BAG eine unerhebliche Entfernung bei einer Betriebsverlagerung eines Produktionsbetriebs von 59 km an.[321] Die Unerheblichkeit der Entfernung begründete das BAG in diesem Fall damit, dass die Wegstrecke innerhalb einer Autostunde zu bewerkstelligen sei.[322] Ein Umzug der Mitarbeiter sei in diesem Fall nicht nötig.[323] Daher bejahte das BAG die Wahrung der Betriebsidentität trotz grenzüberschreitender Betriebsverlagerung.[324]

Ein Verlust der Betriebsidentität tritt nach Ansicht des BAG hingegen ein, wenn die örtliche Verlagerung unter Berücksichtigung des Betriebszwecks erheblich ist.[325] Fraglich ist, was unter einer erheblichen Entfernung verstanden wird.[326] Eine erhebliche Entfernung nahm das BAG bei mehreren hundert

---

319 BAG, Urt. v. 20.04.1989 (Az.: 2 AZR 431/88), Rn. 20 (juris), BAGE 61, 369–375.

320 BAG, Urt. v. 02.12.1999 (Az.: 8 AZR 796/98), Rn. 27 (juris), AP Nr. 188 zu § 613a BGB, die Hervorhebung ist im Original nicht enthalten.

321 BAG, Urt. v. 26.05.2011 (Az. 8 AZR 37/10), Rn. 36 (juris), AP Nr. 409 zu § 613a BGB.

322 BAG, Urt. v. 26.05.2011 (Az. 8 AZR 37/10), Rn. 36 (juris), AP Nr. 409 zu § 613a BGB; *Leuchten*, ZESAR 10/12, 411 (413).

323 BAG, Urt. v. 26.05.2011 (Az. 8 AZR 37/10), Rn. 36 (juris), AP Nr. 409 zu § 613a BGB; *Leuchten*, ZESAR 10/12, 411 (413).

324 BAG, Urt. v. 26.05.2011 (Az. 8 AZR 37/10), Rn. 36 (juris), AP Nr. 409 zu § 613a BGB; *Leuchten*, ZESAR 10/12, 411 (413).

325 BAG, Urt. v. 12.02.1987 (Az.: 2 AZR 247/86), Rn. 29 (juris), AP Nr. 67 zu § 613a BGB; BAG, Urt. v. 13.11.1997 (Az.: 8 AZR 435/95), Rn. 27 (juris), ZInsO 1998, 140–141; BAG, Urt. v. 25.05.2000 (Az.: 8 AZR 335/99), Rn. 71 (juris), RzK I 5e Nr. 137.

326 *Krannich*, BB-Kommentar zum Urt. v. 26.05.2011, BB 2012, 577 (581).

Kilometern an.[327] Insoweit entschied das BAG – ebenfalls im Zusammenhang mit einer Betriebsverlagerung eines Produktionsbetriebs – wie folgt:

> *„Vielmehr wird die Beklagte an dem* ***mehrere hundert Kilometer*** *von B. entfernten Standort M. tätig. Diese erhebliche räumliche Entfernung ist von solchem Gewicht, daß allein aus diesem Grunde bereits die Wahrung der Identität bezweifelt werden kann (…).“*[328]

Das die Frage der Erheblichkeit sich nach den jeweiligen Umständen des Einzelfalls sowie nach der Art des Betriebs richtet, verdeutlicht auch ein Urteil des LAG Hamburg, in dem ein Betriebsteilübergang einer Nachrichtenagentur von Deutschland nach Irland die Erheblichkeitsgrenze nicht überschritt.[329] Insoweit heißt es:

> *„Bei einer Nachrichtenagentur ist die Identität der wirtschaftlichen Einheit gewahrt, wenn mit im Wesentlichen unveränderter Leitung und derselben IT – Infrastruktur die gleiche Dienstleistung erbracht wird. In einem solchen Fall stehen eine Verlagerung der Produktionsstätte ins EG-Ausland und die Verwendung neu angeschaffter Büroausstattung und Hardware einem Betriebsteilübergang i.S.v. § 613a BGB nicht entgegen. Auch die Übernahme eines wesentlichen Teils der Belegschaft ist nicht zusätzlich erforderlich.“*[330]

Das LAG Nürnberg entschied hingegen, dass *„ Eine Verlegung des Mittelpunkts der übertragenen betrieblichen Tätigkeiten in einen ca. 25 km entfernten anderen Ort (…) zum Verlust der Identität [führt].“*[331]

Auch das LAG Mecklenburg-Vorpommern[332] entschied im Jahr 2013 im Rahmen eines Betriebsübergangs eines Dienstleistungsbetriebs, dessen Umsatz maßgeblich von dem Standort abhängt (Tankstellen), dass *„ein Ortswechsel, der sich nicht nur unwesentlich auf die Zusammensetzung des Kundenstamms auswirkt, regelmäßig gegen ein[en] Betriebsübergang.“*[333] spricht.

---

327 BAG, Urt. v. 25.05.2000 (Az.: 8 AZR 335/99), Rn. 71 (juris), RzK I 5e Nr. 137; LAG Köln, Urt. v.12.06.1997 (Az.: 5 Sa 362/97), Rn. 28 (juris), NZA-RR 1997, 473–474.

328 BAG, Urt. v. 25.05.2000 (Az.: 8 AZR 335/99), Rn. 71 (juris), RzK I 5e Nr. 137, die Hervorhebung ist im Original nicht enthalten.

329 LAG Hamburg, Urt. v. 22.05.2003 (Az.: 8 Sa 29/03), Leitsatz 3 (juris), AfP 2004, 377–380.

330 LAG Hamburg, Urt. v. 22.05.2003 (Az.: 8 Sa 29/03), Leitsatz 3 (juris), AfP 2004, 377–380.

331 LAG Nürnberg, Urt. v. 26.08.1996 (Az.: 7 Sa 981/95), Leitsatz 4 (juris), LAGE § 613a BGB Nr. 51.

332 LAG Mecklenburg-Vorpommern, Urt. v. 14.05.2013 (Az.: 5 Sa 72/12), EzA-SD 2013, Nr. 18, 11.

333 LAG Mecklenburg-Vorpommern, Urt. v. 14.05.2013 (Az.: 5 Sa 72/12), Leitsatz 2 (juris), EzA-SD 2013, Nr. 18, 11.

b) Zusammenfassung der vorgenannten Rechtsansicht

Grundsätzlich stellt die vorgenannte Rechtsprechung hinsichtlich der Wahrung der Betriebsidentität im Falle einer Betriebsverlagerung auf die kilometermäßige Entfernung zwischen alter und neuer Betriebsstätte ab.

Die Frage, ob die kilometermäßige Entfernung erheblich/unerheblich ist, hängt dabei insbesondere von der Art des Betriebs ab.[334] Bei einem Einzelhandelsgeschäft wird nur die *„unmittelbare Nähe“*[335], bei einem Produktionsbetrieb werden hingegen zumindest 59 km als unerheblich betrachtet. Welche Grenze die Erheblichkeit bei einem Dienstleistungsbetrieb hat, hängt maßgeblich von der Art des Dienstleistungsbetriebs ab.[336]

c) Übertragung des Entfernungskriteriums auf den grenzüberschreitenden Betriebsübergang

Überträgt man die Differenzierung des BAG hinsichtlich einer unerheblichen/erheblichen Entfernung auf den Fall eines grenzüberschreitenden Betriebsübergangs, führt dies dazu, dass die Betriebsidentität bei einer unerheblichen Entfernung zwischen alter und neuer Betriebsstätte auch im Falle einer grenzüberschreitenden Betriebsverlagerung (= grenznahe Betriebsverlagerung) gewahrt bleibt.[337]

Dies entspricht den oben herausgearbeiteten Sachverhalten, in denen die Arbeitnehmer in der Regel bereit sind, ihr Arbeitsverhältnis beim Betriebserwerber fortzusetzen (siehe S. 38).

Der Unterschied zu den oben herausgearbeiteten Sachverhalten (siehe S. 38) liegt jedoch darin, dass es in den oben genannten Fällen um eine Herausarbeitung der praktischen Relevanz der nachfolgenden Rechtsfragen ging. Abweichend von der generalisierenden Betrachtung bestimmen die Arbeitnehmer

---

334 *Deinert*, Int. ArbR, S. 342 Rn. 12.

335 BAG, Urt. v. 02.12.1999 (Az.: 8 AZR 796/98), Rn. 27 (juris), AP Nr. 188 zu § 613a BGB.

336 LAG Hamburg, Urt. v. 22.05.2003 (Az.: 8 Sa 29/03), Rn. 45 (Juris), AfP 2004, 377–380: *„Die Lage eines Betriebs kann bei Einzelhandelsgeschäften ggf. von ausschlaggebender Bedeutung für einen Betriebsübergang sein, wenn gerade sie wesentlich die Kundenbeziehungen prägt (BAG v. 2. 12 1999–8 AZR 796/98 - NZA 99, 147, 149). Bei Produktionsbetrieben ist die Lage hingegen von untergeordneter Bedeutung, so dass die Verlagerung einer Betriebsübergang regelmäßig nicht entgegensteht (BAG, Urt. v. 16. 5. 2002–8 AZR 319/01 - NZA 03, 93, 98)“*; *Willemsen/Müller-Bonanni*, in: HKW, § 613a BGB, Rn. 101.

337 *Bezani/Richter*, S. 248.

in jedem Einzelfall, ob sie ihr Arbeitsverhältnis an einem anderen Betriebsort fortsetzen. D.h. selbst bei erheblichen Entfernungen zwischen der alten und der neuen Betriebsstätte können sie auf die Ausübung des Widerspruchsrechts verzichten.

Die vorgenannte Rechtsprechung grenzt hingegen die Fälle des Betriebsübergangs (Betriebsidentität bleibt gewahrt) von den Fällen der Betriebsstilllegung (Betriebsidentität geht verloren) an Hand des Entfernungskriteriums ab. Damit entscheidet das Entfernungskriterium letztlich, ob die Voraussetzungen des § 613a BGB (Betriebsidentität) vorliegen und die Arbeitnehmerschutzvorschrift Anwendung findet oder nicht.

Die Anknüpfung an das Entfernungskriterium führt damit zu einer Einschränkung des Anwendungsbereichs des § 613a BGB. Hingegen spiegelt die vorhergehende Pauschalierung (siehe S. 38) lediglich die grundsätzliche Relevanz grenzüberschreitender Betriebsübergänge wieder.

Die Überschneidung zwischen der Relevanz grenzüberschreitender Betriebsübergänge einerseits und dem Fortbestand der Betriebsidentität andererseits, ergibt sich aus folgender Überlegung: Die Frage nach der Wahrung der Betriebsidentität hängt mit der Bereitschaft der Arbeitnehmer ihr Arbeitsverhältnis am neuen Betriebsort fortzusetzen zusammen. Dies gilt zumindest für Betriebe, in denen die Arbeitnehmer identitätsprägend sind. Bei reinen Produktionsbetrieben kann dies – je nach Einzelfall – anders sein.

Festzuhalten ist, dass bei <u>grenznahen</u> Betriebsverlagerungen im Rahmen eines grenzüberschreitenden Betriebsübergangs sowohl die Relevanz als auch die Wahrung der Betriebsidentität nach den Kriterien der Rechtsprechung gegeben sind.

d) Stellungnahme hinsichtlich der Anknüpfung an das Entfernungskriterium

Dennoch erscheint die Anknüpfung des BAG an das Entfernungskriterium zur Prüfung der Identitätswahrung eines Betriebs nicht geeignet.[338]

Dies verdeutlicht folgender Beispielsfall: Ein deutsches Unternehmen (Sitz: Frankfurt a. d. Oder) überträgt einen Betrieb in der <u>1. Variante</u> an ein grenznahes polnisches Unternehmen und in der <u>2. Variante</u> an ein mehrere hundert Kilometer entferntes bayerisches Unternehmen.

338 So auch *Cohnen*, FS zum 25-jährigen Bestehen der Arge ArbeitsR, S. 608 f.; MüAnH/*Cohnen*, § 53 Rn. 69.

Wendet man die vorgenannten Kriterien der Rechtsprechung an, erscheint die Entfernung zwischen Frankfurt a. d. Oder und dem polnischen Unternehmen als unerheblich, hingegen die Entfernung zwischen Frankfurt a. d. Oder und Bayern als erheblich.

Dieses Beispiel verdeutlicht, dass die kilometermäßige Entfernung zur Bestimmung der Wahrung der Betriebsidentität im Falle der Betriebsverlagerung ungeeignet ist. Die Ungeeignetheit des Entfernungskriteriums basiert auf folgenden Überlegungen:

aa) Kilometermäßige Entfernung vs. äußere Umstände

Zunächst erscheinen die äußeren Umstände (gemeinsame Sprache, kultureller Hintergrund, gesellschaftliche Strukturen, vergleichbare Rechtssysteme) wichtiger als die kilometermäßige Entfernung.[339] Nach der hier vertretenen Ansicht hängt die Wahrung der Betriebsidentität maßgeblich davon ab, ob die Veränderungen der äußeren Gegebenheiten so gravierend sind, dass der Betrieb in seiner ursprünglichen Form nicht mehr fortgesetzt werden kann.

bb) Ermöglichung eines Umgehungsversuchs

Zudem bietet das Entfernungskriterium die Möglichkeit, den Rechtsfolgen des § 613a BGB durch einen möglichst weit entfernten neuen Betriebsort zu entgehen.[340] Betriebserwerber, die durch die Rechtsfolgen des § 613a BGB abgeschreckt werden, könnten dazu verleitet werden, dass Vorliegen der Voraussetzungen des § 613a BGB durch eine möglichst weite Entfernung zu verhindern.[341]

cc) Weiter Anwendungsbereich der Betriebsübergangsrichtlinie/des § 613a BGB

Ferner führt die Anknüpfung an das Entfernungskriterium zu einer faktischen Eingrenzung des Anwendungsbereichs des § 613a BGB. Dies widerspricht dem Wortlaut der Betriebsübergangsrichtlinie/des § 613a BGB (siehe S. 33 ff.), dem weiten Anwendungsbereich der Betriebsübergangsrichtlinie/des § 613a BGB (siehe S. 33 ff.) und damit letztlich dem Arbeitnehmerschutz.

---

339 *Junker*, NZA Beilage 1/2012, 8 (9): *Junker* deutet die Unterschiede hinsichtlich der äußeren Gegebenheiten bei einem Betriebsübergang auf ein polnisches oder tschechisches Unternehmen an.

340 *Henne*, GWR 2011, 532 (532).

341 Zur Umgehung aufgrund der abschreckenden Wirkung der Rechtsfolgen siehe *Hausch*, BB 2008, 1392 (1392).

Geht man entsprechend der Rechtsprechung des BAG davon aus, dass die Grenze zwischen einer unerheblichen/erheblichen Entfernung – je nach Betriebstyp – zwischen 59 und mehreren 100 Kilometern verläuft (siehe S. 41 ff.), sind sämtliche andere Fälle von dem Anwendungsbereich des § 613a BGB ausgeschlossen.

Dies hat zur Konsequenz, dass der Arbeitnehmerschutz des § 613a BGB in Fällen einer weiteren Betriebsverlagerung nicht greift.

dd) Rechtsunsicherheit bzgl. Abgrenzung Betriebsstilllegung vs. grenzüberschreitender Betriebsübergang

Überdies spricht die Rechtsunsicherheit in Bezug auf die Abgrenzungsfrage Betriebsstilllegung vs. grenzüberschreitender Betriebsübergang gegen eine Anknüpfung an das Entfernungskriterium.[342]

Im Hinblick auf die zu erwartenden steigenden[343] grenzüberschreitenden Betriebsübergänge führt die fehlende klare Grenzziehung zwischen erheblichen/unerheblichen Betriebsverlagerungen zu Unklarheiten in der Praxis.

ee) Zwischenergebnis

Selbst wenn der Zusammenhang zwischen der kilometermäßigen Entfernung zwischen alter und neuer Betriebsstätte und der damit einhergehenden Veränderungen unzweifelhaft besteht, erscheint die Anknüpfung an das Entfernungskriterium als zu starr.

Cohnen empfindet die Gewichtigkeit, die der Übernahme der Arbeitnehmer aufgrund des Entfernungskriteriums beigemessen wird, in Fällen von Produktionsbetrieben irritierend.[344] Grundsätzlich spielt die Übernahme des Personals bei einem Betriebsübergang eines Produktionsbetriebs bzgl. der Identitätswahrung eine untergeordnete Rolle.[345] Wendet man allerdings das Entfernungskriterium auf grenzüberschreitende Betriebsübergänge von Produktionsbetrieben

342 MüAnH/*Cohnen*, § 53 Rn. 69.

343 *Feudner*, DB 2004, 982 (983): Nach *Feudner* ist von einem Anstieg der grenzüberschreitenden Betriebsverlagerungen auszugehen, bis sich der Unterschied zwischen den jeweiligen Standortkosten und Rahmenbedingungen relativiert hat; *Land*, BB 2013, 2976 (2976): *Land* führt aus, dass die Zahl der grenzüberschreitenden Unternehmenskäufe steigt, so betrug der Anteil der internationalen Unternehmenskäufe im Jahr 36 % gemessen an dem gesamten Volumen der Unternehmenskäufe.

344 MüAnH/*Cohnen*, § 53 Rn. 69.

345 MüAnH/*Cohnen*, § 53 Rn. 69.

an, bekäme die Übernahme des Personals vor dem Hintergrund des Entfernungskriteriums eine andere Bedeutung.[346] Dem ist zuzustimmen.

3. *Vereinzelt: Verlust der Betriebsidentität aufgrund grenzüberschreitender Betriebsverlagerung*

Die überwiegende Auffassung in der Literatur[347] entspricht der vorgenannten BAG Auffassung[348], nach der die Betriebsverlagerung für sich betrachtet, nicht zwingend zu einem Verlust der Betriebsidentität führt.

Soweit ersichtlich vertreten lediglich *Willemsen/Müller-Bonanni*[349] die Auffassung, nach der ein Verlust der Betriebsidentität bei grenzüberschreitenden Betriebsverlagerungen *„nahe liegt"*[350]:

a) Verlust der Betriebsidentität liegt nahe

Überträgt man die vorgenannte Rechtsansicht[351] auf den Fall einer grenzüberschreitenden Betriebsverlagerung, führt die grenzüberschreitende Betriebsverlagerung zu einem Verlust der Betriebsidentität.

b) Stellungnahme hinsichtlich dem nahe liegenden Verlust der Betriebsidentität

Die Literaturansicht, die zumindest den Verlust der Betriebsidentität nahe legt[352], erscheint nicht überzeugend.

Hiergegen spricht Folgendes:

Zum einen wird diese Annahme unserer hoch technisierten und vernetzten Welt nicht (mehr) gerecht. Moderne Kommunikationswege und schnelle sowie günstig werdende Transportwege überbrücken sämtliche Distanzen.

Zum anderen sprechen die Globalisierung, die fortdauernde Harmonisierung von Standards innerhalb der EU sowie der europäische Binnenmarkt gegen die vorgetragene Annahme. Vor dem Hintergrund, dass grenzüberschreitende Betriebsübergänge insbesondere in Verbindung mit grenznahen

346 MüAnH/*Cohnen*, § 53 Rn. 69.

347 *Kania*, ZESAR 2010, 112 (118); *Bezani/Richter*, S. 248; *Leuchten*, ZESAR 2012, 411 (413); *Pesch*, KSzW 2012, 114 (118).

348 Siehe S. 41 ff.

349 *Willemsen/Müller-Bonanni*, in: HKW, § 613a BGB, Rn. 102 a.E.

350 *Willemsen/Müller-Bonanni*, in: HKW, § 613a BGB, Rn. 102 a.E.

351 *Willemsen/Müller-Bonanni*, in: HKW, § 613a BGB, Rn. 102 a.E.

352 *Willemsen/Müller-Bonanni*, in: HKW, § 613a BGB, Rn. 102 a.E.

Betriebsverlagerungen relevant sind (siehe S. 38) und die Standards sich in den Nachbarländern angleichen, erscheint diese Annahme nicht mehr zeitgemäß.

Überdies spricht die Internationalisierung der Wirtschaft als Argument gegen die vorgenannte Rechtsansicht. Grenzüberschreitende Betriebsübergänge sind nicht nur für Konzerne interessant. Vielmehr richten sich auch viele mittelständische Unternehmen international aus.[353] Dies führt dazu, dass die Märkte weiter zusammenwachsen.

Die vorgenannten Gründe führen zu dem Ergebnis, dass – zumindest bei grenznahen Betriebsverlagerungen – keine gravierenden Unterschiede zwischen einer Betriebsstätte im In- und im Ausland bestehen. Zumindest nicht so gravierend, dass es allein aufgrund der Grenzüberschreitung zu einem Verlust der Betriebsidentität kommt.

Sollten die Veränderungen der äußeren Gegebenheiten so gravierend sein, dass die Betriebsidentität durch die neue Umgebung verloren geht, kann dies im Rahmen der Prüfung hinsichtlich der Wahrung der Betriebsidentität berücksichtigt werden.

Eine grundsätzliche Vermutung im Sinne der vertretenen Rechtsansicht erscheint zu theoretisch.

4. *Stellungnahme zu den vorgenannten Rechtsansichten*

Zusammenfassend kann festgehalten werden, dass keine der vorgebrachten Rechtsansichten hinsichtlich der Frage, inwieweit die Betriebsidentität durch eine (grenzüberschreitende) Betriebsverlagerung beeinträchtigt ist, überzeugt.

Die vorgenannten Rechtsansichten versuchen weitgehend, ein pauschales Schema hinsichtlich der Frage zu entwickeln, ob die (grenzüberschreitende) Betriebsverlagerung zu einem Verlust der Betriebsidentität führt: Die EU Kommission pauschaliert hinsichtlich des Ziellands.[354] Die vorgenannte BAG Ansicht pauschaliert durch die Anknüpfung an das Entfernungskriterium[355] und nach der vereinzelt vertretenen Literaturansicht liegt bei einem grenzüberschreitenden Betriebsübergang ein Verlust der Betriebsidentität zumindest grundsätzlich nahe[356].

---

353 Bereits heute sind zahlreiche mittelständische Firmen auf vielfältige Weise international verflochten. Siehe *BDI*, Prognose-Studie 2012, S. 11. Vor dem Hintergrund der wachsenden Globalisierung ist anzunehmen, dass sich die internationale Verflechtung des Mittelstands weiter ausweiten wird.

354 Siehe S. 40 f.

355 Siehe S. 41 ff.

356 Siehe S. 47.

Die praktischen Gesichtspunkte für den Versuch einer Pauschalierung liegen auf der Hand. Dennoch erscheint keiner der vorgenannten Vorschläge nachvollziehbar. Dies ergibt sich aus Folgendem:

Dogmatisch knüpft die Frage, welches Gewicht einer Betriebsverlagerung im Rahmen eines Betriebsübergangs hinsichtlich dem Fortbestand der Betriebsidentität zukommt, an die Abwägung der Gesamtumstände des Einzelfalls im Rahmen des Sieben-Punkte-Katalogs an. Nach dem EuGH „*MÜSSEN SÄMTLICHE DEN BETREFFENDEN VORGANG KENNZEICHNENDEN TATSACHEN BERÜCKSICHTIGT WERDEN*“[357].

Der Standort ist kein Kriterium des Sieben-Punkte-Katalogs.[358] In dem Sieben-Punkte-Katalog sind weder der Standort, noch die mit dem Standortwechsel einhergehenden Änderungen genannt.

Insofern spricht bereits ein Blick auf den Sieben-Punkte-Katalog gegen eine Pauschalierung des Zusammenhangs zwischen Betriebsübergang und Betriebsverlagerung. Inwieweit sich die Betriebsidentität durch die im Kontext des Betriebsübergangs stehende Betriebsverlagerung ändert, bleibt – in Anlehnung an die Rechtsprechung des EuGH[359] – eine Frage des Einzelfalls.

Ob der Standort ein identitätsprägendes Merkmal des Betriebs ist, hängt von dem jeweiligen Betrieb ab. So spielt ein Standort beispielsweise bei Einzelhandelsgeschäften, mit direktem Privatkundenkontakt eine wesentliche Rolle.[360] Bei Produktionsbetrieben hingegen nicht.[361]

Ebenso verhält es sich hinsichtlich der Distanz zwischen neuer und alter Betriebsstätte. Ob die Distanz zu einem Verlust der Betriebsidentität führt, hängt vom jeweiligen Einzelfall ab. Daher sollte sich auch im Falle von grenzüberschreitenden Betriebsverlagerungen die Frage nach der Wahrung der Betriebsidentität

357 EuGH, Urt. v. 18.03.1986 (Rs. C 24/85), Rn. 13 (juris), Slg. 1986, S. 1119 (Spijkers).

358 MüAnH/*Cohnen*, § 53, Rn. 69 – auch *Cohnen* weist darauf hin, dass die Entfernung zwischen alter und neuer Betriebsstätte kein Kriterium des Sieben-Punkte-Katalogs ist. Insofern dürfe der Entfernung keine eigenständige Bedeutung zugemessen werden.

359 EuGH, Urt. 18.03.1986 (Rs. 24/85), Rn. 11 (juris), Slg. 1986, S. 1119 (Spijkers); EuGH, Urt. v.19.09.1995 (Rs. C-48/94), Rn. 15 f. (juris), Slg. 1995, I – 2745; EuGH, Urt. 11.03.1997 (Rs. C-13/95), Rn. 10 (juris), Slg. 1997, I–1259 (Ayse Süzen).).

360 BAG, Urt. v. 02.12.1999 (Az.: 8 AZR 796/98), Rn. 27 (juris), AP Nr. 188 zu § 613a BGB.

361 BAG, Urt. v. 16.05.2002 (Az.: 8 AZR 319/01), Rn. 77 (juris), AP Nr. 237 zu § 613a BGB.

allein nach den von EuGH[362] und BAG[363] entwickelten Kriterien des Sieben-Punkte-Katalogs richten. Eine Pauschalierung – egal welcher Art – ist insoweit überflüssig.

Die Prüfung des Sieben-Punkte-Katalogs – unter Berücksichtigung des Einzelfalls – ist damit für die Frage, ob die Betriebsidentität bei einem (grenzüberschreitenden) Betriebsübergang gewahrt bleibt, ausreichend.

5. *Modifikationsvorschlag des Sieben-Punkte-Katalogs*

Im Zusammenhang mit der vorhergehenden Problematik steht die Frage, ob der Sieben-Punkte-Katalog modifikationsbedürftig ist. Diese Frage warf *Kania*[364] auf. Im folgenden Unterkapitel wird dieser Modifikationsvorschlag des Sieben-Punkte-Katalogs weiter verfolgt.

Zunächst wird hierfür *Kanias* Idee vorgestellt. Hieran schließt sich die Erarbeitung eines möglichen, eigenständigen Modifikationsvorschlags sowie eine Stellungnahme hinsichtlich des Modifikationsbedarfs an.

a) Idee von Kania

Kania wirft in seiner Dissertation den Gedanken nach einer Modifikation des Sieben-Punkte-Katalogs für grenzüberschreitende Sachverhalte auf.[365]

Begründet wird die Idee mit dem Argument der Abweichung vom Normalfall (Betriebsübergang ohne Betriebsverlagerung).[366] Hervorgehoben wird hierbei insbesondere die oftmals fehlende Bereitschaft der Arbeitnehmer, am neuen Betriebsort das Arbeitsverhältnis fortzusetzen.[367]

Insoweit führt *Kania* eine Entscheidung des LAG Berlin[368] an, in der das Vorliegen eines Betriebsübergangs abgelehnt wurde, weil der überwiegende Teil der

---

362 EuGH, Urt. v. 18.03.1986 (Rs. C 24/85), Rn. 13 (juris), Slg. 1986, S. 1119 (Spijkers); EuGH, Urt. v. 11.03.1997 (Rs. C-13/95), Rn. 13–18 (juris), Slg. 1997, I-1259 (Ayse Süzen); zuletzt: EuGH, Urt. v. 15.12.2005 (Rs.: C-232/04, C-233/04), Rn. 32–35 (juris), Slg 2005, I-11237 – I-11272.

363 BAG, Urt. v. 22.07.2004 (8 AZR 350/03), Rn. 20 (juris), BAGE 111, 283–301; BAG, Urt. v. 27.09.2007 (Az.: 8 AZR 941/06), Rn. 19 (juris), BAGE 124, 159–174; BAG, Urt. v. 25.06.2009 (Az. 8 AZR 258/08) Rn. 26 (juris), AP Nr. 373 zu § 613a BGB.

364 *Kania*, S. 52 f.

365 *Kania*, S. 52 f.

366 *Kania*, S. 52.

367 *Kania*, S. 52.

368 LAG Berlin, Urt. v. 18.09.1998 (Az.: 6 Sa 53/98), Rn. 15 (juris), ARST 1999, 188; siehe hierzu *Kania*, S. 52.

Arbeitnehmer nicht bereit war, das Arbeitsverhältnis am neuen Betriebsort fortzusetzen.[369]

In dem angeführten Urteil des LAG Berlin ging es um die Abgrenzungsfrage Betriebsstilllegung oder grenzüberschreitender Betriebsübergang von Deutschland nach Tschechien.[370] Das LAG Berlin verneinte das Vorliegen eines Betriebsübergangs.[371] Die entsprechende Passage in der Urteilsbegründung lautet insoweit wie folgt:

> *„(...) kann von einer Identität der bisherigen organisatorischen Einheit keine Rede sein, (...). So verhält es sich aber, wenn der Betriebssitz räumlich derart weit entfernt liegt, daß wesentliche Teile der Belegschaft dort arbeitsvertraglich nicht zur Arbeitsleistung verpflichtet sind (...). Ebenso wie nach zutreffendem neueren Verständnis die Übernahme eines nach Zahl und Sachkunde wesentlichen Teils der Belegschaft für einen Betriebs(teil)übergang genügen kann (...), steht umgekehrt* ***der Umstand, daß die Arbeitnehmer am neuen Betriebssitz nicht zur Arbeitsleistung verpflichtet sind, der Annahme entgegen, daß die bisherige organisatorische Einheit allein durch Verlegung der materiellen Betriebsmittel dorthin ihre Identität erhalten hat*** *(...), woran auch die Übertragung der Produktion für den bisherigen Betriebsinhaber im Auftragswege nichts zu ändern vermag.“*[372]

Kania verweist darauf, dass der EuGH neben den, in dem Sieben-Punkte-Katalog explizit genannten Kriterien, ohnehin weitere Kriterien berücksichtigt.[373] Nach *Kania* sind jedoch *„generalisierbare, über den Einzelfall hinaus geltende weitere Kriterien nicht ersichtlich.“*[374, 375]

Eine Modifikation des Sieben-Punkte-Katalogs lehnt *Kania* daher unter Hinweis darauf, dass insbesondere im Fall einer grenzüberschreitenden Betriebsverlagerung *„umfassend, einzelfallgerecht und genau geprüft werden muss“*[376] ab.[377] Dieses Ergebnis ist nachvollziehbar.

---

369 *Kania*, S. 52.

370 LAG Berlin, Urt. v. 18.09.1998 (Az.: 6 Sa 53/98), Rn. 15 (juris), ARST 1999, 188; siehe hierzu *Kania*, S. 52.

371 LAG Berlin, Urt. v. 18.09.1998 (Az.: 6 Sa 53/98), Rn. 15 (juris), ARST 1999, 188; siehe hierzu *Kania*, S. 56.

372 LAG Berlin, Urt. v. 18.09.1998 (Az.: 6 Sa 53/98), Rn. 15 (juris), ARST 1999, 188; die Hervorhebung ist im Original nicht enthalten.

373 *Kania*, S. 52.

374 *Kania*, S. 52.

375 *Kania*, S. 52.

376 *Kania*, S. 53.

377 *Kania*, S. 52.

b) Alternative Modifizierung des Sieben-Punkte-Katalogs

Obwohl der grundsätzlich Modifikationsgedanke von *Kania*[378] vor dem Hintergrund des grenzüberschreitenden Betriebsübergangs interessant ist, überzeugt er nicht.

Die Ablehnung des Modifikationsvorschlags erfolgt jedoch nicht in Übereinstimmung mit dem von *Kania*[379] vorgetragenen Argument, dass keine weiteren pauschalen Kriterien ersichtlich seien. Nachfolgend wird dargestellt, welches pauschale Kriterium den Sieben-Punkte-Katalog ergänzen könnte:

aa) Neuer Ergänzungsvorschlag: „Verlagerung innerhalb des gleichen Rechtskreises"

Man könnte daran denken, den Sieben-Punkte-Katalog um das Kriterium „Verlagerung innerhalb des gleichen Rechtskreises" zu erweitern.

Zwar gibt es auch Betriebsübergänge ohne Betriebsverlagerungen, dennoch könnte das vorgenannte Kriterium als fakultatives „achtes" Kriterium aufgenommen werden.

Im Falle eines grenzüberschreitenden Betriebsübergangs wäre im Rahmen einer Gesamtabwägung die Wahrung der Betriebsidentität danach wahrscheinlicher, wenn der Betrieb innerhalb des gleichen Rechtskreises verlagert werden würde.

Der Hintergrund für das vorgeschlagene Kriterium – „Verlagerung innerhalb des gleichen Rechtskreises" – ist Folgender:

Zunächst zur Bedeutung der Rechtskreise: Die Rechtskreise sind ein „Mittel" der Rechtsvergleichung.[380] In Bezug auf die Rechtsvergleichung dient die Lehre der Rechtskreise zur Ermittlung *„der zu vergleichenden Rechtsordnungen"*.[381, 382] Mit anderen Worten handelt es sich um eine Gruppenbildung der bestehenden Rechtsordnungen.[383]

Prof. Kunz[384] fasst die hierzu vertretenen Kriterien, nach denen die vorgenannte Gruppenbildung erfolgt, wie folgt zusammen: *„Zu den Abgrenzungskriterien werden (...) beispielsweise (i) die historische Herkunft und Entwicklung einer*

378 *Kania*, S. 52 f.

379 *Kania*, S. 52.

380 *Kunz*, recht 2006, S. 49.

381 *Kunz*, recht 2006, S. 49.

382 *Kunz*, recht 2006, S. 49.

383 *Kunz*, recht 2006, S. 49 f.

384 Prof. Dr. iur Peter V. Kunz ist Professor für Wirtschaftsrecht und Rechtsvergleichung an der Universität Bern.

Rechtsordnung, (ii) vorherrschende spezifische juristische Denkweisen, (iii) besonders kennzeichnende Rechtsinstitute, (iv) die Rangordnung der Rechtsquellen und der Auslegungsmethoden sowie (v) ideologische Faktoren gezählt.“

Die „Verlagerung innerhalb des gleichen Rechtskreises“ würde damit die Vermutung begründen, dass im Fall eines grenzüberschreitenden Betriebsübergangs die Unterschiede zwischen den Ländern desselben Rechtskreises so unwesentlich sind, dass die grenzüberschreitende Betriebsverlagerung nicht zu einem Verlust der Betriebsidentität führt.

bb) Übertragung der Idee auf den Deutschen Rechtskreis

Zu dem sog. Deutschen Rechtskreis gehören neben Deutschland u.a. Österreich und die Schweiz.[385] Würde man den Sieben-Punkte-Katalog um das vorgeschlagene „achte“ Kriterium der Betriebsverlagerung innerhalb desselben Rechtskreises erweitern, könnte man – unter Beachtung sämtlicher sonstiger Umstände des Einzelfalls[386] – von einer Wahrung der Betriebsidentität ausgehen, wenn ein deutscher Betrieb nach Österreich oder in die Schweiz verlagert werden würde.

Dies würde dem Ergebnis des BAG Urteils vom 26. Mai 2011 entsprechen.[387] Auch in diesem Fall ging es um einen Betriebsteilübergang von Deutschland in die Schweiz.

Als Argument für eine Wahrung der Betriebsidentität bei einer Verlagerung innerhalb desselben Rechtskreises könnten sowohl die ähnliche Entwicklung der Rechtsordnungen, die Vergleichbarkeit der Rechtsinstitute und der anerkannten Rechtsquellen sowie eine vergleichbare *„juristische Denkweise“*[388] genannt werden.[389]

Die Anknüpfung an die Verlagerung innerhalb desselben Rechtskreises könnte damit ein geeignetes Kriterium zur Bestimmung der Betriebsidentität trotz grenzüberschreitender Betriebsverlagerung sein. Hierdurch würde die Rechtsklarheit hinsichtlich grenzüberschreitender Betriebsverlagerungen in Ländern derselben Rechtsordnung ausgebaut.

385 *Kunz*, recht 2006, S. 50.

386 Entsprechend der Rechtsprechung: EuGH, Urt. 18.03.1986 (Rs. 24/85), Rn. 11 (juris), Slg. 1986, S. 1119 (Spijkers); EuGH, Urt. v.19.09.1995 (Rs. C-48/94), Rn. 15 f. (juris), Slg. 1995, I – 2745; EuGH, Urt. 11.03.1997 (Rs. C-13/95), Rn. 10 (juris), Slg. 1997, I–1259 (Ayse Süzen); siehe hierzu: MüKo/*Müller-Glöge*, § 613a BGB Rn. 20.

387 BAG, Urt. v. 26.05.2011 (Az.: 8 AZR 37/10), AP Nr. 409 zu § 613a BGB.

388 *Kunz*, recht 2006, S. 50.

389 *Kunz*, recht 2006, S. 50.

c) Stellungnahme hinsichtlich des Modifikationbedarfs

Dennoch erscheint der Modifikationsbedarf überflüssig.

Es ist kein Grund ersichtlich, der eine Ergänzung des Sieben-Punkte-Katalogs als notwendig erscheinen lassen würde. Entsprechend der von *Kania* angeführten EuGH Rechtsprechung[390] werden im Rahmen der Prüfung hinsichtlich des Fortbestands der Betriebsidentität ohnehin *„sämtliche den betreffenden Vorgang kennzeichnenden Tatsachen berücksichtigt.“*[391, 392]

Die von der Rechtsprechung entwickelten sieben Kriterien erscheinen – entsprechend den obigen Ausführungen (siehe S. 16) – zur Prüfung der Betriebsidentität als ausreichend.

Ferner bestünde die Gefahr, dass man die separaten Vorgänge von Betriebsübergang und Betriebsverlagerung vermischt. Wie bereits wiederholt erwähnt, hängt ein Betriebsübergang nicht zwingend mit einer Betriebsverlagerung zusammen.[393]

Würde man nun als „achtes“ Kriterium – für den Fall einer grenzüberschreitenden Betriebsverlagerung – auf die Verlagerung innerhalb desselben Rechtskreises abstellen, würde der Vorgang der Betriebsverlagerung mit dem des Betriebsübergangs verquickt.[394]

6. *Zwischenergebnis*

Eine Pauschalierung hinsichtlich der Frage, unter welchen Voraussetzungen eine Betriebsverlagerung zu einem Verlust der Betriebsidentität führt, überzeugt nicht.

Die Betriebsverlagerung führt – für sich betrachtet – nicht zu Zweifeln an der Wahrung der Betriebsidentität. Vielmehr treten die Zweifel an der Betriebsidentität aufgrund der mit der Betriebsverlagerung einhergehenden Veränderungen auf. D.h. statt Zweifel an der Betriebswahrung aufgrund pauschaler Kriterien (Entfernung zwischen alter und neuer Betriebsstätte, Differenzierung

---

390 EuGH, Urt. v. 11.03.1997 (Rs.: C-13/95), Rn. 14 (juris), Slg. 1997, I-1259 – I-1277 (Ayse Süzen); siehe hierzu *Kania*, S. 52.

391 EuGH, Urt. v. 11.03.1997 (Rs.: C-13/95), Rn. 14 (juris), Slg. 1997, I-1259 – I-1277 (Ayse Süzen); siehe hierzu *Kania*, S. 52.

392 *Kania*, S. 52.

393 *Leuchten*, ZESAR 10/12, 411 (412); *Kania*, S. 68.

394 MüAnH/*Cohnen*, § 53 Rn. 69 – auch *Cohnen* weist darauf hin, dass die Entfernung zwischen alter und neuer Betriebsstätte kein Kriterium des Sieben-Punkte-Katalogs ist. Insofern dürfe der Entfernung keine eigenständige Bedeutung zugemessen werden.

EU-Mitgliedstaat/Drittstaat, Annahme eines grundsätzlich Identitätsverlusts) anzunehmen, sollte man die mit der Betriebsverlagerung einhergehenden Veränderungen je nach Einzelfall betrachten.

Für die Prüfung der Wahrung der Betriebsidentität genügt der Sieben-Punkte-Katalog. Nach der Rechtsprechung werden insoweit *„sämtliche den betreffenden Vorgang kennzeichnenden Tatsachen berücksichtigt“*[395]. In dem Maße können die durch die Entfernung eintretenden Veränderungen in den äußeren Gegebenheiten (wie beispielsweise unterliegende Rechtsordnung, Sprache, kulturelle Gegebenheiten etc.) im Rahmen der Gesamtschau berücksichtigt werden. Eine Modifikation des Sieben-Punkte-Katalogs ist nicht nötig.

II. Rechtsprechungsvergleich bzgl. der Reichweite des Anwendungsbereichs der Regelungen zum Betriebsübergang zwischen Deutschland und Großbritannien

Eingangs (siehe S. 1) wurde bereits das Urteil aus Großbritannien angerissen, in dem entschieden wurde, dass die britischen Regelungen über den Betriebsübergang auf einen Betriebsübergang eines Produktionsbetriebs von Großbritannien nach Israel Anwendung fanden.

Würde man – entsprechend dem BAG (siehe S. 43) – insoweit auf das Entfernungskriterium abstellen, wäre anzunehmen, dass es sich bei einer Verlagerung von Großbritannien nach Israel um eine erhebliche Betriebsverlagerung handelt. In diesem Fall wäre die Regelung des § 613a BGB mangels Wahrung der Betriebsidentität nicht anwendbar. Vielmehr würde es sich um eine Betriebsstilllegung des Betriebs handeln. Dieser Vergleich zeigt, zu welchen Unterschieden die Anknüpfung an das Entfernungskriterium führt.

Mit Blick auf den unterschiedlichen Anwendungsbereich der Regelungen des Betriebsübergangs stellt sich die Frage, ob ein Vergleich der deutschen mit der britischen Rechtsprechung zu einem Erkenntnisgewinn hinsichtlich der Einschränkung des Anwendungsbereichs führt. In diesem Kontext steht die vorgenannte Kritik (siehe S. 46 ff.) an dem Entfernungskriterium. Sollte sich herausstellen, dass es einer richterrechtlichen Begrenzung des Anwendungsbereichs des § 613a BGB durch Anknüpfung an das Entfernungskriterium nicht bedarf, läge hierin eine Bestätigung der vorgenannten Kritik. Um diese Frage zu klären, wird ein Rechtsprechungsvergleich zwischen der Rechtsprechung des BAG

---

395 EuGH, Urt. v. 18.03.1986 (Rs. 24/85), Rn. 13 (juris), Slg. 1986, S. 1119 (Spijkers); EuGH, Urt. v. 11.03.1997 (Rs.: C-13/95), Rn. 14 (juris), Slg. 1997, I-1259 – I-1277 (Ayse Süzen); siehe hierzu *Kania*, S. 52.

und dem vorgenannten Urteil des Employment Appeal Tribunal[396] (nachfolgend „**EAT**") durchgeführt.

Dabei wird (i) die Arbeitshypothese klargestellt, (ii) werden die zu vergleichenden Rechtsordnungen bestimmt, (iii) werden die zu vergleichenden Rechtsprechungen dargestellt und (iv) werden die Erkenntnisse bewertet.

1. Arbeitshypothese

Die Arbeitshypothese für den nachfolgend durchzuführenden Rechtsprechungsvergleich lautet wie folgt: Bedarf es einer richterrechtlichen Begrenzung (beispielsweise durch Anknüpfung an ein Entfernungskriterium) hinsichtlich der grenzüberschreitenden Anwendbarkeit der Regelungen des Betriebsübergangs?

2. Auswahl der Rechtsordnung

Zunächst werden die für den bevorstehenden Rechtsprechungsvergleich jeweiligen Rechtsordnungen vorgestellt.

a) Deutschland

Auf Ausführungen zu der deutschen Regelung des § 613a BGB wird verzichtet. Insoweit wird auf die obigen Ausführungen (siehe S. 10 ff.) verwiesen.

b) Großbritannien

Nachfolgend wird abrissartig die britische Regulierung eines Betriebsübergangs vorgestellt: Großbritannien gehört neben den USA und Australien zu dem angloamerikanischen Rechtskreis.[397] Ein wesentlicher Unterschied zu unserem Rechtssystem ist, dass in dem angloamerikanischen Rechtskreis geltende „*Common Law*".[398]

Die Betriebsübergangsrichtlinie wurde im britischen Recht durch TUPE umgesetzt. Reg. 3 (1) TUPE regelt den sachlichen Anwendungsbereich.[399] Erfasst

---

396 Appeal No. UKEAT/0171/07/CEA, verhandelt am 13. August 2007, entschieden am 12. Dezember 2007.

397 *Kunz*, recht 2006, S. 50.

398 *Kunz*, recht 2006, S. 50.

399 Reg. 3 (1) TUPE, abrufbar unter: http://www.legislation.gov.uk/uksi/2006/246/regulation/3/made (letzter Stand: 01.07.2014), lautet wie folgt: "*A relevant transfer (1) These Regulations apply to—*
(a) a transfer of an undertaking, business or part of an undertaking or business situated immediately before the transfer in the United Kingdom to another person where there is a transfer of an economic entity which retains its identity;.

sind danach (i) Betriebsübergänge unter Wahrung der wirtschaftlichen Einheit (Reg. 3 (1) (a) TUPE) sowie (ii) Betriebsübergänge von reinen Dienstleistungsbetrieben (sog. „service provision change“) (Reg. 3 (1) (b) TUPE).

Mit Blick auf den örtlichen Anwendungsbereich ist hervorzuheben, dass Reg. 3 (1) (a) TUPE voraussetzt, dass das betroffene Unternehmen vor der grenzüberschreitenden Betriebsverlagerung in Großbritannien ansässig war.

Entsprechend der deutschen Umsetzung fehlt in TUPE eine Beschränkung hinsichtlich des Ziellands. Für weitere Informationen zu den Besonderheiten des TUPE wird auf *CMS Study*[400], *IUSlaboris*[401] und *Rauch*[402] verwiesen.

3. *Relevante Rechtsprechung bzgl. der grenzüberschreitenden Anwendbarkeit*

Nachfolgend werden die relevanten Urteile in Bezug auf die grenzüberschreitende Anwendbarkeit der Vorschriften zum Betriebsübergang vorgestellt. Zur Vermeidung von Doppelungen werden die Ausführungen bzgl. der deutschen Rechtsprechung dabei lediglich zusammenfassend wiedergegeben.

a) Deutschland

Das BAG bejahte in dem Urteil vom 26. Mai 2011 inzident die grenzüberschreitende Anwendbarkeit des § 613a BGB.[403] Dem Urteil lag ein Betriebsteilübergang von Deutschland in die Schweiz zugrunde.

(b) a service provision change, that is a situation in which—.
(i) activities cease to be carried out by a person ("a client") on his own behalf and are carried out instead by another person on the client's behalf ("a contractor");.
(ii) activities cease to be carried out by a contractor on a client's behalf (whether or not those activities had previously been carried out by the client on his own behalf) and are carried out instead by another person ("a subsequent contractor") on the client's behalf; or.
(iii) activities cease to be carried out by a contractor or a subsequent contractor on a client's behalf (whether or not those activities had previously been carried out by the client on his own behalf) and are carried out instead by the client on his own behalf, and in which the conditions set out in paragraph (3) are satisfied."

400 *CMS Study*, Ziffer 1.2.9., S, 5; Ziffer 1.3.1,9, S. 12; 1.3.2.9, S. 16.

401 *Ius Laboris*, 2009, S. 287 ff.

402 *Rauch*, Betriebsübergang in Europa, S. 68 ff.

403 BAG, Urt. v. 26.05.2011 (Az. 8 AZR 793/09), Rn. 46 (juris), AP Nr. 411 zu § 613a BGB.

Ferner differenziert das BAG (siehe S. 43) hinsichtlich der Frage, ob eine Betriebsverlagerung zu einem Verlust der Betriebsidentität führt, zwischen erheblichen/unerheblichen Entfernungen.[404]

b) Großbritannien

Der EAT[405] entschied im Jahr 2007 in der Rechtssache *Holis Metal Industries* gegen *GMB* und *Newell Ltd.*, dass TUPE auf Betriebsübergänge, die zu einer Betriebsverlagerung in Drittstatten führen, Anwendung findet.[406] Nachfolgend werden der zugrundeliegende Sachverhalt sowie das dazugehörige Urteil in Kürze wiedergegeben.

aa) Sachverhalt

Die Newell Ltd. unterhielt einen Produktionsbetrieb unter dem Markennamen „Swish" in Tamworth.[407] In dem Betrieb waren 180 Arbeitnehmer beschäftigt.[408]

Holis Metal Industries Ltd. (nachfolgend „**Holis**"), ein Unternehmen mit Sitz in Israel, interessierte sich für einen Teil des Unternehmens.[409] Dies betraf 107 Arbeitsverhältnisse.[410]

Holis übernahm den betreffenden Betriebsteil und verlagerte den Betrieb unmittelbar nach Israel.[411] Keiner der betroffenen Arbeitnehmer war bereit, das

---

404 BAG, Urt. v. 20.04.1989 (Az.: 2 AZR 431/88), Rn. 20 (juris), BAGE 61, 369–375; BAG, Urt. v. 02.12.1999 (Az.: 8 AZR 796/98), Rn. 27 (juris), AP Nr. 188 zu § 613a BGB; BAG, Urt. v. 25.05.2000 (Az.: 8 AZR 335/99), Rn. 71 (juris), RzK I 5e Nr. 137; BAG, Urt. v. 16.05.2002 (Az.: 8 AZR 319/01), Rn. 77 (juris), AP Nr. 237 zu § 613a BGB; BAG, Urt. v. 26.05.2011 (Az. 8 AZR 37/10), Rn. 36 (juris), AP Nr. 409 zu § 613a BGB.

405 Appeal No. UKEAT/0171/07/CEA, verhandelt am 13. August 2007, entschieden am 12. Dezember 2007.

406 Holis Metal Industries Ltd v. (1) GMB & (2) Newell Ltd [2007] (Appeal No. UKEAT/0171/07/CEA), abrufbar unter: http://www.employmentappeals.gov.uk/Public/Upload/07_0171ResfhCNCEA.doc (letzter Stand: 01.07.2014).

407 Holis Metal Industries Ltd v. (1) GMB & (2) Newell Ltd [2007] (Appeal No. UKEAT/0171/07/CEA), S. 1.

408 Holis Metal Industries Ltd v. (1) GMB & (2) Newell Ltd [2007] (Appeal No. UKEAT/0171/07/CEA), S. 1.

409 Holis Metal Industries Ltd v. (1) GMB & (2) Newell Ltd [2007] (Appeal No. UKEAT/0171/07/CEA), S. 1.

410 Holis Metal Industries Ltd v. (1) GMB & (2) Newell Ltd [2007] (Appeal No. UKEAT/0171/07/CEA), S. 2.

411 Holis Metal Industries Ltd v. (1) GMB & (2) Newell Ltd [2007] (Appeal No. UKEAT/0171/07/CEA), S. 2.

Arbeitsverhältnis in Israel fortzusetzen.[412] Daher wurden lediglich die Produktionsmaschinen auf Holis übertragen, den betroffenen Arbeitnehmern wurde von Newell Ltd. die Kündigung ausgesprochen.[413]

bb) Rechtliche Würdigung

Die im Raum stehende Rechtsfrage drehte sich um die grenzüberschreitende Anwendbarkeit von TUPE.[414]

Das Gericht urteilte – entsprechend der überwiegend vertretenen Literaturansicht in England[415] – dass die entsprechenden TUPE Regelungen auf den zugrunde liegenden Fall anwendbar waren.[416]

Als Begründung trug das EAT Folgendes vor: Zunächst wurde (i) der Wortlaut der Betriebsübergangsrichtlinie und der Reg. 3 der TUPE genannt.[417] Danach fehlt eine Einschränkung hinsichtlich des Ziellands.[418] Vielmehr schränkt Reg. 3 der TUPE den Anwendungsbereich dahingehend ein, dass der übergehende Betrieb unmittelbar vor dem Übergang einen Sitz in England gehabt haben muss.[419] Ferner wird (ii) der Schutzzweck angeführt.[420] Selbst bei einem grenzüberschreitenden Betriebsübergang in einen Drittstaat soll der durch die Betriebsübergangsrichtlinie und TUPE anvisierte Arbeitnehmerschutz umgesetzt werden.[421]

---

412 Holis Metal Industries Ltd v. (1) GMB & (2) Newell Ltd [2007] (Appeal No. UKEAT/0171/07/CEA), S. 2.

413 Holis Metal Industries Ltd v. (1) GMB & (2) Newell Ltd [2007] (Appeal No. UKEAT/0171/07/CEA), S. 2.

414 Holis Metal Industries Ltd v. (1) GMB & (2) Newell Ltd [2007] (Appeal No. UKEAT/0171/07/CEA), S. 6.

415 Holis Metal Industries Ltd v. (1) GMB & (2) Newell Ltd [2007] (Appeal No. UKEAT/0171/07/CEA), S. 27.

416 Holis Metal Industries Ltd v. (1) GMB & (2) Newell Ltd [2007] (Appeal No. UKEAT/0171/07/CEA), S. 26.

417 Holis Metal Industries Ltd v. (1) GMB & (2) Newell Ltd [2007] (Appeal No. UKEAT/0171/07/CEA), S. 24, S. 26.

418 Holis Metal Industries Ltd v. (1) GMB & (2) Newell Ltd [2007] (Appeal No. UKEAT/0171/07/CEA), S. 24, S. 26.

419 Holis Metal Industries Ltd v. (1) GMB & (2) Newell Ltd [2007] (Appeal No. UKEAT/0171/07/CEA), S. 26.

420 Holis Metal Industries Ltd v. (1) GMB & (2) Newell Ltd [2007] (Appeal No. UKEAT/0171/07/CEA), S. 24, S. 26.

421 Holis Metal Industries Ltd v. (1) GMB & (2) Newell Ltd [2007] (Appeal No. UKEAT/0171/07/CEA,), S. 26.

Etwaige Schwierigkeiten hinsichtlich der Durchsetzbarkeit von Ansprüchen in Drittstaaten räumte das Gericht ein.[422] Hiergegen wird jedoch eingewandt, dass dies selbst innerhalb der EU zu Problemen führen könnte.[423] Überdies hätten in der heutigen Zeit etwaige Schwierigkeiten hinsichtlich der Durchsetzung von Ansprüchen an Gewicht verloren.[424]

Hervorzuheben ist, dass im Rahmen der Rechtsstreitigkeit auf ein deutsches Urteil Bezug genommen wurde. Dabei ging es um das vorgenannte Urteil des LAG Hamburgs hinsichtlich der Verlagerung eines Betriebsteils der Nachrichtenagentur von Deutschland nach Irland.[425] Nach Ansicht des LAG Hamburg[426] ging die englischsprachige Redaktion einer deutschen Presseagentur als Betriebsteil auf eine irländische konzernzugehörige Gesellschaft über. Die Betriebsidentität wurde trotz der grenzüberschreitenden Betriebsverlagerung gewahrt.

4. *Rechtsprechungsvergleich/ Bewertung der Resultate*

Nachfolgend werden die vorgenannten Urteile verglichen und die gewonnenen Erkenntnisse bewertet:

a) Vergleich der ausgewählten Rechtsprechungen

Das BAG geht (i) grundsätzlich von einer grenzüberschreitenden Anwendbarkeit des § 613a BGB aus[427], schränkt jedoch (ii) den tatsächlichen Anwendungsbereich der grenzüberschreitenden Anwendbarkeit durch Anknüpfung an das Entfernungskriterium ein[428].

In Bezug auf einen Produktionsbetrieb nahm das BAG an, dass eine Verlagerung von mehreren hundert Kilometern *„von solchem Gewicht [ist], daß allein*

422 Holis Metal Industries Ltd v. (1) GMB & (2) Newell Ltd [2007] (Appeal No. UKEAT/0171/07/CEA), S. 27.
423 Holis Metal Industries Ltd v. (1) GMB & (2) Newell Ltd [2007] (Appeal No. UKEAT/0171/07/CEA), S. 27.
424 Holis Metal Industries Ltd v. (1) GMB & (2) Newell Ltd [2007] (Appeal No. UKEAT/0171/07/CEA), S. 27.
425 LAG Hamburg, Urt. v. 22.05.2003 (Az.: 8 Sa 29/03), AfP 2004, 377–380; Holis Metal Industries Ltd v. (1) GMB & (2) Newell Ltd [2007] (Appeal No. UKEAT/0171/07/CEA), S. 11
426 LAG Hamburg, Urt. v. 22.05.2003 (Az.: 8 Sa 29/03), AfP 2004, 377–380.
427 BAG, Urt. v. 26.05.2011 (Az. 8 AZR 793/09), Rn. 46 (juris), AP Nr. 411 zu § 613a BGB.
428 BAG, Urt. v. 26.05.2011 (Az. 8 AZR 793/09), Rn. 40 (juris), AP Nr. 411 zu § 613a BGB.

aus diesem Grunde bereits die Wahrung der Identität bezweifelt werden kann (…).“[429].

Wäre der britische Fall nach deutschen Maßstäben entschieden worden, ist davon auszugehen, dass das Gericht die Anwendbarkeit des § 613a BGB mangels Wahrung der Betriebsidentität nicht angewandt hätte.

Auch das EAT geht von einer grundsätzlichen grenzüberschreitenden Anwendbarkeit der TUPE aus.[430] Die grenzüberschreitende Anwendbarkeit unterliegt im Gegensatz zu der deutschen Rechtsprechung jedoch keiner Einschränkung. Vielmehr erfasst die grenzüberschreitende Anwendbarkeit auch Übertragungen in weit entfernte Drittstaaten.[431] Selbst die Tatsache, dass keiner der bisherigen Arbeitnehmer sein Arbeitsverhältnis bei dem Betriebserwerber fortsetzen wollte, ändert nichts an dem Vorliegen des Betriebsübergangs i.S.d. TUPE.

Ob das BAG eine grenzüberschreitende Anwendbarkeit des § 613a BGB bei grenzüberschreitenden Betriebsverlagerungen in weit entfernte Drittstaaten bejaht, bleibt abzuwarten.

Ferner ist hervorzuheben, dass der EAT die deutsche Rechtsprechung, die in Bezug auf die Betriebsverlagerung einer Nachrichtenagentur erging, auf einen Produktionsbetrieb übertrug. Das heißt, dass das EAT – im Gegensatz zu dem BAG – nicht hinsichtlich des Betriebstyps differenziert. Andernfalls hätte es die in Bezug auf einen Produktionsbetrieb ergangene Rechtsprechung[432] heranziehen müssen.

b) Erkenntnisgewinn für die deutsche Rechtsprechung

Unter Bezugnahme auf die vorgebrachte Kritik gegen das Entfernungskriterium (siehe S. 46 ff.) erscheinen die Zweifel im Lichte der britischen Rechtsprechung als gerechtfertigt.

Die vorgenannte Entscheidung des EAT aus dem Jahre 2007 legt den Schluss nahe, dass die deutsche Rechtsprechung sowohl aus Gründen des umfassenden Arbeitnehmerschutzes, als auch zur Erzielung einer europaweit einheitlichen Rechtsprechung die Anknüpfung an das Entfernungskriterium verwerfen sollte.

Würde dem Vorschlag entsprochen, bestünde keine pauschale Annahme hinsichtlich des Verlusts der Betriebsidentität aufgrund der kilometermäßigen

429 BAG, Urt. v. 25.05.2000 (Az.: 8 AZR 335/99), Rn. 71 (juris), RzK I 5e Nr. 137.
430 *Vorpeil*, RIW 2008, 428 (441).
431 *Vorpeil*, RIW 2008, 428 (441).
432 So bspw. BAG, Urt. v. 25.05.2000 (Az.: 8 AZR 335/99), Rn. 71 (juris), RzK I 5e Nr. 137.

Entfernung. Sollte die Betriebsidentität im jeweiligen Einzelfall durch die Betriebsverlagerung verloren gehen, kann den eintretenden Änderungen im Rahmen der Gesamtabwägung ausreichend Rechnung getragen werden.

Eine richterrechtliche Begrenzung des Anwendungsbereichs des § 613a BGB durch Anknüpfung an das Entfernungskriterium ist daher nicht notwendig.

III. Zwischenergebnis

Sowohl nach der hier vertretenen Ansicht als auch nach Durchführung des Rechtsprechungsvergleichs ist die Anknüpfung an das – vom BAG entwickelte – Entfernungskriterium überflüssig. Die Frage, ob die Betriebsidentität im Falle eines grenzüberschreitenden Betriebsübergangs gewahrt bleibt, ist eine Frage des Einzelfalls.

C. Ergebnis

Zusammenfassend lässt sich festhalten, dass sowohl die Konstellationen eines grenzüberschreitenden Betriebsübergangs als auch die Fragen nach der „identitätswahrenden Entfernung" die Komplexität und die Besonderheiten grenzüberschreitender Betriebsübergänge aufzeigen. Insofern wird deutlich, dass die Übertragung des § 613a BGB auf grenzüberschreitende Sachverhalte zu Problemen in der Praxis führen kann. Einzelne Rechtsprobleme in diesem Zusammenhang werden im folgenden Teil beleuchtet.

3. Teil Rechtsunsicherheiten/Regelungsbedarf eines grenzüberschreitenden Betriebsübergangs

Grenzüberschreitende Betriebsübergänge werden von den Arbeitnehmern zumeist mit Sorge betrachtet.[433] Bereits die Übernahme des Betriebs durch einen ausländischen Betriebserwerber (ohne Betriebsverlagerung) sorgt für Unsicherheiten. Tritt zu dem Betriebsübergang auf einen ausländischen Betriebserwerber eine grenzüberschreitende Betriebsverlagerung hinzu, tauchen weitere Fragestellungen für die Arbeitnehmer auf.

Der nachfolgend dritte Teil der Arbeit beleuchtet verschiedene Rechtsfragen bzw. Rechtsunsicherheiten im Zusammenhang mit einem grenzüberschreitenden Betriebsübergang. Die Prüfungsreihenfolge orientiert sich dabei an der Arbeitnehmerperspektive.

Der Arbeitnehmer erfährt durch ein gesetzlich vorgeschriebenes Unterrichtungsschreiben von dem bevorstehenden Betriebsübergang. Nach § 613a Abs. 5 BGB müssen die Arbeitnehmer über den Betriebsübergang und die damit einhergehenden Änderungen informiert werden. Somit stellt das Unterrichtungsschreiben aus Sicht der Arbeitnehmer den Beginn des grenzüberschreitenden Betriebsübergangs dar.

Die nachfolgende Prüfung beginnt daher mit der Darstellung der Besonderheiten im Fall eines grenzüberschreitenden Sachverhalts in Bezug auf das Unterrichtungsschreiben. Die Rechtsunsicherheiten werden durch die allgemeine Formulierung des § 613a Abs. 5 BGB begründet. Die Rechtsprechung konkretisiert die Anforderungen an das Unterrichtungsschreiben.[434] Jedoch beziehen sich die bislang ergangenen Urteile auf innerdeutsche Betriebsübergänge. Danach muss das Unterrichtungsschreiben beispielsweise keine Angaben zur *„wirtschaftlichen und finanziellen Lage“*[435] des Betriebserwerbers enthalten. Etwas anderes gilt nur in *„wirtschaftlichen Notlagen“*[436] des Betriebserwerbers. Bereits dieses Beispiel verdeutlicht, dass die Rechtsprechung und die daraus resultierenden Konkretisierungen für den Inhalt eines Unterrichtungsschreibens den

---

433 *Schaaf*, S. 3.

434 *Hohenstatt/Grau*, NZA 2007, 13 (13).

435 BAG, Urt. v. 31.01.2008 (Az.: 8 AZR 1116/06), Rn. 33 (juris), AP Nr. 2 zu § 613a BGB; *Reinhard*, NZA 2009, 63 (63).

436 BAG, Urt. v. 31.01.2008 (Az.: 8 AZR 1116/06), Rn. 33 (juris), AP Nr. 2 zu § 613a BGB.

Besonderheiten eines grenzüberschreitenden Sachverhalts nur bedingt Rechnung tragen. Schließlich sind für die Arbeitnehmer im Fall eines grenzüberschreitenden Betriebsübergangs sowohl Angaben hinsichtlich der Solvenz des ausländischen Betriebserwerbers (= finanzielle Lage) als auch hinsichtlich der Risiken/Chancen im Zusammenhang mit dem – nach der grenzüberschreitenden Betriebsverlagerung – relevanten Markt (= wirtschaftliche Lage) wichtig.

Ohne diese Angaben können Arbeitnehmer die Arbeitsplatzsicherheit bei dem Betriebserwerber nicht einschätzen. Diese Überlegung gewinnt insbesondere vor dem Hintergrund des weiten Anwendungsbereichs des § 613a BGB an Bedeutung (siehe S. 32).

Ob die gesetzliche Regelung des § 613a Abs. 5 BGB und die hierzu ergangene Rechtsprechung dem Arbeitnehmerschutz auch im Falle eines grenzüberschreitenden Sachverhalts genügt, wird u.a. im folgenden Kapitel untersucht. Zudem werden zwei Lösungsvorschläge zur Stärkung der Rechtsklarheit entwickelt.

Nachdem die Arbeitnehmer Kenntnis von dem Betriebsübergang und den damit zusammenhängenden Änderungen haben, stellt sich die Frage, inwieweit die Arbeitnehmervertretung in den Entscheidungs- bzw. Umsetzungsprozess des grenzüberschreitenden Betriebsübergangs involviert ist. Aus Arbeitnehmersicht erscheint die Mitwirkung des Betriebsrats bei so weitreichenden Änderungen wohl als selbstverständlich. Dass dem nicht so ist, verdeutlicht ein Meinungsstreit um die Beteiligung des Betriebsrats bei einem innerdeutschen Betriebsübergang. Im folgenden Teil werden daher die Rechtsprobleme im Zusammenhang mit der Mitwirkung des Betriebsrats bei einem grenzüberschreitenden Betriebsübergang aufgearbeitet und zwei mögliche Lösungen vorgestellt.

Eine weitere wesentliche Frage – nicht nur für die Arbeitnehmer – ist, nach welcher Rechtsordnung sich der grenzüberschreitende Betriebsübergang richtet. Diese Frage ist umstritten und die Antwort hängt davon ab, nach welchem Anknüpfungspunkt man die anzuwendende Rechtsordnung bestimmt. Bereits das Bestehen des Meinungsstreits verdeutlicht die damit zusammenhängenden Rechtsunsicherheiten. Der vorgenannte Meinungsstand wird in diesem Teil der Arbeit abrissartig vorgestellt. Dem schließt sich die Herausarbeitung von zwei Lösungsvorschlägen zur Behebung der hiermit verbundenen Rechtsunsicherheit an.

Sollte nach der kollisionsrechtlichen Bestimmung die deutsche Rechtsordnung auf den grenzüberschreitenden Sachverhalt Anwendung finden, stellt sich zudem die Frage, ob die Regelung des § 613a BGB grenzüberschreitend anwendbar ist oder einer ungeschriebenen territorialen Beschränkung unterliegt. Auch diese Frage ist für die Arbeitnehmer essentiell. Die überwiegende Ansicht in Rechtsprechung und Literatur geht von einer grenzüberschreitenden Anwendbarkeit des § 613a BGB aus.[437] Dennoch sprechen einige Aspekte für eine territoriale Beschränkung des § 613a BGB. Diese werden am Ende dieses Teils beleuchtet. Auch hierzu werden mögliche Varianten zur Schaffung von Rechtsklarheit vorgestellt.

Ziel dieses Kapitels ist es, einen Teil der Rechtsunsicherheiten im Zusammenhang mit einem grenzüberschreitenden Betriebsübergang bei Anwendung des § 613a BGB aufzuzeigen, den jeweiligen Regelungsbedarf herauszuarbeiten und entsprechende Lösungsvorschläge zu unterbreiten. Hierzu wird (i) auf die praktischen Probleme bzgl. des ordnungsgemäßen Unterrichtungsschreibens gem. § 613a Abs. 5 BGB eingegangen. Anschließend erfolgt (ii) eine Beleuchtung der Rechtsunsicherheiten der betrieblichen Mitwirkung bei grenzüberschreitenden Betriebsübergängen. Dem folgt (iii) eine Aufarbeitung des Meinungsstands bzgl. der anzuwendenden Rechtsordnung im Fall eines grenzüberschreitenden Betriebsübergangs. Der dritte Teil schließt (iv) mit einer Prüfung einer etwaigen Beschränkung des § 613a BGB auf Sachnormebene.

§ 1 Rechtsunsicherheiten hinsichtlich der Anforderungen an ein ordnungsgemäßes Unterrichtungsschreiben gem. § 613a Abs. 5 BGB

Zur Verdeutlichung der Rechtsunsicherheiten die eine Anwendung des § 613a BGB auf grenzüberschreitende Sachverhalte mit sich bringt, werden nachfolgend die Anforderungen an ein ordnungsgemäßes Unterrichtungsschreiben beleuchtet.

---

437 Für eine grenzüberschreitende Anwendbarkeit: Rspr.: BAG, Urt. v. 26.05.2011 (Az.: 8 AZR 793/09), Rn. 47 (juris), AP Nr. 411 zu § 613a BGB; BAG, Urt. v. 25.04.2013 (Az.: 6 AZR 49/12), Rn. 166 (juris), EzA-SD 2013, Nr. 14, 4–8; LAG Baden-Württemberg Urt. v. 15.12.2009 (Az.: 22 SA 45/09), Rn. 24 (juris), BB 2010, 1415–1416; hinsichtlich grenzüberschreitender Betriebsübergänge innerhalb der EU zustimmend LAG Hamburg, Urt. v. 22.05.2003 (Az.: 8 Sa 29/03), Rn. 59 (juris), AfP 2004, 377–380; Lit.: *Pesch*, KSzW 2012, 114 (117); *Drobnig/Puttfraken*, S. 82 f. Nr. 96; Gegen eine grenzüberschreitende Anwendbarkeit: ArbG Hamburg, Urt. 20.07.1979 (Az. S. 15 Ca 410/78), AP Nr. 25 zu § 613a BGB; LAG Hamburg, Urt. v. 22.10.1979 (Az.: 4 Sa 103/79); IPRax 1981; *Loritz*, ZfA 1991, 585 (597 f.); *Bezani/Richter*, S. 240.

§ 613a Abs. 5 Nr. 1–4 BGB[438] regeln die rechtlichen Anforderungen an ein Unterrichtungsschreiben im Falle eines Betriebsübergangs. Der Gesetzeswortlaut des § 613a Abs. 5 Nr. 1–4 BGB ist sehr allgemein gefasst.[439]

Aus Arbeitnehmersicht dienen die Informationen gem. § 613a Abs. 5 Nr. 1–4 BGB als Entscheidungsgrundlage für eine mögliche Ausübung/Nichtausübung des Widerspruchsrechts gem. § 613a Abs. 6 BGB.[440]

Die Rechtsprechung hinsichtlich der Anforderungen an ein ordnungsgemäßes Unterrichtungsschreiben ist sehr streng, so dass es in der Praxis schwierig ist, die hohen Hürden zu meistern.[441]

Die strengen Anforderungen des BAG stießen in der Literatur zum Teil auf scharfe Kritik.[442] Die Rechtsprechung rechtfertigt sich durch den hochbewerteten Arbeitnehmerschutz. Nur ein Unterrichtungsschreiben, dass im Einklang mit den Anforderungen der Rechtsprechung steht, setzt die einmonatige Widerspruchsfrist gem. § 613a Abs. 6 BGB in Gang.[443] Genügt ein Unterrichtungsschreiben hingegen nicht den entsprechenden Anforderungen, können Arbeitnehmer bis zur Grenze der Verwirkung von ihrem Widerspruchsrecht Gebrauch machen.[444]

In der Praxis wird die Frage nach der ordnungsgemäßen Unterrichtung insbesondere dann relevant, wenn der Betriebserwerber längere Zeit nach dem

---

438 § 613a Abs. 5 BGB in der Fassung vom 01.01.2002 lautet wie folgt:
„(5) Der bisherige Arbeitgeber oder der neue Inhaber hat die von einem Übergang betroffenen Arbeitnehmer vor dem Übergang in Textform zu unterrichten über:
1. den Zeitpunkt oder den geplanten Zeitpunkt des Übergangs,
2. den Grund für den Übergang,
3. die rechtlichen, wirtschaftlichen und sozialen Folgen des Übergangs für die Arbeitnehmer und
4. die hinsichtlich der Arbeitnehmer in Aussicht genommenen Maßnahmen.“

439 *Nicolai*, Kapitel 10, Rn. 27.

440 BT-Drucks. 14/7760 S. 19; BAG, Urt. v. 23.07.2009 (Az.: 8 AZR 538/08), Rn. 18 (juris), BAGE 131, 258–276; BAG, Urt. v. 10.11.2011 (Az.: 8 AZR 430/10), Rn. 23 (juris), AP Nr. 15 zu § 613a BGB Unterrichtung; *Dzida*, NZA 12/2009, 641 (641); *Gaul/Hiebert*, ArbRB 2012, 183 (184).

441 *Dzida*, NZA 12/2009, 641 (641); *Gaul/Hiebert*, ArbRB 2012, 183 (183).

442 Siehe bspw.: *Bauer/von Steinau-Steinbrück*, ZIP 2002, 457 (464); *Willemsen*, NJW 2007, 2065 (2067); *Hohenstatt/Grau*, NZA 2007, 13 (19); *Meyer*, DB 2007, 858 (858); *Schiefer/Worzalla*, NJW 2009, 558 (558).

443 BAG, Urt. 13.07.2006 (Az.: 8 AZR 305/05), Rn. 10 (juris), BAGE 119, 91–102; *Dzida*, NZA 12/2009, 641 (641).

444 *Gaul/Hiebert*, ArbRB 2012, 183 (183); Ausführungen hinsichtlich der Rspr. zur Verwirkung bei § 613a BGB finden sich bei *Hofmann*, S. 109 ff.

Betriebsübergang in eine finanzielle Schieflage gerät und die Arbeitnehmer versuchen, durch eine nachträgliche Ausübung des Widerspruchsrechts in das ursprüngliche Arbeitsverhältnis mit dem Betriebsveräußerer zurückzufallen.[445]

Ein Blick auf die Entscheidung des BAG[446] zu der Unterrichtung im Fall des Betriebsübergangs eines Betriebs von der Siemens AG auf die BenQ Mobile GmbH & Co. OHG (nachfolgend „**BenQ Mobile**") veranschaulicht diese Praxis (insgesamt nachfolgend „**Fall „BenQ"**"): In dem Fall „BenQ" ging es darum, dass ein zu dem Siemens Konzern gehörender Betrieb der Mobilfunksparte auf die taiwanesische Konzerngesellschaft BenQ Mobile übertragen wurde.[447] Die Übertragung erfolgte dabei auf eine neu gegründete deutsche Tochtergesellschaft.[448] In Bezug auf das hierbei verwendete Unterrichtungsschreiben entschied das BAG, dass dieses in mehrfacher Hinsicht fehlerhaft war und die Arbeitnehmer auch noch längere Zeit nach dem Betriebsübergang ihr Widerspruchsrecht ausüben konnten.[449]

Grundsätzlich wirkt der ausgeübte Widerspruch auf den Zeitpunkt des Betriebsübergangs zurück.[450] Die vermeintlich übergegangenen Arbeitsverhältnisse der Arbeitnehmer, die von ihrem Widerspruchsrecht Gebrauch machten, fielen damit auf den Betriebsveräußerer (die Siemens AG) zurück.

Wirtschaftlich hat eine „*Rückkehr*"[451] der vermeintlich übergegangenen Arbeitnehmer – aufgrund nachträglicher Ausübung des Widerspruchsrechts – weitreichende Folgen für den Betriebsveräußerer.[452]

Unterstellt, bei dem Betriebsveräußerer handelt es sich nicht um einen Großkonzern sondern um ein kleines/mittelständisches Unternehmen, fehlt diesem für die rückgekehrten Arbeitnehmer eine Einsatzmöglichkeit.[453] Insoweit kann der Betriebsveräußerer betriebsbedingte Kündigungen aussprechen – allerdings unter Einhaltung der jeweiligen Kündigungsfristen.[454] Die wirtschaftliche Belastung des Betriebsveräußerers ergibt sich jedoch daraus, dass die entsprechenden

---

445 *Dzida*, NZA 2009, 641 (641), *Dzida* verweist auf den Fall „BenQ".

446 BAG, Urt. v. 23.07.2009 (Az.: 8 AZR 538/08), BAGE 131, 258–276.

447 BAG, Urt. v. 23.07.2009 (Az.: 8 AZR 538/08), Rn. 3 ff. (juris), BAGE 131, 258–276.

448 BAG, Urt. v. 23.07.2009 (Az.: 8 AZR 538/08), Rn. 6, 7 (juris), BAGE 131, 258–276.

449 BAG, Urt. v. 23.07.2009 (Az.: 8 AZR 538/08), Rn. 15, 18, 23, 32 (juris), BAGE 131, 258–276.

450 BAG, Urt. v. 13.07.2006 (Az.: 8 AZR 305/05), Rn. 41 (juris), BAGE 119, 91–102.

451 *Dzida*, NZA 12/2009, 641 (642).

452 *Dzida*, NZA 12/2009, 641 (642).

453 *Dzida*, NZA 12/2009, 641 (642).

454 *Dzida*, NZA 12/2009, 641 (642); *Pesch*, KSzW 2012, 114 (119).

Lohnansprüche sich bis zum Ablauf der Kündigungsfrist gegen den Betriebsveräußerer richten.[455] Hinzu kommen ggf. die Belastungen der betrieblichen Altersversorgung.[456]

Die Fehler des im Fall „BenQ" verwendeten Unterrichtungsschreibens lagen nach dem Urteil des BAG z.B. an der mangelnden Identifizierbarkeit des Betriebserwerbers[457], an einer fehlenden klaren Unterscheidung zwischen der deutschen Tochtergesellschaft als tatsächlichen Betriebserwerber und der Konzernobergesellschaft[458] sowie an den unzureichenden Gründen für den Übergang[459] und den fehlerhaften Angaben hinsichtlich der rechtlichen Folgen für die Arbeitnehmer[460].

Bereits diese beispielhaften Fehler des Unterrichtungsschreibens verdeutlichen, wie schwer es in der Praxis ist, die strengen Anforderungen der Rechtsprechung zu erfüllen.

Bemerkenswert ist, dass es sich im Fall „BenQ" nicht um einen grenzüberschreitenden Betriebsübergang handelte. Vielmehr gehörte der deutsche Betriebserwerber zu einem ausländischen Konzern. Im Falle eines grenzüberschreitenden Betriebsübergangs, der neben dem Inhaberwechsel auch eine grenzüberschreitende Betriebsverlagerung nach sich zieht, erscheinen die Prämissen daher des BAG quasi unerfüllbar.[461]

Erschwerend kommt hinzu, dass die Rechtsprechung hinsichtlich der Anforderungen an ein ordnungsgemäßes Unterrichtungsschreiben uneinheitlich ist. Zu nennen sind hier mehrere Entscheidungen des LAG München[462], dass im

---

455 *Dzida*, NZA 12/2009, 641 (642).

456 *Dzida*, NZA 12/2009, 641 (642), *Dzida* führt aus, dass der Betriebsveräußerer in diesem Fall doppelt von den betrieblichen Ansprüchen der zurückgekehrten Arbeitnehmer getroffen wird. Einmal musste der Betriebsveräußerer im Rahmen der Kaufpreisverhandlungen einen Abschlag aufgrund der übergehenden Ansprüche auf eine betriebliche Altersversorgung hinnehmen. Nach der „Rückkehr" der Arbeitnehmer, steht diesen der Anspruch auf die betriebliche Altersversorgung wieder gegenüber dem Betriebsveräußerer zu.

457 BAG, Urt. v. 23 7.2009 (Az.: 8 AZR 538/08), Rn. 16, 19, 20 (juris), BAGE 131, 258–276.

458 BAG, Urt. v. 23.7.2009 (Az.: 8 AZR 538/08), Rn. 20 ff. (juris), BAGE 131, 258–276.

459 BAG, Urt. v. 23.7.2009 (Az.: 8 AZR 538/08), Rn. 23 ff. (juris), BAGE 131, 258–276.

460 BAG, Urt. v. 23.7.2009 (Az.: 8 AZR 538/08), Rn. 29 ff. (juris), BAGE 131, 258–276.

461 So auch *Bezani/Richter*, S. 215.

462 LAG München, Urt. v. 29.04.2008 (Az.: 7 Sa 986/07), ZInsO 2008, 1280; LAG München, Urt. v. 09.10.2008 (Az.: 4 Sa 411/08) Rn. 77 (juris), (aufgehoben durch das BAG, Urt. v. 20.05.2010 (Az.: 8 AZR 585/08), AP Nr. 23 zu § 613a BGB Widerspruch); LAG

Gegensatz zu der bisherigen Rechtsprechung des BAG die Unterrichtung über die *„Eckdaten der geplanten Transaktion“*[463] fordert.

Als Grund für die Unterrichtung über die *„Eckdaten der geplanten Transaktion“*[464] wird angeführt, dass die Arbeitnehmer im Falle der Unterrichtung über die *„Eckdaten der geplanten Transaktion“*[465] die *„erheblichen Risiken für ihre Arbeitsplatzsicherheit“*[466] erkennen können.[467] Dies sei mit Blick auf eine sachgerechte *„Ausübung des Widerspruchsrechts“*[468] nötig.

Die Uneinheitlichkeit in der Rechtsprechung verstärkt die Rechtsunsicherheit hinsichtlich der tatsächlichen Anforderungen an ein Unterrichtungsschreiben in der Praxis.

Den Rechtsunsicherheiten in Bezug auf die Anforderungen an ein ordnungsgemäßes Unterrichtungsschreiben könnte durch die Einführung eines „Pflichtangabenkatalogs“ begegnet werden. Dies wäre sowohl aus Sicht der Arbeitnehmer als auch aus Sicht des Betriebserwerbers/-veräußerers sinnvoll und würde für alle Seiten Rechtssicherheit in Bezug auf den Beginn der Widerspruchsfrist schaffen.

Nachfolgend werden (i) die Auswirkungen eines fehlerhaften Unterrichtungsschreibens erläutert und (ii) grob die durch die Rechtsprechung entwickelten Anforderungen an ein Unterrichtungsschreiben gem. § 613a Abs. 5 BGB skizziert. Dabei wird zwischen den grundsätzlichen Anforderungen und den Besonderheiten bei einem grenzüberschreitenden Sachverhalt differenziert. Dem folgt (iii) ein Hinweis auf die bei einem innerdeutschen Betriebsübergang

---

München, Urt. v. 19.09.2008 (Az.: 3 Sa 128/08), Rn. 42 (juris), siehe hierzu *Dzida*, NZA 12/2009, 641 (642 f.).

463 LAG München, Urt. v. 29.04.2008 (Az.: 7 Sa 986/07), Rn. 121 (juris), ZInsO 2008, 1280; siehe hierzu *Dzida*, NZA 12/2009, 641 (642 f.), *Dzida* führt aus, dass das LAG München abweichend von der Rechtsprechung des BAG detaillierte Angaben über die Transaktion fordert. Beispielsweise, ob der Betriebsübergang Teil eines *„Veräußerungspakets“* ist.

464 LAG München, Urt. v. 29.04.2008 (Az.: 7 Sa 986/07), Rn. 121 (juris), ZInsO 2008, 1280.

465 LAG München, Urt. v. 29.04.2008 (Az.: 7 Sa 986/07), Rn. 121 (juris), ZInsO 2008, 1280.

466 LAG München, Urt. v. 29.04.2008 (Az.: 7 Sa 986/07), Rn. 106, 121, 122 (juris), ZInsO 2008, 1280.

467 LAG München, Urt. v. 29.04.2008 (Az.: 7 Sa 986/07), Rn. 121 (juris), ZInsO 2008, 1280.

468 LAG München, Urt. v. 29.04.2008 (Az.: 7 Sa 986/07), Rn. 121 (juris), ZInsO 2008, 1280.

praktizierten Lösungen zur Gewinnung von Rechtssicherheit im Hinblick auf die nachträgliche Ausübung des Widerspruchsrechts. Letztlich werden (iv) der Regelungsbedarf in Bezug auf die Anforderungen an ein ordnungsgemäßes Unterrichtungsschreiben sowie mögliche Lösungsvorschläge hierzu entwickelt.

A. Auswirkungen eines fehlerhaften/unzureichenden Unterrichtungsschreibens

Ein ordnungsgemäßes Unterrichtungsschreiben hängt thematisch eng mit der zeitlichen Befristung des Widerspruchsrechts gem. § 613a Abs. 6 BGB zusammen.

Nach § 613 a Abs. 6 S. 1 BGB steht dem Arbeitnehmer innerhalb eines Monats nach Zugang der Unterrichtung ein Widerspruchsrecht zu. Unterlässt sowohl der bisherige als auch der neue Betriebsinhaber die Unterrichtung der Arbeitnehmer über den Betriebsübergang bzw. entspricht die Unterrichtung nicht den von der Rechtsprechung[469] geforderten Voraussetzungen, wird die einmonatige Widerspruchsfrist nicht in Gang gesetzt.[470] Mangels Verjährung des Widerspruchsrechts führt dies zu einer großen Rechtsunsicherheit hinsichtlich der fortbestehenden Möglichkeit zur Ausübung des Widerspruchsrechts.[471] Zwar gibt es die Grenze der Verwirkung, diese unterliegt aber ihrerseits strengen Voraussetzungen.[472]

Allerdings nimmt das BAG die Verwirkung des Widerspruchsrechts an, wenn der Arbeitnehmer den Arbeitsplatz beim Betriebserwerber als endgültig anerkennt.[473] Dies ist der Fall, *„wenn der Arbeitnehmer über den Bestand seines Arbeitsverhältnisses gegenüber dem Betriebserwerber disponiert (...)"*[474].

---

469 Siehe hierzu bspw.: BAG, Urt. v. 10.11.2011 (Az.: 8 AZR 430/10), Rn. 23 ff. (juris), AP Nr. 15 zu § 613a BGB Unterrichtung; BAG, Urt. v. 13.07.2006 (Az.: 8 AZR 303/05), Rn. 2 ff. (juris), BAGE 119, 81–90.

470 BAG, Urt. v. 14.12.2006 (Az.: 8 AZR 763/05), Rn. 21 (juris), AP Nr. 318 zu § 613a BGB; BAG, Urt. 13.07.2006 (Az.: 8 AZR 305/05), Rn. 10 (juris), BAGE 119, 91–102; *Burgmer/ Richter*, S. 65; *Pesch*, KSzW 2012, 114 (119).

471 *Burgmer/Richter*, S. 65; *Willemsen*, NZA-Beilage 4/2008, 155 (161); *Dzida*, NZA 12/2009, 641 (641). Zur Verwirkung siehe; BAG, Urt. v. 15.03. 2012 (Az.: 8 AZR 700/10), Rn. 30 ff. (juris), AP Nr. 29 zu § 613a BGB Widerspruch; BAG, Urt. v. 17.10.2013 (Az.: 8 AZR 974/12), ArbuR 2013, 507.

472 BAG, Urt. v. 15.02.2007 (Az.: 8 AZR 431/06), Rn. 42 (juris), NZA 2007, 793; *Willemsen*, NZA-Beilage 4/2008, 155 (161); *Dzida*, NZA 12/2009, 641 (641); MüKo/*Müller-Glöge*, § 613a BGB Rn. 121; *Löwisch/Göpfer/Siegrist*, DB 2007, 2538 (2538 ff.).

473 *Dzida*, NZA 12/2009, 641 (642); *Löwisch/Göpfer/Siegrist*, DB 2007, 2538 (2540).

474 BAG, Urt. v. 20.05.2010 (Az.: 8 AZR 585/08), Rn. 36 (juris), AP Nr. 23 zu § 613a BGB Widerspruch; *Dzida*, NZA 12/2009, 641 (642); *Gaul/Hiebert*, ArbRB 2012, 183 (183); *Rieble/Wiebauer*, NZA 2009, 401 (401 ff.).

So beispielsweise bei Abschluss eines Aufhebungsvertrags zwischen den übernommenen Arbeitnehmern und dem Betriebserwerber.[475]

Trotz Stärkung des Verwirkungsrechts[476], bleiben die Rechtsunsicherheiten hinsichtlich der Anforderungen an ein ordnungsgemäßes Unterrichtungsschreiben bestehen.

Rechtlich handelt es sich bei der Auskunftspflicht gem. § 613a Abs. 5 BGB um einen einklagbaren Anspruch.[477] Insoweit sind Betriebserwerber und Betriebsveräußerer Gesamtschuldner gem. §§ 421 ff. BGB.[478] Sollten sie diese Pflicht verletzten, besteht ein Schadensersatzanspruch gem. § 280 BGB der Arbeitnehmer gegenüber dem Betriebserwerber und dem Betriebsveräußerer.[479] Dieser Schadensersatzanspruch könnte mittels Naturalrestitution auf Einstellung gegenüber dem Betriebserwerber bzw. Wiedereinstellung[480] gegenüber dem Betriebsveräußerer gerichtet sein.[481]

B. Anforderungen an ein ordnungsgemäßes Unterrichtungsschreiben

Vor Darstellung der Besonderheiten bei einem grenzüberschreitenden Sachverhalt, werden zunächst die grundsätzlich Anforderungen gem. § 613a Abs. 5 Nr. 1–4 BGB erläutert.

I. Grundsätzliche Anforderungen gem. § 613a Abs. 5 Nr. 1–4 BGB

Um beurteilen zu können, welche Unterschiede zwischen einem innerdeutschen Betriebsübergang und einem grenzüberschreitenden Betriebsübergang in Bezug auf ein ordnungsgemäßes Unterrichtungsschreiben bestehen, werden nachfolgend kurz die entsprechenden Anforderungen an ein Unterrichtungsschreiben bei einem innerdeutschen Betriebsübergang dargestellt.

---

475 *Löwisch/Göpfer/Siegrist*, DB 2007, 2538 (2540).

476 Siehe hierzu: *Dzida*, NZA 12/2009, 641 (646).

477 *Hauck*, FS Düwell, S. 69; B/D/G/*Beseler*, S. 60.

478 *Hauck*, FS Düwell, S. 69; MüKo/*Müller-Glöge*, § 613a BGB Rn. 111; *Karthaus/Richter*, in: HK-ArbR, § 613a BGB Rn. 171; *Meyer*, NZA 2012, 1185 (1186).

479 BAG, Urt. v. 20.03.2008 (Az.: 8 AZR 1022/06), Rn. 52 (juris), EzA § 613a BGB 2002 Nr. 91; *Hauck*, FS Düwell, S. 72; *Gaul/Hiebert*, ArbRB 2012, 183 (183).

480 Ob sich der Schadensersatzanspruch auf Einstellung oder Wiedereinstellung richtet hängt davon ab, ob der Arbeitnehmer von seinem Widerspruchsrecht Gebrauch gemacht hat oder nicht. Voraussetzung ist aber in jedem Fall die Kausalität zwischen fehlerhafter Auskunft und Schaden. S. B/D/G/*Beseler*, S. 60.

481 B/D/G/*Beseler*, S. 60.

Die entsprechende Vorgabe zur Unterrichtung findet sich in Art. 7 Abs. 6 der Betriebsübergangsrichtlinie.[482] Danach ist eine Unterrichtung einzelner Arbeitnehmer lediglich für den Ausnahmefall vorgesehen, in dem keine Arbeitnehmervertretung besteht.[483] Der Regelfall sieht lediglich die Unterrichtung mittels des Betriebsrats vor (Art. 7 Abs. 1 Betriebsübergangsrichtlinie).[484]

Die deutsche Umsetzung übersteigt die Vorgaben der Betriebsübergangsrichtlinie, da nach deutschem Recht in jedem Fall eine Unterrichtung der Arbeitnehmer gem. § 613a Abs. 5 BGB erfolgen muss.[485]

Allgemein gilt nach Ansicht des BAG, dass

> *„(...) Veräußerer und/oder Erwerber den Arbeitnehmer so zu informieren [haben], dass dieser sich über die Person des Übernehmers und über die in § 613a Abs. 5 BGB genannten Umstände ein Bild machen kann. Er soll durch die Unterrichtung eine ausreichende Wissensgrundlage für die Ausübung oder Nichtausübung seines Widerspruchsrechts erhalten (vgl. BT-Drucks. 14/7760 S. 19). Dem Arbeitnehmer soll auch die Möglichkeit eröffnet werden, sich weitergehend zu erkundigen und gegebenenfalls beraten zu lassen und dann auf dieser Grundlage über einen Widerspruch gegen den Übergang seines Arbeitsverhältnisses zu entscheiden (...)“*[486]

Bei dem Unterrichtungsschreiben kann es sich um ein Standardschreiben handeln, das für alle Arbeitnehmergruppen verwendet wird.[487]

> *„Den Anforderungen des § 613a Abs. 5 BGB genügt darüber hinaus nicht eine reine Wiederholung des Gesetzeswortlauts, erforderlich ist eine konkrete betriebsbezogene Darstellung in einer auch für juristische Laien möglichst verständlichen Sprache (...).“*[488]

1. Allgemeines hinsichtlich der Anforderungen gem. § 613a Abs. 5 Nr. 1–4 BGB

Es wird darauf hingewiesen, dass die folgende Darstellung lediglich als Beurteilungsgrundlage für die weitere Prüfung dient und keineswegs umfassend/

482 MüKo/*Müller-Glöge*, § 613a BGB Rn. 104.

483 *Grau*, S. 27.

484 *Grau*, S. 28.

485 MüKo/*Müller-Glöge*, § 613a BGB Rn. 104; *Eckhardt*, S. 53.

486 BAG, Urt. v. 10.11.2011 (Az.: 8 AZR 430/10), Rn. 23 (juris), AP Nr. 15 zu § 613a BGB Unterrichtung.

487 BAG, Urt. v. 13.07.2006 (Az.: 8 AZR 305/05), Rn. 21 (juris), BAGE 119, 91–102; siehe hierzu: *Lingemann*, NZA 2012, 546 (546).

488 BAG, Urt. v. 13.07.2006 (Az.: 8 AZR 305/05), Rn. 21 (juris), BAGE 119, 91–102.

abschließend ist. Grundsätzlich regelt § 613a Abs. 5 Nr. 1–4 BGB die Anforderungen an das Unterrichtungsschreiben.

Nach dem Wortlaut des § 613a Abs. 5 Nr. 1 BGB muss das Unterrichtungsschreiben den Zeitpunkt des Betriebsübergangs enthalten.[489]

Ferner muss gem. § 613a Abs. 5 Nr. 2 BGB der Grund des Betriebsübergangs dargelegt werden.[490] In dem Fall „BenQ“ wies das BAG unter Bezugnahme auf vorhergehende Rechtsprechung[491] darauf hin, dass zur Erfüllung der Anforderungen des § 613a Abs. 5 Nr. 2 BGB die bloße Angabe des zugrunde liegenden Rechtsgeschäfts nicht ausreiche.[492] Insoweit müssen die Arbeitnehmer neben dem Rechtsgrund (beispielsweise Kaufvertrag)[493] schlagwortartig über die tatsächlichen, unternehmerischen Gründe, die dem Betriebsübergang zugrunde liegen, informiert werden.[494]

In diesem Zusammenhang wird nochmals die uneinheitliche Rechtsprechung hinsichtlich der Anforderungen an ein Unterrichtungsschreiben unter Verweis auf das LAG München[495] aufgegriffen. Danach bedarf es zur Erfüllung der Anforderungen detaillierterer Angaben in Bezug auf die gesamte Transaktion.[496]

---

489 Die Unterrichtung über den geplanten Übergang der Leitungsmacht reicht aus, siehe *Hauck*, FS Düwell, S. 70; *Nicolai*, Kapitel 10, Rn. 38.

490 Neben dem Rechtsgrund (beispielsweise Kauf- oder Pachtvertrag) ist zumindest eine schlagwortartige Zusammenfassung der zugrunde liegenden Umstände zu erwarten, *Hauck*, FS Düwell, S. 70; MüKo/*Müller-Glöge*, § 613a BGB Rn. 107.

491 Siehe BAG, Urt. v. 13.07.2006 (8 AZR 305/05), Rn. 27, 29 (juris), BAGE 119, 91; BAG, Urt. v. 23. 7. 2009 (Az.: 8 AZR 538/08), Rn. 24 (juris), BAGE 131, 258–276.

492 BAG, Urt. v. 23. 7. 2009 (Az.: 8 AZR 538/08), Rn. 24 (juris), BAGE 131, 258–276.

493 *Nicolai*, Kapitel 10, Rn. 41.

494 BAG, Urt. v. 23. 7. 2009 (Az.: 8 AZR 538/08), Rn. 24 (juris), BAGE 131, 258–276; *Dzida*, NZA 2009, 641 (643); *Hauck*, FS Düwell, S. 70; *Nicolai*, Kapitel 10, Rn. 42.

495 Siehe LAG München, Urt. v. 29.04.2008 (Az.: 7 Sa 986/07), ZInsO 2008, 1280; LAG München, Urt. v. 09.10.2008 (Az.: 4 Sa 411/08) Rn. 77 (juris), (aufgehoben durch das BAG, Urt. v. 20.05.2010 (Az.: 8 AZR 585/08), AP Nr. 23 zu § 613a BGB Widerspruch); LAG München, Urt. v. 19.09.2008 (Az.: 3 Sa 128/08), Rn. 42 (juris), siehe hierzu *Dzida*, NZA 12/2009, 641 (642 f.). siehe hierzu *Dzida*, NZA 12/2009, 641 (642 f.).

496 LAG München, Urt. v. 29.04.2008 (Az.: 7 Sa 986/07), ZInsO 2008, 1280; LAG München, Urt. v. 09.10.2008 (Az.: 4 Sa 411/08) Rn. 77 (juris), (aufgehoben durch das BAG, Urt. v. 20.05.2010 (Az.: 8 AZR 585/08), AP Nr. 23 zu § 613a BGB Widerspruch); LAG München, Urt. v. 19.09.2008 (Az.: 3 Sa 128/08), Rn. 42 (juris), siehe hierzu *Dzida*, NZA 12/2009, 641 (642 f.): *Dzida* führt aus, dass das LAG München abweichend von der Rechtsprechung des BAG detaillierte Angaben über die Transaktion fordert. Beispielsweise ob der Betriebsübergang Teil eines „Veräußerungspakets“ ist.

Nach § 613a Abs. 5 Nr. 3 BGB muss das Unterrichtungsschreiben darüber hinaus Angaben hinsichtlich der rechtlichen, wirtschaftlichen und sozialen Folgen sowie nach § 613a Abs. 5 Nr. 4 BGB Angaben hinsichtlich der *„in Aussicht gestellten Maßnahmen"* (beispielsweise Weiterbildungsmaßnahmen, Umstrukturierungen, Personalabbau, Produktionsänderung, Abschluss von Sozialplänen) für die Arbeitnehmer enthalten.[497] Zu den in Aussicht gestellten Maßnahmen nach § 613a Abs. 5 Nr. 4 BGB zählt auch der Abschluss eines Interessenausgleichs bzw. eines Sozialplans.[498]

Überdies muss das Unterrichtungsschreiben nach der BAG Rechtsprechung Angaben hinsichtlich dem Gegenstand des Betriebsübergangs[499] und der Identität des Betriebserwerbers[500] enthalten.

Die Anforderungen der § 613a Abs. 5 Nr. 1, 2 und 4 BGB scheinen im Vergleich zu den Anforderungen des § 613a Abs. 5 Nr. 3 BGB greifbarer. § 613a Abs. 5 Nr. 3 BGB ist hingegen *„ex-trem unbestimmt"*[501]. Dies bedingt auch die Vielzahl der hierzu ergangenen Urteile.[502]

2. Besonderheiten hinsichtlich der Anforderungen des § 613a Abs. 5 Nr. 3 BGB

Mit Blick auf grenzüberschreitende Sachverhalte liegt die Schwierigkeit bei § 613a Abs. 5 Nr. 3 BGB darin, dass sich die rechtlichen, wirtschaftlichen und sozialen Folgen auf den ausländischen Betriebserwerber beziehen. Die Erfüllung der durch die Rechtsprechung aufgestellten Anforderungen erscheint daher insbesondere für die Angaben des § 613a Abs. 5 Nr. 3 BGB als schwierig. Dies gilt insbesondere vor dem Hintergrund, dass die Arbeitnehmer nach der

---

497 BT-Drs.: 14/7760, S. 19; *Hauck*, FS Düwell, S. 71; MüKo/*Müller-Glöge*, § 613a BGB Rn. 110; *Karthaus/Richter*, in: HK-ArbR, § 613a BGB Rn. 184.

498 MüKo/*Müller-Glöge*, § 613a BGB Rn. 110; *Däubler*, in: BetrVG § 111 Rn. 133.

499 BAG, Urt. v. 13.07.2006 (Az.: 8 AZR 305/05), Rn. 24 (juris), BAGE 119, 91–102, siehe hierzu: *Nicolai*, Kapitel 10, Rn. 31 ff.

500 BAG, Urt. v. 13.07.2006 (Az.: 8 AZR 305/05), Rn. 22 (juris), BAGE 119, 91–102, siehe hierzu: *Nicolai*, Kapitel 10, Rn. 35 ff.

501 *Nicolai*, Kapitel 10, Rn. 46.

502 *Hohenstatt/Grau*, NZA 2007, 13 (15): die Mehrzahl der Urteile eringen bzgl. der rechtlichen Folgen (§ 613a Abs. 5 Nr. 1 Alt. 1 BGB).

Rechtsprechung des BAG[503] zur Erfüllung der Anforderungen gem. § 613a Abs. 5 Nr. 3 BGB „*präzise*“[504] über die Rechtsfolgen informiert werden müssen.[505]

Zur Veranschaulichung des Problems werden die einzelnen Anforderungen des § 613a Abs. 5 Nr. 3 BGB für einen innerdeutschen Betriebsübergang näher skizziert:

a) Anforderungen hinsichtlich der rechtlichen Folgen gem. § 613a Abs. 5 Nr. 3 Var. 1 BGB

Nach § 613a Abs. 5 Nr. 3 Var. 1 BGB sind die Arbeitnehmer über die rechtlichen Folgen des Betriebsübergangs zu informieren. Insoweit gilt Folgendes: Die Arbeitnehmer sind sowohl über die gesetzlich eintretenden unmittelbaren[506] als auch – unter bestimmten Voraussetzungen[507] – über die mittelbaren[508] rechtlichen Folgen zu unterrichten.

Unter den unmittelbaren Folgen werden die sich aus dem Betriebsübergang ergebenden gesetzlichen Rechtsfolgen, wie Eintritt des Betriebserwerbers in die bestehenden Arbeitsverhältnisse[509], die haftungs-[510] und kündigungsrechtliche[511] Situation sowie die Weitergeltung individualrechtlicher/kollektivrechtlicher Arbeitsbedingungen[512] oder das Widerspruchsrecht[513] verstanden.[514]

---

503 Siehe BAG, Urt. v. 23.07.2009 (Az.: 8 AZR 538/08), Rn. 31 (juris), BAGE 131, 258–276; BAG 13. Juli 2006 (Az.: 8 AZR 305/05), Rn. 34 (juris), BAGE 119, 91–102.

504 BAG, Urt. v. 23.07.2009 (Az.: 8 AZR 538/08), Rn. 31 (juris), BAGE 131, 258–276.

505 BAG, Urt. v. 13.07.2006 (Az.: 8 AZR 305/05), Rn. 33 (juris), BAGE 119, 91–102.

506 *Eckhardt*, S. 53.

507 BAG, Urt. v. 13.07.2006 (Az.: 8 AZR 303/05), Rn. 26 (juris), BAGE 119, 81–90.

508 BAG, Urt. v. 13.07.2006 (Az.: 8 AZR 305/05), Rn. 32, 33 (juris), BAGE 119, 91–102; *Reinhard*, NZA 2009, 63 (64 f.).

509 *Nicolai*, Kapitel 10, Rn. 54 ff.; *Reinhard*, NZA 2009, 63 (64).

510 *Nicolai*, Kapitel 10, Rn. 58 ff.; MüKo/*Müller-Glöge*, § 613a BGB, Rn. 108.

511 BAG, Urt. v. 23. 7. 2009 (Az.: 8 AZR 538/08), Rn. 33 (juris), BAGE 131, 258–276; *Hauck*, FS Düwell, S. 70; *Nicolai*, Kapitel 10, Rn. 86 ff.; *Reinhard*, NZA 2009, 63 (64 f.); MüKo/*Müller-Glöge*, § 613a BGB, Rn. 108.

512 *Nicolai*, Kapitel 10, Rn. 61 ff.; MüKo/*Müller-Glöge*, § 613a BGB, Rn. 108; *Reinhard*, NZA 2009, 63 (65).

513 ErfK/*Preis*, § 613 a BGB Rn. 88a; *Nicolai*, Kapitel 10, Rn. 89 ff.

514 BAG, Urt. v. 22.01.2009 (Az.: 8 AZR 808/07), Rn. 25 (juris), AP Nr. 4 zu § 613a BGB; ErfK/*Preis*, § 613 a BGB Rn. 88a.

Konkret sind die Arbeitnehmer also beispielsweise über die Fortgeltung von Tarifverträgen und Betriebsvereinbarungen beim Betriebserwerber[515], die Geltung neuer Tarifverträge[516], den Wegfall des Kündigungsschutzes gem. § 23 Abs. 1 S. 2 KSchG[517] oder den Wegfall freiwilliger Leistungen des Betriebsveräußerers[518] zu unterrichten.

Unter den mittelbaren Folgen werden hingegen die „*Sekundärfolgen*"[519] des Betriebsübergangs verstanden. Das BAG bejaht „(…) *unter bestimmten Umständen eine Unterrichtungspflicht auch über solche Sekundärfolgen (…).*"[520]

Nach Ansicht des BAG müssen die Arbeitnehmer über mittelbare Folgen des Betriebsübergangs allerdings nur unterrichtet werden, „*wenn durch diese[n] die Rechtspositionen des Arbeitnehmers zwar nicht unmittelbar betroffen sind,* ***die ökonomischen Rahmenbedingungen des Betriebsüberganges jedoch zu einer so gravierenden Gefährdung der wirtschaftlichen Absicherung der Arbeitnehmer beim neuen Betriebsinhaber führen****, dass diese Gefährdung als ein wesentliches Kriterium für einen möglichen Widerspruch der Arbeitnehmer gegen den Übergang der Arbeitsverhältnisse anzusehen ist. Dies ist vor allem dann der Fall, wenn die* ***Arbeitsplatzsicherheit*** *beim Betriebserwerber maßgeblich betroffen ist (…).*"[521]

b) Anforderungen hinsichtlich der wirtschaftlichen Folgen gem. § 613a Abs. 5 Nr. 3 Var. 2 BGB

§ 613a Abs. 5 Nr. 3 Var. 2 BGB schreibt die Unterrichtung der Arbeitnehmer über die wirtschaftlichen Folgen des Betriebsübergangs vor. Bereits der Wortlaut des § 613a Abs. 5 Nr. 3 Var. 2 BGB erscheint hinsichtlich der tatsächlichen Anforderungen schwer greifbar.

Im Jahr 2008 entschied das BAG insoweit wie folgt:

> „*Grundsätzlich ist der bisherige Arbeitgeber* ***nicht verpflichtet****, den Arbeitnehmer* ***über die wirtschaftliche und finanzielle Lage des Betriebsübernehmers im Einzelnen zu unterrichten****, da deren Beurteilung grundsätzlich nicht eindeutig anhand objektiver*

515 BAG, Urt. v. 23. 7. 2009 (Az.: 8 AZR 538/08), Rn. 33 (juris), BAGE 131, 258–276; *Hauck*, FS Düwell, S. 70; *Nicolai*, Kapitel 10, Rn. 67.

516 B/D/G/*Beseler*, S. 66; *Nicolai*, Kapitel 10, Rn. 67.

517 B/D/G/*Beseler*, S. 65; *Nicolai*, Kapitel 10, Rn. 47.

518 B/D/G/*Beseler*, S. 65.

519 BAG, Urt. v. 25.05.2005 (Az.: 8 AZR 398/04), Rn. 20 (juris), BAGE 114, 374–389; BAG, Urt. v. 13.07.2006 (Az.: 8 AZR 303/05), Rn. 25 (juris), BAGE 119, 81–90.

520 BAG, Urt. v. 13.07.2006 (Az.: 8 AZR 303/05), Rn. 26 (juris), BAGE 119, 81–90.

521 BAG, Urt. v. 31.01.2008 (Az.: 8 AZR 1116/06), Rn. 32 (juris), AP Nr. 2 zu § 613a BGB Unterrichtung – die Hervorhebung ist im Original nicht enthalten.

Tatsachen erfolgen kann, sondern jeweils im Einzelfalle einer regelmäßig nicht justiziablen Einschätzung der wirtschaftlichen und rechtlichen Gegebenheiten sowie der künftigen wirtschaftlichen Entwicklung unterliegt. Dies bedeutet, dass das wirtschaftliche Potential des Betriebserwerbers im Allgemeinen nicht Gegenstand der Informationspflicht ist. Eine Unterrichtung über die wirtschaftliche Lage des Betriebserwerbers kann aber für die Entscheidung des Arbeitnehmers, ob er Widerspruch gegen den Übergang seines Arbeitsverhältnisses einlegen soll, von Bedeutung sein, wenn die ***wirtschaftliche Notlage*** *des Betriebserwerbers* ***offensichtlich*** *ist, wie zB bei einem bereits eingeleiteten Insolvenzverfahren (...).*"[522]

Neben eingeleiteten Insolvenzverfahren[523] gehören Fälle von Kurzarbeit sowie Zahlungsunfähigkeit oder ähnliche Fälle, die die Arbeitsplatzsicherheit der übergehenden Arbeitnehmer gefährden könnten, zur vorgenannten „*wirtschaftlichen Notlage*".[524, 525]

Ferner entschied das BAG, dass die Arbeitnehmer darüber zu informieren sind, wenn der Betriebserwerber nicht Eigentümer des unbeweglichen Anlagevermögens wird.[526] Hintergrund dieser Information ist die fehlende Zugehörigkeit des Anlagevermögens zur Haftungsmasse im Falle einer finanziellen Schieflage des Betriebserwerbers.[527] Das BAG führte insoweit aus, dass „*im Falle von wirtschaftlichen Schwierigkeiten des Betriebserwerbers [das unbewegliche Anlagevermögen] nicht mehr als Sicherungsmittel für erforderliche Kredite und im Falle einer Insolvenz nicht mehr als Bestandteil der Insolvenzmasse zur Befriedigung der Gläubiger, zu denen auch der Kläger zählt, zur Verfügung steht.*"[528]

Nach Ansicht des BAG ist hingegen keine Unterrichtung zur prognostizierten wirtschaftlichen Entwicklung erforderlich.[529]

522 BAG, Urt. v. 31.01.2008 (Az.: 8 AZR 1116/06), Rn. 33 (juris), AP Nr. 2 zu § 613a BGB Unterrichtung – die Hervorhebung ist im Original nicht enthalten.

523 BAG, Urt. v. 31.01.2008 (Az. 8 AZR 1116/06), Rn. 33 (juris), AP Nr. 2 zu § 613a BGB Unterrichtung; *Nicolai*, Kapitel 10, Rn. 100.

524 BAG, Urt. v. 31.01.2008 (Az. 8 AZR 1116/06), Rn. 33 (juris), AP Nr. 2 zu § 613a BGB Unterrichtung.

525 B/D/G/*Beseler*, S. 65.

526 BAG, Urt. v. 31.01.2008 (Az. 8 AZR 1116/06), Rn. 34 (juris), AP Nr. 2 zu § 613a BGB Unterrichtung; *Dzida*, NZA 12/2009, 641 (643).

527 *Dzida*, NZA 12/2009, 641 (643).

528 BAG, Urt. v. 31.01.2008 (Az. 8 AZR 1116/06), Rn. 34 (juris), AP Nr. 2 zu § 613a BGB Unterrichtung.

529 ErfK/*Preis*, § 613 a BGB Rn. 88b.

c) Anforderungen hinsichtlich der sozialen Folgen gem. § 613a Abs. 5 Nr. 3 Var. 3 BGB

Darüber hinaus sind die Arbeitnehmer gem. § 613a Abs. 5 Nr. 3 Var. 3 BGB über soziale Konsequenzen des Betriebsübergangs zu informieren.

Davon erfasst sind beispielsweise Informationen hinsichtlich des Bestehens/Nichtbestehens von Sozialeinrichtungen (wie Kantine, Kindergärten, Parkplätze).[530] Im Gegensatz zu den vorgenannten Folgen in rechtlicher und wirtschaftlicher Hinsicht erscheinen die Anforderungen hinsichtlich der sozialen Folgen erfüllbarer.

d) Zwischenergebnis

Zusammenfassend kann festgehalten werden, dass die Anforderungen hinsichtlich der rechtlichen und der wirtschaftlichen Folgen schwer zu greifen sind.

II. Besonderheiten an die Erfüllung der Anforderungen eines Unterrichtungsschreibens bei einem grenzüberschreitenden Sachverhalt

Die Besonderheiten eines grenzüberschreitenden Betriebsübergangs sind dadurch begründet, dass neben dem Inhaberwechsel ein Ortswechsel erfolgt. Dies führt zu weitreichenden rechtlichen, wirtschaftlichen und sozialen Folgen.

Zusätzlich zu dem Inhaberwechsel führt der Ortswechsel zu einer Änderung der geltenden Rechtsordnung[531], dem nationalen Markt und den nationalen Gepflogenheiten.

Es stellt sich daher die Frage, ob die – durch die Rechtsprechung vorgenommenen – Konkretisierungen der Anforderungen gem. § 613a Abs. 5 BGB auf den Fall eines grenzüberschreitenden Betriebsübergangs übertragen werden können.

Deutlich werden die Zweifel an dem Beispiel, dass die Arbeitnehmer im Falle eines innerdeutschen Betriebsübergangs nicht über die Bonität und finanzielle Ausstattung des Betriebserwerbers unterrichtet werden müssen.[532] Im Hinblick auf die Arbeitsplatzsicherheit und eine solide Entscheidungsgrundlage[533] ist es

---

530 B/D/G/*Beseler*, S. 65; *Reinhard*, NZA 2009, 63 (65).

531 BAG, Urt. v. 26.05.2011 (Az.: 8 AZR 37/10), Rn. 45 (juris), AP Nr. 409 zu § 613a BGB.

532 BAG, Urt. v. 31.01.2008 (Az.: 8 AZR 1116/06), Rn. 33 (juris), AP Nr. 2 zu § 613a BGB Unterrichtung.

533 Siehe hierzu BT-Drucks. 14/7760 S. 19; BAG, Urt. v. 23.07.2009 (Az.: 8 AZR 538/08), Rn. 18 (juris), BAGE 131, 258–276; BAG, Urt. v. 10.11.2011 (Az.: 8 AZR 430/10),

für Arbeitnehmer grundsätzlich sehr relevant, ob sie ihr Arbeitsverhältnis bei einem finanzstarken oder finanzschwachen Betriebserwerber fortsetzen.

Zur Veranschaulichung der Problematik werden nachfolgend exemplarische Rechtsfolgen eines grenzüberschreitenden Betriebsübergangs beleuchtet, die in Bezug auf eine solide Entscheidungsgrundlage[534] relevant sein können. Dabei wird anhand der gewählten Beispiele herausgearbeitet, wie schwierig es ist, einerseits die Anforderungen der Rechtsprechung im Fall eines grenzüberschreitenden Sachverhalts zu erfüllen[535] und andererseits wie wenig die für innerdeutsche Betriebsübergänge entwickelten Kriterien den Besonderheiten eines grenzüberschreitenden Betriebsübergangs Rechnung tragen.

Die Rechtsfolgen eines grenzüberschreitenden Betriebsübergangs lassen sich entsprechend des Gesetzeswortlauts des § 613a Abs. 5 Nr. 3 BGB in (i) Rechtsfolgen rechtlicher, (ii) Rechtsfolgen wirtschaftlicher und (iii) Rechtsfolgen sozialer Art einteilen.

1. *Unterrichtung hinsichtlich der Rechtsfolgen rechtlicher Art*

Die Anforderungen an eine Unterrichtung hinsichtlich der rechtlichen Folgen eines grenzüberschreitenden Betriebsübergangs sind komplexer als bei einem innerdeutschen Betriebsübergang. Nachfolgend werden die Rechtsfolgen eines grenzüberschreitenden Betriebsübergangs angerissen. Hierbei handelt es sich nicht um eine Aufarbeitung, der bei einem grenzüberschreitenden Betriebsübergang eintretenden Rechtsfolgen. Vielmehr dienen diese Beispiele zur Veranschaulichung der Rechtsunsicherheiten in Bezug auf die Anforderungen an ein ordnungsgemäßes Unterrichtungsschreiben im Falle eines grenzüberschreitenden Betriebsübergangs.

Die Besonderheit in derart gelagerten Fällen liegt in dem – mit der grenzüberschreitenden Betriebsverlagerung einhergehenden – Statutenwechsel.[536] Liegt

---

Rn. 23 (juris), AP Nr. 15 zu § 613a BGB Unterrichtung; *Dzida*, NZA 12/2009, 641 (641); *Gaul/Hiebert*, ArbRB 2012, 183 (184).

534 Siehe hierzu BT-Drucks. 14/7760 S. 19; BAG, Urt. v. 23.07.2009 (Az.: 8 AZR 538/08), Rn. 18 (juris), BAGE 131, 258–276; BAG, Urt. v. 10.11.2011 (Az.: 8 AZR 430/10), Rn. 23 (juris), AP Nr. 15 zu § 613a BGB Unterrichtung; *Dzida*, NZA 12/2009, 641 (641); *Gaul/Hiebert*, ArbRB 2012, 183 (184).

535 *Bezani/Richter*, S. 245 – werfen den Gedanken hinsichtlich der Schwierigkeiten der Gestaltung eines ordnungsgemäßen Unterrichtungsschreibens im Falle eines grenzüberschreitenden Betriebsübergang auf.

536 Siehe BAG, Urt. v. 26.05.2011 (Az.: 8 AZR 37/10), Rn. 45 (juris), AP Nr. 409 zu § 613a BGB; auch das BAG geht in dem Regelfall von einem Wechsel des Arbeits-

der Arbeitsort der Arbeitnehmer nach dem grenzüberschreitenden Betriebsübergang im Ausland, führt dies zu einer Änderung der unterliegenden Rechtsordnung (nachfolgend „**Statutenwechsel**").[537]

Bereits der Statutenwechsel an sich führt zu gravierenden Änderungen für die Arbeitnehmer. Überträgt man die oben dargestellte Rechtsprechung (siehe S. 71), nach der ein pauschaler Hinweis auf die rechtlichen Änderungen nicht ausreicht, auf den Fall eines grenzüberschreitenden Betriebsübergangs, wird klar, wie schwierig es ist, die Arbeitnehmer „*präzise*"[538] über sämtliche Rechtsfolgen zu informieren. Diese Überlegung wird an ausgewählten Beispielen verdeutlicht:

a) Fortbestand/Wegfall der deutschen Arbeitsbedingungen

Vor dem Hintergrund, dass bereits die Frage nach der kollisionsrechtlichen Anknüpfung zur Bestimmung der anzuwendenden Rechtsordnung[539] ebenso wie die Frage nach der grenzüberschreitenden Anwendbarkeit des § 613a BGB[540] kontrovers diskutiert wird, erscheint die Anforderung, die Arbeitnehmer „*präzise*"[541] über die eintretenden Rechtsfolgen zu informieren, quasi unerfüllbar.[542]

Unterstellt, die kollisionsrechtliche Anknüpfung würde dazu führen, dass die deutsche Rechtsordnung für die Beurteilung des grenzüberschreitenden Betriebsübergangs maßgeblich ist und die materiell-rechtliche grenzüberschreitende Anwendbarkeit des § 613a BGB würde bejaht, stellt sich anschließend die Frage, inwieweit die Rechtsfolgen des § 613a BGB bei grenzüberschreitenden Betriebsübergängen Anwendung finden.

Der Achte Senat des BAG äußerte sich hinsichtlich der grenzüberschreitenden Anwendbarkeit der Rechtsfolgen nicht.[543] Bereits aus diesem Grund tauchen in der Praxis Rechtsunsicherheiten auf, die auch die ordnungsgemäßen Angaben des Unterrichtungsschreibens betreffen.

---

vertragsstatuts aus. Allerdings geht das BAG davon aus, dass der Statutenwechsel erst nach dem Betriebsübergang eintritt.

537 BAG, Urt. v. 26.05.2011 (Az.: 8 AZR 37/10), Rn. 45 (juris), AP Nr. 409 zu § 613a BGB; *Franzen*, S. 97 ff.

538 BAG, Urt. v. 23. 7. 2009 (Az.: 8 AZR 538/08), Rn. 31 (juris), BAGE 131, 258–276.

539 Siehe hierzu die Ausführungen in Teil 3, § 3 ab S. 140 ff.

540 Siehe hierzu die Ausführungen in Teil 3, § 4 ab S. 175 ff.

541 BAG, Urt. v. 23. 7. 2009 (Az.: 8 AZR 538/08), Rn. 31 (juris), BAGE 131, 258–276.

542 *Grau*, S. 105.

543 Das BAG traf in dem Urt. v. 26.05.2011 (Az. 8 AZR 793/09), AP Nr. 411 zu § 613a BGB, keine Aussage hinsichtlich dem Eintritt der Rechtsfolgen bei einem grenzüberschreitenden Betriebsübergang.

b) Verlust des deutschen Arbeitnehmerschutzes

Zudem geht mit dem Statutenwechsel grundsätzlich der Verlust des deutschen Arbeitnehmerschutzes einher.[544] Dies kann für die Arbeitnehmer zum Teil gravierende Folgen haben.

Deutlich wird der Unterschied des Arbeitnehmerschutzes in Bezug auf den Kündigungsschutz[545] und die betriebliche Mitwirkung[546]. Hinsichtlich des Kündigungsschutzes ist es möglich, dass die nach dem Statutenwechsel anzuwendende ausländische Rechtsordnung kein dem deutschen Recht vergleichbaren Kündigungsschutz vorsieht.[547] Ferner erscheint es zweifelhaft, ob es in der ausländischen Rechtsordnung ein dem deutschen Betriebsverfassungsgesetz vergleichbares Instrument der betrieblichen Mitbestimmung/Mitwirkung gibt.[548]

Man kann festhalten, dass der Statutenwechsel wohl zu einem schwächeren Kündigungsschutz der Arbeitnehmer sowie zu Änderungen hinsichtlich der Mitwirkung auf betrieblicher Ebene führt. Konkret bedeutet das, dass die Arbeitnehmer leichter gekündigt werden können oder dass beispielsweise das Recht auf Verhandlungen über einen Interessenausgleich gem. § 111 BetrVG sowie das Recht auf Abschluss eines erzwingbaren Sozialplans gem. § 112 BetrVG nach der grenzüberschreitenden Verlagerung wegfallen. Dies schwächt die Position der Arbeitnehmer am neuen Betriebsort.

Um die Anforderungen an eine ordnungsgemäße Entscheidungsgrundlage zu erfüllen, müsste das Unterrichtungsschreiben sämtliche Änderungen in Bezug auf die deutschen arbeitnehmerschützenden Rechte klar aufzeigen und die Arbeitnehmer hierüber informieren.

c) Zusammenfassung

Die vorgenannten Beispiele verdeutlichen exemplarisch über welche rechtlichen Änderungen die Arbeitnehmer bei einem grenzüberschreitenden Betriebsübergang informiert werden müssten. Darüber hinaus muss das Unterrichtungsschreiben beispielsweise Angaben hinsichtlich der Fortgeltung

544 *Junker*, NZA Beilage 1/2012, 8 (14); *Däubler*, in: BetrVG, § 111, Rn. 18.

545 *Junker*, NZA Beilage 1/2012, 8 (14).

546 *Däubler*, in: BetrVG, § 111, Rn. 18: *Däubler* weist darauf hin, dass der Interessenausgleich und der Sozialplan eine deutsche Besonderheit sind. Die Regelungen hinsichtlich des Sozialplans wurden nach *Däubler* in Österreich übernommen.

547 *Junker*, NZA Beilage 1/2012, 8 (9).

548 Deutschland hat eins der ausgeprägtesten Mitbestimmungssysteme Europas.

kollektivrechtlicher Arbeitsbedingungen enthalten.[549] Mit Blick auf die zum Teil sehr weitreichenden Unterschiede der Kollektivsysteme, erscheint eine präzise Unterrichtung kaum erfüllbar.

Die Rechtsunsicherheiten hinsichtlich der Anforderungen an ein Unterrichtungsschreiben führen zu folgenden Konsequenzen:

Einerseits begünstigt dies Fehler im Unterrichtungsschreiben. Ein fehlerhaftes Unterrichtungsschreiben läge beispielsweise vor, wenn relevante Informationen fehlen würden. Andererseits besteht die Gefahr, dass die fehlende Konkretisierung zu einer Informationsüberflutung der Arbeitnehmer führt.

Diese Rechtsunsicherheiten gehen sowohl zu Lasten einer soliden Entscheidungsgrundlage[550] der Arbeitnehmer als auch zu Lasten der Ingangsetzung der Widerspruchsfrist. Eine Konkretisierung – zumindest für den Fall eines grenzüberschreitenden Betriebsübergangs – wäre insoweit hilfreich.

2. *Unterrichtung hinsichtlich der Rechtsfolgen wirtschaftlicher Art*

Auch in Bezug auf die wirtschaftlichen Rechtsfolgen ist hinsichtlich des Umfangs unklar, welche Angaben das Unterrichtungsschreiben bei einem grenzüberschreitenden Betriebsübergang beinhalten muss.

Entsprechend der vorgenannten BAG Rechtsprechung sind Angaben über die Solvenz des Betriebserwerbers nicht notwendig.[551] Lediglich in wirtschaftlichen Notlagen müssen die Arbeitnehmer über die finanzielle Schieflage des Betriebserwerbers unterrichtet werden.[552] Vor diesem Hintergrund stellt sich die Frage, ob diese Prämissen auch für den Fall eines grenzüberschreitenden Betriebsübergangs gelten.

Der Unterschied eines grenzüberschreitenden Betriebsübergangs zu einem innerdeutschen Betriebsübergang liegt darin, dass der grenzüberschreitende Betriebsübergang zu weitreichenderen wirtschaftlichen Veränderungen führt.

Die wirtschaftlichen Änderungen des grenzüberschreitenden Betriebsübergangs resultieren daraus, dass der Betrieb auf einen ausländischen

---

549 Hinsichtlich der Problematik „Geltung von Tarifverträgen bei Auslandsberührungen“ siehe *Friedrich*, RdA 1980, 109 (109 ff.).

550 Siehe hierzu BT-Drucks. 14/7760 S. 19; BAG, Urt. v. 23.07.2009 (Az.: 8 AZR 538/08), Rn. 18 (juris), BAGE 131, 258–276; BAG, Urt. v. 10.11.2011 (Az.: 8 AZR 430/10), Rn. 23 (juris), AP Nr. 15 zu § 613a BGB Unterrichtung; *Dzida*, NZA 12/2009, 641 (641); *Gaul/Hiebert*, ArbRB 2012, 183 (184).

551 ErfK/*Preis*, § 613 a BGB Rn. 88b.

552 BAG, Urt. v. 31.01.2008 (Az.: 8 AZR 1116/06), Rn. 33 (juris), AP Nr. 2 zu § 613a BGB Unterrichtung.

Betriebserwerber übergeht und der Betrieb nach der grenzüberschreitenden Betriebsverlagerung in einen anderen nationalen Markt eintritt. Daher erscheint sowohl die Bewertung des ausländischen Betriebserwerbers an sich (Wie erfolgreich ist der Betriebserwerber im Ausland?) als auch die des betreffenden Marktes (Wie entwickelte sich die betreffende Branche in den letzten Jahren? Welche Mitbewerber gibt es? Zeichnen sich Probleme hinsichtlich des nationalen Absatzmarktes ab?) für die betroffenen Arbeitnehmer schwieriger als im Falle eines innerdeutschen Betriebsübergangs.

Berücksichtigt man den vom BAG entwickelten Grundsatz, dass „*Veräußerer und/oder Erwerber den Arbeitnehmer so zu informieren [haben], dass dieser sich über die Person des Übernehmers und über die in § 613a Abs. 5 BGB genannten Umstände ein Bild machen kann.*"[553] gehören hierzu auch die wesentlichen wirtschaftlichen Änderungen.

Welche wirtschaftlichen Änderungen im Hinblick auf die Entscheidungsgrundlage relevant werden könnten, wird nachfolgend geprüft. Die wirtschaftlichen Veränderungen werden bzgl. des ausländischen Betriebserwerbers und des ausländischen Markts differenziert betrachtet. Dazu im Einzelnen:

a) Wirtschaftliche Folge bzgl. des ausländischen Betriebserwerbers

Nachfolgend werden Beispiele wirtschaftlicher Folgen genannt, die – je nach Einzelfall – zur Schaffung einer soliden Entscheidungsgrundlage[554] für die Arbeitnehmer relevant sein können. An diesen Beispielen werden die Rechtsunsicherheiten bzgl. der notwendigen Angaben eines Unterrichtungsschreibens im Hinblick auf die wirtschaftlichen Folgen exemplarisch aufgezeigt.

aa) Unbekannte Rechtsform des Betriebserwerbers

Zu denken ist zunächst an den Fall, dass der ausländische Betriebserwerber eine dem deutschen Recht unbekannte Rechtsform hat. Die Rechtsform ist eine wesentliche Information hinsichtlich der Haftungsgrundlage des Betriebserwerbers.

---

553 BAG, Urt. v. 10.11.2011 (Az.: 8 AZR 430/10), Rn. 23 (juris), AP Nr. 15 zu § 613a BGB Unterrichtung.

554 Vgl. BT-Drucks. 14/7760 S. 19; BAG, Urt. v. 23.07.2009 (Az.: 8 AZR 538/08), Rn. 18 (juris), BAGE 131, 258–276; BAG, Urt. v. 10.11.2011 (Az.: 8 AZR 430/10), Rn. 23 (juris), AP Nr. 15 zu § 613a BGB Unterrichtung; *Dzida*, NZA 12/2009, 641 (641); *Gaul/Hiebert*, ArbRB 2012, 183 (184).

Für den Arbeitnehmer, der vor der Entscheidung steht, ob er das Arbeitsverhältnis bei dem ausländischen Betriebserwerber fortsetzt, ist es wichtig zu wissen, welche Haftungsgrundlage hinter der ausländischen Rechtsform steht.

Informationen zur Haftungsgrundlage wurden bereits bei einem innerdeutschen Betriebsübergang als wesentliche Informationen eines Unterrichtungsschreibens gem. § 613a Abs. 5 BGB anerkannt.[555]

In Bezug auf eine ausländische Rechtsform stellt sich die Frage, ob die bloße Angabe der ausländischen Rechtsform allein zur Schaffung einer geeigneten Entscheidungsgrundlage für die Arbeitnehmer ausreicht.

Zumindest würde die Angabe der ausländischen Rechtsform ausreichen, um sich dahingehend beraten zu lassen.[556]

Eine *„präzise"*[557] Unterrichtung würde jedoch erst vorliegen, wenn die Arbeitnehmer auch ohne juristische Beratung die Haftungsgrundlage des Betriebserwerbers einschätzen könnten. Insofern müsste das Unterrichtungsschreiben über die bloße Angabe der ausländischen Rechtsform weitergehende Informationen enthalten.

Dieses Beispiel verdeutlicht das Spannungsverhältnis zwischen einer umfassenden Unterrichtung der Arbeitnehmer einerseits und der Praxistauglichkeit des Unterrichtungsschreibens andererseits.[558]

bb) Betriebserwerber ist Teil/kein Teil eines Konzerns

Ferner sollte der Arbeitnehmer im Falle eines ausländischen Betriebserwerbers Informationen hinsichtlich einer etwaigen Konzernstruktur erhalten. Zur Beurteilung der Solvenz des Betriebserwerbers ist es wichtig zu wissen, wie der Betriebserwerber finanziell aufgestellt ist.

Es wäre beispielsweise folgender Fall denkbar: ein Konzern entledigt sich zur Fokussierung auf das Hauptgeschäft kleinerer Betriebe und veräußert diese an externe – ausländische – Käufer. Gehört der Betriebserwerber nicht zu einer größeren Unternehmensgruppe, sondern ist ein kleineres/mittelständisches Unternehmen oder ein Jungunternehmen kann die wirtschaftliche

555 Beispielsweise BAG, Urt. v. 31.01.2008 (Az.: 8 AZR 1116/06), AP Nr. 2 zu § 613a BGB Unterrichtung – insoweit entschied das BAG, dass die Arbeitnehmer in dem Unterrichtungsschreiben zu informieren sind, wenn der Betriebserwerber nicht Eigentümer des Anlagevermögens wird.

556 Der Anspruch aus dem BAG, Urt. v. 10.11.2011 (Az.: 8 AZR 430/10), Rn. 23 (juris), AP Nr. 15 zu § 613a BGB Unterrichtung wäre damit erfüllt.

557 BAG, Urt. v. 23.07.2009 (Az.: 8 AZR 538/08), Rn. 31 (juris), BAGE 131, 258–276.

558 *Reinhard*, NZA 2009, 63 (63) thematisiert dies als *„Zielkonflikt"*.

Vergleichbarkeit zwischen Betriebserwerber und Betriebsveräußerer durchaus zweifelhaft sein.

Sollte der Betriebserwerber finanziell schlechter aufgestellt sein als der Betriebsveräußerer, könnte den übernommenen Arbeitnehmern bei finanziellen Engpässen beispielsweise Kurzarbeit oder Kündigungen drohen.

Das Risiko der wirtschaftlichen Nachteile ist hingegen abgemildert, wenn der Betriebserwerber zu einem Konzernunternehmen gehört. Besteht die Konzernstruktur durch Gewinnabführungsverträge (§ 291 Abs. 1 S. 1 Alt. 2 AktG) oder durch faktische Beherrschung[559], haftet grundsätzlich die Konzernmutter für die Verbindlichkeiten des beherrschten Unternehmens.[560]

Zur Einschätzung der wirtschaftlichen Risiken bei einer Fortsetzung des Arbeitsverhältnisses bei dem ausländischen Betriebserwerber, sollten die Arbeitnehmer daher hinsichtlich der Gesellschaftsstruktur (insbesondere Konzernzugehörigkeit) des Betriebserwerbers informiert werden.

b) Wirtschaftliche Folgen betreffend den ausländischen Markt

Neben dem ausländischen Betriebserwerber führt der Wechsel des nationalen Marktes zu weitreichenderen wirtschaftlichen Änderungen als im Fall eines innerdeutschen Betriebsübergangs.

Der Wechsel des nationalen Marktes ist eine unmittelbare Folge des grenzüberschreitenden Betriebsübergangs. Zwar handelt es sich um keine Rechtsfolge im eigentlichen Sinne. Dennoch sind die wirtschaftlichen Folgen für die Arbeitnehmer mit Blick auf die Entscheidungsgrundlage sehr relevant, da die wirtschaftlichen Veränderungen (zum Teil) mit der Finanzkraft des Betriebserwerbers zusammenhängen. Die Entwicklungen des ausländischen Marktes, auf dem der Betriebserwerber tätig ist, ist ein wichtiges Indiz zur Einschätzung des Betriebserwerbers[561] und die damit einhergehende Arbeitsplatzsicherheit[562].

Sollten die Arbeitnehmer des deutschen Betriebs vor dem automatischen Übergang der Arbeitsverhältnisse keine Informationen zur Marktentwicklung erhalten, müssten sie sich diese – im Sinne einer soliden Entscheidungsgrundlage[563] – selbst beschaffen.

---

559 Vgl. *Saenger*, S. 509 Rn. 946 ff.

560 *Saenger*, S. 511 Rn. 952; S. 524 Rn. 979.

561 Vgl. BAG, Urt. v. 10.11.2011 (Az.: 8 AZR 430/10), Rn. 23 (juris), AP Nr. 15 zu § 613a BGB Unterrichtung.

562 Vgl. BAG, Urt. v. 31.01.2008 (Az.: 8 AZR 1116/06), Rn. 32 (juris).

563 Vgl. BT-Drucks. 14/7760 S. 19; BAG, Urt. v. 23.07.2009 (Az.: 8 AZR 538/08), Rn. 18 (juris), BAGE 131, 258–276; BAG, Urt. v. 10.11.2011 (Az.: 8 AZR 430/10), Rn. 23

Aus Informationen über den nationalen Markt des Betriebserwerbers könnte sich beispielsweise eine absehbare Verschärfung des inländischen Wettbewerbs oder bevorstehende Änderung maßgeblicher Gesetze/Förderungen (sehr relevant für Unternehmen der Erneuerbaren Energien Branche) ergeben.

Unterstellt, nach dem grenzüberschreitenden Betriebsübergang ändert sich der Wettbewerb in dem entsprechenden Markt maßgeblich, würde dies erhebliche Risiken für die übernommenen Arbeitnehmer mit sich bringen. Verminderte Umsätze und Erlöse könnten sich nachteilig auf die Solvenz des Betriebserwerbers im Allgemeinen sowie auf erlösbezogene Mitarbeiterbeteiligungen[564] auswirken. Durch einen etwaigen Verlust des Marktanteils, könnte sich die Auftragslage in der Weise verschlechtern, dass die Arbeitnehmer mit Kündigungen rechnen müssten.

Bei einem innerdeutschen Betriebsübergang muss das Unterrichtungsschreiben keine Angaben hinsichtlich der prognostizierten wirtschaftlichen Entwicklung enthalten.[565] Ob dies in diesem Umfang auch für grenzüberschreitende Betriebsübergänge gilt, erscheint nach den vorhergehenden Überlegungen fraglich.

c) Zusammenfassung

Die vorgenannten Beispiele verdeutlichen, dass die Rechtsfolgen wirtschaftlicher Art sowohl hinsichtlich des ausländischen Betriebserwerbers als auch hinsichtlich des ausländischen Marktes für die betroffenen deutschen Arbeitnehmer wichtig sind. Im Gegensatz zu einem innerdeutschen Betriebsübergang können die Arbeitnehmer eines deutschen Betriebs weder die Finanzkraft des ausländischen Betriebserwerbers noch den ausländischen Markt einschätzen. Sowohl die Finanzkraft des ausländischen Betriebserwerbers als auch die Entwicklungen des ausländischen Markts sind relevant für die Arbeitsplatzsicherheit. Die Arbeitsplatzsicherheit ist wiederum mit Blick auf eine solide Entscheidungsgrundlage[566] für die Arbeitnehmer maßgeblich.

(juris), AP Nr. 15 zu § 613a BGB Unterrichtung; *Dzida*, NZA 12/2009, 641 (641); *Gaul/Hiebert*, ArbRB 2012, 183 (184).

564 Für weitere Ausführungen hinsichtlich unternehmensspezifischer Sonderleistugen (wie Boni, Tantieme etc.) im Zusammenhang mit einem Betriebsübergang siehe *Gaul/Naumann*, NZA 2011, 121 (121 ff.).

565 ErfK/*Preis*, § 613 a BGB Rn. 88b.

566 Vgl. BT-Drucks. 14/7760 S. 19; BAG, Urt. v. 23.07.2009 (Az.: 8 AZR 538/08), Rn. 18 (juris), BAGE 131, 258–276; BAG, Urt. v. 10.11.2011 (Az.: 8 AZR 430/10), Rn. 23

Unter Berücksichtigung des Spannungsverhältnisses zwischen umfassender Unterrichtung der Arbeitnehmer und Praktikabilität des Unterrichtungsschreibens wäre eine Konkretisierung hinsichtlich der wirtschaftlichen Angaben – zumindest für den Fall eines grenzüberschreitenden Betriebsübergangs – wünschenswert.

3. *Unterrichtung hinsichtlich der Rechtsfolgen sozialer Art*

Die Unterrichtung über die möglichen sozialen Folgen gem. § 613a Abs. 5 Nr. 3 Var. 3 BGB erscheint hingegen greifbarer.

Für die Arbeitnehmer spielen praktische Themen wie beispielsweise vorhandene Parkplätze, Arbeitswege oder das Bestehen einer Kantine für die Beurteilung der Frage, ob sie das Arbeitsverhältnis bei dem neuen Betriebsinhaber fortsetzen, eine Rolle. Dazu gehören auch Fragen hinsichtlich der täglichen Arbeitszeit (Gibt es einen Schichtbetrieb? Wie viele Schichten gibt es?), Auszahlung des Entgelts (Muss ein Bankkonto im Ausland eröffnet werden? Fallen zusätzliche Gebühren für Auslandstransaktion an?) und Fragen der betrieblichen Lohngestaltung des ausländischen Betriebserwerbers.

Auch insoweit würde eine Konkretisierung Rechtssicherheit schaffen.

C. Bisher praktizierte Lösungsmöglichkeiten

Der Rechtsunsicherheit bzgl. des im Raum stehenden Widerspruchsrechts begegnet die Praxis mit zwei Lösungswegen:[567]

Zum einen besteht die Möglichkeit des Abschlusses einer dreiseitigen Vereinbarung zwischen altem/neuem Betriebsinhaber sowie dem jeweiligen Arbeitnehmer.[568] Zum anderen gibt es die Möglichkeit des Abschlusses eines neuen Arbeitsvertrags zwischen dem neuen Betriebsinhaber und dem Arbeitnehmer unter gleichzeitiger Bestätigung des alten Betriebsinhabers über die Beendigung des bisherigen Arbeitsverhältnisses.[569]

Alternativ wird versucht, „*einen rechtssicheren Übergang der Arbeitsverhältnisse auf den Erwerber*"[570] durch eine Verzichtserklärung der Arbeitnehmer auf

(juris), AP Nr. 15 zu § 613a BGB Unterrichtung; *Dzida*, NZA 12/2009, 641 (641); *Gaul/Hiebert*, ArbRB 2012, 183 (184).

567 *Burgmer/Richter*, S. 64.

568 *Burgmer/Richter*, S. 65.

569 *Burgmer/Richter*, S. 65.

570 *Pilz*, BB 2014, 185 (185).

das Widerspruchsrecht zu schaffen.[571] Die Anforderungen hinsichtlich einer entsprechenden Verzichtserklärung sind umstritten.[572] Auf Darstellung weiterer Einzelheiten wird insoweit verzichtet.[573]

Aus Sicht des Betriebserwerbers/-veräußerers erscheinen die vorgenannten Lösungsmodelle sehr interessant. Sollte ein solches Modell gewählt werden, würde ein neues Arbeitsverhältnis begründet. Die Rechtsunsicherheit bzgl. eines möglicherweise nachträglich ausgeübten Widerspruchsrechts würde in diesem Fall entfallen.[574] Zudem bestünde die Möglichkeit, in dem neuen Vertrag eine etwaige Rechtswahlklausel aufzunehmen.[575]

Aus Sicht der Arbeitnehmer bestünde jedoch auch bei Begründung eines neuen Arbeitsverhältnisses die Rechtsunsicherheit hinsichtlich der umfassenden Unterrichtung über die rechtlichen, wirtschaftlichen und sozialen Konsequenzen des grenzüberschreitenden Betriebsübergangs. Da der Arbeitnehmer durch den Vertragsabschluss den Betriebserwerber als neuen Arbeitgeber anerkennt, fällt die Möglichkeit der Ausübung eines Widerspruchsrechts weg.[576]

Mit Blick auf den bezweckten Arbeitnehmerschutz der Betriebsübergangsrichtlinie/des § 613a BGB erscheint es umso wichtiger, die Arbeitnehmer in jedem Fall umfassend hinsichtlich der eintretenden Änderungen zu informieren.

D. Regelungsbedarf/Lösungsvorschläge hinsichtlich des Unterrichtungsschreibens

Ziel dieses Unterkapitel ist es, (i) den Regelungsbedarf (Konkretisierung der Angaben des Unterrichtungsschreibens für den Fall eines grenzüberschreitenden Betriebsübergangs) im Gegensatz zu der Selbstregulierung herauszuarbeiten sowie (ii) Lösungsvorschläge hinsichtlich der Konkretisierung zu unterbreiten. Das Unterkapitel schließt (iii) mit Ausführungen zu der Umsetzung des favorisierten Lösungsvorschlags und (iv) einem zusammenfassenden Ergebnis.

571 *Meyer*, NZA 2012, 1185 (1187); *Pilz*, BB 2014, 185 (185).

572 *Pilz*, BB 2014, 185 (185).

573 Für weitere Einzelheiten siehe: *Pilz*, BB 2014, 185 (185).

574 *Dzida*, NZA 2009, 641 (642).

575 In Individualarbeitsverträgen kann gem. Art. 8 i.V.m. Art. 3 Rom I-VO eine Rechtswahl getroffen werden. Siehe hierzu *Abele*, FA 2013, 7 (7).

576 BAG, Urt. v. 20.05.2010 (Az.: 8 AZR 585/08), Rn. 36 (juris), AP Nr. 23 zu § 613a BGB Widerspruch; *Dzida*, NZA 12/2009, 641 (642); *Gaul/Hiebert*, ArbRB 2012, 183 (183).

I. Konkretisierung vs. Selbstregulierung

Die vorhergehenden exemplarischen Ausführungen in dem Unterkapitel A. II (siehe S. 74 ff.) zeigen, dass im Fall eines grenzüberschreitenden Betriebsübergangs Rechtsunsicherheiten hinsichtlich der Angaben eines Unterrichtungsschreibens bestehen.

Eine bloße Übertragung der – für den Fall eines innerdeutschen Betriebsübergangs – entwickelten Anforderungen wird den Besonderheiten eines grenzüberschreitenden Sachverhalts nicht gerecht. Dies gilt insbesondere wenn man bedenkt, dass die Anforderungen an ein ordnungsgemäßes Unterrichtungsschreiben nicht abschließend geklärt sind[577], sondern immer wieder neue Kriterien als Maßstab für die Ordnungsgemäßheit herangezogen werden[578].

Die Notwendigkeit die Anforderungen bzw. den Umfang eines ordnungsgemäßes Unterrichtungsschreibens im Fall eines grenzüberschreitenden Betriebsübergangs näher zu konkretisieren[579], folgt zum einen aus dem Erfordernis, die Arbeitnehmer vor dem Betriebsübergang möglichst umfassend zu unterrichten und ihnen eine solide Entscheidungsgrundlage[580] im Hinblick auf das Widerspruchsrecht zu geben. Zum anderen würde eine Konkretisierung des Inhalts eines Unterrichtungsschreibens für Rechtsklarheit hinsichtlich dem Beginn der einmonatigen Widerspruchsfrist schaffen. Insofern könnten Betriebsveräußerer und Betriebserwerber Fälle, in denen vermeintlich übernommene Arbeitnehmer an den Betriebsveräußerer „zurückfallen" weitgehend ausschließen.

Im Übrigen deckt sich diese Überlegung mit dem Ziel der EU Kommission, für „Anwendungsklarheit" zu sorgen. Auf Ebene der EU wurde ein genereller Verbesserungsbedarf in Bezug auf die Unterrichtung und Anhörung der Arbeitnehmer festgestellt.[581] Die EU Kommission unterzog u. a. die Betriebsübergangsrichtlinie

---

577 *Löwisch/Göpfert/Siegrist*, DB 2007, 2538 (2538).

578 *Löwisch/Göpfert/Siegrist*, DB 2007, 2538 (2538).

579 So auch *Riesenhuber*, RdA 2004, 340 (351). *Riesenhuber* empfiehlt die Richtlinienvorgaben des Art. 7 Abs. 1 und 2 der Betriebsübergangsrichtlinie möglichst entsprechend umzusetzen. Dies könnte beispielsweise durch die Einführung eines § 110 a BetrVG gelingen.

580 Vgl. BT-Drucks. 14/7760 S. 19; BAG, Urt. v. 23.07.2009 (Az.: 8 AZR 538/08), Rn. 18 (juris), BAGE 131, 258–276; BAG, Urt. v. 10.11.2011 (Az.: 8 AZR 430/10), Rn. 23 (juris), AP Nr. 15 zu § 613a BGB Unterrichtung; *Dzida*, NZA 12/2009, 641 (641); *Gaul/Hiebert*, ArbRB 2012, 183 (184).

581 *EU Kommission*, Pressemitteilung 2013; siehe hierzu auch: *Broughton*.

einem sog. „*Eignungstest*".[582] In einer Pressemitteilung der EU Kommission vom 26. Juli 2013 heißt es, dass

> „(...) *die drei Richtlinien [darunter die Betriebsübergangsrichtlinie] im Großen und Ganzen ihren Zweck erfüllen, es werden aber auch eine Reihe von* ***Schwächen bei Geltungsbereich und Anwendung*** *aufgezeigt. (...) Außerdem gibt es noch Raum für Verbesserungen bei der Anwendung, vor allem in Ländern mit einer weniger ausgeprägten Tradition in diesem Bereich. Hier könnten die Förderung einer Informations- und Anhörungskultur zwischen den Sozialpartnern, eine Stärkung der Institutionen, die Förderung von Vereinbarungen über Unterrichtung und Anhörung, die Verbreitung bewährter Methoden, Sensibilisierungsarbeit und die Gewährleistung der Durchsetzung positiv wirken.*"[583]

Der von der EU Kommission festgestellte Verbesserungsbedarf bezieht sich insbesondere auf Länder, in denen die Unterrichtung und Anhörung von Arbeitnehmern weniger ausgeprägt sind, als in Deutschland.

In Deutschland wurden die Vorgaben der Betriebsübergangsrichtlinie sogar übertroffen.[584] Dennoch betont die Untersuchung die Bedeutung der ordnungsgemäßen Unterrichtung der Arbeitnehmer. Eine Konkretisierung der ordnungsgemäßen Angaben – zumindest im Falle eines grenzüberschreitenden Betriebsübergangs – würde die Informationskultur stärken und könnte eine Vorreiterrolle für andere Mitgliedstaaten der EU sein.

Mit Blick auf die Bedeutung des Unterrichtungsschreibens, den damit einhergehenden Arbeitnehmerschutz und den mit dem Unterrichtungsschreiben verbundenen Rechtsunsicherheiten, ist die Konkretisierung der Anforderungen an ein Unterrichtungsschreiben – zumindest für den Fall eines grenzüberschreitenden Betriebsübergangs – geboten.

Eine Konkretisierung im vorgenannten Sinne könnte Kritik hervorrufen. Insoweit könnte sich das vorgenannte Spannungsverhältnis zwischen einer umfassenden Arbeitnehmerunterrichtung und der Praktikabilität des

---

582 Siehe *EU Kommission*, Mitteilung 2012, S. 18: „2010 entwickelte die Kommission im Rahmen ihrer Strategie für eine intelligente Regulierung Eignungstests zur Bewertung des gesamten ordnungspolitischen Rahmens eines bestimmten Politikbereichs. Bei diesen Tests sollen übermäßiger Verwaltungsaufwand sowie Rechtslücken, Unvereinbarkeiten und Überschneidungen zwischen rechtlichen Regelungen festgestellt und die kumulative Wirkung der Rechtsvorschriften bewertet werden. Die Testergebnisse dienen als Grundlage für politische Entscheidungen über den künftigen ordnungspolitischen Rahmen in den betreffenden Bereichen."

583 *EU Kommission*, Pressemitteilung 2013 – Hervorhebung ist im Original nicht enthalten.

584 MüKo/*Müller-Glöge*, § 613a BGB Rn. 104.

Unterrichtungsschreibens realisieren. Einer etwaigen Kritik kann jedoch durch überzeugende Argumente bereits im Vorfeld der Wind aus den Segeln genommen werden. Dazu im Einzelnen:

1. *Etwaige Kritik zur Regulierung der Anforderungen an ein Unterrichtungsschreiben*

Der Einführung eines nationalen Pflichtangabenkatalogs könnte entgegen gehalten werden, dass dies der bezweckten Harmonisierung[585] der Betriebsübergangsrichtlinie entgegenstehe.

Dzida vertritt beispielsweise die Auffassung, dass eine exzessive Auslegung der Unterrichtungspflicht, den mit der Betriebsübergangsrichtlinie beabsichtigten Zweck – der Verringerung der Unterschiede zwischen den Mitgliedstaaten – verfehle.[586]

Ferner könnte eingewandt werden, dass „übertriebene" Anforderungen an das Unterrichtungsschreiben dazu führen, dass die Arbeitnehmer die für sie wesentlichen Informationen aus der damit einhergehenden Informationsflut nicht mehr herausfiltern könnten.[587]

Überdies könnte die fehlende Praktikabilität einer Konkretisierung kritisiert werden.

2. *Argumente gegen die vorgenannte Kritik*

Der vorgenannten Kritik ist Folgendes zu entgegnen:

Zunächst „zwingt" die arbeitnehmerschützende Rechtsprechung hinsichtlich der strengen Anforderungen an das Unterrichtungsschreiben Betriebsveräußerer/Betriebserwerber dazu, die Arbeitnehmer *„präzise"*[588] über die eintretenden Änderungen zu informieren.

Dieser für innerdeutsche Betriebsübergänge entwickelte Maßstab, lässt sich – unter Beachtung der Mehrzahl der eintretenden Veränderungen – auf grenzüberschreitende Betriebsübergänge übertragen.

Die Vielzahl der eintretenden Rechtsfolgen bedingt eine umfassende Unterrichtung der Arbeitnehmer. Im Falle eines grenzüberschreitenden Betriebsübergangs treten sowohl in rechtlicher, wirtschaftlicher als auch in sozialer Hinsicht mehr entscheidungserhebliche Veränderungen ein, als im Falle eines

---

585 Vgl. *Resch*, ZESAR 2002, 45 (49).

586 *Dzida*, NZA 12/2009, 641 (644).

587 *Reinhard*, NZA 2009, 63 (69); *Dzida*, NZA 12/2009, 641 (643).

588 BAG, Urt. v. 23. 7. 2009 (Az.: 8 AZR 538/08), Rn. 31 (juris), BAGE 131, 258–276.

innerdeutschen Betriebsübergangs. Die Vielzahl der eintretenden Änderungen bedingt bereits eine gewisse Informationsmenge.

Zudem widersprechen umfangreiche Informationen nicht der Intention der Betriebsübergangsrichtlinie (Harmonisierung der Regelungen zum Betriebsübergang innerhalb der Mitgliedstaaten). Festzuhalten ist insofern, dass ohnehin weitreichende Unterschiede innerhalb der Mitgliedstaaten bestehen (siehe S. 8). Diese resultieren insbesondere aus der Ausnutzung der in der Betriebsübergangsrichtlinie angelegten Gestaltungsspielräume (siehe S. 8).

Dass die insoweit bestehenden Unterschiede rechtmäßig sind, erklärt sich aus Folgendem: Die Betriebsübergangsrichtlinie schreibt lediglich Mindestanforderungen für die Regelung von Betriebsübergängen vor.[589] Es steht den Mitgliedstaaten frei, darüber hinaus gehende Regelungen zugunsten der Arbeitnehmer zu schaffen.[590]

Neben der rechtlichen Möglichkeit Konkretisierungen vorzunehmen, würde dies den Sinn und Zweck – die Arbeitnehmer umfassend über den Betriebsübergang zu informieren – sichern. Damit würde eine Konkretisierung der Anforderungen an ein Unterrichtungsschreiben für den Fall eines grenzüberschreitenden Betriebsübergangs dem Ziel der Vereinheitlichung nicht entgegenstehen. Vielmehr könnte eine Konkretisierung der Angaben eines Unterrichtungsschreibens für den Fall eines grenzüberschreitenden Betriebsübergangs eine Vorreiterrolle für andere EU Mitgliedstaaten sein und so die Harmonisierung fördern.

Überdies würde eine Konkretisierung die Rechtsunsicherheiten beseitigen. Die Rechtsunsicherheiten bestehen zum einen aufgrund der teilweise kontrovers[591] ergangenen Rechtsprechung und zum anderen aufgrund der allgemeinen Formulierung des § 613a Abs. 5 BGB, der zu viel Interpretationsspielraum bietet.[592]

Dem Einwand der fehlenden Praktikabilität lässt sich die – durch eine Konkretisierung – geschaffene Rechtsklarheit entgegen halten. Ein daraus begründeter Mehraufwand hält sich im Hinblick auf die geschaffene Rechtsklarheit im

589 Staudinger/*Annuß*, § 613a BGB Rn. 39.

590 Staudinger/*Annuß*, § 613a BGB Rn. 39 – danach dürfen nationale Abweichungen zugunsten der Arbeitnehmer getroffen werden.

591 Vgl. LAG München, Urt. v. 29.04.2008 (Az.: 7 Sa 986/07), ZInsO 2008, 1280; LAG München, Urt. v. 09.10.2008 (Az.: 4 Sa 411/08) Rn. 77 (juris), (aufgehoben durch das BAG, Urt. v. 20.05.2010 (Az.: 8 AZR 585/08), AP Nr. 23 zu § 613a BGB Widerspruch); LAG München, Urt. v. 19.09.2008 (Az.: 3 Sa 128/08), Rn. 42 (juris), siehe hierzu *Dzida*, NZA 12/2009, 641 (642 f.).

592 *Reinhard*, NZA 2009, 63 (63).

zumutbaren Rahmen. (Hierzu wird an Hand der konkreten Lösungsvorschläge Stellung genommen (siehe S. 103)).

Im Übrigen ist dem Einwand, die Arbeitnehmer könnten im Falle einer Informationsflut, die für sie wesentlichen Informationen nicht filtern, zu entgegnen, dass die Regulierung von „Pflichtangaben“ gerade eine Informationsflut von unwichtigen Angaben einschränken würde.

Sodann ist die Frage der Erkennbarkeit der wesentlichen Informationen eine Darstellungsfrage. Denkt man an einen privaten Anleger, der zur Abwägung einer Anlageentscheidung einen Wertpapierprospekt erhält, wird diesem auch nicht nur eine abgeschwächte Form der eventuell für ihn wesentlichen Informationen des Wertpapierprospekts ausgehändigt. Vielmehr beinhalten Wertpapierprospekte aus diesem Grund eine vorangestellte Zusammenfassung sowie ein dazu gehöriges Produktinformationsblatt. Ob bzw. welche Informationen der Anleger tatsächlich liest, bleibt ihm überlassen. Er wird zumindest in die Lage versetzt, sich über alle wesentlichen Fragen, die seine Anlageentscheidung betreffen, zu informieren. Ähnlich könnte man die Unterrichtung der Arbeitnehmer gestalten.

3. *Zwischenergebnis*

Die Abwägung der vorgenannten Aspekte führt zu dem Ergebnis, dass eine Selbstregulierung bzw. die Übertragung der für einen innerdeutschen Betriebsübergang entwickelten Grundsätze für den Fall eines grenzüberschreitenden Betriebsübergangs nicht zielführend ist.

Um Rechtssicherheit zu erlangen, bedarf es – zumindest für den Fall eines grenzüberschreitenden Betriebsübergangs – einer Konkretisierung der Anforderungen an ein Unterrichtungsschreiben.

II. Lösungsvorschläge

Die Konkretisierung der Angaben/des Umfangs eines ordnungsgemäßen Unterrichtungsschreibens für den Fall eines grenzüberschreitenden Betriebsübergangs könnten sich (i) entweder an den Pflichtangaben für einen Verschmelzungsplan gem. § 122c UmwG oder (ii) an den Pflichtangaben hinsichtlich dem Mindestinhalt für eine Inhaberschuldverschreibung gem. Anhangs IV der Verordnung (EG) Nr. 809/2004 orientieren.

Dazu im Einzelnen:

1. *Lösungsvorschlag 1: Übertragung der Pflichtangaben eines Verschmelzungsplans bei einer grenzüberschreitenden Verschmelzung*

Zunächst liegt folgende Idee zur Lösung der Rechtsunsicherheiten hinsichtlich der Anforderungen an das Unterrichtungsschreiben gem. § 613a Abs. 5 BGB nahe: Man könnte die zwölf Pflichtangaben des Verschmelzungsplans als Pflichtangaben auf das Unterrichtungsschreiben gem. § 613a Abs. 5 BGB übertragen (nachfolgend „**Lösungsvorschlag 1**").

Das europäische Parlament und der Rat erließen am 26. Oktober 2005 die Richtlinie 2005/56/EG über die Verschmelzung von Kapitalgesellschaften aus verschiedenen Mitgliedstaaten (nachfolgend „**Verschmelzungsrichtlinie**").[593]

Hintergrund für den Erlass der Verschmelzungsrichtlinie war der Regelungsbedarf grenzüberschreitender Verschmelzungen.[594] Hierdurch wird die Verschmelzung zweier Kapitalgesellschaften, die unterschiedlichen Rechtsformen und unterschiedlichen Mitgliedstaaten unterliegen, erleichtert.[595]

Die Verschmelzungsrichtlinie wurde in Deutschland durch das zweite Gesetz zur Änderung des Umwandlungsgesetzes umgesetzt.[596] Dadurch wurde die grenzüberschreitende Verschmelzung von Kapitalgesellschaften ermöglicht.[597] Die §§ 122a ff. UmwG regeln die Besonderheiten einer grenzüberschreitenden Verschmelzung.[598] Dazu gehört auch die Regelung des § 122c UmwG, der die Aufstellung eines Verschmelzungsplan regelt.

Die Pflichtangaben des Verschmelzungsplans gem. § 122c UmwG könnten als Konkretisierung der Angaben eines ordnungsgemäßen Unterrichtungsschreibens für den Fall eines grenzüberschreitenden Betriebsübergangs herangezogen werden.

Nachfolgend erfolgt zunächst (i) eine Vorstellung der Pflichtangaben gem. § 122c UmwG. Anschließend wird (ii) die Übertragbarkeit der vorgenannten

593 Richtlinie 2005/56/EG des Europäischen Parlaments und des Rates vom 26. Oktober 2005 über die Verschmelzung von Kapitalgesellschaften aus verschiedenen Mitgliedstaaten; ABl. L 310 vom 25.11.2005, S. 1–9; abrufbar unter: http://eur-lex.europa.eu/LexUriServ/LexUriServ.do?uri=OJ:L:2005:310:0001:0009:de:PDF (letzter Stand:01.07.2014).

594 Vgl. Erwägungsgrund 1 der RL 2005/56/EG.

595 Vgl. Erwägungsgrund 1 der RL 2005/56/EG.

596 Zweites Gesetz zur Änderung des Umwandlungsgesetzes vom 19. April 2007 (BGBl. I S. 542).

597 *Land*, BB 2013, 2697 (2705).

598 Heidel/*Braunfels*, S. 2389 Rn. 76.

Pflichtangaben auf ein Unterrichtungsschreiben gem. § 613a Abs. 5 BGB im Hinblick auf die Vergleichbarkeit zwischen Verschmelzung und Betriebsübergang und auf die Geeignetheit geprüft. Die Untersuchung schließt (iii) mit einer Stellungnahme.

a) Pflichtangaben des Verschmelzungsplans gem. § 122c UmwG

Nachfolgend werden die deutschen Pflichtangaben gem. § 122c UmwG eines Verschmelzungsplans vorgestellt. Die Darstellung erfolgt in Form einer Tabelle.

Tabelle 1: Pflichtangaben eines Verschmelzungsplans gem. § 122c UmwG

Jeweilige Nr. des § 122c Abs. 2 UmwG	**Pflichtangaben über…**
Nr. 1	*„Rechtsform, Firma und Sitz der übertragenden und übernehmenden oder neuen Gesellschaft,"*
Nr. 2	*„das Umtauschverhältnis der Gesellschaftsanteile und gegebenenfalls die Höhe der baren Zuzahlungen,"*
Nr. 3	*„die Einzelheiten hinsichtlich der Übertragung der Gesellschaftsanteile der übernehmenden oder neuen Gesellschaft,"*
Nr. 4	*„die voraussichtlichen Auswirkungen der Verschmelzung auf die Beschäftigung,"*
Nr. 5	*„den Zeitpunkt, von dem an die Gesellschaftsanteile deren Inhabern das Recht auf Beteiligung am Gewinn gewähren, sowie alle Besonderheiten, die eine Auswirkung auf dieses Recht haben,"*
Nr. 6	*„den Zeitpunkt, von dem an die Handlungen der übertragenden Gesellschaften unter dem Gesichtspunkt der Rechnungslegung als für Rechnung der aus der übernehmenden oder neuen Gesellschaft vorgenommen gelten (Verschmelzungsstichtag),"*
Nr. 7	*„die Rechte, die die übernehmende oder neue Gesellschaft den mit Sonderrechten ausgestatteten Gesellschaftern und den Inhabern von anderen Wertpapieren als Gesellschaftsanteilen gewährt, oder die für diese Personen vorgeschlagenen Maßnahmen,"*
Nr. 8	*„etwaige besondere Vorteile, die den Sachverständigen, die den Verschmelzungsplan prüfen, oder den Mitgliedern der Verwaltungs-, Leitungs-, Aufsichts- oder Kontrollorgane der an der Verschmelzung beteiligten Gesellschaften gewährt werden,"*
Nr. 9	*„die Satzung der übernehmenden oder neuen Gesellschaft,"*
Nr. 10	*„gegebenenfalls Angaben zu dem Verfahren, nach dem die Einzelheiten über die Beteiligung von Arbeitnehmern an der Festlegung ihrer Mitbestimmungsrechte in der aus der grenzüberschreitenden Verschmelzung hervorgehenden Gesellschaft geregelt werden,"*

Jeweilige Nr. des § 122c Abs. 2 UmwG	Pflichtangaben über…
Nr. 11	*„Angaben zur Bewertung des Aktiv- und Passivvermögens, das auf die übernehmende oder neue Gesellschaft übertragen wird,“*
Nr. 12	*„den Stichtag der Bilanzen der an der Verschmelzung beteiligten Gesellschaften, die zur Festlegung der Bedingungen der grenzüberschreitenden Verschmelzung verwendet werden.“*

b) Übertragbarkeit

Im Folgenden wird geprüft, ob die vorgenannten Pflichtangaben des Verschmelzungsplans zur Übertragung als Konkretisierung der Angaben eines Unterrichtungsschreibens für den Fall eines grenzüberschreitenden Betriebsübergangs geeignet sind.

Hierzu wird in einem ersten Schritt die Vergleichbarkeit der Interessenlagen geprüft. In einem zweiten Schritt erfolgt dann die Stellungnahme zur Geeignetheit jeder einzelnen Mindestangabe.

aa) Vergleichbarkeit

Eine grenzüberschreitende Verschmelzung liegt gem. § 122a UmwG vor, wenn mindestens eine der Gesellschaften dem Recht eines Mitgliedstaates der EU oder einem EWR-Land unterliegt. Dies entspricht dem räumlichen Anwendungsbereich des § 613a BGB (siehe S. 34).

Vergleicht man die Interessenlage, entspricht die Interessenlage der Arbeitnehmer im Fall einer grenzüberschreitenden Verschmelzung derer eines Arbeitnehmers im Fall eines grenzüberschreitenden Betriebsübergangs. Dies wird insbesondere für den Fall des grenzüberschreitenden Betriebsübergangs in Form der Betriebsbildung deutlich.

In beiden Fällen wechselt der Arbeitgeber: Im Fall des Betriebsübergangs wird der Betriebserwerber neuer Arbeitgeber. Im Fall der grenzüberschreitenden Verschmelzung wird die aufnehmende Gesellschaft neuer Arbeitgeber.

Darüber hinaus vollzieht sich in beiden Fällen eine grenzüberschreitende Betriebsverlagerung. Ein Betriebsübergang auf einen ausländischen Betriebserwerber kann eine grenzüberschreitende Betriebsverlagerung zur Folge haben. Auch im Falle einer grenzüberschreitenden Verschmelzung ist eine grenzüberschreitende Betriebsverlagerung möglich, wenn der übernehmende Rechtsträger eine ausländische Kapitalgesellschaft ist.[599]

599 Heidel/*Braunfels*, S. 2370 Rn. 3.

Im Unterschied zu der Regelung des § 613a BGB, die dem Arbeitnehmerschutz dient, zielt § 122c UmwG allerdings auf den Gläubigerschutz[600]. Insofern könnten Zweifel an der Geeignetheit zur Übertragung bestehen. Diese Differenzen könnten jedoch durch Anpassungen der jeweiligen Pflichtangaben relativiert werden.

Trotz des Anpassungsbedarfs erscheint die Vergleichbarkeit zwischen den Regelungen des § 122c UmwG und des § 613a BGB insoweit gegeben, dass nachfolgend die Geeignetheit zur Übertragung der einzelnen Aufgaben geprüft wird.

bb) Geeignetheit

Nachfolgend wird geprüft, inwiefern die einzelnen Pflichtangaben zur Übertragung als Konkretisierung der Angaben eines Unterrichtungsschreibens für den Fall eines grenzüberschreitenden Betriebsübergangs geeignet erscheinen. Aus Gründen der Übersichtlichkeit erfolgt die Prüfung ebenfalls in tabellarischer Form. Dazu folgende Anmerkung: Das Ergebnis hinsichtlich der Geeignetheit zur Übertragung findet sich in der dritten Spalte. Zudem sind die Angaben, die zur Übertragung geeignet erscheinen grau hinterlegt:

Tabelle 2: Geeignetheit zur Übertragung als Konkretisierung für Unterrichtungsschreiben bei grenzüberschreitenden Betriebsübergängen

Jeweilige Nr. des § 122c Abs. 2 UmwG	**Pflichtangaben gem. § 122c Abs. 2 UmwG**	**Geeignetheit zur Übertragung als Konkretisierung für Unterrichtungsschreiben bei grenzüberschreitenden Betriebsübergängen**
Nr. 1	*„Rechtsform, Firma und Sitz der übertragenden und übernehmenden oder neuen Gesellschaft,“*	• Die Pflichtangabe ist zur Übertragung geeignet. • Pflichtangaben hinsichtlich der Rechtsform, insbesondere Erläuterungen hinsichtlich der ausländischen Rechtsformen sowie hinsichtlich der Haftungsgrundlage würde eine solide Entscheidungsgrundlage für die Arbeitnehmer schaffen. • Im Übrigen würden Pflichtangaben hinsichtlich der Firma und dem Sitz des Betriebserwerbers Fehler wie im vorgenannten Fall „BenQ“ vermeiden.

600 Vgl. Heidel/*Braunfels*, S. 2389 Rn. 77.

Jeweilige Nr. des § 122c Abs. 2 UmwG	**Pflichtangaben gem. § 122c Abs. 2 UmwG**	**Geeignetheit zur Übertragung als Konkretisierung für Unterrichtungsschreiben bei grenzüberschreitenden Betriebsübergängen**
Nr. 2	*„das Umtauschverhältnis der Gesellschaftsanteile und gegebenenfalls die Höhe der baren Zuzahlungen,“*	• Die Angabe erscheint für eine Übertragung ungeeignet.
Nr. 3	*„die Einzelheiten hinsichtlich der Übertragung der Gesellschaftsanteile der übernehmenden oder neuen Gesellschaft,“*	• Die Angabe erscheint für eine Übertragung ungeeignet.
Nr. 4	*„die voraussichtlichen Auswirkungen der Verschmelzung auf die Beschäftigung,“*	• Die Pflichtangabe ist zur Übertragung geeignet. • Hervorzuheben ist, dass hierunter nicht nur die Nachteile, sondern auch die Vorteile für die Arbeitnehmer verstanden werden.[601] • Das Aufzeigen der Vorteile bzw. der Chancen für die Arbeitnehmer könnte im Sinne einer umfassenden Entscheidungsgrundlage geboten sein. • Allerdings fehlt es an einer tatsächlichen Konkretisierung hinsichtlich der Anforderungen in Bezug auf die rechtlichen, wirtschaftlichen und sozialen Veränderungen.
Nr. 5	*„den Zeitpunkt, von dem an die Gesellschaftsanteile deren Inhabern das Recht auf Beteiligung am Gewinn gewähren, sowie alle Besonderheiten, die eine Auswirkung auf dieses Recht haben,“*	• Die Angabe erscheint für eine Übertragung ungeeignet. • Bei einem Betriebsübergang kommt es auf die tatsächliche Übernahme der Leitungsmacht an.

601 *Engels,* ArbuR 2009, 10 (26).

Jeweilige Nr. des § 122c Abs. 2 UmwG	Pflichtangaben gem. § 122c Abs. 2 UmwG	Geeignetheit zur Übertragung als Konkretisierung für Unterrichtungsschreiben bei grenzüberschreitenden Betriebsübergängen
Nr. 6	*„den Zeitpunkt, von dem an die Handlungen der übertragenden Gesellschaften unter dem Gesichtspunkt der Rechnungslegung als für Rechnung der aus der übernehmenden oder neuen Gesellschaft vorgenommen gelten (Verschmelzungsstichtag),“*	• Die Angabe erscheint für eine Übertragung ungeeignet.
Nr. 7	*„die Rechte, die die übernehmende oder neue Gesellschaft den mit Sonderrechten ausgestatteten Gesellschaftern und den Inhabern von anderen Wertpapieren als Gesellschaftsanteilen gewährt, oder die für diese Personen vorgeschlagenen Maßnahmen,“*	• Die Angabe erscheint für eine Übertragung ungeeignet.
Nr. 8	*„etwaige besondere Vorteile, die den Sachverständigen, die den Verschmelzungsplan prüfen, oder den Mitgliedern der Verwaltungs-, Leitungs-, Aufsichts- oder Kontrollorgane der an der Verschmelzung beteiligten Gesellschaften gewährt werden,“*	• Die Angabe erscheint für eine Übertragung ungeeignet.

Jeweilige Nr. des § 122c Abs. 2 UmwG	Pflichtangaben gem. § 122c Abs. 2 UmwG	Geeignetheit zur Übertragung als Konkretisierung für Unterrichtungsschreiben bei grenzüberschreitenden Betriebsübergängen
Nr. 9	*„die Satzung der übernehmenden oder neuen Gesellschaft,“*	• Die Angabe erscheint für eine Übertragung geeignet. • Dies würde für Rechtssicherheit in Bezug auf die Firma, die Handelsregistrierung, das Stammkapital etc. sorgen. • Insbesondere bei komplizierten Konzernstrukturen könnte Klarheit hinsichtlich des tatsächlichen Betriebserwerbers geschaffen werden.
Nr. 10	*„gegebenenfalls Angaben zu dem Verfahren, nach dem die Einzelheiten über die Beteiligung von Arbeitnehmern an der Festlegung ihrer Mitbestimmungsrechte in der aus der grenzüberschreitenden Verschmelzung hervorgehenden Gesellschaft geregelt werden,“*	• Die Angabe erscheint für eine Übertragung geeignet. • Insoweit könnte man an Angaben hinsichtlich der Beteiligungsrechte nach dem Betriebsübergang bzw. hinsichtlich des Fortbestands des Betriebsrats denken.[602]
Nr. 11	*„Angaben zur Bewertung des Aktiv- und Passivvermögens, das auf die übernehmende oder neue Gesellschaft übertragen wird,“*	• Die Angabe erscheint für eine Übertragung geeignet. • Insoweit sind die Stichtage der Bilanzen anzugeben, die Bilanzen selbst müssen dem Verschmelzungsplan nicht beigelegt werden.[603]

602 *Engels,* ArbuR 2009, 10 (26).

603 Heidel/*Braunfels,* S. 2390 Rn. 81.

Jeweilige Nr. des § 122c Abs. 2 UmwG	Pflichtangaben gem. § 122c Abs. 2 UmwG	Geeignetheit zur Übertragung als Konkretisierung für Unterrichtungsschreiben bei grenzüberschreitenden Betriebsübergängen
		• Zwar sind für innerdeutsche Betriebsübergänge nur ausnahmsweise Angaben hinsichtlich der Finanzausstattung nötig.[604] Aus den oben genannten Gründen lässt sich dies jedoch nicht auf den Fall eines grenzüberschreitenden Betriebsübergangs übertragen. • Daher könnten die Angaben des Unterrichtungsschreibens dahingehend modifiziert werden, dass den Arbeitnehmern Einblicke in die letzten Bilanzen des übertragenden und übernehmenden Rechtsträgers gewährt werden. Dies würde für Rechtssicherheit in Bezug auf die finanzielle Lage des Betriebserwerbers sorgen.
Nr. 12	*„den Stichtag der Bilanzen der an der Verschmelzung beteiligten Gesellschaften, die zur Festlegung der Bedingungen der grenzüberschreitenden Verschmelzung verwendet werden.“*	• Die Angabe erscheint für eine Übertragung geeignet.

Zusammenfassend kann festgehalten werden, dass lediglich ein Teil der Pflichtangaben des Verschmelzungsplans zur Konkretisierung der Angaben eines Unterrichtungsschreibens im Falle eines grenzüberschreitenden Betriebsübergangs geeignet erscheint. Insoweit wäre zumindest klar, welche Angaben hinsichtlich des ausländischen Betriebserwerbers zu machen sind. Hingegen würden im Falle einer Übertragung der vorgenannten Pflichtangaben konkrete Angaben in Bezug auf die rechtlichen, wirtschaftlichen und sozialen Änderungen fehlen.

604 BAG, Urt. v. 31.01.2008 (Az.: 8 AZR 1116/06), Rn. 33 (juris), AP Nr. 2 zu § 613a BGB Unterrichtung – die Hervorhebung ist im Original nicht enthalten.

c) Stellungnahme

Die Übertragung eines Teils der Pflichtangaben des Verschmelzungsplans würde die Rechtsunsicherheit hinsichtlich der Angaben eines Unterrichtungsschreibens gem. § 613a Abs. 5 BGB nicht beheben. Es wäre auch in diesem Fall unklar, welche Angaben konkret – insbesondere in Bezug auf gem. § 613a Abs. 5 Nr. 3 BGB – gemacht werden müssten.

Mangels tatsächlichen Mehrwerts im Vergleich zu den Anforderungen an ein Unterrichtungsschreiben gem. § 613a Abs. 5 BGB und der hierzu ergangenen Rechtsprechung überzeugt § 122 c Abs. 2 UmwG zur Konkretisierung der Angaben im Falle eines grenzüberschreitenden Betriebsübergangs nicht.

Allerdings könnten die Regelungen des § 122c Abs. 2 Nr. 1, 9, 10, 11 und 12 UmwG als Grundlage für eine etwaige Entwicklung eines „Konkretisierungskatalogs" herangezogen werden. Insoweit könnte auch die unterschiedliche Schutzrichtung des § 122c UmwG und des § 613a BGB berücksichtigt werden.

2. *Lösungsvorschlag 2: Einführung einer abgeschwächten Form der Mindestangaben für einen Schuldverschreibungsprospekt*

Als weiterer Lösungsvorschlag könnte an eine abgeschwächte Form des Anhangs IV der Verordnung (EG) Nr. 809/2004[605] der Kommission zur Umsetzung der Richtlinie 2003/71/EG des Europäischen Parlaments und des Rates zur Konkretisierung der Angaben eines Unterrichtungsschreibens im Falle eines grenzüberschreitenden Betriebsübergangs gedacht werden (nachfolgend „**Lösungsvorschlag 2**").

Die Richtlinie 2003/71/EG[606] (nachfolgend „**Prospektrichtlinie**") wurde in Deutschland durch das Wertpapierprospektgesetz[607] (nachfolgend „**WpPG**") in

605 Verordnung (EG) Nr. 809/2004 der Kommission zur Umsetzung der Richtlinie 2003/71/EG des Europäischen Parlaments und des Rates betreffend die in Prospekten enthaltenen Angaben sowie die Aufmachung, die Aufnahme von Angaben in Form eines Verweises und die Veröffentlichung solcher Prospekte sowie die Verbreitung von Werbung, ABl. EG Nr. L149/1 vom 29.04.2004. Die Verordnung wurde mehrmals geändert. Der hier zu untersuchende Anhang IV blieb davon jedoch weitgehend unberührt.

606 Richtlinie 2003/71/EG des Europäischen Parlaments und des Rates vom 4.11.2003 betreffend den Prospekt, der beim öffentlichen Angebot von Wertpapieren oder bei deren Zulassung zum Handel zu veröffentlichen ist, und zur Änderung der Richtlinie 2001/34/EG, ABl. EG Nr L 345/64 vom 31.12.2003, S. 64–89.

607 Holzborn/*Spindler*, S. 54 Rn. 32.

nationales Recht umgesetzt.[608] § 3 WpPG sieht für den Regelfall die Veröffentlichung eines Prospekts vor. Mit Blick auf eine weitgehend homogene Umsetzung der Richtlinie wurde die Verordnung (EG) Nr. 809/2004 (nachfolgend „**EU-ProspektVO**") erlassen.[609]

Die EU-ProspektVO enthält verschiedene Anhänge. Je nach Art des Wertpapiers werden die hierfür notwendigen Mindestangaben aufgelistet.[610] Anhang IV der EU-ProspektVO regelt die Mindestangaben für das Registrierungsformular für Schuldtitel und derivative Wertpapiere mit einer Stückelung von weniger als 50.000 EUR.[611]

Die Wertpapiere, die dem Anhang IV unterliegen, werden meist von sog. *„nicht qualifizierten Anlegern"*[612] gekauft. Der Gesetzgeber der EU-ProspektVO beabsichtigte daher, alle für die Beurteilung einer Anlageentscheidung notwendigen Angaben als Mindestangaben für den Prospekt vorzusehen.[613]

Um zu prüfen, ob bzw. inwieweit die Mindestangaben des Anhangs IV der EU-ProspektVO zur Übertragung als Konkretisierung der Angaben eines ordnungsgemäßen Unterrichtungsschreibens im Falle eines grenzüberschreitenden Betriebsübergangs geeignet sind, erfolgt zunächst (i) eine Erläuterung der wesentlichen Begriffe. Anschließend werden (ii) die Mindestangaben i.S.d. Anhangs IV der EU-ProspektVO erläutert, um (iii) zu untersuchen, ob diese Mindestangaben auch im Hinblick auf § 613a Abs. 5 BGB geeignet sind, die bestehenden Rechtsunsicherheiten zu beheben.

---

608 Die Prospektichtlinie wurde am 31.12.2010 durch Erlass einer Änderungsrichtlinie 2010/73/EU geändert. Ins deutsche Recht wurden die Änderungen m.W.z. 01.07.2012 (vgl. BGBl. 2012 I S. 1375) umgesetzt.

609 Die EU-ProspektVO wurde durch den Erlass der Delegierten Verordnung (EU) Nr. 486/2012 sowie durch den Erlass der Delegierten Verordnung (EU) Nr. 759/2013 in Bezug auf die Angabepflichten bei wandelbaren und umtauschbaren Schuldtiteln geändert.

610 Holzborn/*Alfes/Wieneke*, S. 202 Rn. 1.

611 Holzborn/*Gliesmann*, S. 356 Rn. 1.

612 Im Gegensatz dazu gibt es sog. *„qualifizierte Anleger"*. Der Begriff ist in § 2 Nr. 6 WpPG legaldefiniert. Vereinfacht lässt sich sagen, dass *„qualifizierte Anleger"* natürliche oder juristische Personen sind, die auch ohne die strengen Mindestangaben des Anhangs IV der EU-ProspektVO die Wertpapiere und den jeweiligen Emittenten einschätzen könnten. Zu denken ist in diesem Zusammenhang beispielsweise an Banken oder Versicherungen, s. Holzborn/*Glismann*, S. 356 Rn. 1.

613 Holzborn/*Glismann*, S. 356 Rn. 1.

a) Begriffserklärung

Für die weitere Prüfung sind insbesondere die Begriffe „Emittent" und „Inhaberschuldverschreibung" maßgeblich.

Der Begriff „Emittent" ist in § 2 Nr. 9 WpPG legal definiert. Danach ist ein Emittent *„eine Person oder Gesellschaft, die Wertpapiere begibt oder zu begeben beabsichtigt."*[614]

Die Inhaberschuldverschreibung ist in § 793 Abs. 1 S. 1 BGB geregelt. Sie ist eine bedeutsame Finanzierungsform für Unternehmen.[615] Insbesondere für mittelständische Unternehmen stellt dies in Zeiten einer „Kreditklemme" eine interessante Alternative dar.

Ähnlich wie bei einem Darlehen verpflichtet sich hierbei der Emittent zur Rückzahlung der Einlage sowie einer vereinbarten Verzinsung.[616] Dies geschieht entweder nach Ablauf einer bestimmten Zeit oder nach Kündigung.[617] Im Unterschied zu einem Darlehen besteht jedoch die Gefahr des Totalverlusts der Einlage.[618] Für eine Inhaberschuldverschreibung gibt es keine gesetzlich vorgesehene Einlagensicherung.[619]

Umgangssprachlich ist auch von einer Anleihe die Rede.[620] Der Begriff Anleihe/Schuldverschreibung umfasst dabei die Gesamtemission.[621] Die Gesamtemission wird in Teilstücken beispielsweise zu 1.000 EUR, 5.000 EUR oder 10.000 EUR begeben.[622] Da auch die jeweiligen Teilstücke in Wertpapieren verbrieft sind, nennt man diese Teilschuldverschreibung.[623]

b) Inhalt des Anhangs IV der EU-ProspektVO

Nachfolgend werden die in Anhang IV der EU-ProspektVO festgelegten Mindestangaben näher beleuchtet. Um eine geeignete Beurteilungsgrundlage hinsichtlich der Übertragbarkeit der Mindestangaben als Konkretisierung der Angaben eines Unterrichtungsschreibens bei grenzüberschreitenden Betriebsübergängen zu schaffen, erfolgt eine grobe Erläuterung der geforderten Angaben.

---

614 § 2 Nr. 9 WpPG in der Fassung vom 26.06.2012 (BGBl. I S. 1375) m.W.z. 01.07.2012.

615 *Wilhelm*, S. 298 Rn. 778; *Lenenbach*, § 36 Rn. 53.

616 *Wilhelm*, S. 298 Rn. 778; *Lenenbach*, § 36 Rn. 56.

617 *Wilhelm*, S. 298 Rn. 778.

618 *Knops*, BB 2008, 2535 (2537).

619 BGH, Urt. v. 27.09.2011 (Az.: XI ZR 182/10), Rn. 16, 30, 31 (juris), AG 2012, 35–40.

620 *Wilhelm*, S. 298 Rn. 778.

621 *Lenenbach*, § 36 Rn. 57.

622 *Lenenbach*, § 36 Rn. 57.

623 *Lenenbach*, § 36 Rn. 57.

Hierbei handelt es sich nicht um eine umfassende/abschließende Darstellung der Mindestangaben gem. Anhang IV der EU-ProspektVO.

Aus Gründen der Übersichtlichkeit erfolgt die Darstellung abermals in Form einer Tabelle. Dazu folgende Anmerkung: In der ersten Spalte findet sich die Angabe der jeweiligen Ziffer in dem Anhang IV der EU-ProspektVO. In der zweiten Spalte finden sich die in der EU-ProspektVO vorgeschlagenen Mindestinhalte. Die kursiv geschriebenen Inhalte entsprechen den Überschriften betreffend die jeweilige Ziffer des Anhangs IV der EU-ProspektVO. Die darüber hinaus aufgelisteten Inhalte konkretisieren die Schlagworte der Überschriften.

Tabelle 3: Mindestangaben i.S.d. Anhangs IV der EU-ProspektVO

Ziffer	**Mindestangaben i.S.d. Anhangs IV der EU-ProspektVO**
Ziffer 1	„*Verantwortliche Personen*“ – Nennung der für den Prospekt verantwortlichen Personen.
Ziffer 2	„*Abschlussprüfer*“ – Name, Anschrift des Abschlussprüfers. – In der Regel handelt es sich um eine Prüfungsgesellschaft.[624]
Ziffer 3	„*Ausgewählte Finanzinformationen*“ – Zusammenfassung der wesentlichen Schlüsselzahlen für die letzten zwei Geschäftsjahre über die Vermögens-, Finanz- und Ertragslage des Emittenten.[625] – Dazu gehören beispielsweise: wesentliche Daten der GuV, wesentliche Bilanzdaten und ausgewählte Angaben zur Kapitalflussrechnung.[626]
Ziffer 4	„*Risikofaktoren*“ – Offenlegung von Risikofaktoren, die die Rückzahlungs- und Verzinsungsverpflichtung (Bonität) des Emittenten beeinträchtigen könnten.[627] – Aufzulisten sind die Risiken, die für die jeweilige Situation des Emittenten oder der Wertpapiere spezifisch sind und die die Anlageentscheidung betreffen.[628]

624 Holzborn/*Gliesmann*, S. 356 Rn. 5.
625 Holzborn/*Alfes/Wienecke*, S. 206 Rn. 11.
626 Holzborn/*Alfes/Wienecke*, S. 207 Rn. 12.
627 Holzborn/*Glismann*, S. 358 Rn. 8.
628 Legaldefinition in Art. 2 Ziff. 3 EU-ProspektVO; s. hierzu Holzborn/*Glismann*, S. 358 Rn. 8.

Ziffer	Mindestangaben i.S.d. Anhangs IV der EU-ProspektVO
Ziffer 5	*„Angaben über den Emittenten"* – Geschäftsgeschichte. – Juristischer/kommerzieller Name, Ort der Registrierung/ Registrierungsnummer, Datum der Gründung, Sitz/Rechtsform, Ereignisse aus jüngster Zeit der Geschäftsentwicklung. – Wichtigste Investitionen seit dem letzten Jahresabschluss.
Ziffer 6	*„Geschäftsüberblick"* – Haupttätigkeitsbereiche (wichtigste Produkte und/oder Dienstleistungen). – Darstellung der wichtigsten Märkte.
Ziffer 7	*„Organisationsstruktur"* – Angaben hinsichtlich einer etwaigen Konzernstruktur. – Beschreibung von Abhängigkeitsverhältnissen, um beurteilen zu können, wer den Emittenten beeinflussen könnte.[629]
Ziffer 8	*„Trendinformationen"* – Informationen über negative Änderungen seit dem letzten veröffentlichten Jahresabschlusses.[630]
Ziffer 9	*„Gewinnprognose oder –schätzung"* – Angaben über Gewinnprognose nicht zwingend. – Werbeprognosen sollen vermieden werden.[631]
Ziffer 10	*„Verwaltungs-, Geschäftsführung- und Aufsichtsorgane"* – Angaben hinsichtlich der personellen Verflechtungen (insbesondere Mitglieder der Verwaltungs-, Geschäftsführung und Aufsichtsorgane; bzw. persönlich haftende Gesellschafter bei einer KG auf Aktien). – Offenlegung potenzieller Interessenkonflikte.
Ziffer 11	*„Praktiken der Geschäftsführung"* – Ggf. Angaben hinsichtlich eines Audit-Ausschusses. – Erklärung hinsichtlich freiwilliger Unterwerfung des Corporate-Governance-Kodexes.
Ziffer 12	*„Hauptaktionäre"* – Angaben hinsichtlich etwaiger Beherrschungsverhältnisse, da diese Einfluss auf die Geschäftsführung/Gewinnentwicklung haben könnten.[632]

629 Holzborn/*Glismann*, S. 361 Rn. 16.
630 Holzborn/*Glismann*, S. 361 Rn. 17.
631 Holzborn/*Glismann*, S. 361 Rn. 18.
632 Holzborn/*d'Arcy/Kahler*, S. 363 Rn. 21.

Ziffer	Mindestangaben i.S.d. Anhangs IV der EU-ProspektVO
Ziffer 13	*„Finanzinformationen über die Vermögens-, Finanz- und Ertragslage des Emittenten“* - Umfangreicher Finanzteil, der die vollständigen Bilanzen, GuV, Eigenkapitalveränderungsrechnungen und Kapitalflussrechnungen für die letzten zwei Geschäftsjahre enthält.[633]
Ziffer 14	*„Zusätzliche Angaben“* - Haftungsmasse (beispielsweise Aktienkapital einer AG). - Satzung/Statuten einer Gesellschaft.
Ziffer 15	*„Wesentliche Verträge“* - Verträge, die in unmittelbaren Zusammenhang mit den Wertpapieren stehen.[634] - Kurze Zusammenfassung aller abgeschlossenen wesentlichen Verträge.
Ziffer 16	*„Angaben von Seiten Dritter, Erklärungen von Seiten Sachverständiger und Interessenerklärungen“* - Bestätigung hinsichtlich der korrekten Wiedergabe der Angaben, die nicht direkt von dem Emittenten stammen.
Ziffer 17	*„Einsehbare Dokumente“* - Hinweis auf Ort der Einsichtnahme von ausgewählten Dokumenten (Satzung/Statuten, Finanzinformationen).

c) Übertragbarkeit auf das Unterrichtungsschreiben gem. § 613a Abs. 5 BGB

Nachfolgend wird untersucht, inwieweit der Schutzzweck der Mindestangaben des Anhangs IV der EU-ProspektVO mit dem Schutzzweck des Unterrichtungsschreibens gem. § 613a Abs. 5 BGB vergleichbar ist und welche von den vorerwähnten Anforderungen zur Konkretisierung der Angaben für den Fall eines grenzüberschreitenden Betriebsübergangs geeignet erscheinen.

aa) Vergleichbarkeit

Ein Blick auf die Mindestangaben gem. Anhang IV der EU-ProspektVO verdeutlicht, dass Anhang IV der EU-ProspektVO zum Teil sehr detaillierte Informationen voraussetzt. Nun stellt sich die Frage, ob die Interessenlage der Arbeitnehmer vor einem grenzüberschreitenden Betriebsübergang mit denen der Anleger, die sich mittels Teilschuldverschreibung an einer Gesellschaft beteiligen wollen, vergleichbar ist.

633 Holzborn/*d'Arcy/Kahler*, S. 363 Rn. 25.

634 Holzborn/*Glimann*, S. 375 Rn. 68 f.

Aus Sicht der Anleger sichern die detaillierten Mindestangaben gem. Anhang IV der EU-ProspektVO eine umfassende Entscheidungsgrundlage. Insoweit geht es insbesondere darum, sich die mit der Investition verbundenen Risiken zu vergegenwärtigen. Eine Inhaberschuldverschreibung trägt als „*worst case scenario*" das Risiko eines Totalverlusts der Einlage in sich. Je nach Stückelung und Höhe der Einlage kann es sich hierbei um eine beachtliche Geldsumme handeln. Die Interessenlage der Anleger richtet sich daher auf eine möglichst umfassende Informationsgrundlage zur Abwägung der mit der Kaufentscheidung verbundenen Risiken.

Auch der Arbeitnehmer soll vor der Ausübung/Nichtausübung des Widerspruchsrechts in die Lage versetzt werden, hinreichend die jeweils damit verbundenen Rechtsfolgen zu kennen.[635] Die Interessenlage der Arbeitnehmer ist daher mit der eines Anlegers vergleichbar.

bb) Geeignetheit zur Übertragung der einzelnen Mindestangaben

Sodann wird geprüft, welche der gem. Anhang IV der EU-ProspektVO festgelegten Mindestangaben geeignet erscheinen, die Anforderungen an ein ordnungsgemäßes Unterrichtungsschreiben für den Fall eines grenzüberschreitenden Betriebsübergangs zu konkretisieren.

Die Prüfung erfolgt ebenfalls tabellarisch. Die Spalten eins und zwei sind aus der obigen Darstellung bekannt. In der Spalte drei finden sich Ausführungen darüber, ob die entsprechende Mindestangabe für eine Konkretisierung der Angaben eines Unterrichtungsschreibens bei grenzüberschreitenden Betriebsübergängen geeignet ist. Entsprechend der obigen Tabelle (siehe Tabelle 2) sind die übertragbaren Mindestangaben grau hinterlegt.

635 Vgl. BT-Drucks. 14/7760 S. 19; BAG, Urt. v. 23.07.2009 (Az.: 8 AZR 538/08), Rn. 18 (juris), BAGE 131, 258–276; BAG, Urt. v. 10.11.2011 (Az.: 8 AZR 430/10), Rn. 23 (juris), AP Nr. 15 zu § 613a BGB Unterrichtung; *Dzida*, NZA 12/2009, 641 (641); *Gaul/Hiebert*, ArbRB 2012, 183 (184).

Tabelle 4: Geeignetheit der Mindestangaben i.S.d. Anhangs IV der EU-ProspektVO als Konkretisierung der Anforderungen an ein ordnungsgemäßes Unterrichtungsschreiben bei grenzüberschreitendem Betriebsübergang

Ziffer	**Mindestangaben i.S.d. Anhangs IV der EU-ProspektVO**	**Geeignetheit als Konkretisierung der Anforderungen an ein ordnungsgemäßes Unterrichtung für den Fall eines grenzüberschreitenden Betriebsübergangs**
Ziffer 1	*„Verantwortliche Personen"*	• Mindestangabe ist zur Konkretisierung geeignet. • Angaben hinsichtlich der verantwortlichen Personen, insbesondere Erläuterungen hinsichtlich der ausländischen Rechtsformen würden eine solide Entscheidungsgrundlage für die Arbeitnehmer schaffen. • Mit Blick auf einen möglichst geringen Aufwand könnten sich die Angaben auf die wesentlichen Informationen wie die Rechtsform, die Haftungsgrundlage und die Haftungshöhe beschränken.
Ziffer 2	*„Abschlussprüfer"*	• Die Angabe erscheint für eine geeignete Entscheidungsgrundlage gem. § 613a Abs. 5 BGB nicht erforderlich.
Ziffer 3	*„Ausgewählte Finanzinformationen"*	• Die Angabe ausgewählter Finanzinformationen erscheint für die Beurteilung der Solvenz des Betriebserwerbers im Hinblick auf eine umfassende Entscheidungsgrundlage der Arbeitnehmer zur Übertragung geeignet. • Auch wenn das BAG[636] hinsichtlich eines innerdeutschen Betriebsübergangs entschied, dass die Arbeitnehmer grundsätzlich nicht über die wirtschaftliche und finanzielle Lage des Betriebsübernehmers unterrichtet werden müssen, ist die Interessenlage im Falle eines grenzüberschreitenden Betriebsübergangs anders.

636 BAG, Urt. v. 31.01.2008 (Az.: 8 AZR 1116/06), Rn. 33 (juris), AP Nr. 2 zu § 613a BGB Unterrichtung.

Ziffer	Mindestangaben i.S.d. Anhangs IV der EU-ProspektVO	Geeignetheit als Konkretisierung der Anforderungen an ein ordnungsgemäßes Unterrichtung für den Fall eines grenzüberschreitenden Betriebsübergangs
		• Die konkreten Angaben könnten je nach Unternehmensgröße variieren. So ist beispielsweise vor dem Hintergrund des enormen Zeit- und Kostenaufwands zur Erstellung ausgewählter Finanzinformationen an eine Sonderregelung für KMUs zu denken.
Ziffer 4	*„Risikofaktoren"*	• Die Mindestangabe ist zur Übertragung geeignet. • Insoweit könnten Risiken aufgelistet werden, die die Arbeitsplatzsicherheit beim ausl. Betriebserwerber gefährden könnten. • Hierzu zählen sowohl Angaben bzgl. des ausl. Betriebserwerbers als auch bzgl. des ausl. Marktes. • Insbesondere mit Blick auf den geringen finanziellen und zeitlichen Aufwand zur Zusammentragung dieser Informationen, erscheint diese Mindestangabe für die Konkretisierung der Angaben eines ordnungsgemäßen Unterrichtungsschreibens für grenzüberschreitende Betriebsübergänge geeignet.
Ziffer 5	*„Angaben über den Emittenten"*	• Die Mindestangabe ist zur Konkretisierung der Angaben des Unterrichtungsschreibens im Falle eines grenzüberschreitenden Betriebsübergangs geeignet und zwingend notwendig. • Ein kurzer Abriss der Geschäftsgeschichte hätte beispielsweise im Fall „BenQ" für Klarheit hinsichtlich der Neugründung der deutschen Tochtergesellschaft gesorgt.
Ziffer 6	*„Geschäftsüberblick"*	• Die Mindestangabe ist zur Übertragung geeignet und notwendig. • Angaben hinsichtlich der Haupttätigkeitsbereiche und der wichtigsten Märkte stellen für die Arbeitnehmer relevante Informationen in Bezug auf die Arbeitsplatzsicherheit dar. • Aufgrund des geringen zeitlichen und finanziellen Aufwands hinsichtlich der Zusammenstellung der Informationen erscheint diese Angabe zur Konkretisierung geeignet.

Ziffer	Mindestangaben i.S.d. Anhangs IV der EU-ProspektVO	Geeignetheit als Konkretisierung der Anforderungen an ein ordnungsgemäßes Unterrichtung für den Fall eines grenzüberschreitenden Betriebsübergangs
Ziffer 7	*„Organisationsstruktur"*	• Die Mindestangabe erscheint für die Übertragung geeignet. • Angaben hinsichtlich einer etwaigen Konzernstruktur des Betriebserwerbers sind für die Entscheidungsgrundlage der Arbeitnehmer notwendig. Hieraus kann sich der Arbeitnehmer insbesondere über die Finanzstärke des Betriebserwerbers ein Bild machen.
Ziffer 8	*„Trendinformationen"*	• Die Mindestangabe erscheint für die Übertragung geeignet. • Sollten seit dem letzten veröffentlichten Jahresabschluss negative Änderungen eingetreten sein, die die Arbeitsplatzsicherheit der übergehenden Arbeitnehmer gefährden, ist dies eine notwendige Information für eine solide Entscheidungsgrundlage der Arbeitnehmer.
Ziffer 9	*„Gewinnprognose oder -schätzung"*	• Die Angabe erscheint für eine geeignete Entscheidungsgrundlage gem. § 613a Abs. 5 BGB nicht erforderlich. Insoweit sind die Maßstäbe[637] für einen innerdeutschen Betriebsübergang auf den eines grenzüberschreitenden Betriebsübergangs übertragbar.
Ziffer 10	*„Verwaltungs-, Geschäftsführung- und Aufsichtsorgane"*	• Angaben hinsichtlich der personellen Verflechtung sind für die Entscheidung der Arbeitnehmer nicht notwendig. Hieraus ergeben sich keine relevanten Rechtsfolgen für die Arbeitnehmer.
Ziffer 11	*„Praktiken der Geschäftsführung"*	• Angaben hinsichtlich eines Audit-Ausschusses und der freiwilligen Unterwerfung unter den Corporate-Governance-Kodex sind für die Entscheidung der Arbeitnehmer nicht notwendig.

637 ErfK/Preis, § 613 a BGB Rn. 88b – danach sind allg. Prognosen zur wirtschaftlichen Entwicklung des Betriebserwerbers keine notwendigen Informationen für ein ordnungsgemäßes Unterrichtungsschreiben.

Ziffer	Mindestangaben i.S.d. Anhangs IV der EU-ProspektVO	Geeignetheit als Konkretisierung der Anforderungen an ein ordnungsgemäßes Unterrichtung für den Fall eines grenzüberschreitenden Betriebsübergangs
Ziffer 12	*„Hauptaktionäre"*	• Die Angabe erscheint für eine Konkretisierung nicht erforderlich.
Ziffer 13	*„Finanzinformationen über die Vermögens-, Finanz- und Ertragslage des Emittenten"*	• Entsprechend den Ausführungen zu Ziffer 3 erscheinen die Angaben hinsichtlich der Finanzinformationen für die Entscheidungsgrundlage der Arbeitnehmer notwendig. • Je nach Unternehmensgröße könnten insoweit jedoch die ausgewählten Finanzinformationen nach Ziffer 3 ausreichen.
Ziffer 14	*„Zusätzliche Angaben"*	• Die Angabe hinsichtlich der Haftungsmasse – evtl. unter Angabe des Gesellschaftsvertrags – ist für die Arbeitnehmer eine wesentliche Informationen und daher zur Konkretisierung der Angaben eines ordnungsgemäßen Unterrichtungsschreibens geeignet.
Ziffer 15	*„Wesentliche Verträge"*	• Die Angabe erscheint für eine solide Entscheidungsgrundlage nicht nötig.
Ziffer 16	*„Angaben von Seiten Dritter, Erklärungen von Seiten Sachverständiger und Interessenerklärungen"*	• Die Angabe ist für eine solide Entscheidungsgrundlage nicht erforderlich.
Ziffer 17	*„Einsehbare Dokumente"*	• Ein Hinweis auf die Modalitäten zur Einsehung gewisser Dokumente könnte mit Blick auf die Ausgestaltung der Finanzinformationen eine relevante Konkretisierung sein.

Zusammenfassend lässt sich festhalten, dass ein Teil der in Anlage IV der EU-ProspektVO festgelegten Mindestangaben für eine Konkretisierung der Angaben eines Unterrichtungsschreibens im Fall eines grenzüberschreitenden Betriebsübergangs geeignet erscheint.

Konkretisierungen im vorgenannten Sinne würden die Anforderungen an ein Unterrichtungsschreiben im Fall eines grenzüberschreitenden Betriebsübergangs klarer definieren und für mehr Rechtssicherheit sorgen.

Überdies wäre eine umfassende Entscheidungsgrundlage für die Arbeitnehmer sichergestellt. Die Arbeitnehmer könnten in diesem Fall besser beurteilen, wie der ausländische Betriebserwerber finanziell und wirtschaftlich aufgestellt ist. Insbesondere würden hierdurch die erforderlichen Angaben gem. § 613a Abs. 5 Nr. 3 Var. 2 BGB (wirtschaftliche Folgen) konkretisiert.

Von der Rechtssicherheit hinsichtlich der notwendigen Angaben würden sowohl die Arbeitnehmer als auch – mit Blick auf den Beginn der Widerspruchsfrist – Betriebsveräußerer/-erwerber profitieren.

Die Konkretisierung ändert nichts an den notwendigen Angaben gem. § 613a Abs. 5 BGB. Allerdings würde eine Konkretisierung der Angaben eines ordnungsgemäßen Unterrichtungsschreibens im Falle eines grenzüberschreitenden Betriebsübergangs Gelegenheit bieten, weitere Rechtsfragen eines ordnungsgemäßen Unterrichtungsschreibens zu klären. Insoweit könnte beispielsweise der Umfang[638] hinsichtlich der Angaben des jeweiligen Rechtsgrunds (§ 613a Abs. 5 Nr. 2 BGB) klargestellt werden.

cc) Mehraufwand vs. Rechtssicherheit

In der Praxis hätte eine Konkretisierung der Anforderungen an ein ordnungsgemäßes Unterrichtungsschreiben für den Fall eines grenzüberschreitenden Betriebsübergangs zwei Auswirkungen:

Zum einen würde die Konkretisierung für mehr Rechtssicherheit sorgen. Zu der befürchteten Informationsflut wurde bereits Stellung genommen (siehe S. 85 f.).

Zum anderen würden jedoch in Bezug auf den Betriebserwerber die Anforderungen vor Durchführung eines Betriebsübergangs steigen. Dies würde zu einem erhöhten Zeit- und Kostenaufwand auf Seiten des Betriebserwerbers führen.

Man könnte überlegen, ob ausländische Betriebserwerber durch diesen Mehraufwand abgeschreckt würden und die vorgeschlagene Konkretisierung für das Unterrichtungsschreiben dem Zusammenwachsen der Binnenmärkte/grenzüberschreitenden Umstrukturierungsmaßnahmen zuwiderlaufen könnte. In diesem Zusammenhang ist auch zu berücksichtigen, dass grenzüberschreitende Betriebsübergänge nicht nur für Konzerne, sondern auch für kleinere/mittelständische Unternehmen in Betracht kommen.[639]

---

638 LAG München, Urt. v. 29.04.2008 (Az.: 7 Sa 986/07), ZInsO 2008, 1280; LAG München, Urt. v. 09.10.2008 (Az.: 4 Sa 411/08) Rn. 77 (juris), (aufgehoben durch das BAG, Urt. v. 20.05.2010 (Az.: 8 AZR 585/08), AP Nr. 23 zu § 613a BGB Widerspruch); LAG München, Urt. v. 19.09.2008 (Az.: 3 Sa 128/08), Rn. 42 (juris).

639 *Feudner*, DB 2004, 982 (982); Bereits heute sind zahlreiche mittelständische Firmen auf vielfältige Weise international verflochten; ebenso *Land*, BB 2013, 2697 (2697); Siehe hierzu *BDI*, Prognose-Studie 2012, S. 11. Hieraus geht hervor, dass vor dem

Diesem Einwand ist jedoch Folgendes zu entgegnen: Nach deutscher Rechtslage müssen die Unternehmen ohnehin Finanzzahlen zusammentragen. D.h. der Zeit- und Arbeitsaufwand für das Zusammentragen finanzieller bzw. wirtschaftlicher Daten hält sich in Grenzen, wenn der Umfang der Angaben des Unterrichtungsschreibens (entsprechend den Finanzzahlen) an die jeweilige Unternehmensgröße gekoppelt ist. Dazu im Einzelnen:

Nach deutschem Recht sind die Unternehmen, *„zu Beginn seines Handelsgewerbes und für den Schluß eines jeden Geschäftsjahrs“* (vgl. § 242 Abs. 1 S. 1 HGB) eine Bilanz und eine GuV (vgl. § 242 Abs. 2 HGB) aufzustellen. Bilanz und GuV bilden gem. § 242 Abs. 3 HGB den Jahresabschluss. Nur die Kapitalgesellschaften müssen nach § 264 Abs. 1 S. 1 HGB den Jahresabschluss um einen Anhang erweitern. Darüber hinaus können die Gesellschaften – abhängig von ihrer Größe – verpflichtet sein, einen Lagebericht zu erstellen (vgl. §§ 264 Abs. 1 S. 1 und 4, 264 a sowie 289 HGB).[640] Die Regelungen der Bilanzierung richten sich ohnehin nach der Unternehmensgröße.

Diesem Beispiel könnte gefolgt werden, so dass sich der Umfang der Angaben eines Unterrichtungsschreibens im Falle eines grenzüberschreitenden Betriebsübergangs der jeweiligen Unternehmensgröße anpasst und sich an den ohnehin notwendigen Finanzinformationen orientiert. Hierdurch würde sich der Mehraufwand für die ausländischen Betriebserwerber – mit Blick auf die Risiken im Falle unzureichender Unterrichtungsschreiben (siehe S. 67) – auf ein zumutbares Maß begrenzen.

d) Zwischenergebnis

Die teilweise Übertragung der in Anhang IV der EU-ProspektVO festgelegten Mindestangaben wäre eine Möglichkeit, die Rechtsunsicherheit hinsichtlich der erforderlichen Angaben des Unterrichtungsschreibens für den Fall eines grenzüberschreitenden Betriebsübergangs zu beseitigen.

Dadurch würden Betriebserwerber/-veräußerer Rechtssicherheit im Hinblick auf die ordnungsgemäße Ingangsetzung der Widerspruchsfrist gem. § 613a Abs. 6 BGB erhalten. Nach Ablauf der Widerspruchsfrist könnten sie davon ausgehen, dass eine Ausübung des Widerspruchsrechts nicht mehr möglich ist. Diese Sicherheit können Betriebserwerber/-veräußerer ohne Konkretisierung nur schwer erreichen.

Hintergrund der wachsenden Globalisierung anzunehmen ist, dass sich die internationale Verflechtung des Mittelstands weiter ausweiten wird.

640 *Saenger*, S. 537 Rn. 1000.

Aus Arbeitnehmersicht würde eine Konkretisierung der Angaben eines Unterrichtungsschreibens eine solide Entscheidungsgrundlage[641] für den Fall eines grenzüberschreitenden Betriebsübergangs sicherstellen.

3. *Stellungnahme*

Mit Blick auf die vorgenannten beiden Lösungsalternativen, scheint lediglich der Lösungsvorschlag 2 einen Mehrwert zu bringen.

Würde man dem Lösungsvorschlag 2 entsprechen, wären zumindest die Anforderungen hinsichtlich der wirtschaftlichen Konsequenzen für die Arbeitnehmer konkreter und detaillierter. Der Lösungsvorschlag 2 ist damit eine gute Möglichkeit, Rechtssicherheit hinsichtlich der Angaben eines Unterrichtungsschreibens im Falle eines grenzüberschreitenden Betriebsübergangs zu schaffen. Ein Restrisiko bleibt bzgl. der Präzision der Informationen.[642]

III. Umsetzung der Konkretisierung

Nun stellt sich die Frage, in welcher Form eine Konkretisierung in der Praxis umgesetzt werden könnte.

Grundsätzlich könnte eine Konkretisierung sowohl auf europäischer als auch auf nationaler Ebene erfolgen. Die Umsetzung einer europäischen Konkretisierung – beispielsweise durch Erlass einer EU Verordnung – erscheint jedoch in der Praxis schwieriger als eine nationale Umsetzung. Insofern konzentrieren sich die Ausführungen auf eine mögliche nationale Umsetzung.

Im Folgenden wird daher untersucht, wie eine nationale Umsetzung aussehen könnte. Zunächst wird jedoch geklärt, ob eine nationale Umsetzung gegen europarechtliche Aspekte verstoßen würde:

1. *Europarechtliche Aspekte bzgl. einer Konkretisierung der Anforderungen an ein Unterrichtungsschreiben*

Die Regelungen hinsichtlich der Unterrichtung der Arbeitnehmer finden sich in Art. 7 der Betriebsübergangsrichtlinie.

Art. 7 Abs. 6 der Betriebsübergangsrichtlinie regelt den Ausnahmefall, der Unterrichtung der einzelnen Arbeitnehmer im Falle des Fehlens einer

641 Vgl. BT-Drucks. 14/7760 S. 19; BAG, Urt. v. 23.07.2009 (Az.: 8 AZR 538/08), Rn. 18 (juris), BAGE 131, 258–276; BAG, Urt. v. 10.11.2011 (Az.: 8 AZR 430/10), Rn. 23 (juris), AP Nr. 15 zu § 613a BGB Unterrichtung; *Dzida*, NZA 12/2009, 641 (641); *Gaul/Hiebert*, ArbRB 2012, 183 (184).

642 Vgl. BAG, Urt. v. 23. 7. 2009 (Az.: 8 AZR 538/08), BAGE 131, 258–276, Rn. 31 (juris).

Arbeitnehmervertretung.[643] In Deutschland wurde diese Ausnahmeregelung als Normalfall in § 613a Abs. 5 BGB umgesetzt.[644]

Grundsätzlich schreibt eine EU Richtlinie gem. 288 Abs. 3 AEUV den Mitgliedstaaten lediglich das zu erreichenden Ziel vor. Hinsichtlich der *„Wahl der Form und der Mittel"* sind die Mitgliedstaaten gem. 288 Abs. 3 AEUV frei.

Das Ziel des Art. 7 der Betriebsübergangsrichtlinie – Arbeitnehmerschutz durch umfassende Unterrichtung der Arbeitnehmer über den bevorstehenden Betriebsübergang – wurde versucht, in § 613a Abs. 5 BGB umzusetzen.[645] Die in Unterkapitel A. II (siehe S. 74 ff.) aufgezeigten Rechtsunsicherheiten verdeutlichen, dass dieses Ziel durch die Norm des § 613a Abs. 5 BGB – zumindest bei grenzüberschreitenden Betriebsübergängen – nicht vollkommen erreicht wird.

Ferner haben die Mitgliedstaaten gem. Art. 3 Abs. 2 S. 1 Betriebsübergangsrichtlinie die Möglichkeit geeignete Maßnahmen zu schaffen, um sicherzustellen, dass der Betriebsveräußerer den Betriebserwerber über alle Rechte und Pflichten unterrichtet, in die der Betriebserwerber gem. § 613a Abs. 1 S. 1 BGB eintritt.[646] Auch insoweit wäre eine Konkretisierung der Anforderungen an ein Unterrichtungsschreiben hilfreich.

Eine nationale Konkretisierung der Anforderungen an ein Unterrichtungsschreiben würde damit nicht auf europarechtliche Bedenken stoßen, vielmehr würde es dem, mit Art. 3 und Art. 7 der Betriebsübergangsrichtlinie beabsichtigten Zweck, näher kommen.

2. *Nationale Regulierung*

Allerdings könnte eine nationale Regulierung der konkretisierten Anforderungen an ein Unterrichtungsschreiben auf Probleme in der Praxis stoßen. Eine Konkretisierung der Anforderungen eines Unterrichtungsschreibens könnte durch ein entsprechendes Änderungsgesetz erreicht werden; nachteilhaft wäre jedoch insoweit die zeitliche Komponente.

Der Erlass einer konkretisierenden Rechtsverordnung scheidet mangels entsprechender Ermächtigungsgrundlage aus. Auch insoweit bedürfte es eines Änderungsgesetzes.

Dennoch erscheint die vorgeschlagene Konkretisierung mit Blick auf das Richterrecht interessant. Sollte die Zahl der grenzüberschreitenden

643 *Thüsing*, § 5 Rn. 78.

644 *Theiss*, in: AnwaltKommentar ArbeitsR, Rn. 120.

645 *Hergenröder*, AR-Blattei SD 500.1, Rn. 382 ff.; 961.

646 *Meyer*, NZA 2012, 1185 (1190).

Betriebsübergänge steigen[647], ist zu erwarten, dass es Urteile hinsichtlich der Anforderungen an ein ordnungsgemäßes Unterrichtungsschreiben für grenzüberschreitende Betriebsübergänge geben wird. Insoweit könnten die vorhergehenden Konkretisierungen höhere Bedeutung erlangen.

E. Ergebnis

Die vorhergehende Untersuchung verdeutlicht, dass die nationalen Anforderungen an ein Unterrichtungsschreiben gem. § 613a Abs. 5 BGB den Besonderheiten eines grenzüberschreitenden Sachverhalts nur ungenügend Rechnung tragen. Der Informationsbedarf der Arbeitnehmer ist im Fall eines grenzüberschreitenden Betriebsübergangs nicht mit dem Informationsbedarf eines innerdeutschen Betriebsübergangs vergleichbar. Die Vielzahl, der mit dem grenzüberschreitenden Betriebsübergang einhergehenden Änderungen, führt zu Rechtsunsicherheiten hinsichtlich der Anforderungen an ein ordnungsgemäßes Unterrichtungsschreiben. Diesen Rechtsunsicherheiten könnte durch eine entsprechende Konkretisierung begegnet werden.

Wie die vorhergehende Untersuchung zeigt, erscheint ein Teil der Angaben des Anhangs IV der EU-ProspektVO zur Konkretisierung geeignet. In der Praxis könnte eine solche Konkretisierung in erster Linie durch eine entsprechende Rechtsprechung vollzogen werden.

§ 2 Rechtsunsicherheiten hinsichtlich der Mitwirkung des Betriebsrats

Ein interessanter Aspekt im Zusammenhang mit grenzüberschreitenden Betriebsübergängen ist die Frage, nach der Mitwirkung des Betriebsrats. Insofern geht es nicht um die Frage, ob der Betriebsrat nach dem grenzüberschreitenden Betriebsübergang beim ausländischen Betriebserwerber fortbesteht[648], vielmehr geht es um die Frage, ob dem Betriebsrat Beteiligungsrechte im Zusammenhang mit dem grenzüberschreitenden Betriebsübergang zustehen.

Die Betriebsübergangsrichtlinie enthält keine Regelung hinsichtlich der Mitwirkung der Arbeitnehmervertretung im Rahmen des Betriebsübergangs. In Art. 6 der Betriebsübergangsrichtlinie finden sich Regelungen hinsichtlich dem

---

647 *Meyer*, Offshoring, S. 5: siehe Grafik Nr. 5, die die Wachstumsrate für IT-basierte Dienstleistungen in den Jahren 2005–2009 darstellt.

648 Insoweit wird auf die Ausführungen von *Moderegger*, ArbRB 2011, 281–284; *Braun*, S. 26 ff. und *Letzas*, S. 35 ff. verwiesen.

Fortbestand des Mandats der Arbeitnehmervertretung. Ferner gibt es die vorgenannten Regelungen hinsichtlich der Information der Arbeitnehmervertretung in Art. 7 der Betriebsübergangsrichtlinie (siehe S. 105). Auch im nationalen Recht gibt es keine Regelung, die die Beteiligung des Betriebsrats bei einem Betriebsübergang sicherstellt.[649]

Die Besonderheiten der betrieblichen Beteiligung des Betriebsübergangs bei einem grenzüberschreitenden Betriebsübergang ergeben sich aus folgenden Überlegungen: Erstens sieht § 613a BGB selbst keine Regelung zur Mitwirkung des Betriebsrats vor, vielmehr erfolgt diese über die Regelungen der Betriebsänderung gem. §§ 111 ff. BetrVG.[650] Zweitens stellt nach der überwiegend vertretenen Ansicht der Betriebsübergang, also der bloße Inhaberwechsel, keine Betriebsänderung dar.[651] D.h. die Beteiligungsrechte des Betriebsrats bestehen nur, wenn im Zusammenhang mit dem Betriebsübergang eine Betriebsänderung i.S.d. § 111 BetrVG einhergeht. In diesem Fall beziehen sich die Beteiligungsrechte aber nur auf die Betriebsänderung – nicht auf den Betriebsübergang.[652] Drittens unterliegt der Anwendungsbereich des BetrVG dem Territorialitätsprinzip.[653]

---

649 Rspr.: BAG, Urt. v. 4.12.1979 (Az.: 1 AZR 843/76), Rn. 20 (juris), AP Nr. 6 zu § 111 BetrVG 1972; BAG, Urt. v. 19.01.1999 (Az.: 1 AZR 342/98), Rn. 32 (juris), AP Nr. 37 zu § 113 BetrVG 1972; Lit.: Richardi/*Annuß*, § 111 BetrVG, Rn. 124; *Fitting*, § 111 BetrVG, Rn. 50; *Neef*, NZA 1994, 97 (97); ErfK/*Kania*, § 111 BetrVG Rn. 12; *Schwerdtner*, FS Müller, S. 571; *Däubler*, in: BetrVG § 111 Rn. 125 m.w.N.; *Karthaus*, ArbuR 2007, 114 (114).

650 Rspr.: BAG, Urt. v. 4.12.1979 (Az.: 1 AZR 843/76), Rn. 20 (juris), AP Nr. 6 zu § 111 BetrVG 1972; BAG, Urt. v. 19.01.1999 (Az.: 1 AZR 342/98), Rn. 32 (juris), AP Nr. 37 zu § 113 BetrVG 1972; Lit.: Richardi/*Annuß*, § 111 BetrVG, Rn. 124; *Fitting*, § 111 BetrVG, Rn. 50; *Neef*, NZA 1994, 97 (97); ErfK/*Kania*, § 111 BetrVG Rn. 12; *Schwerdtner*, FS Müller, S. 571; *Däubler*, in: BetrVG § 111 Rn. 125 m.w.N.; *Karthaus*, ArbuR 2007, 114 (114); *Burgmer/Richter*, Betriebsänderung, S. 39.

651 Rspr.: BAG, Urt. v. 4.12.1979 (Az.: 1 AZR 843/76), Rn. 20 (juris), AP Nr. 6 zu § 111 BetrVG 1972; BAG, Urt. v. 19.01.1999 (Az.: 1 AZR 342/98), Rn. 32 (juris), AP Nr. 37 zu § 113 BetrVG 1972; Lit.: Richardi/*Annuß*, § 111 BetrVG, Rn. 124; *Fitting*, § 111 BetrVG, Rn. 50; *Neef*, NZA 1994, 97 (97); ErfK/*Kania*, § 111 BetrVG Rn. 12; *Schwerdtner*, FS Müller, S. 571; a.A.: *Däubler*, in: BetrVG § 111 Rn. 125 m.w.N.; *Karthaus*, ArbuR 2007, 114 (114).

652 Schließlich ist der Inhaberwechsel nach Ansicht der h.M. kein ausgleichpflichtiger Nachteil, vgl. *Hergenröder*, AR-Blattei SD 500.1, R. 973, Richardi/*Annuß*, § 111 Rn. 125

653 Nach Ansicht des BAG und weiten Teilen der Literatur ist der räumliche Anwendungsbereich des BetrVG durch das Territorialitätsprinzip begrenzt. Vgl. BAG, Urt. v. 09.11.1977 (Az.: 5 AZR 132/76), Rn. 24 (juris), AP Nr. 13 zu Internat

D.h. ein im Ausland sitzender Betriebserwerber ist von dem Anwendungsbereich des BetrVG nicht erfasst.

Vor diesem Hintergrund stellt sich die Frage, ob der grenzüberschreitende Betriebsübergang (Inhaber- und Ortswechsel) eine Betriebsänderung i.S.d. § 111 BetrVG ist. Dies könnte – trotz des Territorialitätsprinzips – der Fall sein, da die Beteiligung des Betriebsrats gem. § 111 S. 1 BetrVG bereits im Planungsstadium hinsichtlich der beabsichtigten Betriebsänderungen beginnt. Hierdurch soll der Betriebsrat die Möglichkeit haben, auf die geplante Betriebsänderung Einfluss zu nehmen.[654] Inwieweit der grenzüberschreitende Betriebsübergang eine Betriebsänderung i.S.d. § 111 BetrVG ist, wird nachfolgend geprüft.

Unabhängig von der Frage, ob der grenzüberschreitende Betriebsübergang eine Betriebsänderung i.S.d. § 111 BetrVG ist oder ob es auf das Vorliegen einer anderen Betriebsänderung ankommt, stellt sich die Frage, ob der Betriebsveräußerer für die Aufnahme von Verhandlungen i.S.d. §§ 111 ff. BetrVG hinsichtlich im Ausland eintretender Betriebsänderungen zuständig ist.

Grundsätzlich ist jeweils der Betriebsinhaber für Verhandlungen mit dem Betriebsrat i.S.d. §§ 111 ff. BetrVG zuständig, bei dem die Betriebsänderung eintritt.[655] Bei einem innerdeutschen Betriebsübergang wird jedoch die Ansicht[656] vertreten, dass dies anders ist, wenn die Betriebsänderung auf einem einheitlichen Plan[657] von Betriebsveräußerer und Betriebserwerber beruht oder wenn dem Betriebsveräußerer die beim Betriebserwerber eintretende Betriebsänderung zugerechnet werden kann[658]. In diesem Fall wird zum Teil vertreten, dass der Betriebserwerber den Betriebsveräußerer dazu veranlassen muss, Verhandlungen mit dem Betriebsrat aufzunehmen.[659] Im Übrigen tritt der Betriebserwerber aufgrund der Regelung des § 613a Abs. 1 S. 1 BGB ohnehin in die Rechtsstellung

---

Privatrecht-Arbeitsrecht; BAG, Urt. v. 25.04.1978 (Az.: 6 ABR 2/77), Rn. 11 (juris), BAGE 30, 266–272; BAG, Beschl. v. 16.01.1990 (Az.: 1 ABR 47/88), Rn. 28 (juris); ZTR 1990, 299 f.; *Junker*, RIW 2001, 94 (105); *Däubler*, in: BetrVG, Einleitung, Rn. 211 ff.; § 111 Rn. 110; *Leuchten*, ZESAR 2012, 411 (415); *Land*, BB 2013, 2697 (2704).

654 *Fitting*, § 111 Rn. 107.

655 *Neef*, NZA 1994, 97 (99); Richardi/*Annuß*, § 111 Rn. 130.

656 *Neef*, NZA 1994, 97 (100); a.A.: *Koch*, in: Schaub, § 118 Rn. 26 – danach kann der Betriebserwerber mit dem Betriebsrat mangels Rechtsfähigkeit für Angelegenheiten außerhalb des BetrVG keine Vereinbarungen schließen.

657 *Däubler*, in: BetrVG, § 111 Rn. 127.

658 *Neef*, NZA 1994, 97 (100); a.A.: *Koch*, in: Schaub, § 118 Rn. 26 – danach kann der Betriebserwerber mit dem Betriebsrat mangels Rechtsfähigkeit für Angelegenheiten außerhalb des BetrVG keine Vereinbarungen schließen.

659 *Neef*, NZA 1994, 97 (100).

und damit auch in die Verhandlungsposition des Betriebserwerbers ein.[660] Bei einem grenzüberschreitenden Betriebsübergang könnte die Zurechnung von im Ausland eintretenden Betriebsänderungen vor dem Hintergrund des Territorialitätsprinzips schwieriger sein. Die aufgeworfenen Fragestellungen werden nachfolgend untersucht.

Ziel dieses Unterkapitels ist die Aufarbeitung der betrieblichen Mitwirkung im Fall eines grenzüberschreitenden Betriebsübergangs. Sollte sich herausstellen, dass zumindest Zweifel an der betrieblichen Mitwirkung im Falle eines grenzüberschreitenden Betriebsübergangs bestehen, würde dies ein Regelungsbedürfnis der betrieblichen Mitwirkung für den Fall eines grenzüberschreitenden Betriebsübergangs begründen.

Unabhängig davon ist unter den Voraussetzungen des § 106 Abs. 1 BetrVG der Wirtschaftsausschuss gem. § 106 Abs. 2 BetrVG *„rechtzeitig und umfassend über die wirtschaftlichen Angelegenheiten des Unternehmens unter Vorlage der erforderlichen Unterlagen zu unterrichten"*.[661] Auf den Wirtschaftsausschuss sowie auf die anderweitigen Beteiligungsrechte des Betriebsrats wird hier nicht weiter eingegangen.

Nachfolgend werden (i) die vorgenannten Rechtsfragen der betrieblichen Mitwirkung im Zusammenhang mit einem grenzüberschreitenden Betriebsübergang geprüft. Dem schließt sich (ii) eine Herausarbeitung des Regelungsbedarfs sowie die Entwicklung entsprechender Lösungsvorschläge an:

A. Mitwirkung des Betriebsrats bei grenzüberschreitenden Betriebsübergängen

Als Grundlage für die weitere Prüfung werden zunächst (i) die Rechtsgrundlagen für die Beteiligungsrechte des Betriebsrats im Rahmen eines Betriebsübergangs erörtert. Dem schließt sich (ii) eine Darstellung des Meinungsstreits hinsichtlich der Frage an, ob ein innerdeutscher Betriebsübergang (Inhaberwechsel) eine Betriebsänderung i.S.d. § 111 BetrVG ist. Anschließend wird (iii) geprüft, ob sich der vorgenannte Meinungsstreit auf den Fall eines grenzüberschreitenden Betriebsübergangs (Inhaber- und Ortswechsel) übertragen lässt bzw. welche Unterschiede insoweit zwischen einem innerdeutschen und einem grenzüberschreitenden Betriebsübergang bestehen. Schließlich wird (iv) auf die

660 Richardi/*Annuß*, § 111 Rn. 130.

661 *Pesch*, KSzW 2012, 114 (120). Ein Wirtschaftsausschuss gem. § 106 Abs. 1 BetrVG ist nur zu bilden, wenn *„mehr als einhundert ständig beschäftigten Arbeitnehmer"* in allen Unternehmen beschäftigt sind.

Zuständigkeitsfrage zur Verhandlungsführung i.S.d. §§ 111 ff. BetrVG hinsichtlich im Ausland eintretender Betriebsänderungen eingegangen.

I. Gesetzliche Regelungen im Zusammenhang mit der betrieblichen Mitwirkung bei einem Betriebsübergang

Ausgangspunkt für die nachfolgende Untersuchung sind die europäischen und die nationalen Rechtsquellen. Diese werden im Folgenden vorgestellt. Der Fokus liegt dabei auf der Regelung des § 111 BetrVG:

Auf Ausführungen zu einer etwaigen Einbeziehung des Europäischen Betriebsrats wird hier verzichtet.[662]

1. Europäische Rechtsquellen

Im Zusammenhang mit der betrieblichen Mitbestimmung spielen zwei EU Richtlinien eine Rolle. Die Betriebsübergangsrichtlinie und die Richtlinie 2002/14/EG[663] zur Festlegung eines allgemeinen Rahmens für die Unterrichtung und Anhörung der Arbeitnehmer in der Europäischen Gemeinschaft (nachfolgend „**Unterrichtungs- und Anhörungsrichtlinie**").

a) Betriebsübergangsrichtlinie

Die Bedeutung des Art. 7 der Betriebsübergangsrichtlinie wurde bereits im Zusammenhang mit § 613a Abs. 5 BGB (siehe S. 105) erläutert.

b) Unterrichtungs- und Anhörungsrichtlinie

Daneben besteht für bestimmte Fälle ein Unterrichtungs- und Anhörungsanspruch der Arbeitnehmer aus der Unterrichtungs- und Anhörungsrichtlinie:

Ziel der Unterrichtungs- und Anhörungsrichtlinie ist u.a. die Förderung des sozialen Dialogs zwischen den Sozialpartnern gem. Art. 136 EGV (heutiger Art. 151 AEUV).[664] Die Mitgliedstaaten können *„die Verwirklichung der*

---

662 Für weitere Ausführungen siehe *Pauls*, S. 72 ff.

663 Richtlinie 2002/14/EG des Europäischen Parlaments und des Rates vom 11. März 2002 zur Festlegung eines allgemeinen Rahmens für die Unterrichtung und Anhörung der Arbeitnehmer in der Europäischen Gemeinschaft – Gemeinsame Erklärung des Europäischen Parlaments, des Rates und der Kommission zur Vertretung der Arbeitnehmer, ABl. L 80 vom 23.3.2002, S. 29–34.

664 Erwägungsgrund 1 der RL 2002/14/EG.

sozialpolitischen Ziele, die mit einer in diesem Bereich erlassenen Richtlinie verfolgt werden, in erster Linie den Sozialpartnern überlassen."[665]

Dies zeichnet den nationalen Gesetzgeber jedoch nicht von der Verpflichtung frei, eine gesetzliche Auffangregelung zu schaffen. Insoweit äußerte sich der EuGH wie folgt:

> *„(...) diese Möglichkeit [befreit] die Mitgliedstaaten nicht von der Verpflichtung, durch geeignete Rechts- und Verwaltungsvorschriften sicherzustellen, dass* ***alle Arbeitnehmer in vollem Umfang den Schutz in Anspruch nehmen können, den ihnen diese Richtlinie verleiht*** *(...)".*[666]

Hieraus folgt die Pflicht der Mitgliedstaaten, eine gesetzliche Regelung zu schaffen, die die aus der Unterrichtungs- und Anhörungsrichtlinie gewährten Ansprüche sichern.

Der Zusammenhang zwischen der Unterrichtungs- und Anhörungsrichtlinie einerseits und einer Betriebsänderung i.S.d. § 111 BetrVG andererseits ergibt sich aus Folgendem: Art. 4 Abs. 2 c) der Unterrichtungs- und Anhörungsrichtlinie sieht die *„**Unterrichtung und Anhörung zu Entscheidungen, die wesentliche Veränderungen der Arbeitsorganisation oder der Arbeitsverträge** mit sich bringen können (...)*"[667] vor.[668]

Dies führt zu der Schlussfolgerung, dass der nationale Gesetzgeber die Unterrichtung und Anhörung der Arbeitnehmer für die Fälle sicherstellen muss, in denen wesentliche Veränderungen der Arbeitsorganisation oder der Arbeitsverträge eintreten.

Betrachtet man den Tatbestandskatalog des § 111 S. 3 BetrVG, sieht auch das BetrVG Beteiligungsrechte des Betriebsrats für die Fälle vor, in denen sich die *„organisatorische Einheit des Betriebs, die Betriebsmittel, der Betriebszweck oder die in der Belegschaft zusammengefassten Arbeitnehmer*"[669] erheblich ändern.

Der Sinn und Zweck der Unterrichtungs- und Anhörungsrichtlinie entspricht damit der Regelung des § 111 BetrVG.[670] Neben der Parallele hinsichtlich des

---

665 EuGH, Urt. v. 11.02.2010 (Rs. C-405/08), Leitsatz 1 (juris), Slg 2010, I-985–1024.

666 EuGH, Urt. v. 11.02.2010 (Rs. C-405/08), Leitsatz 1 (juris), Slg 2010, I-985–1024 – Hervorhebung ist im Original nicht enthalten.

667 Die Hervorhebung ist im Original nicht enthalten.

668 *Däubler*, in: BetrVG, § 111 Rn. 126.

669 Richardi/*Annuß*, § 111 BetrVG Rn. 40.

670 *Däubler*, in: BetrVG, § 111 Rn. 126; *Karthaus*, ArbuR 2007, 114 (118), der auszugsweise auf das EuGH Urt. v. 05.10.2004 (Az.: C-397/01), Rn. 115 (juris), verweist. Insoweit heißt es: *„Zwar ist § 111 BetrVG nicht in Umsetzung der RL 2002/14/EG erlassen worden, gleichwohl unterliegt auch diese Norm der richtlinienkonformen Auslegung. „Der*

Schutzzwecks, entspricht auch der Anwendungsbereich der Unterrichtungs- und Anhörungsrichtlinie dem des § 111 BetrVG. Dies ergibt sich zum einen aus dem Art. 3 Abs. 1 b) der Unterrichtungs- und Anhörungsrichtlinie, zum anderen aus § 111 S. 1 BetrVG.

Nun könnte man meinen, im Zusammenhang mit einem Betriebsübergang wird dem Anspruch aus der Unterrichtungs- und Anhörungsrichtlinie durch das Unterrichtungsschreiben gem. § 613a Abs. 5 BGB genüge getan. Dies ist jedoch nicht der Fall, da die Unterrichtungs- und Anhörungsrichtlinie einen Unterrichtungs- und Anhörungsanspruch vorsieht. Das Unterrichtungsschreiben erfüllt insoweit lediglich den Unterrichtungsanspruch.

2. Nationale Rechtsquellen

Wie bereits eingangs erwähnt, sieht § 613a BGB keine Beteiligungsrechte des Betriebsrats vor.[671] Dies ist Ausdruck der unternehmerischen Freiheit.[672] Der Unternehmer entscheidet allein, ob er einen Betrieb oder Betriebsteil veräußert, verlagert oder umstrukturiert.[673]

a) Keine betrieblichen Beteiligungsrechte aus § 613a BGB

Die unternehmerische Freiheit rechtfertigt sich dadurch, dass eine Umstrukturierung mit dem Ziel eines innerdeutschen Betriebsübergangs für die Arbeitnehmer – mit Ausnahme des Betriebsinhaberswechsels – keine Veränderungen nach sich zieht.[674]

Daher ist nach der überwiegend vertretenen Ansicht, der Inhaberwechsel für sich betrachtet keine Betriebsänderung i.S.d. § 111 BetrVG.[675] Vielmehr werden

---

vom Gemeinschaftsrecht aufgestellte Grundsatz der gemeinschaftsrechtskonformen Auslegung des nationalen Rechts betrifft zwar in erster Linie die zur Umsetzung der fraglichen RL erlassenen innerstaatlichen Bestimmungen, beschränkt sich jedoch nicht auf die Auslegung dieser Bestimmungen, sondern verlangt, dass das nationale Gericht das gesamte nationale Recht berücksichtigt, um zu beurteilen, inwieweit es so angewendet werden kann, dass es nicht zu einem der RL widersprechenden Ergebnis führt."

671 *Feudner*, DB 2004, 982 (985).

672 *Junker*, NZA-Beilage 1/2012, 8 (8).

673 *Däubler*, in BetrVG, § 111 Rn. 1; *Junker*, NZA Beilage 1/2012, 8 (8 f.): Im Fall eines innerdeutschen Betriebsübergangs erfährt die Unternehmerfreiheit Einschränkungen durch die Rechtsprechung des BAG zur betriebsbedingten Kündigung sowie durch die Mitwirkung des Betriebsrats gem. §§ 111 ff. BetrVG.

674 *Feudner*, DB 2004, 982 (985); *Burgmer/Richter*, S. 40.

675 Rspr.: BAG, Urt. v. 4.12.1979 (Az.: 1 AZR 843/76), Rn. 20 (juris), AP Nr. 6 zu § 111 BetrVG 1972; BAG, Urt. v. 19.01.1999 (Az.: 1 AZR 342/98), Rn. 32 (juris), AP Nr. 37

die Arbeitnehmer vor Nachteilen im Zusammenhang mit dem Inhaberwechsel durch die Regelung des § 613a BGB geschützt.[676]

Mit Blick auf den Lösungsvorschlag sei erwähnt, dass im Rahmen der Umsetzung der Betriebsübergangsrichtlinie ein Zustimmungserfordernis des Betriebsrats diskutiert wurde.[677] Die Diskussion wurde durch einen Vorschlag des DGB angestoßen.[678] Diesem wurde jedoch nicht entsprochen.[679]

Insoweit bezeichnete das BAG § 613a BGB ausdrücklich als „*eine zivilrechtliche, keine betriebsverfassungsrechtliche Norm*".[680]

Zur Ablehnung der Zustimmung des Betriebsrats heißt es in einem Beschluss des BAG wie folgt:

> „*Wenn aber die Arbeitsverhältnisse unabhängig von einem eigenen Willensentschluß des neuen Betriebsinhabers auf diesen kraft Gesetzes übergehen, so kann für diesen Vorgang* ***auch keine Beteiligung des Betriebsrats in Frage kommen.***"[681]

b) Betriebsänderung i.S.d. § 111 BetrVG

Eine Einschränkung erfährt die unternehmerische Freiheit nur, wenn im Zusammenhang mit dem Inhaberwechsel Betriebsänderungen i.S.d § 111 BetrVG eintreten.[682]

Zu den Voraussetzungen im Einzelnen: Für die betrieblichen Beteiligungsrechte gem. §§ 111 ff. BetrVG muss (i) ein Betriebsrat bestehen.[683] Ferner setzt

zu § 113 BetrVG 1972; Lit.: Richardi/*Annuß*, § 111 BetrVG, Rn. 124; *Fitting*, § 111 BetrVG, Rn. 50; *Neef*, NZA 1994, 97 (97); ErfK/*Kania*, § 111 BetrVG Rn. 12; *Schwerdtner*, FS Müller, S. 571.

676 Rspr.: BAG, Urt. v. 4.12.1979 (Az.: 1 AZR 843/76), Rn. 20 (juris), AP Nr. 6 zu § 111 BetrVG 1972; BAG, Urt. v. 19.01.1999 (Az.: 1 AZR 342/98), Rn. 32 (juris), AP Nr. 37 zu § 113 BetrVG 1972; Lit.: Richardi/*Annuß*, § 111 BetrVG, Rn. 124; *Fitting*, § 111 BetrVG, Rn. 50; *Neef*, NZA 1994, 97 (97); ErfK/*Kania*, § 111 BetrVG Rn. 12; *Schwerdtner*, FS Müller, S. 571.

677 BAG, Urt. v. 17.01.1980 (Az.: 3 AZR 160/79), Rn. 22 (juris), BAGE 32, 326–338.

678 BT-Drucksache VI/1786, S. 59; BAG, Urt. v. 17.01.1980 (Az.: 3 AZR 160/79), Rn. 22 (juris), BAGE 32, 326–338; Richardi/*Annuß*, § 111 BetrvG Rn. 124.

679 BAG, Beschl. v. 07.11.1975 (Az.: 1 ABR 78/74), Rn. 13 (juris), BAGE 27, 322–331.

680 BAG, Beschl. v. 07.11.1975 (Az.: 1 ABR 78/74), Rn. 13 (juris), BAGE 27, 322–331.

681 BAG, Beschl. v. 07.11.1975 (Az.: 1 ABR 78/74), Rn. 13 (juris), BAGE 27, 322–331, die Hervorhebung ist im Original nicht enthalten.

682 BAG, Urt. v. 4.12.1979 (Az.: 1 AZR 843/76), Rn. 20 (juris), AP Nr. 6 zu § 111 BetrVG 1972; so auch BAG, Beschl. v. 16.06.1987 (Az.: ABR 41/85), Rn. 17 (juris), BAGE 55, 356–366.

683 *Junker*, NZA Beilage 1/2012, 8 (9).

der Wortlaut des § 111 S. 1 BetrVG voraus, dass (ii) ein Unternehmen[684] mit in der Regel mehr als 20 wahlberechtigten Arbeitsnehmern vorliegt, (iii) eine Betriebsänderung in Planung ist und (iv) die Betriebsänderung zu wesentlichen Nachteilen für die Belegschaft oder erheblichen Teilen der Belegschaft führt.[685]

Maßgeblich ist die Frage, ob die dritte Voraussetzung – eine Betriebsänderung – vorliegt. In Bezug auf das Vorliegen einer Betriebsänderung beinhaltet § 111 S. 3 BetrVG einen Katalog einzelner Sachverhalte, die von Gesetzes wegen als Betriebsänderung qualifiziert werden.[686]

§ 111 S. 3 Nr. 1–5 BetrVG in der Fassung vom 23.07.2001 lautet wie folgt:

„Als Betriebsänderungen im Sinne des Satzes 1 gelten

1. *Einschränkungen und Stilllegungen des ganzen Betriebs oder von wesentlichen Betriebsteilen,*
2. *Verlegung des ganzen Betriebs oder von wesentlichen Betriebsteilen,*
3. *Zusammenschluss mit anderen Betrieben oder die Spaltung von Betrieben,*
4. *grundlegende Änderung der Betriebsorganisation, des Betriebszwecks oder der Betriebsanlagen,*
5. *Einführung grundlegend neuer Arbeitsmethoden und Fertigungsverfahren."*

Liegt einer der dort genannten Fälle vor, bedarf es keiner weiteren Prüfung hinsichtlich der durch die Betriebsänderung verursachten Nachteile.[687] Vielmehr wird deren Vorliegen durch das Gesetz vermutet (so genannte *„gesetzliche Fiktion"*[688]).[689] Auf eine Darstellung sämtlicher Tatbestände des § 111 S. 3 BetrVG wird verzichtet.[690]

---

684 Mit Blick auf die Relevanz ist jedoch hervorzuheben, dass die Zahl der Arbeitnehmer sich nicht auf den Betrieb, sondern auf das Unternehmen bezieht; vgl. *Däubler*, in: BetrVG, § 111 Rn. 24 ff.

685 *Burgmer/Richter*, S. 100; *Burgmer/Richter*, Betriebsänderung, S. 12; *Junker*, NZA Beilage 1/2012, 8 (9).

686 *Burgmer/Richter*, Betriebsänderung, S. 15.

687 *Burgmer/Richter*, Betriebsänderung, S. 15; *Däubler*, in: BetrVG, § 111 Rn. 44.

688 *Burgmer/Richter*, Betriebsänderung, S. 17; a.A.: *Hess*, § 111 BetrVG Rn. 50 – Nach *Hess* handelt es sich nicht um eine gesetzliche Fiktion, sondern um eine widerlegbare Vermutung.

689 *Burgmer/Richter*, Betriebsänderung, S. 15; *Düwell/Steffan*, § 111 BetrVG Rn. 16; *Däubler*, in: BetrVG, § 111 Rn. 44; kritisch: Richardi/*Annuß*, § 111 BetrVG, Rn. 47.

690 Im Folgenden wird lediglich auf die für einen grenzüberschreitenden Betriebsübergang relevanten Tatbestände des § 111 S. 3 Nr. 2 BetrVG bzw. § 111 S. 1 BetrVG eingegangen.

Bereits in diesem Zusammenhang sei erwähnt, dass es umstritten ist, ob der Tatbestandskatalog des § 111 S. 3 BetrVG abschließend ist[691] oder es einen allgemeinen Auffangtatbestand[692] gem. § 111 S. 1 BetrVG gibt. Der diesbezügliche Meinungsstreit wird an der hierfür relevanten Stelle dargestellt (siehe S. 116).

Für den grundsätzlichen Zusammenhang zwischen einem Betriebsübergang und einer Betriebsänderung gilt Folgendes: Eine Betriebsänderung kann im Kontext eines Betriebsübergangs sowohl beim Betriebsveräußerer als auch beim Betriebserwerber eintreten. Zu denken ist beispielsweise an den Fall, dass der Betriebsveräußerer mit Blick auf den bevorstehenden Betriebsübergang Betriebsänderungen in Form von Änderungen in der Betriebsorganisation (§ 111 S. 3 Nr. 4 BetrVG) vornimmt. Steht ein Betriebsteilübergang im Raum, kann dies für den „zurückbleibenden" Betrieb bei dem Betriebsveräußerer zu einer Betriebseinschränkung gem. § 111 S. 3 Nr. 1 Alt. 1 BetrVG führen.[693] Ferner könnte eine Betriebsänderung in Form der Betriebsstilllegung (§ 111 S. 3 Nr. 1 Alt. 2 BetrVG) vorliegen, wenn der Betriebsübergang an den Widersprüchen der Arbeitnehmer und damit letztlich an der Wahrung der Betriebsidentität scheitert.[694] Im Übrigen könnte mit Blick auf die Fälle eines Betriebsübergangs in Form der Betriebsbildung eine Betriebsänderung in Form des Zusammenschlusses (§ 111 Nr. 3 Alt.1 BetrVG)[695] bzw. für Fälle der Betriebsteilung eine Betriebsspaltung (§ 111 Nr. 3 Alt. 2 BetrVG) relevant werden.

In Bezug auf einen grenzüberschreitenden Betriebsübergang spielen insbesondere die Verlegung des Betriebs bzw. Betriebsteils (§ 111 S. 3 Nr. 2 BetrVG) sowie der überwiegend anerkannte allgemeine Auffangtatbestand[696] gem. § 111 S. 1 BetrVG eine Rolle. Die beiden Fälle einer Betriebsänderung werden

---

691 Richardi/*Annuß*, § 111 BetrVG Rn. 41 ff, gehen davon aus, dass der Tatbestandskatalog des S. 3 abschließend ist.

692 *Burgmer/Richter*, Betriebsänderung, S. 17; *Däubler*, in: BetrVG, § 111 Rn. 92 ff;. *Düwell/Steffan*, § 111 BetrVG Rn. 18.

693 Nach dem BAG ist eine Betriebseinschränkung gem. § 111 S. 3 Nr. 1 Alt. 1 BetrVG *„(...) eine erhebliche, ungewöhnliche und nicht nur vorübergehende Herabsetzung der Leistungsfähigkeit des Betriebes, gleichgültig, ob die Verminderung der Leistungsfähigkeit durch Außerbetriebsetzung von Betriebsanlagen oder durch Personalreduzierung erfolgt (...)"*; vgl. BAG, Beschl. v. 22.05.1979 (Az.: 1 ABR 17/77), Rn. 43 (juris), BAGE 32, 14–31; siehe hierzu: Däubler, in: BetrVG, § 111 Rn. 40.

694 *Däubler*, in: BetrVG, § 111 Rn. 129.

695 *Willemsen u. a./Willemsen*, Umstrukturierung, S. 36 Rn. 64.

696 Rspr.: LAG Baden-Württemberg, Beschl. v. 16.06.1987 (Az.: 8 (14) TaBV 21/86), LAGE § 111 BetrVG 1972 Nr. 6, Bl. 27; LAG Niedersachen, Beschl. v. 12.01.2010 (Az.: 1 TaBV 73/09), LAGE § 98 ArbGG 1979 Nr. 58, Bl. 5; Lit.: *Däubler*, in: BetrVG,

nachfolgend abrissartig erläutert. Dem schließt sich eine kurze Darstellung der Rechtsfolgen einer Betriebsänderung i.S.d. § 111 BetrVG an. Hierbei handelt es sich abermals nicht um eine abschließende Darstellung. Vielmehr dienen die nachfolgenden Ausführungen als Beurteilungsgrundlage:

aa) Betriebsverlegung gem. § 111 S. 3 Nr. 2 BetrVG

Die Betriebsänderung gem. § 111 S. 3 Nr. 2 BetrVG setzt (i) eine räumliche Änderung und (ii) die Verlagerung des ganzen oder zumindest eines wesentlichen Teils des Betriebs voraus.

(1) Räumliche Änderung

Unter einer Betriebsverlagerung i.S.d. § 111 S. 3 Nr. 2 BetrVG werden Sachverhalte verstanden, bei denen sich die räumliche Lage des Betriebs ändert.[697]

Sachverhalte, in denen sich beispielsweise die gesamte Betriebsorganisation ändert und nebenbei eine räumliche Änderung eintritt, sind hiervon nicht erfasst.[698] Vielmehr liegt in diesem Fall eine Betriebsänderung in Form der Betriebsstilllegung vor.[699]

Die Veränderung der örtlichen Lage darf dabei nicht nur geringfügig sein.[700] Hierunter werden zu vernachlässigende Fälle verstanden, in denen beispielsweise der Betrieb die Straßenseite wechselt, in ein nahe gelegenes Haus umzieht oder innerhalb eines Hauses verlegt wird.[701]

Das BAG entschied im Zusammenhang mit der Betriebsänderung in Form der Verlegung gem. § 111 S. 3 Nr. 2 BetrVG, dass

> *„eine Verlegung wesentlicher Betriebsteile (…) dann vor[liegt], wenn die örtliche Lage des Betriebes oder der Betriebsteile sich ändert (…).Soweit dabei geringfügige Veränderungen des Standortes ausgenommen werden, wird dies durchweg mit Beispielen wie „Wechsel der Straßenseite“, „Verlegung in ein in der Nähe gelegenes Haus“ oder „Umzug im Haus“*

---

§ 111, Rn. 115; *Fitting*, § 111 BetrVG Rn. 40; a.A.: Richardi/*Annuß*, § 111 BetrVG Rn. 41 m.w.N.

697 BAG, Beschl. v. 17.08.1982 (Az.: 1 ABR 40/80), Rn. 15 (juris), BAGE 40, 36–42; *Junker*, NZA Beilage 1/2012, 8 (9); Richardi/*Annuß*, § 111 BetrVG Rn. 91; *Däubler*, in: BetrVG, § 111 Rn. 87.

698 *Junker*, NZA Beilage 1/2012, 8 (9); Richardi/*Annuß*, § 111 BetrVG Rn. 91.

699 BAG, Beschl. v. 27.06.1995 (Az.: 1 ABR 62/94); Rn. 15 (juris), AP Nr. 7 zu § 4 BetrVG 1972; *Junker*, NZA Beilage 1/2012, 8 (9).

700 BAG, Beschl. v. 17.08.1982 (Az.: 1 ABR 40/80), Rn. 15 (juris), BAGE 40, 36–42; Richardi/*Annuß*, § 111 BetrVG Rn. 92.

701 BAG, Beschl. v. 17.08.1982 (Az.: 1 ABR 40/80), Rn. 15 (juris), BAGE 40, 36–42.

verdeutlicht. Im vorliegenden Falle sind die Abteilungen in ein Gebäude verlegt worden, das ***4,3 Straßen-km*** *vom bisherigen Betriebsort entfernt liegt.* ***Von einer geringfügigen Verlegung des Standortes kann unter diesen Umständen nicht mehr gesprochen werden.*** *Daß in einer Großstadt wie Berlin im allgemeinen günstige Verkehrsverbindungen bestehen mögen, ist für die Frage, ob eine nicht nur geringfügige Veränderung des Standortes des Betriebes oder der Betriebsteile vorliegt, ohne Bedeutung. Die Antragsgegnerin hat daher die genannten Betriebsabteilungen im Sinne von § 111 Satz 2 Nr. 2 BetrVG „verlegt".*"[702]

Eine starre Kilometergrenze, innerhalb derer noch von einer „*geringfügige[n] Veränderung(en) des Standortes*"[703] gesprochen wird, gibt es nicht. In dem vorgenannten BAG Beschluss[704] wurde eine Betriebsverlegung gem. § 111 S. 3 Nr. 2 BetrVG selbst bei einer Entfernung von 4,3 km angenommen.[705] Bemerkenswert ist, dass die Verkehrsanbindung insoweit keine Rolle spielte.[706]

(2) Ganzer Betrieb/Wesentlicher Betriebsteil

Der Anwendungsbereich des § 111 Nr. 2 BetrVG wird dadurch eingeschränkt, dass entweder der ganze Betrieb oder zumindest ein wesentlicher Betriebsteil von der Betriebsverlagerung betroffen sein muss.

Die Rechtsprechung bemisst die Wesentlichkeit eines Betriebsteils nach (i) qualitativen[707] und (ii) quantitativen[708] Kriterien.

Nach dem qualitativen Kriterium ist ein Betriebsteil wesentlich, wenn ihm beispielsweise „*wesentliche Bedeutung innerhalb der betrieblichen Gesamtorganisation*"[709] zukommt oder er eine „*Schlüsselfunktion*"[710] innerhalb des Betriebs einnimmt.

---

702 BAG, Beschl. v. 17.08.1982 (Az.: 1 ABR 40/80), Rn. 15 (juris), BAGE 40, 36–42 – die Hervorhebung ist im Original nicht enthalten.

703 BAG, Beschl. v. 17.08.1982 (Az.: 1 ABR 40/80), Rn. 15 (juris), BAGE 40, 36–42.

704 BAG, Beschl. v. 17.08.1982 (Az.: 1 ABR 40/80), Rn. 15 (juris), BAGE 40, 36–42.

705 BAG, Beschl. v. 17.08.1982 (Az.: 1 ABR 40/80), Rn. 15 (juris), BAGE 40, 36–42; siehe hierzu: *Burgmer/Richter*, S. 24.

706 BAG, Beschl. v. 17.08.1982 (Az.: 1 ABR 40/80), Rn. 15 (juris), BAGE 40, 36–42; siehe hierzu: *Burgmer/Richter*, S. 24.

707 *Däubler*, in: BetrVG, § 111 Rn. 63.

708 *Däubler*, in: BetrVG, § 111 Rn. 64.

709 *Däubler*, in: BetrVG, § 111 Rn. 63.

710 BAG, Beschl. v. 28.03.2006 (Az.: 1 ABR 5/05), Rn. 41 (juris), BAGE 117, 296–307; siehe hierzu *Däubler*, in: BetrVG, § 111 Rn. 63.

Das quantitative Kriterium richtet sich nach der Zahlenschwelle des § 17 KSchG und der Betroffenheit von mind. 5 % der Belegschaft.[711]

bb) Allgemeiner Auffangtatbestand gem. § 111 S. 1 BetrVG

Wie bereits angerissen, ist es in der Literatur umstritten, ob es einen allgemeinen Auffangtatbestand/eine Generalklausel gem. § 111 S. 1 BetrVG gibt.[712] Der Auffangtatbestand gem. § 111 S. 1 BetrVG könnte jedoch mit Blick auf den grenzüberschreitenden Betriebsübergang relevant werden. Der insoweit bestehende Meinungsstreit wird nachfolgend abrissartig dargestellt:

(1) Ablehnung eines allgemeinen Auffangtatbestands gem. § 111 S. 1 BetrVG

Annuß lehnt die Existenz eines eigenständigen Bedeutungsgehalts des § 111 S. 1 BetrVG und damit die Existenz eines allgemeinen Auffangtatbestands ab.[713] Vielmehr sei der Tatbestandskatalog des § 111 S. 3 BetrVG abschließend.[714]

Als Argument wird insbesondere angeführt, dass dem Gesetzeswortlaut die Einschränkung durch das Wort „*insbesondere*" fehle.[715] Im Übrigen ergebe sich dies aus der Systematik und dem teleologischen Zusammenhang zwischen § 111 S. 3 BetrVG und § 111 S. 1 BetrVG.[716]

(2) Bejahung eines allgemeinen Auffangtatbestands gem. § 111 S. 1 BetrVG

Der vorgenannten Ansicht steht ein weiter Teil in der Literatur entgegen, der § 111 S. 1 BetrVG als Generalklausel qualifiziert.[717] In der Rechtsprechung finden sich Instanzurteile, die sich dieser Ansicht angeschlossen haben und das Bestehen eines allgemeinen Auffangtatbestands bestätigen.[718] Auch das BAG äußert sich – allerdings nicht ganz so deutlich – und bezeichnet § 111 S. 3 BetrVG als

711 *Däubler*, in: BetrVG, § 111 Rn. 64.
712 *Däubler*, in: BetrVG, § 111 Rn. 115; *Hess*, § 111 BetrVG Rn. 47.
713 Richardi/*Annuß*, § 111 BetrVG Rn. 41 m.w.N.
714 Richardi/*Annuß*, § 111 BetrVG Rn. 41 m.w.N.
715 Richardi/*Annuß*, § 111 BetrVG Rn. 42.
716 Richardi/*Annuß*, § 111 BetrVG Rn. 42.
717 *Däubler*, in: BetrVG, § 111, Rn. 115; *Fitting*, § 111 BetrVG Rn. 40; *Oetker*, in: GK-BetrVG, § 111 Rn. 173.
718 LAG Baden-Württemberg, Beschl. v. 16.06.1987 (Az.: 8 (14) TaBV 21/86), LAGE § 111 BetrVG 1972 Nr. 6, Bl. 27; LAG Niedersachen, Beschl. v. 12.01.2010 (Az.: 1 TaBV 73/09), LAGE § 98 ArbGG 1979 Nr. 58, Bl. 5.

„beispielhafte Aufstellung von Tatbeständen, die als Betriebsänderung im Sinne des Satzes 1 gelten“[719].

Nach *Däubler* ist Voraussetzung für den allgemeinen Auffangtatbestand gem. § 111 S. 1 BetrVG, dass *„die bisherige Funktionsweise des Betriebs in ungewöhnlicher, nicht alltäglicher Weise geändert wird“*[720]. Dies ist der Fall, wenn die beabsichtigte Maßnahme *„wesentliche Nachteile“*[721] haben kann[722] und diese Nachteile *„möglicherweise die gesamte Belegschaft oder erhebliche Teile der Belegschaft betreffen“*[723].

Hervorzuheben ist, dass hinsichtlich der Betroffenheit der Belegschaft dieselben Maßstäbe gelten, wie hinsichtlich der Wesentlichkeit eines Betriebsteils bei der Ortsverlagerung gem. § 111 S. 3 Nr. 2 BetrVG.

Als Anwendungsbereich für die Generalklausel des § 111 S. 1 BetrVG wird u.a. der Fall genannt, in dem *„ein nicht wesentlicher Betriebsteil eingeschränkt wird, dies jedoch über den unmittelbar betroffenen Bereich hinauswirkt und auch anderen Beschäftigten Nachteilen bringt“*[724].

(3) Stellungnahme

Nach Abwägung der vorstehenden Auffassungen überzeugt die zweit genannte Ansicht. Hierfür sprechen Sinn und Zweck der betrieblichen Mitbestimmung.

Die §§ 111–113 BetrVG haben sowohl eine *„Steuerfunktion“*[725] als auch eine *„Schutzfunktion“*[726]. Bereits die Schutzfunktion bedingt, dass der Tatbestandskatalog des § 111 S. 3 BetrVG nicht abschließend ist.

Im Tatbestandskatalog des § 111 S. 3 BetrVG werden lediglich die wesentlichen Sachverhalte genannt, die als Betriebsänderung durch das Gesetz fingiert werden. Dies schließt jedoch nicht aus, dass auch andere Sachverhaltskonstellationen unter den Oberbegriff der Betriebsänderung fallen.

cc) Überblicksmäßige Rechtsfolgen einer Betriebsänderung

Liegt eine Betriebsänderung i.S.d. § 111 BetrVG vor, führt dies zu Folgendem: Im Falle einer geplanten Betriebsänderung ist der Betriebsrat gem. § 111 S. 1 BetrVG

719 BAG, Urt. v. 9.11.2010 (Az.: 1 AZR 708/09), NZA 2011, 466 (467 Rn. 13).

720 *Däubler*, in: BetrVG, § 111, Rn. 116.

721 Vgl. § 111 S. 1 BetrVG.

722 *Däubler*, in: BetrVG, § 111, Rn. 117; *Oetker*, in: GK-BetrVG, § 111 Rn. 177 ff.

723 *Däubler*, in: BetrVG, § 111, Rn. 118; *Oetker*, in: GK-BetrVG, § 111 Rn. 183 ff.

724 *Däubler*, in: BetrVG, § 111, Rn. 120.

725 *Däubler*, in: BetrVG, § 111, Rn. 4.

726 *Däubler*, in: BetrVG, § 111, Rn. 5.

hierüber *„rechtzeitig und umfassend zu unterrichten“*. Das Unterrichtungsrecht umfasst sowohl den Zeitpunkt[727] als auch den Umfang[728] der Unterrichtung.

Ferner sind die geplanten Betriebsänderungen gem. § 111 S. 1 BetrVG mit dem Betriebsrat zu beraten.[729] Die Betriebsänderung an sich kann der Betriebsrat nicht verhindern.[730] Die Beratungen geben dem Betriebsrat Gelegenheit, die mit der Betriebsänderung einhergehenden Nachteile aufzuzeigen und so gering wie möglich zu halten.[731]

Überdies münden die Beratungen in dem Versuch, einen Interessenausgleich und einen Sozialplan (siehe Legaldefinition in § 112 Abs. 1 S. 2 BetrVG) abzuschließen.[732] Interessenausgleich und Sozialplan unterscheiden sich nach der Rechtsprechung des BAG wie folgt:

> *„Im Interessenausgleich geht es darum, ob, wann und in welcher Form die vorgesehene unternehmerische Maßnahme durchgeführt werden soll (...).“*[733]

Der Interessenausgleich bezieht sich also auf die Betriebsänderung an sich.[734]

> *„Gegenstand des Interessenausgleichs sind die organisatorische Umsetzung der Betriebsänderung und die mit ihrer Durchführung verbundenen personellen Maßnahmen. Zu diesem zählt insbesondere der Ausspruch von Kündigungen und Versetzungen gegenüber den betroffenen Arbeitnehmern.“*[735]

Der Sozialplan bezieht sich hingegen auf die Folgen der Betriebsänderung:

---

727 Nach *Burgmer/Richter*, S. 51, muss die Unterrichtung *„im Planungsstadium erfolgen“*. Nach *Wutschka*, BB 2010, 825 (828) muss die Unterrichtung erfolgen *„sobald der Plan der Betriebsänderung zu einer gewissen Reife gediehen ist“*.

728 *Wutschka*, BB 2010, 825 (828); nach *Burgmer/Richter*, S. 53, muss der *„Betriebsrat (...) vom Unternehmer in die Lage versetzt werden, dass er die Maßnahmen in Gänze erfassen und ihre Folgen abschätzen kann. Insoweit hat der Unternehmer über alle tatsächlichen, wirtschaftlichen und sozialen Gründe für die Betriebsänderung, über die Modalitäten der Betriebsänderung sowie über die vom Unternehmer abgeschätzten Auswirkung der Änderung unterrichten.“*

729 *Burgmer/Richter*, Betriebsänderung, S. 51; *Wutschka*, BB 2010, 825 (828).

730 *Burgmer/Richter*, Betriebsänderung, S. 67.

731 *Burgmer/Richter*, Betriebsänderung, S. 67.

732 *Burgmer/Richter*, Betriebsänderung, S. 67; *Däubler*, in: BetrVG § 111 Rn. 3.

733 BAG, Beschl. v. 27.10.1987 (Az.: 1 ABR 9/86), Rn. 18 (juris), BAGE 56, 270–289.

734 *Däubler*, in: BetrVG, § 112, 112a Rn. 3 ff.

735 BAG, Urt. v. 22.01.2013 (Az.: 1 AZR 873/11), Rn. 16 (juris), EzA § 113 BetrVG 2001 Nr. 9.

„Im Sozialplan geht es um Ausgleich oder Milderung der wirtschaftlichen Nachteile, die den Arbeitnehmern infolge dieser Maßnahme entstehen.“[736] *„Im Sozialplan können die Voraussetzungen, unter denen ein Arbeitsplatz für einen betroffenen Arbeitnehmer zumutbar ist, näher geregelt werden. (…) Es handelt sich um die Regelung der Folgen, die aus der Betriebsänderung entstehen, nicht um Regelungen über die Betriebsänderung selbst.“*[737]

Nicht nur inhaltlich und zeitlich unterscheidet sich der Sozialplan von dem Interessenausgleich, sondern auch hinsichtlich der Erzwingbarkeit.[738] Mangels Relevanz für die weitere Prüfung wird insoweit auf weitere Ausführungen verzichtet.

II. Innerdeutscher Betriebsübergang als Betriebsänderung i.S.d. § 111 BetrVG

An die vorhergehenden Grundlagen schließt sich der Meinungsstreit hinsichtlich der Frage an, ob ein innerdeutscher Betriebsübergang eine Betriebsänderung i.S.d. § 111 BetrVG ist. Anknüpfungspunkt ist insoweit der Inhaberwechsel.

1. Ansicht des BAG und der überwiegenden Literatur

Nach der Rechtsprechung des BAG[739] sowie der überwiegend vertretenen Ansicht in der Literatur[740] ist ein innerdeutscher Betriebsübergang für sich betrachtet keine Betriebsänderung i.S.d. § 111 BetrVG.

In Bezug auf den Inhaberwechsel wird die Regelung des § 613a BGB vielmehr als *„Spezialregelung“*[741] zu § 111 BetrVG verstanden.

Das BAG führt insoweit aus, dass *„der Übergang eines Betriebes durch Rechtsgeschäft auf einen anderen Inhaber für sich allein keine Betriebsänderung im Sinne von § 111 BetrVG darstellt; die Folgen eines solchen rechtsgeschäftlichen Betriebsinhaberwechsels für die Arbeitsverhältnisse der Betriebsangehörigen sind in § 613 a BGB besonders geregelt. Anders verhält es sich aber, wenn sich der rechtsgeschäftliche Betriebsübergang nicht in dem bloßen Betriebs-inhaberwechsel erschöpft,*

736 BAG, Beschl. v. 27.10.1987 (Az.: 1 ABR 9/86), Leitsatz 1 (juris), BAGE 56, 270–289.

737 BAG, Beschl. v. 27.10.1987 (Az.: 1 ABR 9/86), Rn. 19 (juris), BAGE 56, 270–289.

738 *Wutschka*, BB 2010, 825 (828).

739 BAG, Urt. v. 4.12.1979 (Az.: 1 AZR 843/76), Rn. 20 (juris), AP Nr. 6 zu § 111 BetrVG 1972; BAG, Urt. v. 19.01.1999 (Az.: 1 AZR 342/98), Rn. 32 (juris), AP Nr. 37 zu § 113 BetrVG 1972.

740 *Konzen*, ZfA 1978, 451 (503); *Neef*, NZA 1994, 97 (97); *Karthaus*, ArbuR 2007, 114 (114); *Hergenröder*, AR-Blattei SD 500.1; Rn. 965; Richardi/*Annuß*, § 111 BetrVG, Rn. 124; ErfK/*Kania*, § 111 BetrVG Rn. 12; *Koch*, in Schaub: § 244 Rn. 8.

741 *Neef*, NZA 1994, 97 (98).

sondern mit Maßnahmen verbunden ist, die als solche einen der Tatbestände des § 111 BetrVG erfüllen.“[742]

D.h. geht mit dem Betriebsübergang keine Betriebsänderung einher, kann der Betriebsrat anlässlich eines Betriebsübergangs weder die Beratung noch die Verhandlungen oder den Abschluss eines Interessenausgleichs sowie eines Sozialplans verlangen.

2. Gegenstimmen aus der Literatur

In der Literatur[743] finden sich Gegenstimmen zu der vorgenannten Rechtsansicht. Anknüpfungspunkt ist insbesondere die mit dem Inhaberwechsel einhergehende Änderung bzgl. der Haftungsmasse.[744] Hierzu im Einzelnen:

Kittner wirft insofern die Frage auf, welchen „*drastischeren Eingriff [es] in Betriebsstrukturen gibt als den Wegfall des bish. Rechtssubjekts aller Vertragsbeziehungen mit den ArbN (...)*“[745].

Neef hebt den – mit dem Betriebsübergang einhergehenden – Verlust eines vertrauensvollen, finanzstarken Betriebsinhabers hervor.[746]

Hieran knüpft *Däubler* an und vertritt, dass „*auch der Inhaberwechsel (...) eine (höchst bedeutsame) »Betriebsänderung« dar[stellt].*“[747]. *Däubler* begründet dies mit wirtschaftlichen Überlegungen aus der Sicht der Arbeitnehmer.[748] Insoweit kann der Inhaberwechsel zu einer Verringerung der Haftungsmasse führen.[749] Wie dargestellt, stehen dem Betriebsrat nach der überwiegend vertretenen Ansicht keine Rechte zu, für diesen Nachteil einen Ausgleich zu verhandeln.[750]

Ferner erhebt *Däubler* – unter Hinweis auf Art. 4 Abs. 2 Buchst. c und Art. 4 Abs. 4 Buchst. e der Unterrichtungs- und Anhörungsrichtlinie – europarechtliche

---

742 BAG, Urt. v. 4.12.1979 (Az.: 1 AZR 843/76), Rn. 20 (juris), AP Nr. 6 zu § 111 BetrVG 1972; so auch BAG, Beschl. v. 16.06.1987 (Az.: ABR 41/85), Rn. 17 (juris), BAGE 55, 356–366.

743 *Gamillscheg*, Koll. AR, S. 1114; *Däubler*, in: BetrVG, § 111 Rn. 102; *Kittner*, Anm. zu AP Nr. 9 zu § 111 BetrVG 1972 Bl. 866; *Karthaus*, ArbuR 2007, 114 (118); *Fitting*, § 111 BetrVG, Rn. 50.

744 *Gamillscheg*, Koll. AR, S. 1114; *Däubler*, in: BetrVG, § 111 Rn. 102; *Kittner*, Anm. zu AP Nr. 9 zu § 111 BetrVG 1972 Bl. 866; *Karthaus*, ArbuR 2007, 114 (118); *Fitting*, § 111 BetrVG, Rn. 50.

745 *Kittner*, Anm. zu AP Nr. 9 zu § 111 BetrVG 1972 Bl. 866.

746 *Neef*, NZA 1994, 97 (98).

747 *Däubler*, in: BetrVG, § 111 Rn. 125.

748 *Däubler*, in: BetrVG, § 111 Rn. 125.

749 *Däubler*, in: BetrVG, § 111 Rn. 125.

750 *Däubler*, in: BetrVG, § 111 Rn. 125.

Bedenken gegen die vorgenannte BAG Rechtsprechung.[751] Danach wird die „*Unterrichtung und Anhörung*“ der Arbeitnehmer mit dem Ziel „*eine Vereinbarung zu erreichen*“ verlangt.[752] „*Ein richtlinienkonformer Zustand*“[753] sei daher nur möglich, wenn der Betriebsrat auch in Bezug auf den Inhaberwechsel bei einem innerdeutschen Betriebsübergang zu beteiligen ist.[754]

Im Übrigen verweist *Däubler* auf den nicht umgesetzten Art. 7 Abs. 3 der Betriebsübergangsrichtlinie.[755]

Auch *Karthaus* greift den Verweis auf die Unterrichtungs- und Anhörungsrichtlinie auf.[756] Diese habe den Zweck, bei einer Betriebsgröße von mehr als 20 Arbeitnehmern, im Falle „*wesentliche(r) Änderung(en) der Arbeitsverträge*“[757], ein Unterrichtungs- und Anhörungsverfahren durchzuführen.[758] Daher gelangt *Karthaus* ebenfalls zu folgender Schlussfolgerung:

> „*Um das Ziel der RL zu erreichen, ist es demnach geboten, den (Gesamt)Betriebsübergang als nachteilige Maßnahme i. S. d. Generalklausel des § 111 Satz 1 BetrVG und damit als Betriebsänderung anzusehen.*“ [759]

Karthaus weist unter Bezugnahme auf den allgemein anerkannten Auffangtatbestand des § 111 S. 1 BetrVG daraufhin, dass insoweit die „*Möglichkeit des Eintritts von materiellen oder immateriellen Nachteilen*“[760] ausreicht. Ob tatsächlich Nachteile durch die Betriebsänderung eintreten, spielt erst im Rahmen des Sozialplanverfahrens eine Rolle.

Ferner führt *Karthaus* aus, dass die Argumentation, im Falle eines Betriebsübergangs entstünden dank der Regelungen des § 613a BGB keine Nachteile, den Regelungen der Unterrichtungs- und Anhörungsrichtlinie widerspreche.[761]

Überdies verweisen auch *Karthaus/Richter* darauf, dass die fehlende Umsetzung der Vorgaben des Art. 7 Abs. 3 Betriebsübergangsrichtlinie für die Qualifizierung des Betriebsübergangs als Betriebsänderung spricht.[762]

---

751 *Däubler*, in: BetrVG, § 111 Rn. 126.
752 *Däubler*, in: BetrVG, § 111 Rn. 126.
753 *Däubler*, in: BetrVG, § 111 Rn. 126.
754 *Däubler*, in: BetrVG, § 111 Rn. 126.
755 *Däubler*, in: BetrVG, § 111 Rn. 126.
756 *Karthaus*, ArbuR 2007, 114 (118).
757 Art. 4 Abs. 2 c) der Unterrichtungs- und Anhörungsrichtlinie.
758 *Karthaus*, ArbuR 2007, 114 (118).
759 *Karthaus*, ArbuR 2007, 114 (118).
760 *Karthaus*, ArbuR 2007, 114 (118).
761 *Karthaus*, ArbuR 2007, 114 (118).
762 *Karthaus/Richter*, in: HK-ArbR, § 613a BGB Rn. 214.

Auch *Gamillscheg* kritisiert unter Bezugnahme auf das Beispiel (Wechsel oder Wegfall anzuwendender Tarifverträge)[763], dass der Betriebsübergang zu nicht berücksichtigten Nachteilen führe.[764] Im Übrigen ist nach *Gamillscheg* der Fall, dass ein Betriebsübergang ohne das Hinzutreten weiterer Betriebsänderungen eintritt in der Praxis oft gegeben.[765] D.h. in diesen Fällen wird der Betriebsrat vor dem Betriebsübergang nach der vorgenannten h.M. nicht beteiligt.[766]

Schließlich ist *Fitting* der Ansicht, dass die überwiegend vertretene Ansicht *„gemeinschaftsrechtlich der Überprüfung"*[767] bedarf. *Fitting* verweist ebenfalls auf die Unterrichtungs- und Anhörungsrichtlinie und zeigt auf, dass die hier angelegten Ansprüche bei Unternehmen, die keinen Wirtschaftsausschuss haben, leer laufen.[768] Insoweit *„könnte eine weite, richtlinenkonforme Auslegung des § 111 BetrVG geboten sein, welche zu dessen Anwendung auf Betriebsveräußerungen führt"*[769].

3. Stellungnahme zu der Rechtsfrage, ob ein innerdeutscher Betriebsübergang für sich eine Betriebsänderung ist

Nach Abwägung der vorgetragenen Argumente, überzeugen die Einwände der kritischen Literaturstimmen aus folgenden Gründen:

a) Intention der Betriebsübergangsrichtlinie

Hierfür spricht die teleologische Auslegung der Betriebsübergangsrichtlinie. Sinn und Zweck der Betriebsübergangsrichtlinie sind der Arbeitnehmerschutz im Falle eines Inhaberwechsels. Dies folgt aus Erwägungsgrund 3 der Betriebsübergangsrichtlinie.

Um dieses Ziel zu erreichen, genügen die in § 613a BGB vorgesehenen Rechtsfolgen nicht. Dies wird an dem vorgenannten Beispiel der Haftungsmasse

763 Ferner führt *Gamillscheg* die etwaige mangelnde Solvenz des Betriebserwerbers, eine etwaige Befreiung nach § 112a BetrVG sowie die Nichtanwendung des Günstigkeitsprinzips in diesem Kontext an. Vgl. *Gamillscheg*, Koll. AR, S. 1115.
764 *Gamillscheg*, Koll. AR, S. 1115.
765 *Gamillscheg*, Koll. AR, S. 1114.
766 *Gamillscheg*, Koll. AR, S. 1114.
767 *Fitting*, § 111 BetrVG, Rn. 50a.
768 *Fitting*, § 111 BetrVG, Rn. 50a.
769 *Fitting*, § 111 BetrVG, Rn. 50a.

deutlich. Die wirtschaftliche Erwägungen von *Däubler*[770], *Karthaus*[771] und *Gamillscheg*[772] überzeugen.

Die Bedeutung der Haftungsmasse und das Vertrauen in einen *„finanzstarken Vertragspartner“*[773] sind in Zeiten, die durch schwankende Finanzmärkte und eine wechselnde Konjunkturlage gekennzeichnet sind, für den Arbeitnehmerschutz wichtig. Nach der überwiegend vertretenen Meinung liegt jedoch pauschal in dem Inhaberwechsel keine Betriebsänderung. Dies widerspricht der Intention der Betriebsübergangsrichtlinie.

b) Intention der Unterrichtungs- und Anhörungsrichtlinie

Untermauert wird dieser Gedanke durch eine richtlinienkonforme Auslegung des § 111 BetrVG,

entsprechend den Ausführungen von *Karthaus*[774]. Insoweit spielt der Sinn und Zweck der Unterrichtungs- und Anhörungsrichtlinie eine Rolle.

Sinn und Zweck der Unterrichtungs- und Anhörungsrichtlinie ist die Sicherstellung der Unterrichtung und Anhörung der Arbeitnehmer hinsichtlich Maßnahmen, die zu wesentlichen Änderungen der Arbeitsorganisation oder der Arbeitsverträge führen. Dies ergibt sich aus Art. 4 Abs. 2 c) der Unterrichtungs- und Anhörungsrichtlinie.

Da die Regelung des § 613a BGB kein Anhörungsrecht vorsieht, bleibt nur die Möglichkeit die Arbeitnehmer über den Betriebsrat gem. § 111 S. 1 BetrVG zu beteiligen. Andernfalls besteht die Gefahr, dass der Sinn und Zweck der Unterrichtungs- und Anhörungsrichtlinie leer läuft. Dies steht wiederum einer effektiven Umsetzung der Unterrichtungs- und Anhörungsrichtlinie entgegen.

---

770 *Däubler*, in: BetrVG, § 111 Rn. 102.

771 *Karthaus*, ArbuR 2007, 114 (118).

772 *Gamillscheg*, Koll. AR, S. 1115.

773 So auch *Kittner*, Anm. zu AP Nr. 9 zu § 111 BetrVG 1972 Bl. 866.

774 Vgl. *Karthaus*, ArbuR 2007, 114 (118), der auszugsweise auf das EuGH Urt. v. 05.10.2004 (Az.: C-397/01), Rn. 115 (juris), verweist. Insoweit heißt es: *„Zwar ist § 111 BetrVG nicht in Umsetzung der RL 2002/14/EG erlassen worden, gleichwohl unterliegt auch diese Norm der richtlinienkonformen Auslegung. „Der vom Gemeinschaftsrecht aufgestellte Grundsatz der gemeinschaftsrechtskonformen Auslegung des nationalen Rechts betrifft zwar in erster Linie die zur Umsetzung der fraglichen RL erlassenen innerstaatlichen Bestimmungen, beschränkt sich jedoch nicht auf die Auslegung dieser Bestimmungen, sondern verlangt, dass das nationale Gericht das gesamte nationale Recht berücksichtigt, um zu beurteilen, inwieweit es so angewendet werden kann, dass es nicht zu einem der RL widersprechenden Ergebnis führt.“*

Zusammenfassend lässt sich festhalten, dass aus den vorgenannten Gründen bereits der innerdeutsche Betriebsübergang eine Betriebsänderung gem. § 111 S. 1 BetrVG darstellt. Die generalisierte h.M.[775] widerspricht dem Arbeitnehmerschutz der Betriebsübergangsrichtlinie und der Unterrichtungs- und Anhörungsrichtlinie.

III. Grenzüberschreitender Betriebsübergang als Betriebsänderung i.S.d. § 111 BetrVG

Mit Blick auf einen grenzüberschreitenden Betriebsübergang stellt sich die Frage, ob der Meinungsstreit hinsichtlich des innerdeutschen Betriebsübergangs auf diesen übertragen werden kann.

Zu der Frage, ob ein grenzüberschreitender Betriebsübergang eine Betriebsänderung ist, findet sich keine Rechtsprechung. Auch in der Literatur gibt es nur vereinzelt Stimmen. Diese wird nachfolgend dargestellt.

Dem folgt eine „schulmäßige" Prüfung der Frage, ob der grenzüberschreitende Betriebsübergang eine Betriebsänderung i.S.d. § 111 BetrVG ist. Insoweit wird zwischen drei verschiedenen Anknüpfungspunkten differenziert. Hierzu im Einzelnen:

1. Vereinzelte Meinung in der Literatur

In der Literatur vertritt *Feudner*, dass eine grenzüberschreitende Betriebsverlagerung stets eine Betriebsänderung i.S.d. §§ 111 ff. BetrVG ist und die Beteiligungsrechte des Betriebsrats vor der Verlegung auslöse.[776] Hiernach sei der deutsche Betriebsrat an der geplanten Betriebsverlagerung gem. §§ 111 ff. BetrVG zu beteiligen.[777]

In diesem Zusammenhang weist *Feudner* darauf hin, dass beim Zusammentreffen von grenzüberschreitender Betriebsverlagerung und Betriebsübergang, der Sozialplan keine Regelungen hinsichtlich des Betriebsübergangs enthalten kann.[778] Inhaltlich können mittels des Sozialplans nur Nachteile ausgeglichen

---

775 Rspr.: BAG, Urt. v. 4.12.1979 (Az.: 1 AZR 843/76), Rn. 20 (juris), AP Nr. 6 zu § 111 BetrVG 1972; BAG, Urt. v. 19.01.1999 (Az.: 1 AZR 342/98), Rn. 32 (juris), AP Nr. 37 zu § 113 BetrVG 1972; Lit.: *Neef*, NZA 1994, 97 (97); *Karthaus*, ArbuR 2007, 114 (114); Richardi/*Annuß*, § 111 BetrVG, Rn. 124; ErfK/*Kania*, § 111 BetrVG Rn. 12; *Koch*, in Schaub: § 244 Rn. 8.

776 *Feudner*, NZA 1999, 1184 (1189).

777 *Feudner*, NZA 1999, 1184 (1189).

778 *Feudner*, NZA 1999, 1184 (1189).

werden, die „*unabhängig vom Übergang der Arbeitsverhältnisse infolge der Betriebsänderung entstehen.*“[779]

Betrachtet man das vorhergehende Zitat wird deutlich, dass *Feudner*[780] den im Rahmen des grenzüberschreitenden Betriebsübergangs stattfindenden Ortswechsel – und nicht den Inhaberwechsel – als Betriebsänderung qualifiziert.

2. Grenzüberschreitender Betriebsübergang als Betriebsänderung i.S.d. § 111 BetrVG

Inwieweit ein grenzüberschreitender Betriebsübergang eine Betriebsänderung i.S.d. § 111 BetrVG wird nachfolgend geprüft:

Für die Qualifizierung eines grenzüberschreitenden Betriebsübergangs als Betriebsänderung i.S.d. § 111 BetrVG könnte es drei Anknüpfungspunkte geben: Zunächst könnte die grenzüberschreitende Betriebsverlagerung, also der Ortswechsel, zu einer Betriebsänderung (§ 111 S. 3 Nr. 2 BetrVG), führen. Ferner könnte – entsprechend dem innerdeutschen Betriebsübergang – der Inhaberwechsel zu einer Betriebsänderung führen (§ 111 S. 1 BetrVG). Überdies könnte eine Betriebsänderung aufgrund des Zusammentreffens von Orts- und Inhaberwechsels und die damit einhergehenden Änderungen vorliegen (§ 111 S. 1 BetrVG). Dazu im Einzelnen:

a) Grenzüberschreitende Betriebsverlagerung (= Ortswechsel) als Be-triebsänderung i.S.d. § 111 S. 3 Nr. 2 BetrVG

Knüpft man an den Ortswechsel im Rahmen des grenzüberschreitenden Betriebsübergangs an, könnte eine Betriebsänderung gem. § 111 S. 3 Nr. 2 BetrVG vorliegen. Hierfür müsste zunächst der Anwendungsbereich eröffnet sein. Ferner müssten die Voraussetzungen des § 111 S. 3 Nr. 2 BetrVG gegeben sein.

aa) Eröffnung des Anwendungsbereichs

Der Eröffnung des Anwendungsbereichs könnte – mit Blick auf die grenzüberschreitende Ortsverlagerung – das Territorialitätsprinzip entgegenstehen.

Hinsichtlich der Frage, inwieweit das Territorialitätsprinzip[781] für die Eröffnung des Anwendungsbereichs relevant ist, gibt es einen Meinungsstreit. Dazu im Einzelnen:

---

779 *Feudner*, NZA 1999, 1184 (1189).

780 *Feudner*, NZA 1999, 1184 (1189).

781 Nach Ansicht des BAG und weiten Teilen der Literatur ist der räumliche Anwendungsbereich des BetrVG durch das Territorialitätsprinzip begrenzt. Vgl. BAG, Urt.

(1) Territorialitätsprinzip spricht gegen Eröffnung des Anwendungsbereichs

Nach *Annuß* führt eine grenzüberschreitende Betriebsverlagerung zu einer Betriebsstilllegung.[782] Begründet wird diese Ansicht mit dem räumlichen Anwendungsbereich des BetrVG, dem Territorialitätsprinzip.[783]

Für den Fall eines grenzüberschreitenden Betriebsübergangs heißt das, dass hinsichtlich der im Ausland eintretenden Betriebsänderungen eine Eröffnung des Anwendungsbereichs nicht in Betracht kommt. Hierzu zählt auch die grenzüberschreitende Betriebsverlagerung.

(2) Maßgeblich ist der Betriebssitz zum Zeitpunkt der Planungsphase

Eine andere Ansicht vertritt beispielsweise *Däubler.*[784] Dieser ist der Auffassung, dass die Grenzüberschreitung nichts an der Eröffnung des Anwendungsbereichs ändert.[785] Nur wenn die Betriebsverlagerung dazu führt, dass die Arbeitnehmer nicht bereit sind, ihr Arbeitsverhältnis bei dem Betriebserwerber fortzusetzen, läge eine Betriebsstilllegung vor.[786]

Auch nach *Fitting,* ist im Falle einer grenzüberschreitenden Betriebsverlagerung der Betriebsrat zu beteiligen.[787] Der Eröffnung des Anwendungsbereichs des BetrVG steht hiernach die Grenzüberschreitung nicht entgegen.

(3) Stellungnahme

Stellt man darauf ab, dass es gem. § 111 S. 1 BetrVG auf das Planungsstadium der beabsichtigten Betriebsänderung ankommt, kann die Tatsache, dass die Betriebsänderung (= Ortsverlagerung) im Ausland eintritt, für die Eröffnung des Anwendungsbereichs keine Rolle spielen.

---

v. 09.11.1977 (Az.: 5 AZR 132/76), Rn. 24 (juris), AP Nr. 13 zu Internat Privatrecht-Arbeitsrecht; BAG, Urt. v. 25.04.1978 (Az.: 6 ABR 2/77), Rn. 11 (juris), BAGE 30, 266–272; BAG, Beschl. v. 16.01.1990 (Az.: 1 ABR 47/88), Rn. 28 (juris); ZTR 1990, 299 f.; *Junker*, RIW 2001, 94 (105); *Däubler,* in: BetrVG, Einleitung, Rn. 211 ff.; § 111 Rn. 110; *Leuchten,* ZESAR 2012, 411 (415); *Land,* BB 2013, 2697 (2704).

782 Richardi/*Annuß*, § 111 BetrVG, Rn. 95.

783 Richardi/*Annuß*, § 111 BetrVG, Rn. 95.

784 *Däubler*, in: BetrVG, § 111 Rn. 92.

785 *Däubler*, in: BetrVG, § 111 Rn. 92.

786 *Däubler*, in: BetrVG, § 111 Rn. 92.

787 *Fitting*, § 111 BetrVG, Rn. 82.

Liegt der Betriebssitz zum Zeitpunkt des Abschlusses der Planungsphase der beabsichtigten Betriebsänderung noch in Deutschland, ist der Anwendungsbereich des § 111 BetrVG eröffnet.

Eine Begrenzung des Anwendungsbereichs auf Betriebsänderungen, die innerhalb der Bundesrepublik Deutschland eintreten, lässt sich dem Wortlaut des BetrVG nicht entnehmen. Eine diesbezügliche Einschränkung würde darüber hinaus die betriebliche Mitbestimmung und damit die Arbeitnehmerschutzrechte zu weit einschränken.

bb) Räumliche Verlagerung

Ist man – entsprechend der vorhergehenden Stellungnahme – der Auffassung, dass der Anwendungsbereich des BetrVG nicht grundsätzlich für im Ausland eintretender Betriebsänderungen verschlossen ist, stellt sich die Frage, ob die Ortsverlagerung im Rahmen des grenzüberschreitenden Betriebsübergangs eine räumliche Verlagerung i.S.d. § 111 S. 3 Nr. 2 BetrVG ist. Auch insoweit könnten unterschiedliche Standpunkte vertreten werden:

(1) Grenzüberschreitung = räumliche Verlagerung

Zunächst könnte die Ansicht vertreten werden, dass die räumliche Verlagerung gem. § 111 S. 3 Nr. 2 BetrVG im Fall eines grenzüberschreitenden Betriebsübergangs stets gegeben ist, da die Grenze der „*geringfügige[n] Veränderung[en]*“[788] durch die Grenzüberschreitung überschritten wird.

Die Grenzüberschreitung könnte geeignet erscheinen, unabhängig von der kilometermäßigen Entfernung zwischen alter und neuer Betriebsstätte, die Voraussetzungen der räumlichen Verlagerung i.S.d. § 111 S. 3 Nr. 2 BetrVG zu erfüllen.

D.h. selbst wenn die grenzüberschreitende Betriebsverlagerung unter der vom BAG entschiedenen 4,3 km[789] Grenze bliebe, würde aufgrund der Grenzüberschreitung eine erhebliche Veränderung des Standorts i.S.d. § 111 S. 3 Nr. 2 BetrVG vorliegen. Dies ist insbesondere für grenznahe Sachverhalte interessant.

(2) Keine Pauschalierung hinsichtlich grenznaher Betriebsverlagerungen?

Der vorhergehenden Pauschalierung könnte jedoch folgende Gegenansicht entgegenstehen: Das immer weitere Zusammenwachsen der Märkte, die fortschreitende Globalisierung sowie die Stärkung des europäischen Binnenmarkts

---

788 BAG, Beschl. v. 17.08.1982 (Az.: 1 ABR 40/80), Rn. 15 (juris), BAGE 40, 36–42.

789 Vgl. BAG, Beschl. v. 17.08.1982 (Az.: 1 ABR 40/80), Rn. 15 (juris), BAGE 40, 36–42.

sprechen gegen eine Pauschalierung der Frage, ob die Grenzüberschreitung eine erhebliche Verlagerung i.S.d. § 111 S. 3 Nr. 2 BetrVG ist.

In diesem Fall käme es – entsprechend der Rechtsprechung zu einer inländischen Betriebsänderung gem. § 111 S. 3 Nr. 2 BetrVG – auf den Einzelfall an, ob von einer erheblichen räumlichen Verlagerung in dem oben beschriebenen Sinne gesprochen werden kann.

(3) Stellungnahme

Mit Blick auf die Frage, ob in der grenzüberschreitenden Betriebsverlagerung stets eine räumliche Verlagerung i.S.d. § 111 S. 3 Nr. 2 BetrVG einhergeht, überzeugt die erst genannte Ansicht.

Hierfür spricht zum einen, dass sich mit der Grenzüberschreitung die äußeren Gegebenheiten (ggf. Sprache, Rechtsordnung, Wertesystem etc.) für die Arbeitnehmer ändern. Ferner ändern sich zum anderen der konkrete Arbeitsplatz und die betriebliche Umgebung. Überdies bestehen trotz den EU-weiten Harmonisierungsbemühungen immer noch weitgehende Unterschiede innerhalb der Mitgliedstaaten. Diese resultieren daraus, dass die Harmonisierung sich auf die Mindestbedingungen beschränkt. Die nationalen Umsetzungen jedoch (teilweise) weit von einander abweichen. Auf eine kilometermäßige Entfernung kommt es daher nach der hier vertretenen Ansicht nicht an.

cc) Ganzer Betrieb/Wesentlicher Betriebsteil

Neben der räumlichen Verlagerung muss gem. § 111 S. 3 Nr. 2 BetrVG von der grenzüberschreitenden Betriebsverlagerung entweder der ganze Betrieb oder zumindest ein wesentlicher Betriebsteil betroffen sein.

Insoweit könnte die Qualifizierung eines grenzüberschreitenden Betriebsteilübergangs als Betriebsänderung i.S.d. § 111 S. 3 Nr. 2 BetrVG auf Probleme stoßen.

Zu denken ist beispielsweise an den Fall, dass ein deutscher Konzern lediglich einen unwesentlichen Betriebsteil ins grenznahe Ausland verlagert. Insoweit würde das Vorliegen einer Betriebsänderung an der entsprechenden Wesentlichkeit des verlagerten Betriebsteils scheitern.

dd) Zwischenergebnis

Die grenzüberschreitende Betriebsverlagerung im Rahmen eines grenzüberschreitenden Betriebsübergangs kann zu einer Betriebsänderung gem. § 111 S. 3 Nr. 2 BetrVG führen.

Ob dies der Fall ist, hängt maßgeblich von der Wesentlichkeit des verlagerten Betriebsteils ab. Sollte es sich um eine grenzüberschreitende Verlagerung des gesamten Betriebs handeln, liegt mit dem Abschluss der Planungsphase eine geplante Betriebsänderung gem. § 111 S. 3 Nr. 2 BetrVG vor. Ist hingegen nur ein unwesentlicher Betriebsteil von dem Betriebsübergang betroffen, sind Fälle denkbar, in denen die Voraussetzungen der qualitativen und quantitativen Kriterien nicht erfüllt werden.

b) Betriebsübergang auf ausländischen Betriebserwerber (= Inhaberwechsel) als Betriebsänderung gem. § 111 S. 1 BetrVG

Neben der Anknüpfung an den Ortswechsel könnte – mit Blick auf den Meinungsstreit hinsichtlich eines innerdeutschen Betriebsübergangs (siehe S. 122) – der Inhaberwechsel im Rahmen eines grenzüberschreitenden Betriebsübergangs als Anknüpfung für eine Betriebsänderung gem. § 111 S. 1 BetrVG dienen.

aa) Eröffnung des Anwendungsbereichs

In Bezug auf die Eröffnung des Anwendungsbereichs gilt Folgendes: Die Eröffnung des Anwendungsbereichs ist mit Blick auf das Territorialitätsprinzip ohnehin nur in den Konstellationen problematisch, in denen der Inhaberwechsel nach der grenzüberschreitenden Betriebsverlagerung eintritt. Findet der Betriebsübergang auf den ausländischen Betriebserwerber vor der grenzüberschreitenden Betriebsverlagerung statt, bestehen hinsichtlich der Anwendbarkeit des BetrVG keine Zweifel.

Selbst in den Fällen, in denen der Betriebsübergang nach der grenzüberschreitenden Betriebsverlagerung stattfindet, ist nach der hier vertretenen Ansicht (siehe S. 126) der Anwendungsbereich des BetrVG eröffnet, wenn der Betriebssitz zum Zeitpunkt des Abschlusses der Planungsphase (noch) in der Bundesrepublik Deutschland ist.

bb) Meinungsstreit, ob es einen allgemeinen Tatbestand gem. § 111 S. 1 BetrVG gibt

Ferner spielt der oben dargestellte Meinungsstreit[790] (siehe S. 116) hinsichtlich der Frage, ob es einen allgemeinen Auffangtatbestand gem. § 111 S. 1 BetrVG gibt, insoweit eine Rolle.

---

790 Für einen Auffangtatbestand des § 111 S. 1 BetrVG: beispielsweise *Burgmer/Richter*, Betriebsänderung, S. 17; *Däubler*, in: BetrVG, § 111 Rn. 92 ff; Gegen die Existenz eines Auffangtatbestands: beispielsweise Richardi/*Annuß*, § 111 BetrVG Rn. 41 ff.

Nach den Vertretern der Auffassung, die das Bestehen eines Auffangtatbestands gem. § 111 S. 1 BetrVG ablehnen, stellt sich die aufgeworfene Frage nicht. Nach der hier vertretenen Auffassung (siehe S. 117) ist hingegen zu prüfen, ob der Inhaberwechsel im Rahmen eines grenzüberschreitenden Betriebsübergangs eine Betriebsänderung gem. § 111 S. 1 BetrVG ist.

cc) Inhaberwechsel = Betriebsänderung gem. § 111 S. 1 BetrVG

Der Betriebsübergang auf einen ausländischen Betriebserwerber könnte eine Betriebsänderung gem. § 111 S. 1 BetrVG sein. Insoweit könnten folgende Meinungen vertreten werden:

(1) Wirtschaftliche Nachteile des Inhaberwechsels

Entsprechend den obigen Ausführungen zu einem innerdeutschen Betriebsübergang können die Argumente von *Däubler*[791] und *Karthaus*[792] (siehe S. 120) auf den grenzüberschreitenden Betriebsübergang übertragen werden.

Die wirtschaftlichen Änderungen aufgrund des Inhaberwechsels laufen insofern parallel. Der Betriebsübergang auf den ausländischen Betriebserwerber führt zu Änderungen hinsichtlich der Haftungsmasse.

(2) Gegenmeinung

In Anlehnung an die überwiegend vertretene Auffassung[793] hinsichtlich der Frage, ob der Inhaberwechsel bei einem innerdeutschen Betriebsübergang eine Betriebsänderung ist, lassen sich auch diese Argumente auf den Fall eines grenzüberschreitenden Betriebsübergangs übertragen.

Insoweit kann beispielsweise vorgetragen werden, dass § 613a BGB die Arbeitnehmer nicht vor sämtlichen Nachteilen im Zusammenhang mit dem Betriebsübergang schützen soll.[794]

---

791 *Däubler*, in BetrVG, § 111 Rn. 102a.

792 *Karthaus*, ArbuR 2007, 114 (118).

793 Rspr.: BAG, Urt. v. 4.12.1979 (Az.: 1 AZR 843/76), Rn. 20 (juris), AP Nr. 6 zu § 111 BetrVG 1972; BAG, Urt. v. 19.01.1999 (Az.: 1 AZR 342/98), Rn. 32 (juris), AP Nr. 37 zu § 113 BetrVG 1972; Lit.: *Konzen*, ZfA 1978, 451 (503); *Neef*, NZA 1994, 97 (97); *Karthaus*, ArbuR 2007, 114 (114); Richardi/*Annuß*, § 111 BetrVG, Rn. 124; ErfK/*Kania*, § 111 BetrVG Rn. 12; *Koch*, in Schaub: § 244 Rn. 8.

794 Konzen, ZfA 1978, 451 (503): *„§ 613a BGB soll nur Bestandsschutz, nicht aber ein Verschlechterungsverbot für die Zukunft gewähren."*

(3) Stellungnahme

Unter Verweis auf die obige Stellungnahme (siehe S. 122) überzeugt die erst genannte Ansicht.

Vergleicht man die im Tatbestandskatalog des § 111 S. 3 BetrVG genannten Fälle einer gesetzlich anerkannten Betriebsänderung mit dem eines Inhaberwechsels auf einen ausländischen Betriebserwerber, erscheint der Inhaberwechsel im Rahmen eines grenzüberschreitenden Betriebsübergangs den gesetzlich anerkannten Fällen der Betriebsänderung in Bezug auf die „Schwere" der Veränderung in nichts nach zu stehen.

Auch der Inhaberwechsel auf einen ausländischen Betriebserwerber ist ein grundlegender Eingriff in die bestehende Betriebsstruktur entsprechend einer Betriebsänderung in Form der Änderung der Betriebsorganisation (§ 111 S. 3 Nr. 4 BetrVG). Insofern erscheint die Qualifizierung eines Inhaberwechsels auf einen ausländischen Betriebserwerber als Betriebsänderung i.S.d. § 111 S. 1 BetrVG als logische Konsequenz.

Entsprechend den obigen Ausführungen setzt § 111 S. 1 BetrVG zum einen das Bestehen eines wesentlichen Nachteils, zum anderen die Betroffenheit der gesamten Belegschaft oder zumindest eines erheblichen Teils der Belegschaft voraus.

Der wesentliche Nachteil kann dabei sowohl in materiellen als auch in immateriellen Umständen liegen.[795] Eine etwaige geringere Haftungsgrundlage des Betriebserwerbers wäre ein materieller Nachteil, psychische Belastungen der übernommenen Arbeitnehmer wären hingegen beispielsweise ein immaterieller Nachteil.[796]

Je nach Einzelfall kann der Inhaberwechsel auf einen ausländischen Betriebserwerber sowohl zu materiellen (beispielsweise Ablösung eines Tarifvertrags) als auch zu immateriellen (beispielsweise psychische Belastung) Nachteilen führen.

Inwieweit sich der Nachteil zumindest auf Teile der Belegschaft auswirkt, ist eine Frage des Einzelfalls. Hinsichtlich der Anforderungen an die betroffene Belegschaft kommt es auf den Maßstab des § 17 KSchG an.[797] D.h. auch hinsichtlich der Anknüpfung an den Inhaberwechsel sind Konstellationen denkbar, in denen der betroffene Teil der Belegschaft unterhalb der mit Blick auf die Voraussetzungen des § 111 S. 1 BetrVG notwendigen Grenze liegt.

795 *Däubler*, in: BetrVG, § 111 Rn. 117; *Oetker*, in: GK-BetrVG, § 111 Rn. 178 f.

796 *Däubler*, in: BetrVG, § 111 Rn. 117.

797 *Däubler*, in: BetrVG, § 111 Rn. 118.

dd) Zwischenergebnis

Nach der hier vertretenen Auffassung ist der Inhaberwechsel im Rahmen eines grenzüberschreitenden Betriebsübergangs als Betriebsänderung gem. § 111 S. 1 BetrVG zu qualifizieren, wenn der i.S.d. § 111 S. 1 BetrVG notwendige Teil der Belegschaft von den hiermit verbundenen Nachteilen betroffen ist. Dennoch ist die Beteiligung des Betriebsrats sowohl durch die Anknüpfung an die Betroffenheit der Belegschaft als auch durch die entgegenstehende Meinungen zu der Existenz eines allgemeinen Auffangtatbestands gem. § 111 S. 1 BetrVG unsicher.

c) Anknüpfung an das Zusammentreffen von Orts- und Inhaberwechsels

Schließlich könnte eine Betriebsänderung i.S.d. § 111 S. 1 BetrVG durch das Zusammentreffen von Orts- und Inhaberwechsel eintreten.

Diese Anknüpfung könnte insbesondere für Betriebsteilübergänge relevant werden, in denen die für § 111 S. 3 Nr. 2 BetrVG relevante Wesentlichkeit des übertragenen Betriebs bzw. die gem. § 111 S. 1 BetrVG notwendige Betroffenheit der Belegschaft nicht erreicht wird.

Das Zusammentreffen von Orts- und Inhaberwechsel als Anknüpfung einer Betriebsänderung könnte beispielsweise in Konstellationen eines konzerninternen Betriebsübergangs relevant werden, in denen ein unwesentlicher Betriebsteil ins Ausland verlagert wird, dies aber sowohl zu Nachteilen für den betroffenen Betriebsteil als auch zu Nachteilen für den verbleibenden Betriebsteil führt. Diese Konstellation wird nachfolgend in Bezug auf das Vorliegen einer Betriebsänderung untersucht:

aa) Eröffnung des Anwendungsbereichs und Bestehen eines allgemeinen Auffangtatbestands gem. § 111 S. 1 BetrVG

Der Anwendungsbereich des BetrVG ist – nach der hier vertretenen Ansicht – eröffnet, wenn der Betrieb zum Zeitpunkt des Abschlusses der Planungsphase hinsichtlich des grenzüberschreitenden Betriebsübergangs in der Bundesrepublik Deutschland sitzt. Überdies bejaht die hier vertretene Auffassung die Existenz eines allgemeinen Auffangtatbestands.

bb) Grenzüberschreitender Betriebsübergang = Betriebsänderung gem. § 111 S. 1 BetrVG

Der für § 111 S. 1 BetrVG wesentliche Nachteil könnte in dem Zusammentreffen von Orts- und Inhaberwechsel im Rahmen eines grenzüberschreitenden Betriebsübergangs liegen.

Zu denken ist beispielsweise an den Fall, dass ein Unternehmen, dem verschiedene Handwerksbetriebe angehören, eine zentrale Betriebsabteilung für Baumaschinen (darunter beispielsweise mehrere Kräne mit entsprechendem Bedienungspersonal) unterhält. Diese könnte vor dem Hintergrund, dass das Unternehmen teilweise grenzüberschreitend tätig ist, geteilt werden. Dies könnte dazu führen, dass sämtliche Kräne samt Bedienungspersonal ins Ausland verlagert würden.

Unterstellt, bei den Kränen würde es sich lediglich um einen unwesentlicher Teil des Betriebs handeln, würde es hinsichtlich des übertragenen Betriebsteils an der entsprechenden Wesentlichkeit i.S.d. § 111 S. 3 Nr. 2 Alt. 2 BetrVG fehlen. Auch eine Anknüpfung an den Inhaberwechsel würde an dem Ergebnis (keine Betriebsänderung i.S.d. § 111 BetrVG) nichts ändern, da auch der Inhaberwechsel nur einen unerheblichen Teil i.S.d. § 111 S. 1 BetrVG der Belegschaft betrifft.

Hinsichtlich des verbleibenden Betriebsteils läge mangels Wesentlichkeit des übergehenden Betriebs keine Betriebseinschränkung gem. § 111 S. 3 Nr. 1 Alt. 1 BetrVG vor. Von einer Einschränkung der Leistungserbringung i.S.d. § 111 S. 3 Nr. 1 Alt. 1 BetrVG kann insofern nicht gesprochen werden.

Dennoch könnte die Umstrukturierung dazu führen, dass der Arbeitsaufwand durch den Wegfall des einheitlichen Betriebs sowohl für den übertragenen Betriebsteil als auch für den verbleibenden Betriebsteil wächst.

Bezugnehmend auf den Beispielsfall, in dem die Kräne samt dem entsprechenden Bedienungspersonal ins Ausland verlagert werden, fehlen diese im Inland. Umgekehrt könnten andere Baumaschinen im Ausland fehlen. Aufgrund der Ortsverlagerung könnte es – je nach Entfernung – problematisch sein, die entsprechenden Baumaschinen für einen Handwerksauftrag zu beschaffen. Die Betriebsteilung würde somit zu Nachteilen für den übertragenen und den verbleibenden Betriebsteil aufgrund der Ortsverlagerung führen.

Insoweit würde der typische Fall eines grenzüberschreitenden Betriebsübergangs zu wesentlichen Nachteilen für einen erheblichen Teil der Belegschaft i.S.d. § 111 S. 1 BetrVG führen. In diesem Fall läge eine Betriebsänderung gem. § 111 S. 1 BetrVG vor.

cc) Zwischenergebnis

Sollte der grenzüberschreitende Betriebsübergang weder zu einer Betriebsänderung gem. § 111 S. 3 Nr. 2 BetrVG (= Anknüpfung an den Ortswechsel) noch zu einer Betriebsänderung gem. § 111 S. 1 BetrVG (= Anknüpfung an den Inhaberwechsel) führen, könnte eine Betriebsänderung gem. § 111 S. 1 BetrVG (= Anknüpfung an den Orts- und den Inhaberwechsel) vorliegen. Voraussetzung hierfür ist jedoch, dass der grenzüberschreitende Betriebsübergang zu wesentlichen Nachteilen für einen erheblichen Teil der Belegschaft führt.

d) Zwischenergebnis hinsichtlich dem Vorliegen einer Betriebsänderung im Falle eines grenzüberschreitenden Betriebsübergangs

Knüpft man an die Ortsverlagerung an, kann hierin eine Betriebsänderung i.S.d. § 111 S. 3 Nr. 2 BetrVG liegen. Notwendig ist hierfür allerdings, dass von der räumlichen Verlagerung entweder der ganze Betrieb oder zumindest ein wesentlicher Betriebsteil betroffen ist.

Stellt man hingegen auf den Inhaberwechsel ab, kann hierin eine Betriebsänderung gem. § 111 S. 1 BetrVG liegen. Voraussetzung hierfür ist jedoch, dass man die Existenz des allgemeinen Auffangtatbestands gem. § 111 S. 1 BetrVG bejaht und die Betroffenheit der Belegschaft einen erheblichen Teil umfasst.

Das Gleiche gilt für die Anknüpfung an das Zusammenfallen von Orts- und Inhaberwechsel. Auch insoweit muss der allgemeine Auffangtatbestand gem. § 111 S. 1 BetrVG anerkannt werden und ein erheblicher Teil der Belegschaft von dem grenzüberschreitenden Betriebsübergang betroffen sein.

Zusammenfassend bleibt festzuhalten, dass die Beteiligung des Betriebsrats maßgeblich davon abhängt, ob ein erheblicher Betriebsteil bzw. ein erheblicher Teil der Belegschaft von den mit einem grenzüberschreitenden Betriebsübergang eintretenden Nachteilen betroffen ist. Die Betriebsratsbeteiligung ist daher nicht in allen Fällen eines grenzüberschreitenden Betriebsübergangs sichergestellt.

IV. Verhandlungszuständigkeit des Betriebsveräußerers für Betriebsänderungen, die beim Betriebserwerber (im Ausland) eintreten

Unabhängig von der Frage, ob der grenzüberschreitende Betriebsübergang für sich eine Betriebsänderung ist oder ob lediglich neben dem Betriebsübergang weitere Betriebsänderungen eintreten, stellt sich die Zuständigkeitsfrage des Betriebsveräußerers für Verhandlungen mit dem Betriebsrat hinsichtlich erst im Ausland eintretender Betriebsänderungen (nachfolgend „**Verhandlungszuständigkeit**“).

Die Rechtsunsicherheit hinsichtlich der Zuständigkeit ergibt sich zum einen aus dem Grundsatz, dass ein Betriebsinhaber Verhandlungen mit dem Betriebsrat nur hinsichtlich der Betriebsänderungen führen kann, die ihn selbst betreffen.[798] Lediglich ausnahmsweise liegt bei einem innerdeutschen Betriebsübergang die Verhandlungszuständigkeit aufgrund eines einheitlichen Plans gemeinsam vor[799] bzw. kann diese von dem Betriebserwerber mittels einer Zurechnung auf den Betriebsveräußerer übertragen werden[800] (nachfolgend zusammen „**Ausnahmen**"). Mit Blick auf die Sachverhaltskonstellationen eines grenzüberschreitenden Betriebsübergangs erscheint jedoch fraglich, ob die für einen innerdeutschen Betriebsübergang teilweise vertretenen Ausnahmen auf einen grenzüberschreitenden Betriebsübergang übertragen werden können. Zum anderen stellt sich die Frage, inwieweit das Territorialitätsprinzip hierbei eine Rolle spielt.

Hierzu im Einzelnen:

1. *Innerdeutscher Betriebsübergang: Zuständigkeit des Betriebsveräußerers hinsichtlich Verhandlungen mit dem Betriebsrat bzgl. Betriebsänderungen, die den Betriebserwerber betreffen*

Ausgangspunkt für die Verhandlungszuständigkeit des Betriebsveräußerers, sind die für einen innerdeutschen Betriebsübergang geltenden Grundsätze:

a) Ausgangspunkt

Maßgebend ist insoweit der Grundsatz, dass der Betriebsveräußerer grundsätzlich nicht für Verhandlungen mit dem Betriebsrat hinsichtlich Betriebsänderungen zuständig ist, die erst beim Betriebserwerber eintreten.[801]

Dies resultiert daraus, dass Gegenstand der Verhandlungen mit dem Betriebsrat nur die Betriebsänderungen sind, die bei dem jeweiligen Verhandlungspartner (Betriebsveräußerer oder Betriebserwerber) selbst eintreten.[802]

---

798 BAG, Beschl. v. 17.03.1987 (Az.: 1 ABR 47/85), AP Nr. 18 zu § 111 BetrVG 1972, Bl. 3; *Däubler*, in: BetrVG, § 111 Rn. 127; Richardi/*Annuß*, § 111 Rn. 130.

799 *Däubler*, in: BetrVG, § 111 Rn. 127.

800 *Neef*, NZA 1994, 97 (100) – *Neef* beschreibt den Fall, dass der Betriebsveräußerer schon vor Veräußerung des entsprechenden Betriebs weiß, dass der Betriebserwerber nach dem Erwerb den Zweck (von Textilkaufhaus zu Elektrohaus) ändern möchte.

801 *Neef*, NZA 1994, 97 (100).

802 Vgl. hierzu BAG, Urt. v. 06.06.1978 (Az.: 1 AZR 495/75), AP Nr. 2 zu § 111 BetrVG 1972 – „Gegenstand der Beteiligungsrechte des Betriebsrats nach den §§ 111, 112 BetrVG ist die jeweilige, auf eine Betriebsänderung im Sinne von §§ 111 BetrVG abzielende Entscheidung des Unternehmens."

b) Ausnahme: gemeinsamer Plan/Zurechnung der Betriebsänderung

Eine Ausnahme besteht insoweit jedoch bei einem gemeinsamen Plan. Beruht die Betriebsänderung auf einem gemeinsamen Plan von Betriebsveräußerer und Betriebserwerber, sind beide (Betriebsveräußerer und Betriebserwerber) zu Verhandlungen mit dem Betriebsrat verpflichtet.[803]

Sollte die Betriebsänderung nicht auf einem gemeinsamen Plan beruhen, wird das Vorliegen einer Ausnahme vertreten, wenn es sich um eine dem Betriebsveräußerer zurechenbare Betriebsänderung handelt (nachfolgend „**Zurechnung**").[804] Dies ist der Fall, wenn der Betriebsveräußerer von den Plänen des Betriebserwerbers hinsichtlich anstehender Betriebsänderungen Kenntnis hat.[805] In diesem Fall muss der Betriebserwerber den Betriebsveräußerer dazu veranlassen, die entsprechenden Verhandlungen mit dem Betriebsrat aufzunehmen.[806]

Nach *Neef* wäre es in diesem Fall auch alternativ zulässig, dass der Betriebserwerber vor dem Betriebsübergang mit dem Betriebsrat entsprechende Betriebsvereinbarungen unter der aufschiebenden Bedingung des Betriebsübergangs abschließt.[807]

2. Grenzüberschreitender Betriebsübergang

Die Besonderheiten hinsichtlich eines grenzüberschreitenden Betriebsübergangs ergeben sich aus Folgendem:

Im Rahmen eines grenzüberschreitenden Betriebsübergangs werden die Arbeitnehmer gem. § 613a Abs. 5 BGB sowohl über den bevorstehenden Betriebsübergang als auch über die damit einhergehenden Änderungen unterrichtet.

D.h. unabhängig von der Frage, ob der grenzüberschreitende Betriebsübergang für sich eine Betriebsänderung ist, werden die Arbeitnehmer über die neben dem Betriebsübergang beabsichtigten Betriebsänderungen sowie über die Änderungen aufgrund des grenzüberschreitenden Betriebsübergangs

803 *Däubler*, in: BetrVG, § 111 Rn. 127.

804 *Neef*, NZA 1994, 97 (100) – *Neef* knüpft daran an, dass der Betriebserwerber schon vor dem Betriebsübergang weiß, welche Betriebsänderungen er vornehmen wird. Ist diese Absicht auch dem Betriebsveräußerer bekannt, handelt es sich um eine dem Betriebsveräußerer zurechenbare Betriebsänderung.

805 *Neef*, NZA 1994, 97 (100).

806 *Neef*, NZA 1994, 97 (100).

807 *Neef*, NZA 1994, 97 (100); a.A.: *Koch*, in: Schaub, § 118 Rn. 26 – danach kann der Betriebserwerber mit dem Betriebsrat mangels Rechtsfähigkeit für Angelegenheiten außerhalb des BetrVG keine Vereinbarungen schließen.

(Inhaber- und Ortswechsel) an sich unterrichtet. Insoweit haften Betriebsveräußerer und Betriebserwerber als Gesamtschuldner.[808] Ferner liegt die Vermutung nahe, dass sämtliche Änderungen im Zusammenhang mit dem grenzüberschreitenden Betriebsübergang auf einem einheitlichen Plan beruhen.

Hier stellt sich die Frage, ob das Territorialitätsprinzip gegen eine Übertragung der für innerdeutsche Betriebsübergänge vertretenen Ausnahmen auf den Fall eines grenzüberschreitenden Betriebsübergangs spricht. Insoweit ist zeitlich zwischen folgenden Konstellationen zu differenzieren:

- Erste Konstellation: Die Betriebsänderung tritt vor dem Betriebsübergang und vor der Betriebsverlagerung bei dem Betriebsveräußerer ein.
- Zweite Konstellation: Die Betriebsänderung tritt nach dem Betriebsübergang aber vor der Betriebsverlagerung bei dem Betriebserwerber ein.
- Dritte Konstellation: Die Betriebsänderung tritt nach der Betriebsverlagerung aber vor dem Betriebsübergang bei dem Betriebsveräußerer ein.
- Vierte Konstellation: Die Betriebsänderung tritt nach der Betriebsverlagerung und nach dem Betriebsübergang bei dem Betriebserwerber ein.

Hinsichtlich der Verhandlungszuständigkeit des Betriebsveräußerers gilt Folgendes:

In der ersten Konstellation bestehen keine Zweifel an der Verhandlungszuständigkeit des Betriebsveräußerers. Auch in der dritten Konstellation ist grundsätzlich die Verhandlungszuständigkeit des Betriebsveräußerers gegeben. Sowohl in der ersten als auch in der dritten Konstellation tritt die Betriebsänderung bei dem Betriebsveräußerer ein, so dass es bei dem vorgenannten Grundsatz bleibt. Hieran ändert auch das Territorialitätsprinzip nichts. Als Begründung kann der Wortlaut des § 111 S. 1 BetrVG herangezogen werden, der auf die *„geplante Betriebsänderung"* abstellt. Unter einer *„geplanten Betriebsänderung"* versteht das BAG Folgendes:

> *„Eine solche geplante Betriebsänderung liegt dann vor, wenn der Arbeitgeber aufgrund abgeschlossener Prüfungen und Vorüberlegungen grundsätzlich zu einer Betriebsänderung entschlossen ist. Von diesem Zeitpunkt an hat er den Betriebsrat zu unterrichten und die so geplante Betriebsänderung mit ihm zu beraten (…)."*[809]

---

808 *Hauck*, FS Düwell, S. 69; MüKo/*Müller-Glöge*, § 613a BGB Rn. 111; *Karthaus/Richter*, in: HK-ArbR, § 613a BGB Rn. 171; *Meyer*, NZA 2012, 1185 (1186).

809 BAG, Beschl. v. 28.10.1992 (Az.: 10 ABR 75/91), Rn. 30 (juris), AP Nr. 63 zu § 112 BetrVG 1972.

D.h. die Tatsache, dass die Betriebsänderung erst im Ausland eintritt, ändert nichts an dem Unterrichtungsanspruch des Betriebsrats gem. § 111 S. 1 BetrVG.

Auch in der zweiten Konstellation besteht grundsätzlich die Pflicht des Betriebserwerbers, den Betriebsrat gem. § 111 S. 1 BetrVG über die geplanten Betriebsänderungen zu unterrichten. Im Gegensatz zu der noch darzustellenden vierten Konstellation, tritt der Inhaberwechsel in der zweiten Konstellation in Deutschland ein. D.h. der Betriebserwerber unterliegt selbst dem räumlichen Anwendungsbereich des BetrVG.

Der Betriebserwerber ist also daher gem. § 111 S. 1 BetrVG verpflichtet, den Betriebsrat über die geplanten Betriebsänderungen zu unterrichten. Interessant ist insoweit die Frage, ob der gemeinsame Plan von Betriebsveräußerer und Betriebserwerber hinsichtlich des Zeitpunkts[810] der Unterrichtung etwas an der Verhandlungszuständigkeit des Betriebserwerbers ändert. Aus dem gemeinsamen Plan könnte sich die Pflicht des Betriebserwerbers ergeben, den Betriebsveräußerer anzuweisen, schon vor der Sitzverlegung des Betriebserwerbers, die Verhandlungen mit dem Betriebsrat i.S.d. §§ 111 ff. BetrVG aufzunehmen.

Dies ist in Konstellationen relevant, in denen der Betriebserwerber zum Zeitpunkt des Abschlusses des Planungsstadiums noch nicht dem räumlichen Anwendungsbereich des BetrVG unterliegt.

Eine Zurechnung der Verhandlungszuständigkeit von dem Betriebserwerber an den Betriebsveräußerer könnte sich – in Anlehnung an die vorgenannten Ausnahmen – aus dem gemeinsamen Plan ergeben. Für das gem. § 613a Abs. 5 BGB ordnungsgemäße Unterrichtungsschreiben haften Betriebsveräußerer und Betriebserwerber als Gesamtschuldner.[811] D.h. es besteht hinsichtlich sämtlicher im Unterrichtungsschreiben genannten Änderungen ein gemeinsamer Plan. Dieser führt dazu, dass der Betriebsrat im Zeitpunkt des Abschlusses der jeweiligen Planungsphase einen Unterrichtungsanspruch gem. § 111 S. 1 BetrVG hat. Andernfalls würden die Beteiligungsrechte des Betriebsrats in dem Sinne leer laufen, dass dieser keinen Einfluss mehr auf die Umsetzung der Betriebsänderung nehmen kann.

---

810 Nach *Burgmer/Richter*, S. 51 muss die Unterrichtung *„im Planungsstadium erfolgen"*. Nach Wutschka, BB 2010, 825 (828) muss die Unterrichtung erfolgen *„sobald der Plan der Betriebsänderung zu einer gewissen Reife gediehen ist"*. Nach *Hess*, § 111 BetrVG, Rn. 70 entstehen die betriebsverfassungsrechtlichen Unterrichtungspflichten sobald *„konkrete Planungen über eine Betriebsänderung"* bestehen.

811 *Hauck*, FS Düwell, S. 69; MüKo/*Müller-Glöge*, § 613a BGB Rn. 111; *Karthaus/Richter*, in: HK-ArbR, § 613a BGB Rn. 171; *Meyer*, NZA 2012, 1185 (1186).

Nimmt der Betriebsveräußerer – aufgrund des gemeinsamen Plans – die Verhandlungen mit dem Betriebsrat gem. §§ 111 ff. BetrVG bezüglich erst beim Betriebserwerber eintretender Betriebsänderungen auf, tritt der Betriebserwerber im Zeitpunkt des Betriebsübergangs in einen abgeschlossenen bzw. in einen noch im Verhandlungsstadium befindlichen Interessenausgleich und Sozialplan ein.[812]

Interessant gestaltet sich die Frage der „Zurechnung" der Verhandlungszuständigkeit aufgrund eines einheitlichen Plans in der vierten Konstellation. Problematisch ist insoweit, dass der Betriebserwerber dem Anwendungsbereich des BetrVG zu keinem Zeitpunkt unterliegt. D.h. den Betriebserwerber selbst trifft keine Unterrichtungspflicht nach § 111 S. 1 BetrVG. Hieran knüpft sich die Frage, ob der gemeinsame Plan zu Gunsten des Arbeitnehmerschutzes daran etwas ändert. Schließlich könnte man daran denken, aufgrund des gemeinsamen Plans die Unterrichtungspflicht des Betriebsveräußerers auf den Betriebserwerber auszudehnen. Insoweit könnten zwei Ansichten vertreten werden:

a) Argumente für eine „fiktive Zurechnung"[813] der Verhandlungskompetenz

Einerseits könnte vertreten werden, dass aufgrund des gemeinsamen Plans zwischen Betriebsveräußerer und Betriebserwerber eine „fiktive Zurechnung" erfolgen muss.

Maßgeblich ist insoweit, dass sich der Betrieb zum Zeitpunkt des Abschlusses der Planungsphase (bzgl. erst im Ausland eintretender Betriebsänderungen) noch in dem Anwendungsbereich des BetrVG befindet.

Für eine „fiktive Zurechnung" spricht der Arbeitnehmerschutz. Dieser liefe leer, wenn man – entgegen des Wortlauts – auf die Frage abstellt, ob die Betriebsänderung innerhalb des Anwendungsbereichs des BetrVG eintritt.

Im Übrigen hätten es Betriebsveräußerer und Betriebserwerber andernfalls in der Hand durch eine entsprechende Sachverhaltsgestaltung die Beteiligungsrechte des Betriebsrat i.S.d. §§ 111 ff. BetrVG leer laufen zu lassen.

---

812 *Däubler*, in: BetrVG, § 111 Rn. 128.

813 Nachfolgend wird von einer „*fiktiven Zurechnung*" gesprochen, da der Betriebserwerber – mangels Sitz innerhalb des Anwendungsbereichs des BetrVG – keine „echte" eigenständige Verhandlungskompentenz für die Verhandlungen mit dem Betriebsrat i.S.d. §§ 111 ff. BetrVG hat.

b) Argumente gegen eine „fiktive Zurechnung" der Verhandlungskompetenz

Gegen eine „fiktive Zurechnung" spricht, dass der Betriebserwerber nicht dem Anwendungsbereich des BetrVG unterliegt. Würde der Betriebsveräußerer aufgrund einer fiktiven Zurechnung die Kompetenz erhalten, mit dem Betriebsrat Verhandlungen hinsichtlich einer erst im Ausland eintretenden Betriebsänderung zu führen, läge hierin eine räumliche Ausweitung des Anwendungsbereichs des BetrVG.

Diese sieht das Gesetz nicht vor. Im Übrigen spricht das von der Rechtsprechung und der Literatur entwickelte Territorialitätsprinzip gegen eine „fiktive Zurechnung". Danach kann keine Zurechnung einer fiktiven Verhandlungskompetenz von dem Betriebserwerber an den Betriebsveräußerer erfolgen. Dies führt dazu, dass der Betriebsrat weder mit dem Betriebsveräußerer (mangels Verhandlungszuständigkeit) noch mit dem Betriebserwerber (mangels Anwendbarkeit) hinsichtlich der im Ausland eintretenden Veränderungen Verhandlungen führen kann.

c) Stellungnahme

Ob eine fiktive Zurechnung von der Verhandlungskompetenz des Betriebserwerbers auf den Betriebsveräußerer erfolgen kann, ist eine Abwägungsfrage hinsichtlich der Gewichtung des gemeinsamen Plans einerseits und dem Territorialitätsprinzip andererseits.

Vor dem Hintergrund der gemeinsamen Unterrichtungspflicht gem. § 613a Abs. 5 BGB hinsichtlich sämtlicher Betriebsänderungen erscheint die Anknüpfung an den gemeinsamen Plan gewichtiger.

Hierfür spricht, dass Betriebsveräußerer und Betriebserwerber hinsichtlich sämtlicher bekannter Betriebsänderungen zum Zeitpunkt der Erstellung des Unterrichtungsschreibens quasi als „Einheit" betrachtet werden.

Im Übrigen kann eine Parallele zu dem von der Rechtsprechung und Literatur anerkannten Fällen der *„Ausstrahlung des Inlandsbetriebs"*[814] gezogen werden. In vorgenannten Fällen geht es darum, dass vorübergehend ins Ausland entsandte Arbeitnehmer von dem Anwendungsbereich des BetrVG erfasst werden.[815] Argumentiert wird insoweit, dass trotz der Entsendung der Bezug zu dem deutschen Betrieb fortbesteht, da die entsandten Arbeitnehmer immer noch dem

---

814 Vgl. Richardi/*Annuß*, Einleitung, Rn. 73.
815 Richardi/*Annuß*, Einleitung, Rn. 74.

deutschen Betrieb angehören.[816] Auch hierbei handelt es sich um eine räumliche Erweiterung des Anwendungsbereichs des BetrVG.

In dem vorliegenden Fall könnte es sich um eine ähnliche Konstellation handeln. Insoweit könnte argumentiert werden, dass der noch in Deutschland sitzende Betrieb auf den künftigen im Ausland sitzenden Betrieb in der Weise ausstrahlt, dass sämtliche Betriebsänderungen, deren Planungsphase in dem Zeitpunkt abgeschlossen sind, in dem der Betrieb sich noch in Deutschland befindet, auf den im Ausland sitzenden Betriebserwerber ausstrahlen.

Daher wird der im Ausland sitzende Betriebserwerber, der Betriebsänderungen hinsichtlich eines in Deutschland sitzenden Betriebs plant, „fiktiv" in den Anwendungsbereich des BetrVG einbezogen. Knüpft man hieran an, ist der Betriebserwerber fiktiv verpflichtet, den Betriebsveräußerer anzuweisen, die entsprechenden Verhandlungen mit dem Betriebsrat hinsichtlich der im Unterrichtungsschreiben genannten, aber erst im Ausland eintretenden, Betriebsänderungen aufzunehmen.

Die Argumente der erst genannten Ansicht erscheinen vor diesem Hintergrund überzeugender.

3. *Zwischenergebnis*

Je nach Abwägung (Arbeitnehmerschutz vs. Territorialitätsprinzip) hat der Betriebsveräußerer bzgl. der beim Betriebserwerber im Ausland eintretenden Betriebsänderungen eine Verhandlungskompetenz oder nicht. Mangels Regelung grenzüberschreitender Sachverhalte besteht insoweit eine Rechtsunsicherheit.

V. *Ergebnis*

Sowohl die Frage, ob der grenzüberschreitende Betriebsübergang eine Betriebsänderung i.S.d. § 111 S. 1 BetrVG ist bzw. ob der Betriebsveräußerer hinsichtlich im Ausland eintretender Betriebsänderungen die Verhandlungszuständigkeit hat, ist umstritten. Für die Arbeitnehmer bzw. die Arbeitnehmervertretung ist bei einem grenzüberschreitenden Sachverhalt weder klar ob Sie in Verhandlungen treten können, noch ob die Verhandlungen auch hinsichtlich der im Ausland eintretenden Betriebsänderungen geführt werden können.

816 Richardi/*Annuß*, Einleitung, Rn. 74.

B. Regelungsbedarf/Lösungsvorschläge:

Die vorhergehenden Ausführungen verdeutlichen, dass Rechtsunsicherheiten hinsichtlich der Mitwirkung des Betriebsrats bei einem grenzüberschreitenden Betriebsübergang bestehen. Nachfolgend wird (i) der Regelungsbedarf der betrieblichen Mitwirkung im Fall eines grenzüberschreitenden Betriebsübergangs gegen eine etwaige Kritik abgewogen sowie (ii) entsprechende Lösungsvorschläge zum Zwecke der Rechtsklarheit unterbreitet.

I. Regelungsbedarf vs. etwaiger Kritik

Sollten die aufgezeigten Rechtsunsicherheiten durch eine Regulierung der Betriebsratsbeteiligung für den Fall eines grenzüberschreitenden Betriebsübergangs gelöst werden, könnte dies Kritik hervorrufen. Hierzu im Einzelnen:

1. Etwaige Kritik zur Regulierung der betrieblichen Beteiligung bei einem grenzüberschreitenden Betriebsübergang

Gegen eine Regulierung eines explizit geregelten betrieblichen Beteiligungsrechts bei grenzüberschreitenden Betriebsübergängen könnte angeführt werden, dass dies zum einen ein unzulässiger Eingriff in die Unternehmerfreiheit[817] sei. Zum anderen könnte entgegnet werden, dass eine Regulierung der betrieblichen Beteiligung mit Blick auf das Bestehen des Widerspruchsrechts überflüssig sei. Im Übrigen könnte angeführt werden, dass die Konditionen, zu denen die Übernahme der Arbeitnehmer erfolgt, ohnehin im Überleitungsvertrag geregelt werden. Der Abschluss eines Interessenausgleichs bzw. Sozialplans könnte insoweit als unnötig angesehen werden.

2. Argumente gegen eine mögliche Kritik zur Regulierung der betrieblichen Beteiligung bei einem grenzüberschreitenden Betriebsübergang

Einer etwaigen Kritik gegen die Regulierung der betrieblichen Beteiligung bei einem grenzüberschreitenden Betriebsübergang ist Folgendes zu entgegnen:

Erstens führt die Regulierung einer Betriebsratsbeteiligung nicht zu einem Eingriff in die unternehmerische Entscheidungsfreiheit. Schließlich erlangt der Betriebsrat durch die Beteiligungsrechte der §§ 111 ff. BetrVG nicht die Möglichkeit, den grenzüberschreitenden Betriebsübergang zu verhindern. Vielmehr stehen ihm Rechte zu, im Rahmen eines Interessenausgleichs auf Details der Umsetzung des grenzüberschreitenden Betriebsübergangs einzuwirken und im

817 Weitere Ausführungen zu dem Begriff „Unternehmerfreiheit“ unter *Pauls*, S. 4 ff.

Rahmen eines Sozialplans wirtschaftliche Nachteile für die Arbeitnehmer auszugleichen bzw. abzumildern.

Zweitens verlangt die Unterrichtungs- und Anhörungsrichtlinie eine Unterrichtung und Anhörung der Arbeitnehmer. Sollte der Betriebsübergang zu keinen weiteren Betriebsänderungen führen, liefe der Anhörungsanspruch der Arbeitnehmer aus der Unterrichtungs- und Anhörungsrichtlinie leer.

Drittens genügt die Möglichkeit der Ausübung des Widerspruchsrechts nicht dem Interesse etwaige nachteilhafte Änderungen auszugleichen. Hinzu kommt, dass widersprechenden Arbeitnehmern ggf. ein Arbeitsplatzverlust droht. Mit diesem Risiko im Hinterkopf nimmt ein Arbeitnehmer eintretende nachteilhafte Betriebsänderungen im Vergleich zum Arbeitsplatzverlust leichter hin.

Viertens ist der Sinn und Zweck des eingeräumten Widerspruchsrechts der Ausgleich zu dem automatischen Übergang des Arbeitsverhältnisses.[818] Nach dem BAG handelt es sich hierbei *„um ein Rechtsfolgenverweigerungsrecht"*.[819] D.h. in erste Linie verhindert das ausgeübte Widerspruchsrecht den Übergang des Arbeitsverhältnisses auf den Betriebserwerber. Mit der Ausübung des Widerspruchsrechts „entgeht" der Arbeitnehmer daher auch den bei dem Betriebserwerber eintretenden nachteilhaften Betriebsänderungen. Dennoch wurde das Widerspruchsrecht nicht als Reaktion auf die künftigen Betriebsänderungen entwickelt. Eine Verquickung des Widerspruchsrechts und der Mitwirkung des Betriebsrats erscheint vor diesem Hintergrund nicht überzeugend. Daher kann eine unterlassene Ausübung des Widerspruchsrechts nicht dazu führen, dass der Arbeitnehmer Betriebsänderungen im Zusammenhang mit dem Inhaber- und Ortswechsel ohne Ausgleich hinnehmen muss.

Fünftens geht es bei der Einführung eines Beteiligungsrechts des Betriebsrats i.S.d. §§ 111 ff. BetrVG darum, die Mitwirkung des Betriebsrats sicherzustellen. Ob mit dem grenzüberschreitenden Betriebsübergang tatsächlich ausgleichspflichtige Betriebsänderungen einhergehen, ist in einem daran anschließenden Schritt zu prüfen.

Sechstens führt die Etablierung eines betrieblichen Beteiligungsrechts bei einem grenzüberschreitenden Betriebsübergang dazu, dass der Betriebsrat in einer besseren Verhandlungsposition ist, als wenn ihm die Beteiligungsrechte gem. §§ 111 ff. BetrVG lediglich bzgl. anderer Betriebsänderungen zustünden.

---

818 *Willemsen/Müller-Bonanni,* in: HKW, § 613a Rn. 355.

819 BAG, Urt. v. 22.04.1993 (Az.: 2 AZR 50/92), Rn. 28 (juris), AP Nr. 103 zu § 613a BGB.

II. Lösungsvorschläge

Zur Sicherstellung der Beteiligungsrechte des Betriebsrats im Falle eines grenzüberschreitenden Betriebsübergangs gibt es zwei Möglichkeiten: Zum einen könnte man den Tatbestand des heutigen § 111 S. 3 Nr. 2 Alt. 2 BetrVG (*„Verlegung des ganzen Betriebs oder von wesentlichen Betriebsteilen“*) dahingehend modifizieren, dass sämtliche Verlegungen von Betriebsteilen – unabhängig von der jeweiligen Wesentlichkeit – erfasst werden (nachfolgend **„Lösunsgvorschlag1“**). Zum anderen könnte der Tatbestandskatalog des § 111 S. 3 BetrVG um einen entsprechenden Tatbestand ergänzt werden (nachfolgend **„Lösungsvorschlag 2“**).

Die beiden Lösungsvorschläge werden nachfolgend dargestellt. Das Unterkapitel schließt mit einer dahingehenden Stellungnahme.

1. Lösungsvorschlag 1: Modifikation des § 111 S. 3 Nr. 2 Alt. 2 BetrVG

Zunächst könnte die Beteiligung des Betriebsrats im Falle eines grenzüberschreitenden Betriebsübergangs dadurch sichergestellt werden, dass in der aktuellen Fassung des § 111 S. 3 Nr. 2 Alt. 2 BetrVG das Wort *„wesentlich“* im Zusammenhang mit *„wesentlichen Betriebsteilen“* gestrichen wird.

Dies würde die Beteiligung des Betriebsrats unter folgenden Voraussetzungen sichern:

Zunächst müsste der Anwendungsbereich des § 111 BetrVG eröffnet sein (siehe S. 125). Zudem müsste die Grenzüberschreitung die Voraussetzung der räumlichen Verlagerung erfüllen (siehe S. 114).

Sollte das Wort „wesentlich“ gestrichen werden, läge in allen Fällen eines grenzüberschreitenden Betriebsübergangs – nach der hier vertretenen Ansicht (siehe S. 127) eine Betriebsänderung gem. § 111 S. 3 Nr. 2 Alt. 2 BetrVG vor. Dennoch bliebe unter Verweis auf den Meinungsstreit hinsichtlich der Bedeutung des Territorialitätsprinzips in diesem Zusammenhang (siehe S. 125) eine Rechtsunsicherheit bestehen.

2. Lösungsvorschlag 2: Erweiterung des Tatbestandskatalogs des § 111 S. 3 BetrVG

Der Lösungsvorschlag 2 orientiert sich an einem von der SPD im Jahre 1988 vorgebrachten Vorschlag, einen Betriebsübergang als Betriebsänderung zu qualifizieren.

Vor dem Hintergrund, dass zum einen eine Regelung hinsichtlich der betrieblichen Mitwirkung bei grenzüberschreitenden Betriebsübergänge fehlt und zum anderen die Zahl der grenzüberschreitende Betriebsübergänge wächst[820], erscheint der Vorschlag der SPD aus dem Jahre 1988 in einem neuen Licht.

Der ursprüngliche Vorschlag der SPD-Bundestagsfraktion[821] könnte entweder erneut aufgegriffen werden oder eine Grundlage für die Ergänzung des Tatbestandskatalogs sein. Hierzu im Einzelnen:

a) Vorschlags der SPD aus dem Jahre 1988

Der Entwurf der SPD sah die Einführung einer neu gefassten Nr. 4 des § 111 BetrVG vor, die den Betriebsübergang als eine Betriebsänderung i.S.d. § 111 BetrVG qualifizierte.[822]

Wörtlich hieß es in dem Entwurf der SPD in Bezug auf den Tatbestandskatalog des § 111 S. 3 BetrVG:

> *„Als Betriebsänderungen im Sinne des Satzes 1 gelten insbesondere (…) Nr. 4 Übergang des Betriebs oder Betriebsteils auf einen neuen Inhaber;“*[823]

Würde man diesen Vorschlag erneut aufgreifen, wären sowohl innerdeutsche Betriebsübergänge als auch Betriebsübergänge auf ausländische Betriebserwerber von dieser Regelung erfasst. In diesem Fall wäre sichergestellt, dass der grenzüberschreitende Betriebsübergang bei Anknüpfung an den Inhaberwechsel eine Betriebsänderung i.S.d. § 111 BetrVG ist.

---

820 *Feudner*, DB 2004, 982 (983): Nach *Feudner* ist von einem Anstieg der grenzüberschreitenden Betriebsverlagerungen auszugehen, bis sich der Unterschied zwischen den jeweiligen Standortkosten und Rahmenbedingungen relativiert hat; *Land*, BB 2013, 2976 (2976): *Land* führt aus, dass die Zahl der grenzüberschreitenden Unternehmenskäufe steigt, so betrug der Anteil der internationalen Unternehmenskäufe im Jahr 36 % gemessen an dem gesamten Volumen der Unternehmenskäufe.

821 Fraktion der SPD, Entwurf eines Gesetzes zum Ausbau und zur Änderung der betrieblichen Mitbestimmung, Betriebsverfassungsgesetz 1988 v. 28.09.1988, BT-Drucks.: 11/2995, S. 29, abrufbar unter: http://dip21.bundestag.de/dip21/btd/11/029/1102995.pdf (letzter Stand: 01.07.2014); siehe hierzu: *Däubler*, in: BetrVG, § 111 Rn. 23.

822 Fraktion der SPD, Entwurf eines Gesetzes zum Ausbau und zur Änderung der betrieblichen Mitbestimmung, Betriebsverfassungsgesetz 1988 v. 28.09.1988, BT-Drucks.: 11/2995, S. 29, abrufbar unter: http://dip21.bundestag.de/dip21/btd/11/029/1102995.pdf (letzter Stand: 01.07.2014).

823 Fraktion der SPD, Entwurf eines Gesetzes zum Ausbau und zur Änderung der betrieblichen Mitbestimmung, Betriebsverfassungsgesetz 1988 v. 28.09.1988, BT-Drucks.: 11/2995, S. 29, abrufbar unter: http://dip21.bundestag.de/dip21/btd/11/029/1102995.pdf (letzter Stand: 01.07.2014).

Interessant ist insofern, dass es eine entsprechende Regelung in Österreich gibt.[824] Insofern heißt es in § 109 Abs. 1 S. 2 Nr. 7 ArbVG wie folgt:

> *„(...). Als Betriebsänderungen gelten insbesondere (...) Nr. 7 Änderungen der Rechtsform oder der Eigentumsverhältnisse an dem Betrieb.“*

Im Unterschied zu dem vorhergehenden SPD Vorschlag geht die österreichische Umsetzung weiter, da sie auch Änderungen der Eigentumsverhältnisse umfasst. D.h. es sind sowohl *„asset deals“*, die zu Änderungen hinsichtlich der Inhaberschaft, als auch *„share deals“*, die zu Änderungen hinsichtlich der Eigentumsverhältnisse an einer Gesellschaft führen, von der Regelung erfasst.

Eine solch weitgehende Regelung wäre nicht erforderlich. Vielmehr würde der Vorschlag der SPD zur Sicherung der Beteiligungsrechte des Betriebsrats bei einem grenzüberschreitenden Betriebsübergang ausreichen.

b) Modifikation des SPD Vorschlags

Ferner könnte der SPD Vorschlag als Grundlage für eine Modifizierung den Tatbestandskatalogs des § 111 S. 3 BetrVG um den Fall eines grenzüberschreitenden Betriebsübergangs dienen.

So könnte beispielsweise eine neue Nummer des Tatbestandskatalogs des § 111 S. 3 BetrVG wie folgt lauten:

> *„Als Betriebsänderungen im Sinne des Satzes 1 gelten insbesondere (...) Inhaberwechsel, die zu einer grenzüberschreitenden Betriebsverlagerung führen.“*

Dieser Vorschlag kombiniert die Besonderheiten eines grenzüberschreitenden Betriebsübergangs von dem Zusammentreffen des Inhaber- und des Ortswechsels. Überdies wird er der allgemeinen Meinung[825], die eine Qualifikation eines innerdeutschen Betriebsübergangs als Betriebsänderung ablehnt, gerecht.

Eine Einschränkung hinsichtlich der Betriebsgröße – entsprechend dem aktuellen § 111 S. 3 Nr. 2 Alt. 2 BetrVG – wird nach der hier vertretenen Meinung abgelehnt. Vielmehr soll durch die Einführung des vorgeschlagenen neuen

---

824 *Gamillscheg*, Koll. AR, S. 1115.

825 Rspr.: BAG, Urt. v. 4.12.1979 (Az.: 1 AZR 843/76), Rn. 20 (juris), AP Nr. 6 zu § 111 BetrVG 1972; BAG, Urt. v. 19.01.1999 (Az.: 1 AZR 342/98), Rn. 32 (juris), AP Nr. 37 zu § 113 BetrVG 1972; Lit.: Richardi/Annuß, § 111 BetrVG, Rn. 124; *Fitting*, § 111 BetrVG, Rn. 50; *Neef*, NZA 1994, 97 (97); ErfK/*Kania*, § 111 BetrVG Rn. 12; *Schwerdtner*, FS Müller, S. 571; a.A.: *Däubler*, in: BetrVG § 111 Rn. 125 m.w.N.; *Karthaus*, ArbuR 2007, 114 (114).

Tatbestands des Katalogs § 111 S. 3 BetrVG die Beteiligung des Betriebsrats bei jedem grenzüberschreitenden Betriebsübergang sichergestellt werden.

Dieser Vorschlag könnte auf Kritik hinsichtlich des Territorialitätsprinzips und den räumlichen Anwendungsbereich des BetrVG stoßen. Entsprechend der obigen Ausführungen kommt es für eine Betriebsänderung gem. § 111 S. 1 BetrVG jedoch auf das Planungsstadium an. Plant ein in Deutschland sitzender Betrieb einen grenzüberschreitenden Betriebsübergang, ist der Betriebssitz zu diesem Zeitpunkt in der Bundesrepublik Deutschland und damit innerhalb des Anwendungsbereichs des § 111 BetrVG.

c) Europarechtliche Erwägungen

Sowohl das erneute Aufgreifen des ursprünglichen SPD Vorschlags als auch eine Modifizierung hinsichtlich des grenzüberschreitenden Betriebsübergangs würde im Einklang mit der Unterrichtungs- und Anhörungsrichtlinie stehen.

Entsprechend der vorgenannten Argumentation von *Däubler*[826] und *Karthaus*[827] (siehe S. 120 ff.) wäre durch eine Ergänzung des Tatbestandskatalogs des § 111 S. 3 BetrVG die Betriebsratsbeteiligung sichergestellt. Einer richtlinienkonformen Auslegung des § 111 BetrVG bedürfte es in diesem Fall nicht mehr.

3. Stellungnahme

Zur Erlangung von Rechtssicherheit erscheint der Lösungsvorschlag 2 – entweder in Form des ursprünglichen SPD Vorschlags oder in Form der Modifizierung – überzeugend. Anknüpfungspunkt wäre insoweit sowohl der Inhaber- als auch der Ortswechsel.

Hinsichtlich der Verhandlungszuständigkeit des Betriebsveräußerers würde dies bedeuten, dass dieser hinsichtlich sämtlicher Betriebsänderungen, die im Zusammenhang mit dem Inhaber- und dem Ortswechsel eintreten, verhandlungszuständig wäre. Dies resultiert entweder daraus, dass die Betriebsänderung ohnehin bei ihm eintritt oder auf einem einheitlichen Plan beruht.

C. Ergebnis

Die vorhergehende Prüfung zeigt sowohl die Besonderheiten eines grenzüberschreitenden Betriebsübergangs hinsichtlich der Frage, ob der grenzüberschreitende Betriebsübergang eine Betriebsänderung ist, als auch hinsichtlich der

---

826 *Däubler*, in: BetrVG, § 111 Rn. 102a.

827 *Karthaus*, ArbuR 2007, 114 (118).

Frage, ob der Betriebsveräußerer eine Verhandlungszuständigkeit hinsichtlich im Ausland eintretender Betriebsänderungen hat.

Die bloße Übertragung der für einen innerdeutschen Betriebsübergang bestehen Ansichten führt bei beiden Fragen zu keinem klaren Ergebnis. Vielmehr zeigt die vorhergehende Untersuchung, dass die Grenzüberschreitung Besonderheiten mit sich bringt. Um Rechtsklarheit zu erlangen, müsste dem aufgezeigten Lösungsvorschlag entsprochen werden.

§ 3 Rechtsunsicherheiten hinsichtlich des anwendbaren Rechts bei einem grenzüberschreitenden Betriebsübergang

Bei einem Sachverhalt mit Auslandsberührung stellt sich stets die kollisionsrechtliche Frage, welches Recht auf den Sachverhalt Anwendung findet. So auch im Fall eines grenzüberschreitenden Betriebsübergangs.[828]

Mangels einer einseitigen Kollisionsnorm in der Betriebsübergangsrichtlinie bzw. dem § 613a BGB[829], ist nach Art. 3 EGBGB das Internationale Privatrecht (nachfolgend „**IPR**") für die Bestimmung der anzuwendenden Rechtsordnung maßgeblich. Dies entspricht der herrschenden Auffassung in Rechtsprechung[830] und Literatur[831].

Lediglich vereinzelt wird in der Literatur, so beispielsweise (früher) von *Leuchten*[832], die Ansicht vertreten, dass die Betriebsübergangsrichtlinie eine kollisionsrechtliche Regelung enthält. *Leuchten* führt insoweit Art. 1 Abs. 2 der Betriebsübergangsrichtlinie an.[833] Art. 1 Abs. 2 der Betriebsübergangsrichtlinie lautet wie folgt:

> *„Diese Richtlinie ist anwendbar, wenn und soweit sich das Unternehmen, der Betrieb oder der Unternehmens- bzw. Betriebsteil, das bzw. der übergeht, innerhalb des räumlichen Anwendungsbereichs des Vertrages befindet."*

---

828 *Junker*, NZA Beilage 1/2012, 8 (13); *Deinert*, Int. ArbR, S. 341 Rn. 11.

829 *Land*, BB 2013, 2697 (2697).

830 Das BAG stellt auf die Regelungen des IPR ab. BAG, Urt. v. 26.05.2011 (Az.: 8 AZR 793/09), Rn. 43 (juris), AP Nr. 411 zu § 613a BGB.

831 *Cohnen*, FS zum 25-jährigen Bestehen der Arge ArbeitsR, S. 598 f.; *Gaul/Mückl*, DB 2011, 2318 (2319); *Krannich*, BB-Kommentar zum Urt. v. 26.05.2011, BB 2012, 577 (581); *Franzen*, S. 60 ff; *Leuchten*, FA 2002, 138 (139); *Leuchten*, ZESAR 10/12 411 (414); *Kania*, S. 80.

832 *Leuchten*, FA 2002, 138 (139).

833 *Leuchten*, FA 2002, 138 (139).

Leuchten bezeichnet Art. 1 Abs. 2 der Betriebsübergangsrichtlinie *als „relativ allgemeine"* Kollisionsvorschrift.[834]

Für die Frage, ob die Ansicht *Leuchtens*[835] nachvollziehbar ist, ist die Abgrenzung zwischen einer Kollisions- und einer Sachnorm maßgeblich. Grob gesagt[836] ist der Unterschied folgender: Eine Sachnorm sieht eine materiell-rechtliche Regelung vor, eine Kollisionsnorm regelt hingegen, welches Recht im Kollisionsfall anwendbar ist.[837]

Betrachtet man den vorhergehenden Wortlaut der Betriebsübergangsrichtlinie, stellt sich die Frage, ob der Wortsinn eine kollisionsrechtliche Regelung oder lediglich den sachlichen Anwendungsbereich der Betriebsübergangsrichtlinie beschreibt.

Nach der hier vertretenen Ansicht handelt es sich bei Art. 1 Abs. 2 der Betriebsübergangsrichtlinie – im Einklang mit der h.M.[838] – um eine Sachnorm. Andernfalls würde die Betriebsübergangsrichtlinie regeln, welche Rechtsordnung (deutsche oder ausländische) im konkreten Fall anwendbar wäre.

Auch eine systematische Auslegung lässt auf die Qualifikation des Art. 1 Abs. 2 der Betriebsübergangsrichtlinie als Sachnorm schließen. Die vorgenannte Regelung findet sich im Kapitel I der Betriebsübergangsrichtlinie unter der Überschrift *„Anwendungsbereich und Definitionen"*.

Somit ist die (früher) von *Leuchten*[839] vertretene Ansicht, nach der Art. 1 Abs. 2 der Betriebsübergangsrichtlinie eine eigene Kollisionsnorm ist, nicht überzeugend.

Insoweit bleibt es dabei, dass das IPR für die Bestimmung des anwendbaren Rechts im Falle eines grenzüberschreitenden Betriebsübergangs maßgebend ist. Dies führt jedoch nicht zu Rechtsklarheit. Die Rechtsunsicherheiten in diesem Zusammenhang resultieren daraus, dass es auch keine europäische Kollisionsnorm gibt, die den Anknüpfungsgegenstand zur Bestimmung der

---

834 *Leuchten*, FA 2002, 138 (139).

835 *Leuchten*, FA 2002, 138 (139).

836 Für detaillierte Ausführungen siehe *Junker*, Int. ArbR, S. 131 ff.

837 *Junker*, Int. ArbR, S. 131; *Kegel*, S. 4 ff.

838 Rspr.: Das BAG stellt auf die Regelungen des IPR ab. BAG, Urt. v. 26.05.2011 (Az.: 8 AZR 793/09), Rn. 43 (juris), AP Nr. 411 zu § 613a BGB; Lit.: *Cohnen*, FS zum 25-jährigen Bestehen der Arge ArbeitsR, S. 598 f.; *Gaul/Mückl*, DB 2011, 2318 (2319); *Krannich*, BB-Kommentar zum Urt. v. 26.05.2011, BB 2012, 577 (581); *Franzen*, S. 60 ff; *Leuchten*, FA 2002, 138 (139); *Leuchten*, ZESAR 10/12 411 (414); *Kania*, S. 80.

839 *Leuchten*, FA 2002, 138 (139).

anzuwendenden Rechtsordnung für grenzüberschreitende Betriebsübergänge festlegt. Somit besteht ein weiter Interpretationsspielraum.

Ausgangspunkt für die hierzu unterschiedlichen Meinungen ist die Frage, ob man den grenzüberschreitenden Betriebsübergang als einheitlichen Vorgang[840] oder ob man die einzelnen Elemente des grenzüberschreitenden Betriebsübergangs (Kaufvertrag, Arbeitsvertrag, Betriebsübernahme) separat betrachtet.[841]

Vor diesem Hintergrund werden die folgenden unterschiedlichen Anknüpfungsgegenstände zur Bestimmung der anwendbaren Rechtsordnung im Falle eines grenzüberschreitenden Betriebsübergangs vertreten:[842] Die überwiegende Ansicht[843] stellt für die kollisionsrechtliche Bestimmung auf das Arbeitsvertragsstatut ab. Daneben wird von Teilen der Instanzrechtsprechung[844] und der Literatur[845] die kollisionsrechtliche Anknüpfung an den jeweiligen Betriebssitz vertreten. Hieran knüpft die zum Teil[846] vertreten Ansicht der sog. Statutenkumulation. Schließlich wird vereinzelt eine Anknüpfung an den Kauf- und Übernahmevertrag[847] sowie eine Sonderanknüpfung des § 613a BGB[848] vertreten.

Der vorgenannte Meinungsstreit verdeutlicht, die mit einem grenzüberschreitenden Betriebsübergang zusammenhängenden Rechtsunsicherheiten. Die

---

840 Entsprechend einem Unternehmenskaufvertrag, vgl. *Merkt*, S. 1379 Rn. 829. Insoweit kommt es maßgeblich auf den schuldrechtlichen Übernahmevertrag an, dies entspricht dem Kauf- und Übernahmevertrag i.R.e. Betriebsübergangs.

841 *Forst*, SAE 2012, 18 (19).

842 *Gaul/Mückl*, DB 2011, 2318 (2319); *Forst*, SAE 2012, 18 (19).

843 Rspr.: BAG, Urt. v. 25.04.2013 (Az.: 6 AZR 49/12), Rn. 166 (juris): „Bei Betriebsübergängen mit Auslandsbezug können sachgerechte Lösungen nur über die Regelungen des Arbeitsvertragsstatuts erzielt werden."; BAG, Urt. v. 26.05.2011 (Az.: 8 AZR 793/09), Rn. 44 (juris), AP Nr. 411 zu § 613a BGB; Lit.: *Feudner*, NZA 1999, S. 1184 (1186); *Däubler*, FS Kissel, S. 119 (123 ff.); *Deinert*, RdA 2001, 368 (374); MüKO/*Martiney*, Rom I-VO Art. 8, Rn. 88; zum alten Recht: *Düwell/Wichert*, S. 566 Rn. 105; differenziernd: *Mankowski*, IPRax 1994, 88 (97f.).

844 ArbG Hamburg, Urt. 20.07.1979 (Az. S. 15 Ca 410/78), AP Nr. 25 zu § 613a BGB; LAG Hamburg, Urt. v. 22.10.1979 (Az.: 4 Sa 103/79); IPRax 1981, S. 175.

845 *Birk*, RdA 1984, 129 (133); *Koch*, RIW 1984, S. 592 (594); *Loritz*, ZfA 1991, S. 597 f.; *Junker*, Intern. ArbR, § 8 S. 235.

846 zustimmend: *Drobnig/Puttfraken*, S. 81 Nr. 94; *Mankoski*, IPRax 1994, 88 (89); *Junker*, Intern. ArbR, § 8 S. 239 f.; ablehnend: *Franzen* S. 108 f.; *Hergenröder*, AR-Blattei SD 500.3, Rn. 46; *Reichold*, FS Birk, S. 687 (698).

847 LAG Berlin, Urt. 22.6.1988–14 Sa 37/ 88 (n.v.) [aufgehoben durch BAG AP Nr. 81 zu § 613a BGB], zit. v. *Cohnen*, FS zum 25-jährigen Bestehen der Arge ArbeitsR, S. 600; *Däubler*, in: FS Kissel, S. 123, *Kania*, S. 82.

848 *Jayme/Kohler*, IPRax 1993, 357 (370); *Kania*, S. 136 ff.

Frage nach der anzuwendenden Rechtsordnung ist der Dreh- und Angelpunkt für die Beurteilung eines grenzüberschreitenden Betriebsübergangs. Kommt die kollisionsrechtliche Beurteilung zu dem Ergebnis, dass die ausländische Rechtsordnung für die Beurteilung des grenzüberschreitenden Betriebsübergangs maßgeblich ist, findet die Regelung des § 613a BGB keine Anwendung.

Die Rechtsunsicherheiten hinsichtlich der anzuwendenden Rechtsordnung werden deutlich, wenn man die Ergebnisse des Meinungsstreits je nach dem zeitlichen Zusammentreffen von grenzüberschreitender Betriebsverlagerung und dem Betriebsübergang auf den ausländischen Betriebserwerber vergleicht.

Die überwiegend vertretenen Anknüpfungsgegenstände (Arbeitsvertragsstatut und Betriebssitz) führen bei Sachverhalten, in denen der Betriebsübergang nach der grenzüberschreitenden Betriebsverlagerung eintritt, zu unterschiedlichen Ergebnissen. In diesem Fall liegt der Betriebssitz im Ausland, so dass hiernach die ausländische Rechtsordnung maßgeblich wäre. Hingegen führt die Anknüpfung an das Arbeitsvertragsstatut dazu, dass weiterhin die deutsche Rechtsordnung relevant ist.[849]

In diesem Fall käme die Anknüpfung an das Arbeitsvertragsstatut und den Betriebssitz nur zu dem gleichen Ergebnis, wenn sich das Arbeitsvertragsstatut mit der grenzüberschreitenden Betriebsverlagerung ändern würde. Dies wird jedoch von der Rechtsprechung[850] und Teilen der Literatur[851] anders gesehen. Nach dem BAG tritt der Statutenwechsel erst nach dem grenzüberschreitenden Betriebsübergang ein.[852]

---

849 BAG, Urt. v. 26.05.2011 (Az.: 8 AZR 37/10), Rn. 45 (juris), AP Nr. 409 zu § 613a BGB: *„Die Änderung des Arbeitsvertragsstatuts tritt aber erst ein, nachdem die Arbeitsverhältnisse übergegangen sind."*

850 Nach dem BAG tritt der Statutenwechsel erst nach dem Betriebsübergang ein. BAG, Urt. v. 26.05.2011 (Az.: 8 AZR 37/10), Rn. 45 (juris), AP Nr. 409 zu § 613a BGB; BAG, Urt. v. 25.04.2013 (Az.: 6 AZR 49/12), Rn. 166 (juris), EzA-SD 2013, Nr. 14, 4–8; wortgleich in: BAG, Urt. v. 13.12.2012 (Az.: 6 AZR 608/11), Rn. 40 (juris), ZInsO 2013, 1366–1368.

851 Teilweise wird in der Lit. ein Wechsel des zugrunde liegenden Arbeitsvertragsstatuts durch den grenzüberschreitenden Betriebsübergang verneint, so beispielsweise *Feudner*, NZA 1999, 1184 (1188). Feudner führt aus, dass sich der Erfüllungsort des Arbeitsvertrags durch die grenzüberschreitende Betriebsverlagerung nicht ändert. Da sich das Arbeitsvertragsstatut nach dem jeweiligen Erfüllungsort des Arbeitsvertrags richtet, wäre insoweit die deutsche Rechtsordnung maßgebend.

852 BAG, Urt. v. 26.05.2011 (Az.: 8 AZR 37/10), Rn. 45 (juris), AP Nr. 409 zu § 613a BGB; BAG, Urt. v. 25.04.2013 (Az.: 6 AZR 49/12), Rn. 166 (juris), EzA-SD 2013, Nr. 14, 4–8;

Ziel dieses Unterkapitels ist das Aufzeigen der Rechtsunsicherheiten, die der Meinungsstreit hinsichtlich der anwendbaren Rechtsordnung bedingt. Hierzu erfolgt (i) eine kurze Darstellung des Meinungsstreits. Dem schließt sich (ii) eine Untersuchung der Relevanz der unterschiedlichen Ergebnisse mit Blick auf das zeitliche Zusammenspiel zwischen grenzüberschreitender Betriebsverlagerung und Betriebsübergang auf den ausländischen Betriebserwerber an. Das Unterkapitel schließt (iii) mit der Entwicklung von zwei Lösungsvorschlägen zur Behebung der aufgezeigten Rechtsunsicherheiten.

A. Meinungsstreit hinsichtlich der Anknüpfung zur Bestimmung der anwendbaren Rechtsordnung im Kollisionsfall

Nachfolgend werden die unterschiedlichen Meinungen hinsichtlich der Anknüpfung zur Bestimmung des anzuwendenden Rechts dargestellt. Der Fokus der Aufarbeitung liegt auf den beiden überwiegend vertretenen Ansichten – Anknüpfung an das Arbeitsvertragsstatut sowie den Betriebssitz. Dazu im Einzelnen:

I. Anknüpfung an das Arbeitsvertragsstatut

Zunächst wird die Ansicht, die zur Bestimmung des anzuwendenden Rechts an das Arbeitsvertragsstatut anknüpft, vorgestellt. Vertreter dieser Ansicht finden sich sowohl in der Rechtsprechung[853] als auch in der Literatur[854].

1. Rechtsprechung, die auf das Arbeitsvertragsstatut abstellt

Das BAG knüpft zur Bestimmung der anzuwendenden Rechtsordnung für den Fall eines grenzüberschreitenden Betriebsübergangs an das Arbeitsvertragsstatut

---

wortgleich in: BAG, Urt. v. 13.12.2012 (Az.: 6 AZR 608/11), Rn. 40 (juris), ZInsO 2013, 1366–1368.

853 BAG, Urt. v. 26.05.2011 (Az.: 8 AZR 793/09), AP Nr. 411 zu § 613 a BGB; Parallelentscheidung: BAG, Urt. 26.05.2011 (Az.: 8 AZR 37/10), AP Nr. 409 zu § 613a BGB; BAG, Urt. v. 25.04.2013 (Az.: 6 AZR 49/12), Rn. 166 (juris): „*Bei Betriebsübergängen mit Auslandsbezug können sachgerechte Lösungen nur über die Regelungen des Arbeitsvertragsstatuts erzielt werden.*"

854 *Feudner*, NZA 1999, S. 1184 (1186); *Däubler*, FS Kissel, S. 119 (123 ff.); *Deinert*, RdA 2001, 368 (374); zum alten Recht: *Düwell/Wichert*, S. 566 Rn. 105; MüKO/*Martiney*, Rom I-VO Art. 8, Rn. 88; differenziernd: *Mankowski*, IPRax 1994, 88 (97f.).

an. So beispielsweise in dem Urteil vom 26. Mai 2011.[855] Dieses Urteil steht im Einklang mit einem vorhergehenden BAG Urteil.[856]

Ferner bestätigte das BAG diese Ansicht in einem Urteil aus dem Jahre 2013.[857] Bezugnehmend auf die Anknüpfung an das Arbeitsvertragsstatut und den Statutenwechsel äußerte sich das BAG wie folgt:

> *„Bei Betriebsübergängen mit Auslandsbezug können sachgerechte Lösungen nur über die Regelungen des Arbeitsvertragsstatuts erzielt werden. Allerdings ändert sich regelmäßig das Arbeitsvertragsstatut eines Arbeitnehmers, in dessen Arbeitsverhältnis keine Rechtswahl getroffen ist, bei einem Wechsel von der Bundesrepublik Deutschland ins Ausland aufgrund eines Betriebsübergangs. Regelmäßig wird* ***nach dem Betriebsübergang das Recht des Staats zur Anwendung kommen, in dem das Arbeitsverhältnis nach dem Betriebsübergang besteht.*** *Eine solche Änderung tritt aber* ***erst ein, nachdem das Arbeitsverhältnis übergegangen ist.*** *Für die Frage, ob es zu einem Betriebsübergang gekommen ist, ist eine solche Statutänderung ebenso wie für die Frage der Wirksamkeit einer vor dem Betriebsübergang erklärten, nach deutschem Recht zu beurteilenden Kündigung noch ohne Belang (…).“*[858]

2. *Literaturansichten, die auf das Arbeitsvertragsstatut abstellt*

Ein Großteil der Literaturansicht[859] entspricht der vorgenannten BAG Rechtsprechung. In der Literatur wird zur kollisionsrechtlichen Bestimmung die Anknüpfung an das Arbeitsvertragsstatut insbesondere von *Franzen*[860], *Däubler*[861],

---

855 BAG, Urt. v. 26.05.2011 (Az.: 8 AZR 793/09), AP Nr. 411 zu § 613 a BGB; Parallelentscheidung: BAG, Urt. 26.05.2011 (Az.: 8 AZR 37/10), AP Nr. 409 zu § 613a BGB; BAG, Urt. v. 25.04.2013 (Az.: 6 AZR 49/12), Rn. 166 (juris): *„Bei Betriebsübergängen mit Auslandsbezug können sachgerechte Lösungen nur über die Regelungen des Arbeitsvertragsstatuts erzielt werden.“*

856 BAG, Urt. v. 29.10.1992 (2 AZR 267/92), Rn. 49 (juris), BAGE 71, 297–320.

857 BAG, Urt. v. 25.04.2013 (Az.: 6 AZR 49/12), EzA-SD 2013, Nr. 14, 4–8; teilweise Parallelentscheidung zu BAG, Urt. v. 13.12.2012 (Az.: 6 AZR 608/11), ZInsO 2013, 1366–1368.

858 BAG, Urt. v. 25.04.2013 (Az.: 6 AZR 49/12), Rn. 166 (juris), EzA-SD 2013, Nr. 14, 4–8 – die Hervorhebung ist im Original nicht enthalten; wortgleich in: BAG, Urt. v. 13.12.2012 (Az.: 6 AZR 608/11), Rn. 40 (juris), ZInsO 2013, 1366–1368.

859 *Feudner*, NZA 1999, 1184 (1186); *Däubler*, FS Kissel, S. 119 (125); MüKO/*Martiny*, Rom I-VO Art. 8, Rn. 88.

860 *Franzen*, S. 215 ff.

861 *Däubler*, FS Kissel, S. 119 (125).

Deinert[862], *Cohnen*[863], *Hergenröder*[864], *Reichold*[865], *Feudner*[866], *Richter*[867], *Wollenschläger/Fröhlich*[868] und *Martiney*[869] vertreten.

3. Argumente für/gegen eine Anknüpfung an das Arbeitsvertragsstatut

Für die Anknüpfung an das Arbeitsvertragsstatut werden insbesondere der Bestandsschutz[870], die individuelle Schutzbedürftigkeit und der Vertrauensschutz der Arbeitnehmer[871] angeführt.

Danach könne ein in Deutschland angestellter Arbeitnehmer bei Eingehung eines deutschen Arbeitsvertrages davon ausgehen, dass auf dieses Rechtsverhältnis grundsätzlich deutsches Recht Anwendung findet.[872] Schließlich sei der Arbeitnehmer der wirtschaftlich Schwächere.[873] Die sich daraus ergebende Schutzposition des Arbeitnehmers sei höher zu bewerten, als das Interesse des ausländischen Betriebserwerbers an einem Wechsel der anzuwendenden Rechtsordnung.[874]

Sodann wird vereinzelt[875] vorgebracht, dass der Betriebserwerber weiß, welche Arbeitsverhältnisse er übernimmt und daher erkennen kann, auf welche

---

862 *Deinert*, RdA 2001, 368 (374).

863 *Cohnen*, FS zum 25-jährigen Bestehen der Arge ArbeitsR, S. 600.

864 *Hergenröder*, AR-Blattei SD 500.3, Rn. 29.

865 *Reichold*, FS Birk, 687 (692).

866 *Feudner*, NZA 1999, 1184 (1186).

867 *Richter*, ArbuR 1992, 65 (68 f.) führt an, dass „*der Arbeitnehmer mit der Eingehung eines Arbeitsverhältnisses nach einer bestimmten Rechtsvorschrift darauf [vertraut], dass die Schutzvorschriften derselben zu seinen Gunsten anwendar sind.*" Ferner „*stellt § 613a BGB seiner Rechtsnatur nach einen gesetzlichen Vertragsübergang dar. Dieser folgt international-privatrechtlich dem Statut des übernommenen Vertrages*".

868 *Wollenschläger/Fröhlich*, ArbuR 1990, 314 (316) Arbeitnehmerschutz sei höherrangig zu bewerten, als die Interessen des Erwerbers.

869 MüKO/*Martiney*, Rom I-VO Art. 8, Rn. 88.

870 *Deinert*, RdA 2001, 368 (374).

871 Rspr.: BAG, Urt. v. 29.10.1992 (2 AZR 267/92), Rn. 51 (juris), BAGE 71, 297–320; Lit.: *Franzen* S. 76; *Schwanda*, S. 146; *Feudner*, 1186; *Wollenschläger/Fröhlich*, ArbuR 1990, 314 (316); *Richter*, ArbuR 1992, 65 (68 f.); *Bezani/Richter*, S. 238; *Hergenröder*, AR-Blattei SD 500.3, Rn. 34; *Deinert*, RdA 2001, 368 (374); MüKO/*Martiney*, Rom I-VO Art. 8, Rn. 88.

872 *Bezani/Richter*, S. 238 f.; *Kania*, S. 83 f.; *Feudner*, NZA 1999, 1184 (1186).

873 *Feudner*, NZA 1999, 1184 (1186), *Kania*, S. 83.

874 *Feudner*, NZA 1999, 1184 (1186), *Wollenschläger/Fröhlich*, ArbuR 1990, 314 (316); *Kania* S. 83.

875 *Feudner*, NZA 1999, 1184 (1186); *Bachner/Gerhardt*, S. 56 Rn. 86.

anzuwendende Rechtsordnung er sich einlässt. Durch den Kauf des Betriebs und die Übernahme der Arbeitsverhältnisse treffe er insofern eine bewusste Rechtswahl hinsichtlich der Anwendbarkeit der deutschen Rechtsordnung.[876]

Überdies wird die Norm des Art. 8 Rom I-VO angeführt.[877]

Dieser regelt die kollisionsrechtliche Bestimmung für Individualarbeitsverträge. Anknüpfungsgegenstand ist insoweit primär eine subjektive Rechtswahl.[878] Sekundär wird auf objektive Anknüpfungsgegenstände gem. Art. 8 Abs. 2–4 Rom I-VO abgestellt.[879] Teilweise wird die Ansicht vertreten, dass auch nach dem grenzüberschreitenden Betriebsübergang der Erfüllungsort des Arbeitsvertrags in Deutschland liege.[880] Daher sei bei einer objektiven Anknüpfung gem. Art. 8 Abs. 2 Rom I-VO nach wie vor Deutschland der Arbeitsort, so dass die deutsche Rechtsordnung kollisionsrechtlich maßgebend sei.

Gegen die Anknüpfung an das Arbeitsvertragsstatut wird eingewandt, dass (i) diese mit Blick auf Art. 8 Rom I-VO zu einer Vermischung zwischen Tatbestand und Rechtsfolgen führe[881], (ii) es zu Problemen aufgrund unterschiedlicher Vertragsstatuten käme[882], (iii) der Vertrauensschutzes des Arbeitnehmers entkräftet sei[883] und (iv) diese Ansicht wenig praktikabel sei[884]. Hierzu im Einzelnen:

Bezani/Richter weisen darauf hin, dass Art. 8 Rom I-VO nicht zur kollisionsrechtlichen Bestimmung der anzuwendenden Vorschrift für grenzüberschreitende Betriebsübergänge geeignet ist.[885] Voraussetzung ist nach Art. 8 Abs. 2 Rom I-VO, dass derjenige *„der deutschem Recht unterworfen werden soll, bereits Teil des Arbeitsvertrags ist“*[886]. Im Falle eines grenzüberschreitenden Betriebsübergangs wird der Betriebserwerber jedoch erst bei Anwendung des § 613a BGB

876 *Feudner*, NZA 1999, 1184 (1186); *Bachner/Gerhardt*, S. 56 Rn. 86.

877 *Feudner*, NZA 1999, 1184 (1186); *Cohnen*, FS zum 25-jährigen Bestehen der Arge ArbeitsR, S. 599 f.

878 *Magnus*, IPRax 2010, 27 (40).

879 *Cohnen*, FS zum 25-jährigen Bestehen der Arge ArbeitsR, S. 599; *Magnus*, IPRax 2010, 27 (40).

880 Teilweise wird in der Lit. ein Wechsel des zugrunde liegenden Arbeitsvertragsstatuts durch den grenzüberschreitenden Betriebsübergang verneint, so beispielsweise *Feudner*, NZA 1999, 1184 (1188); *Bachner/Gerhardt*, S. 56 Rn. 85.

881 *Bezani/Richter*, S. 239, 241: Argumentiert wird, dass eine Anknüpfung an das Arbeitsvertragsstatut die Unterscheidung zwischen Tatbestand und Rechtsfolge vermischen.

882 *Birk*, RdA 1984, 129 (133); *Bezani/Richter*, S. 239.

883 *Bezani/Richter*, S. 243.

884 *Junker*, Intern. ArbR, § 8 S. 231, 235, 239; *Drobnig/Puttfraken*, S. 81 Nr. 94.

885 *Bezani/Richter*, S. 241.

886 *Bezani/Richter*, S. 241.

Partei des Arbeitsvertrags.[887] Damit schaffe die Anwendung des § 613a BGB als Rechtsfolge die Voraussetzungen des Art. 8 Rom I-VO.[888]

Im Übrigen wenden *Bezani/Richter* gegen die Anknüpfung an das Arbeitsvertragsstatut ein, dass die Gefahr bestünde, dass bei *„uneinheitlichen Vertragsstatuten nur ein Teil der Arbeitsverhältnisse auf den Erwerber übergehen könnte"*.[889, 890] Dies widerspreche der Intention des § 613a BGB.[891]

Ferner führen *Bezani/Richter* – unter Verweis auf das BAG[892] – gegen eine grenzüberschreitende Anwendbarkeit des § 613a BGB den fehlenden Vertrauensschutz der Arbeitnehmer an.[893]

Überdies wird darauf hingewiesen, dass Art. 8 Rom I-VO lediglich die kollisionsrechtliche Anknüpfung für den Individualarbeitsvertrag sei.[894] Der Betriebsübergang jedoch auch Rechtsfolgen bzgl. Kollektivvereinbarungen und der Betriebsverfassung treffe[895], die ihrerseits nicht den Regelungen des Art. 8 Rom I-VO, sondern dem Territorialitätsprinzip unterliegen.[896]

4. *Stellungnahme zur Anknüpfung an das Arbeitsvertragsstatut*

Die Anknüpfung an das Arbeitsvertragsstatut zur kollisionsrechtlichen Bestimmung der anzuwendenen Rechtsordnung überzeugt nicht. Hiergegen sprechen folgende Argumente:

a) „Ergebnisblindheit"[897] des IPR

Die Anknüpfung an das Arbeitsvertragsstatut wird insbesondere aus Gründen des Arbeitnehmerschutzes vertreten. Insoweit wird vorgetragen, dass der

---

887 *Bezani/Richter*, S. 241.

888 *Bezani/Richter*, S. 241.

889 Bezani/Richter, S. 239.

890 Hierauf verweist auch *Däubler*, FS Kissel, S. 119 (124).

891 *Bezani/Richter*, S. 239.

892 BAG, Urt. v. 29.10.1992 (Az.: 2 AZR 267/92), Rn. 51 (juris), BAGE 71, 297–320. Darin heißt es: *„Der Arbeitnehmer ist nicht unbillig beschwert, wenn er nicht mehr erhält, als das für sein Arbeitsverhältnis geltende Recht ihm gibt."*. *Bezani/Richter*, S. 243 argumentieren, dass das Arbeitsverhältnis dem Arbeitnehmer kein Recht gegenüber einem Dritten einräumt, der in Deuschland weder einen Betrieb noch ein Unternehmen hat.

893 *Bezani/Richter*, S. 243.

894 *Junker*, Intern. ArbR, § 8 S. 235.

895 *Junker*, Intern. ArbR, § 8 S. 235.

896 Ähnlich *Bezani/Richter*, S. 242.

897 *Berger*, S. 13.

Arbeitnehmer zum einen darauf vertrauen könne, dass sein nach deutschem Recht abgeschlossener Arbeitsvertrag auch nach deutschem Recht auf einen ausländischen Betriebserwerber übergehe.[898] Zum anderen sei der Arbeitnehmer ohnehin der wirtschaftlich Schwächere[899] und der Betriebserwerber wisse[900], auf welche Rechtsordnung er sich mit dem Erwerb eines deutschen Betriebs einlasse.

Diese Argumente überzeugen vor dem Hintergrund, dass sich das anzuwendende Recht unabhängig von den Folgen für den Einzelfall bestimmt, nicht.[901] Die Frage, die das Kollisionsrecht beantwortet lautet, mit welcher Rechtsordnung ist der zugrunde liegende Sachverhalt räumlich am engsten verbunden?[902] Die Folgen einer getroffenen Rechtswahl spielen erst auf Ebene der Sachnorm eine Rolle.[903] Insoweit vermischt die vorgenannte Argumentation die kollisionsrechtliche Ebene mit der Sachnormebene.

Zusammenfassend lässt sich damit von einer „*Ergebnisblindheit*"[904] des IPR sprechen. Die Argumentation hinsichtlich des Vertrauensschutzes und der schwächeren Position der Arbeitnehmer ist damit nicht überzeugend.

b) Zirkelschluss; Statut ist Rechtsfolge einer Kollisionsnorm

Ferner führt die Anknüpfung an das deutsche Arbeitsvertragsstatut zu einem Zirkelschluss.

Das anzuwendende Recht ist das Ergebnis einer Kollisionsnorm.[905] Insofern kann das Ergebnis (das deutsche Arbeitsvertragsstatut) kein geeigneter Anknüpfungsgegenstand zur Bestimmung der anzuwendenden Rechtsordnung sein.[906] Aufgrund der dogmatischen Unstimmigkeiten erscheint die Anknüpfung an das Arbeitsvertragsstatut nicht nachvollziehbar.

c) Erschütterung des Vertrauens der Arbeitnehmer

Überdies wird das Vertrauen der Arbeitnehmer im Falle eines grenzüberschreitenden Betriebsübergangs erschüttert.

---

898 *Bezani/Richter*, S. 238 f.; *Kania*, S. 83 f.; *Feudner*, NZA 1999, 1184 (1186); MüKO/*Martiney*, Rom I-VO Art. 8, Rn. 88.

899 *Feudner*, NZA 1999, 1184 (1186), *Kania* S. 83.

900 *Feudner*, NZA 1999, 1184 (1186); *Bachner/Gerhardt*, S. 56 Rn. 86.

901 *Berger*, S. 13.

902 *Berger*, S. 9.

903 *Berger*, S. 13.

904 *Berger*, S. 13.

905 *Berger*, S. 17.

906 *Bezani/Richter*, S. 241.

Ein Arbeitnehmer, der in einem deutschen Betrieb angestellt ist und mit einem deutschen Arbeitgeber einen Arbeitsvertrag geschlossen hat, kann darauf vertrauen, dass sämtliche Umstände die das Innenverhältnis (Arbeitgeber-Arbeitnehmer) betreffen, deutschem Recht unterliegen. Dem ist insoweit zuzustimmen.

Anders ist dies jedoch im Fall eines grenzüberschreitenden Betriebsübergangs. In der heutigen Zeit, die geprägt ist von einem ständigen Wandel, kann ein Arbeitnehmer nicht darauf vertrauen, dass er immer den gleichen Arbeitgeber hat und den gleichen Arbeitsplatz behalten wird bzw. sein Arbeitgeber vor Umstrukturierungsmaßnahmen, die Auswirkungen auf ihn haben, verschont bleibt.

D.h. der Vertrauensschutz bezieht sich lediglich auf das Innenverhältnis zu dem bestehenden Arbeitgeber. Nicht geschützt werden kann jedoch das Vertrauen im Hinblick auf Veränderungen bzgl. des Inhabers, des Standortes bzw. notwendigen Umstrukturierungsmaßnahmen.

Erfährt der Arbeitnehmer mittels des Unterrichtungsschreibens gem. § 613a Abs. 5 BGB von dem bevorstehenden Betriebsübergang, wird er nicht davon ausgehen, dass sich die Regelungen hinsichtlich seines Arbeitsvertrags weiterhin nach deutschem Recht richten. Vielmehr wird der Arbeitnehmer mittels des Unterrichtungsschreibens über die bevorstehenden Veränderungen informiert. Hiervon sind auch die Änderungen in rechtlicher Hinsicht erfasst (siehe S. 75). Insofern ist das Vertrauen der Arbeitnehmer erschüttert.

d) Zwischenergebnis

Aus den vorgenannten Gründen ist die Anknüpfung an das Arbeitsvertragsstatut zur Bestimmung der anwendbaren Rechtsordnung nicht überzeugend.

II. Anknüpfung an den Betriebssitz

Neben der Anknüpfung an das Arbeitsvertragsstatut wird von Teilen der Instanzrechtsprechung[907] als auch von Teilen in der Literatur[908] die kollisionsrechtliche Anknüpfung an den jeweiligen Betriebssitz vertreten:

---

907 ArbG Hamburg, Urt. 20.07.1979 (Az. S. 15 Ca 410/78), AP Nr. 25 zu § 613a BGB; LAG Hamburg, Urt. v. 22.10.1979 (Az.: 4 Sa 103/79); IPRax 1981, S. 175.

908 *Birk*, RdA 1984, 129 (133); *Koch*, RIW 1984, S. 592 (594); *Loritz*, ZfA 1991, S. 597 f.; *Junker*, Intern. ArbR, § 8 S. 235.

1. Rechtsprechung, die auf den Betriebssitz abstellt

Im Jahre 1979 stellte das ArbG Hamburg[909] und das LAG Hamburg[910] erstmals auf den Betriebssitz ab.

Den Entscheidungen lag folgender Sachverhalt zugrunde: Ein deutscher Reeder veräußerte und übertrug Schiffe an einen liberianischen Reeder. Den Matrosen wurde gekündigt. Ein Matrose erhob Klage und machte u. a. die Umgehung des § 613a BGB aufgrund der Kündigung geltend.[911]

Das LAG Hamburg lehnte die Anwendung des § 613a BGB ab. Als Begründung wurde angeführt, dass § 613a BGB nur anwendbar ist, *„wenn sowohl der Veräußerer als auch der Erwerber an sie gebunden“*[912] sind. Nach Ansicht des Gerichts fehlte für eine Anwendbarkeit des § 613a BGB ein Anknüpfungspunkt.

2. Literaturansichten

Das IPR wurde maßgeblich im 19. Jahrhundert *von Savigny*[913] geprägt.[914] Hiernach spielte die Anknüpfung an den Sitz eine sehr große Rolle.[915] Dies wurde damit begründet, dass der Sitz die charakteristische Anknüpfung für die anzuwendende Rechtsordnung sei.[916]

Diese Auffassung wird auch heute noch – beispielsweise von *Junker*[917], *Birk*[918] und *Loritz*[919] – vertreten.

3. Argumente für/gegen eine Anknüpfung an das Arbeitsvertragsstatut

Für eine Anknüpfung an den Betriebssitz spricht nach *Junker*[920] insbesondere Folgendes:

---

909 ArbG Hamburg, Urt. 20.07.1979 (Az. S. 15 Ca 410/78), AP Nr. 25 zu § 613a BGB.

910 LAG Hamburg, Urt. v. 22.10.1979 (Az.: 4 Sa 103/79); IPRax 1981, S. 175.

911 *Loritz*, RdA 1987, 65 (84). *Loritz* weist darauf hin, dass das Umgehungsargument mangels Regelung eines Kündigungsverbots notwendig war.

912 *Loritz*, RdA 1987, 65 (84).

913 Friedrich Carl von Savigny, 1779–1861; Begründer der historischen Rechtsschule.

914 *Von Hein*, AG 2001, 213 (219).

915 *Berger*, S. 16, hinsichtlich der Bedeutung des Sitzes bei einer Unternehmensübernahme vgl. *Von Hein*, AG 2001, 213 (222).

916 *Berger*, S. 16, *Junker*, Intern. ArbR, § 8 S. 235.

917 *Junker*, Intern. ArbR, § 8 S. 235.

918 *Birk*, RdA 1984, 129 (133).

919 *Loritz*, ZfA 1991, 585 (597 f.).

920 *Junker*, Intern. ArbR, § 8 S. 235.

„Der geografische Schwerpunkt des Betriebs oder Betriebsteils bildet die naturgegebene Anknüpfung für die Rechtsmaterie.“ [921]

Danach bestimmt sich die Rechtsordnung nach dem Recht, im welchem der Betrieb seinen Sitz hat.[922]

4. *Stellungnahme zur Anknüpfung an den Betriebssitz*

Die Anknüpfung an den Betriebssitz erscheint weitgehend überzeugend.

a) Anknüpfung an räumliche Verbindung zur Rechtsordnung des jeweiligen Betriebssitzes

Für eine kollisionsrechtliche Anknüpfung an den Betriebssitz spricht zum einen der Grundsatz, dass das IPR, die Rechtsordnung bestimmt, die räumlich am engsten mit dem grenzüberschreitenden Sachverhalt verbunden ist.[923]

Friedrich Carl von Savigny[924] äußerte sich hinsichtlich der Funktion des IPR wie folgt:

„(...), daß bei jedem Rechtsverhältniß dasjenige Rechtsgebiet ausgesucht werde, welchem dieses Rechtsverhältniß seiner eigenthümlichen Natur nach angehört oder unterworfen ist (worin dasselbe seinen Sitz hat).“[925]

Der Betriebssitz zum Zeitpunkt des Betriebsübergangs verdeutlicht die räumliche Verbindung zu der jeweiligen Rechtsordnung. Insofern ist der Betriebssitz ein geeignetes Kriterium zur Bestimmung der am engsten verbundenen Rechtsordnung mit dem grenzüberschreitenden Betriebsübergangs.

b) Praktikabilität

Überdies ist das Kriterium des Betriebssitzes gut greifbar, so dass die Praktikabilität dieses Kriteriums gegeben ist.

c) Problem: „Steuerbarkeit“

Problematisch könnte jedoch sein, dass die Betriebserwerber und Betriebsveräußerer den Betriebssitz zum Zeitpunkt des Betriebsübergangs steuern können.

---

921 *Junker*, Intern. ArbR, § 8 S. 235.
922 *Junker*, Intern. ArbR, § 8 S. 235.
923 *Berger*, S. 9.
924 Friedrich Carl von Savigny (1779–1861), Begründer der historischen Rechtsschule.
925 Übermittelt von *Berger*, S. 16; sowie von *Von Hein*, AG 2001, 213 (219; Fn. 51).

Insofern könnten Betriebserwerber und -veräußerer beispielsweise mittels der Verantwortlichkeit für den Transport des Betriebs das anwendbare Recht lenken. Eine Verantwortlichkeit des Betriebsveräußerers für den Transport eines Produktionsbetriebs würde wiederum dazu führen, dass der Betriebsübergang erst nach der grenzüberschreitenden Betriebsverlagerung eintritt.[926]

Insofern besteht die Gefahr, dass Betriebserwerber und -veräußerer die Anknüpfung an den Betriebssitz zur Umgehung der Rechtsfolgen des § 613a BGB nutzen könnten.

d) Zwischenergebnis

Obwohl es sich bei der kollisionsrechtlichen Anknüpfung an den Betriebssitz um einen greifbaren objektiven Anknüpfungspunkt handelt, erscheint die Abhängigkeit der Arbeitnehmer von den konkreten Umständen des Einzelfalls nicht optimal.

III. Anknüpfung an eine Statutenkumulation

Zum Teil wird die Ansicht vertreten, dass sich die kollisionsrechtliche Anknüpfung durch eine Statutenkumulation lösen lässt.[927]

1. Literaturansicht

Hintergrund dieser Auffassung, ist der mit dem grenzüberschreitenden Betriebsübergang eintretende Statutenwechsel[928]. D.h. stellt man – entsprechend der vorgenannten Ansicht – auf den Betriebssitz ab, führt der Statutenwechsel dazu, dass nach der grenzüberschreitenden Betriebsverlagerung die ausländische Rechtsordnung maßgebend ist.

Daher wird die Ansicht vertreten, dass ein Zusammenwirken zwischen der deutschen und der ausländischen Rechtsordnung eine geeignete Lösung sei.[929]

---

926 *Kania*, S. 69 m.w.N. hinsichtlich der Relevanz des Transports.

927 Zustimmend: *Drobnig/Puttfraken*, S. 81 Nr. 94; *Mankoski*, IPRax 1994, 88 (97.); *Junker*, Intern. ArbR, § 8 S. 239 f.; ablehnend: *Franzen* S. 108 f.; *Hergenröder*, AR-Blattei SD 500.3, Rn. 46; *Reichold*, FS Birk S. 687 (698).

928 *Junker*, Intern. ArbR, § 8 S. 239.

929 Zum alten Recht *Mankowski*, IPRax 1994, 88 (97f.); *Junker*, Intern. ArbR, § 8 S. 239; *Junker* stellt insofern einen Vergleich mit der grenzüberschreitenden Sitzverlegung an.

Diese Ansicht knüpft an grenzüberschreitende Umwandlungsvorgänge an. Auch insoweit wird die „Kombinationslehre“[930] bzw. „Vereinigungstheorie“[931] vertreten.

2. *Stellungnahme zur Statutenkumulation*

Der Lösungsvorschlag einer Statutenkumulation zur Bestimmung des anzuwendenden Rechts erscheint interessant.

Dennoch bestehen zum einen hinsichtlich der teilweise großen rechtlichen Unterschiede innerhalb der EU Mitgliedstaaten Zweifel dahingehend, ob und inwieweit der Arbeitnehmerschutz bei einer Statutenkumulation tatsächlich umgesetzt werden kann. Zu denken ist beispielsweise an die bereits unterschiedlich bewertete Frage, wann ein Betriebsübergang vorliegt (siehe S. 8). Zum anderen bleibt die Frage, welches Recht in welchem Maße anzuwenden ist, eine Frage des Einzelfalls. Rechtsklarheit und Rechtssicherheit wären auch insoweit nicht gegeben.

IV. Anknüpfung an den Kauf- und Übertragungsvertrag

Schließlich wird zur kollisionsrechtlichen Bestimmung an den Kauf- und Übernahmevertrag abgestellt.[932] Dies würde der Praxis hinsichtlich eines Unternehmenskaufs entsprechen.[933]

1. *Rechtsansichten*

Diese Ansicht wurde insbesondere von der früheren Rechtsprechung vertreten.[934]

Die überwiegende Ansicht in der Rechtsprechung[935] und der Literatur[936] lehnt die kollisionsrechtliche Anknüpfung an den Kauf-/ Übertragungsvertrag

---

930 *Weller/Leuering*, S. 26.

931 *Jaensch*, EWS 2012, 353 (357).

932 LAG Berlin, Urt. 22.6.1988–14 Sa 37/ 88 (n.v.) [aufgehoben durch BAG AP Nr. 81 zu § 613a BGB], zit. v. *Cohnen*, FS zum 25-jährigen Bestehen der Arge ArbeitsR, S. 600; *Däubler*, in: FS Kissel, S. 123, *Kania*, S. 82.

933 *Merkt*, S. 1379 Rn. 829.

934 LAG Berlin, Urt. 22.6.1988–14 Sa 37/ 88 (n.v.) [aufgehoben durch BAG AP Nr. 81 zu § 613a BGB], zit. v. *Cohnen*, FS zum 25-jährigen Bestehen der Arge ArbeitsR, S. 600; *Däubler*, in: FS Kissel, S. 123, *Kania*, S. 82.

935 BAG, Urt. 20.04.1989 (Az.: 2 AZR 431/88), Bl. 358, AP Nr. 81 zu § 613a BGB.

936 zum alten Recht *Mankowski*, IPRax 1994, 88 (96); *Feudner*, NZA 1999, 1184 (1186); *Hergenröder*, AR-Blattei SD 500.3, Rn. 31; *Leuchten*, FA 2002, 138 (139); *Bachner/*

ab. Gegen eine solche Verknüpfung spricht insbesondere die Abhängigkeit der Arbeitnehmer bzw. der Arbeitnehmerschutz.[937]

2. *Stellungnahme zur Anknüpfung an den Kauf- und Übertragungsvertrag*

Entsprechend der überwiegend vertretenen Ansicht[938] erscheint das Abstellen auf den Kauf- und Übertragungsvertrag nicht überzeugend.

Hierfür spricht der Grundsatz der Relativität der Rechtsverhältnisse. Zwar ist der Kauf-/ Übertragungsvertrag eine Grundlage für das Vorliegen eines Betriebsübergangs, dennoch ist der Betriebsübergang mit dem Kauf-/ Übertragungsvertrag nicht in der Weise verbunden, dass dieser die anzuwendende Rechtsordnung bestimmt. Der grenzüberschreitende Betriebsübergang stellt vielmehr einen separaten Anknüpfungsgegenstand dar.

V. *Qualifizierung des § 613a BGB als Eingriffsnorm i.S.d. Art. 9 Rom I-VO*

Schließlich wird vereinzelt die Qualifizierung des § 613a BGB als Eingriffsnorm i.S.d. Art. 9 Rom I-VO vertreten.[939]

1. *Literaturansicht*

Ziel dieser Rechtsansicht ist die international zwingende Durchsetzung des § 613a BGB. Wäre § 613a BGB eine Eingriffsnorm i.S.d. Art. 9 Rom I-VO, würde § 613a BGB – unabhängig von einer etwaig getroffenen Rechtswahl – gelten.[940] Eine Qualifikation des § 613a BGB als Eingriffsnorm i.S.d. Art. 9 Rom I-VO

Gerhardt, S. 56 Rn. 85; *Cohnen*, FS zum 25-jährigen Bestehen der Arge ArbeitsR, S. 601.

937 *Feudner*, NZA 1999, 1184 (1186); *Hergenröder*, AR-Blattei SD 500.3, Rn. 31.

938 Rspr.: BAG, Urt. 20.04.1989 (Az.: 2 AZR 431/88), Bl. 358, AP Nr. 81 zu § 613a BGB.; Lit.: zum alten Recht *Mankowski*, IPRax 1994, 88 (96); *Feudner*, NZA 1999, 1184 (1186); *Hergenröder*, AR-Blattei SD 500.3, Rn. 31; *Leuchten*, FA 2002, 138 (139); *Bachner/Gerhardt*, S. 56 Rn. 85; *Cohnen*, FS zum 25-jährigen Bestehen der Arge ArbeitsR, S. 601.

939 *Jayme/Kohler*, IPRax 1993, 357 (370); *Kania*, S. 136 ff m.w.N.

940 Siehe zu der Wirkung einer Eingriffsnorm gem. Art. 34 EGBGB a.F.: BAG, Urt. 13.11.2007 (Az. 9 AZR 134/07), BAGE 125, 24–44, Rn. 77 (juris); *Mankowski*, IPRax 1994, 88 (98); *Benecke*, IPRax 2001, 449 (451 f.); *Cohnen*, FS zum 25-jährigen Bestehen der Arge ArbeitsR, S. 600; *Deinert*, RdA 2009, 145 (150); *Abele*, FA 2013, 7 (8).

würde dazu führen, dass sich die Vertragsparteien den Regelungen des § 613a BGB nicht entziehen könnten.[941]

Soweit ersichtlich, wurde diese Ansicht erstmals von *Jayme/Kohler*[942] im Zusammenhang mit dem vom BAG[943] entschiedenen Fall hinsichtlich des Vorliegens eines Betriebsübergangs von Pan Am auf die Lufthansa vertreten. In diesem Fall hatte das BAG entschieden, dass § 613a BGB keine Eingriffsnorm i.S.d. Art. 34 EGBGB war.[944]

Nach *Jayme/Kohler* ergäbe sich der international zwingende Charakter aus den sozialpolitischen Zielen der Betriebsübergangsrichtlinie.[945] Auch *Kania* folgt dieser Ansicht in seiner Dissertation.[946]

Die überwiegende Auffassung lehnt hingegen die Qualifizierung des § 613a BGB als Eingriffsnorm i.S.d. Art. 9 Rom I-VO ab.[947]

2. Stellungnahme zur Qualifizierung des § 613a BGB als Eingriffsnorm

Das Ziel der Vertreter der vorgenannten Ansicht ist nachvollziehbar, wenn jedoch nicht überzeugend.

Deinert umschreibt das Verständnis des international zwingenden Charakters wie folgt:

> *„Die ganz h.M. definiert als Eingriffsnorm solche zwingenden Bestimmungen, deren Zweck sich nicht in der Herstellung von Vertragsgerechtigkeit i.S.d. Schutzes der schwächeren Vertragsparteien erschöpft, sondern darüber hinausgehende* ***staats- und wirtschaftspolitische Vorstellungen verfolgt****."*[948]

Maßgeblich ist also, dass eine Eingriffsnorm neben den individuellen Interessen, *„spezifisch öffentliche Gemeinwohlinteressen"*[949] verfolgt.

941 Palandt/*Thorn*, Rom I 3 (IPR) Rn. 5; *Deinert*, RdA 2009, 144 (150); *Abele*, FA 2013, 7 (8).
942 *Jayme/Kohler*, IPRax 1993, 357 (370).
943 BAG, Urt. v. 29.10.1992 (Az.: 2 AZR 267/92), BAGE 71, 297–320.
944 BAG, Urt. v. 29.10.1992 (Az.: 2 AZR 267/92), BAGE 71, 297–320.
945 *Jayme/Kohler*, IPRax 1993, 357 (370).
946 *Kania*, S. 136 ff.
947 Palandt/*Thorn*, Rom I 9 (IPR), Rn. 9; *Cohnen*, FS zum 25-jährigen Bestehen der Arge ArbeitsR, S. 600; *Mankowski*, IPRax 1994, 88 (98).
948 *Deinert*, RdA 2009, 145 (150) – Hervorhebung ist im Original nicht enthalten.
949 *Abele*, FA 2013, 7 (8); so auch *Magnus*, IPRax 1991, 382 (385).

Bei § 613a BGB handelt es sich jedoch um eine Arbeitnehmerschutzvorschrift.[950] Ein über den Arbeitnehmerschutz hinausgehendes öffentliches Gemeinwohlinteresse wird hingegen mit § 613a BGB nicht bezweckt. Ferner spricht der absolute Ausnahmecharakter einer Eingriffsnorm i.S.d. Art. 9 Rom I-VO gegen die vorgenannte Ansicht. Insofern ist § 613a BGB keine international zwingende Norm.

VI. Zwischenergebnis

Sowohl die Ansicht, die auf den jeweiligen Betriebssitz abstellt, als auch die vorgeschlagene Statutenkumulation sind interessante Lösungsansätze des vorgestellten Meinungsstreits.

Problematisch ist insofern, dass die Anknüpfung an den Betriebssitz durch eine entsprechende Gestaltung beeinflussbar ist. In Bezug auf den Lösungsansatz der Statutenkumulation ist problematisch, dass die anzuwendende Rechtsordnung von einer Vielzahl von Details des Einzelfalls abhängt. Zudem resultiert die Rechtsunsicherheit daraus, dass sich kein Lösungsansatz durchgesetzt hat.

B. Rechtsunsicherheiten aufgrund des Meinungsstreits

Je nach Sachverhalt gelangen die überwiegend vertretenen Ansichten zu unterschiedlichen Ergebnissen. Unter Beachtung des zeitlichen Zusammenspiels von Betriebsübergang und Betriebsverlagerung ergibt sich nach den überwiegend vertretenen Ansichten folgendes Bild:

950 Erwägungsgrund 3 der Richtlinie 2001/23/EG vom 12. März 2001, abgedruckt in ABl. 2001, L 82/16–L82/20.

Abbildung 4: Überblick über die Unterschiede der wesentlichen Ansichten hinsichtlich der anzuwendenden Rechtsordnung im Falle eines grenzüberschreitenden Betriebsübergangs.

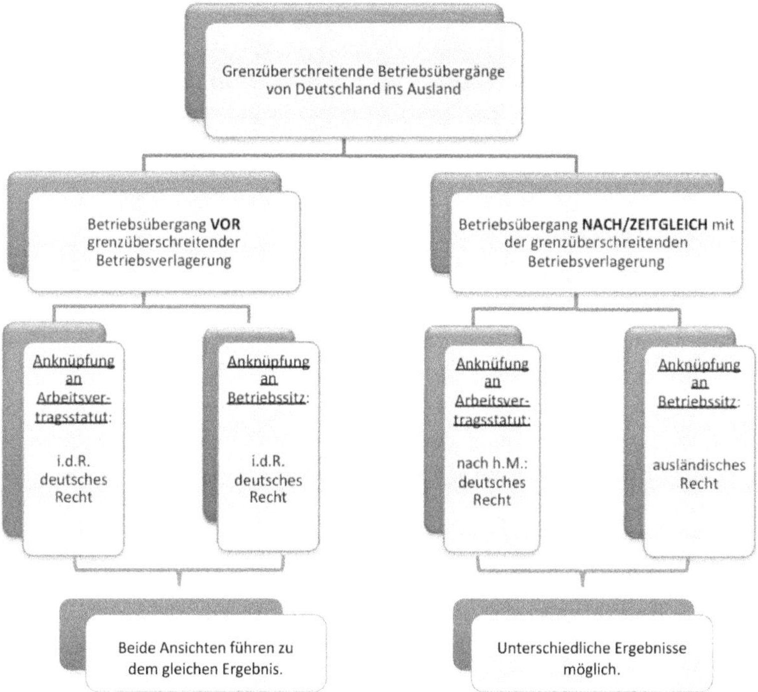

Die vorstehende Abbildung verdeutlicht zwei Aspekte:

Zum einen die Relevanz hinsichtlich der Frage, wann der Statutenwechsel aufgrund der grenzüberschreitenden Betriebsverlagerung eintritt und zum anderen die Bedeutung des zeitlichen Zusammentreffens von grenzüberschreitender Betriebsverlagerung und Betriebsübergang auf den ausländischen Betriebserwerber. Diese beiden Aspekte werden nachfolgend näher beleuchtet:

I. Zeitpunkt des Statutenwechsels

Hinsichtlich des Zeitpunkts des Statutenwechsels bzw. hinsichtlich der Frage, ob ein Statutenwechsel überhaupt eintritt, werden verschiedene Rechtsansichten vertreten. Dazu im Einzelnen:

1. *BAG: Statutenwechsel nach dem Betriebsübergang*

Nach der Rechtsprechung des BAG tritt der Statutenwechsel nach dem Betriebsübergang ein:

> *„(…). Regelmäßig wird nach dem Betriebsübergang das Recht des Staats zur Anwendung kommen, in dem das Arbeitsverhältnis nach dem Betriebsübergang besteht. Eine solche* ***Änderung tritt aber erst ein, nachdem das Arbeitsverhältnis übergegangen*** *ist. Für die Frage, ob es zu einem Betriebsübergang gekommen ist, ist eine solche Statutänderung ebenso wie für die Frage der Wirksamkeit einer vor dem Betriebsübergang erklärten, nach deutschem Recht zu beurteilenden Kündigung noch ohne Belang (…).“*[951]

2. *Teilweise: Bejahung des Statutenwechsels*

Die vorgenannte BAG Ansicht wird auch von einem Teil der Literaturstimmen vertreten.[952] Insoweit wird angenommen, dass sich der arbeitsvertragliche Erfüllungsort mit dem grenzüberschreitenden Betriebsübergang ändert und dies einen Statutenwechsel nach sich zieht.

In Bezug auf den zeitlichen Eintritt des Statutenwechsels findet sich überdies in der Literatur die Auffassung, dass der Statutenwechsel mit dem grenzüberschreitenden Betriebsübergang gleichzeitig eintritt.[953]

3. *Teilweise: Ablehnung eines Statutenwechsels*

Vereinzelt wird in der Literatur[954] die Ansicht vertreten, dass der grenzüberschreitende Betriebsübergang nicht zu einem Statutenwechsel führt. Daher sei der Arbeitnehmer nicht verpflichtet, am neuen Betriebssitz die Arbeitsleistung zu erbringen.[955] Mangels Statutenwechsels sei ohnehin die deutsche Rechtsordnung für die Beurteilung des grenzüberschreitenden Sachverhalts maßgeblich.

4. *Stellungnahme*

Zunächst sei klargestellt, dass die Frage, ob bzw. wann ein Statutenwechsel eintritt nur in den Sachverhaltskonstellationen relevant ist, in denen der Betriebsübergang nach der grenzüberschreitenden Betriebsverlagerung eintritt.

---

951 BAG, Urt. v. 25.04.2013 (Az.: 6 AZR 49/12), Rn. 166 (juris), EzA-SD 2013, Nr. 14, 4–8 – die Hervorhebung ist im Original nicht enthalten; wortgleich in: BAG, Urt. v. 13.12.2012 (Az.: 6 AZR 608/11), Rn. 40 (juris), ZInsO 2013, 1366–1368.

952 *Bezani/Richter*, S. 242.

953 *Resch*, ZESAR 2002, 45 (47); *Gaul/Mückl*, DB 2011, 2318 (2318).

954 *Feudner*, NZA 1999, 1184 (1188).

955 *Feudner*, NZA 1999, 1184 (1188).

Nach Abwägung der vorgenannten Ansichten erscheint der Eintritt eines Statutenwechsels, eine logische Schlussfolgerung der grenzüberschreitenden Betriebsverlagerung zu sein. Allerdings überzeugt die vorgenannte BAG Ansicht nicht hinsichtlich der zeitlichen Komponente.

Dies ergibt sich aus Folgendem: Auch bei einer bloßen grenzüberschreitenden Betriebsverlagerung (ohne Inhaberwechsel) tritt nach der hier vertretenen Auffassung ein Statutenwechsel ein.

Insoweit ist der Begriff des Statuts näher zu differenzieren. Bei einem grenzüberschreitenden Betriebsübergang sind insbesondere das Arbeitsvertragsstatut und das Gesellschaftsstatut zu unterscheiden.

Das Gesellschaftsstatut bestimmt die maßgebliche Rechtsordnung für das interne Recht einer Gesellschaft.[956] Das Arbeitsvertragsstatut regelt hingegen das anzuwendende Recht im Hinblick auf den Arbeitsvertrag.

Nach Art. 8 Abs. 2 Rom I-VO bestimmt sich das Arbeitsvertragsstatut bei Verträgen mit Auslandsbezug – im Falle einer fehlenden subjektiven Rechtswahl – nach dem gewöhnlichen Arbeitsort des Arbeitnehmers. D.h. wird ein deutscher Betrieb unter Wahrung seiner deutschen Rechtsform (Anerkennung durch die Gründungstheorie) ins Ausland verlagert, ändert sich für die übergehenden Arbeitnehmer der gewöhnliche Arbeitsort und damit das Arbeitsvertragsstatut. D.h. selbst wenn der Betriebsinhaber nicht wechselt, ändert sich aufgrund des Ortswechsels das Arbeitsvertragsstatut.

Anders ist dies in Bezug auf das Gesellschaftsstatut, dieses besteht bei einer bloßen Ortsveränderung unverändert fort. Sollte ein Betrieb beispielsweise durch Gründung einer Niederlassung im Ausland grenzüberschreitend verlagert werden, bleibt das Gesellschaftsstatut bestehen. Ein Wechsel des Gesellschaftsstatuts würde erst bei Gründung einer ausländischen Gesellschaft, also einer eigenständigen Rechtspersönlichkeit (= Inhaberwechsel), eintreten.

D.h. der Inhaberwechsel zieht eine Änderung des Gesellschaftsstatuts, der Ortswechsel hingegen eine Änderung des Arbeitsvertragsstatuts nach sich.

Insofern erscheint die Wortwahl des BAG missverständlich. Hiernach findet der Wechsel des Arbeitsvertragsstatuts erst nach dem Betriebsübergang (= Inhaberwechsel) statt. Führt man diesen Gedanken fort, unterlägen die Arbeitnehmer – trotz Grenzüberschreitung – bis zum Betriebsinhaberwechsel deutschem Recht. Erst nach dem Betriebsübergang käme das ausländische Recht aufgrund des

---

956 So beispielsweise in einem Urteil des OLG Karlsruhe, Urt. v. 9.10.2013 (Az.: 7 U 33/13), Rn. 31 (juris), AG 2014, 127–130. In diesem Fall bestimmte sich die Übertragung von Mitgliedschaftsrechten nach dem schweizer Recht.

Statutenwechsels zur Anwendung. Dies legt die Vermutung nahe, dass der Inhaberwechsel für den Statutenwechsel verantwortlich ist und nicht der Ortswechsel.

Nach der hier vertretenen Ansicht ist jedoch der entscheidende Anknüpfungspunkt für den Statutenwechsel nicht der Inhaberwechsel, sondern die grenzüberschreitende Betriebsverlagerung. In dem Moment der Grenzüberschreitung (= Ortswechsel) unterliegen die Arbeitnehmer aufgrund einer damit einhergehenden Änderung des gewöhnlichen Arbeitsorts der ausländischen Rechtsordnung.

Führt man diesen Gedanken fort, dann hätte sich zum Zeitpunkt eines Betriebsübergangs, der nach der grenzüberschreitenden Betriebsverlagerung eintritt, das Arbeitsvertragsstatut bereits geändert. Damit wäre sowohl bei Anknüpfung an den Betriebssitz als auch bei Anknüpfung an das maßgebende Arbeitsvertragsstatut die ausländische Rechtsordnung maßgebend. Diese Ansicht hat sich jedoch bislang nicht durchgesetzt.

II. Zeitliches Zusammenspiel zwischen Betriebsübergang und grenzüberschreitender Betriebsverlagerung differenziert nach den einzelnen Betriebstypen

Der Betriebsübergang kann entweder vor oder nach der grenzüberschreitenden Betriebsverlagerung eintreten.[957] Für die Beurteilung des anzuwendenden Rechts ist damit die zeitliche Reihenfolge zwischen dem Betriebsübergang auf den ausländischen Betriebserwerber einerseits und der grenzüberschreitenden Betriebsverlagerung andererseits maßgebend.

Es stellt sich die Frage, ob die zeitliche Reihenfolge je nach Betriebstyp variiert. Sollte dies der Fall sein und beispielsweise die Mehrzahl der grenzüberschreitenden Betriebsübergänge in der Praxis vor der grenzüberschreitenden Betriebsverlagerung stattfinden, hätte der vorgenannte Meinungsstreit zwar Bedeutung für Lehre und Rechtsprechung, der Arbeitnehmerschutz bliebe in der Praxis davon jedoch unberührt. Anders wäre es, wenn die Mehrzahl der Betriebsübergänge nach der grenzüberschreitenden Betriebsverlagerung einträte. In diesem Fall hätte der Meinungsstreit praktische Relevanz. Dies wird nachfolgend untersucht:

Mit Blick auf die Relevanz des oben dargestellten Meinungsstreits und das damit zusammenhängende Regelungsbedürfnis wird untersucht, ob sich für den Eintritt des Betriebsübergangs im Falle eines grenzüberschreitenden Betriebsübergangs ein Grundsatz je Betriebstyp für das zeitliche Zusammenspiel von Betriebsübergang und Betriebsverlagerung entwickeln lässt.

---

957 *Kania*, S. 68 f.

Grundlage für diese Untersuchung ist folgende Überlegung: Dienstleistungsbetriebe zeichnen sich insbesondere durch Betriebsmittel aus. Produktionsbetriebe sind hingegen insbesondere durch das jeweilige Anlagevermögen (beispielsweise Produktionsanlangen) charakterisiert. Ferner gibt es in Anlehnung an das britische Vorbild der „*service provision change*" Dienstleistungsbetriebe, die sich ausschließlich durch die Dienstleistung der Arbeitnehmer auszeichnen. Das BAG spricht insofern von „*betriebsmittelarmen Dienstleistungsbetrieben*"[958]. Positiv ausgedrückt handelt es sich um „**arbeitnehmergeprägte Betriebe**".

Die „arbeitnehmergeprägten Betriebe" bilden einen Sonderfall der Dienstleistungsbetriebe und zeichnen sich weder durch besondere materielle noch immaterielle Betriebsmittel aus.[959] Zu denken ist insoweit beispielsweise an Call-Center, Reinigungsunternehmen, Arbeitnehmerüberlassungsbetriebe. Zwar gibt es in Call-Centern neben den Arbeitnehmern Büromaterialien wie Schreibtische, Computer und Telefone als „Betriebsmittel". Identitätsprägend ist jedoch allein die Dienstleistung der Arbeitnehmer. Mit anderen Worten bilden die Arbeitnehmer die Betriebsidentität.

Der EuGH entschied, dass

> *„in bestimmten Branchen, in denen es im Wesentlichen auf die menschliche Arbeitskraft ankommt, eine Gesamtheit von Arbeitnehmern, die durch eine gemeinsame Tätigkeit dauerhaft verbunden sind, eine wirtschaftliche Einheit darstellen kann und dass in diesem Fall eine solche Einheit ihre Identität über ihren Übergang hinaus bewahren kann, wenn der neue Unternehmensinhaber nicht nur die betreffende Tätigkeit weiterführt, sondern auch einen nach Zahl und Sachkunde wesentlichen Teil der Belegschaft übernimmt, die sein Vorgänger gezielt für diese Tätigkeit eingesetzt hatte."*[960]

Der Übergang des („*nach Zahl und Sachkunde*"[961]) wesentlichen Teils der Belegschaft ist keine Voraussetzung für einen Betriebsübergang.[962] Vielmehr bestimmt sich die Wesentlichkeit der übergehenden Belegschaft nach dem jeweiligen Betriebstyp.

958 BAG, Urt. V. 29.08.2007 (Az.: 4 AZR 765/06), Rn. 23 (juris), SAE 2008, 365–371.

959 EuGH, Urt. v. 20.01.2011 (Rs.: C-463/09), Rn. 35 (juris), Slg 2011, I-95–I-137 (CLECE).

960 EuGH, Urt. v. 20.01.2011 (Rs.: C-463/09), Rn. 36 (juris), Slg 2011, I-95–I-137 (CLECE); ebenso entschied das BAG zuletzt am 21.06.2012; vgl. BAG, Urt. v. 21.06.2012 (Az.: 8 AZR 181/11), ArbuR 2012, 454.

961 EuGH, Urt. v. 20.01.2011 (Rs.: C-463/09), Rn. 36 (juris), Slg 2011, I-95–I-137 (CLECE); ebenso entschied das BAG zuletzt am 21.06.2012; vgl. BAG, Urt. v. 21.06.2012 (Az.: 8 AZR 181/11), ArbuR 2012, 454.

962 ArbG München, Urt. v. 20.03.2013 (Az.: 1 Ca 5891/12), Rn. 54 (juris).

Neben der Bedeutung der Arbeitnehmer bestehen zwischen den einzelnen Betriebstypen weitere Unterschiede: sowohl in zeitlicher als auch in finanzieller Hinsicht gestaltet sich der grenzüberschreitende Betriebsübergang eines „arbeitnehmergeprägten Betriebs“ einfacher als bei einem Dienstleistungs- oder einem Produktionsbetrieb. Ferner ist der organisatorische Aufwand im Vergleich zu den anderen Betriebstypen geringer.

Im Folgenden werden im Hinblick auf die zeitliche Reihenfolge zwischen Betriebsübergang und Betriebsverlagerung die unterschiedlichen Betriebstypen untersucht: (i) Dienstleistungsbetriebe, (ii) Produktionsbetriebe und (iii) arbeitnehmergeprägte Betriebe.

1. Grenzüberschreitender Betriebsübergang eines Dienstleistungsbetriebs

Es wird untersucht, ob in der Praxis eine zwingende zeitliche Reihenfolge zwischen der grenzüberschreitenden Betriebsverlagerung und dem Betriebsübergang auf einen ausländischen Betriebserwerber im Falle eines Dienstleistungsbetriebs besteht:

Ein Beispiel für einen Dienstleistungsbetrieb, der sich – in Abgrenzung zu den „arbeitnehmergeprägten Betrieben“ – nicht allein durch die menschliche Arbeitskraft, sondern auch durch die vorhandenen Betriebsmittel auszeichnet, ist beispielsweise ein IT-Betrieb.

Im Gegensatz zu einem Call-Center („arbeitnehmergeprägter Betrieb“) kommt es bei dem IT-Betrieb neben der Dienstleistung der Arbeitnehmer auf entsprechende Betriebsmittel in Form von Computern, Software wie Prüfungsprogramme, Entwicklungssoftware etc. an.

Der Normalfall der Umsetzung der grenzüberschreitenden Betriebsverlagerung dürfte so ablaufen, dass die Arbeitnehmer bis zu einem gewissen Stichtag beim Betriebsveräußerer tätig sind. Nachdem die notwendigen sachlichen Betriebsmittel an den neuen Betriebsort verbracht wurden, werden Arbeitnehmer diesem folgen. Sollte nur das Personal übernommen werden, aber keinerlei Betriebsmittel (Software, Hardware etc.), bestünden Zweifel an der Wahrung der Betriebsidentität.

Festzuhalten ist, dass sich die grenzüberschreitende Betriebsverlagerung eines Dienstleistungsbetriebs schnell und unkompliziert gestaltet. Der zeitliche, organisatorische und finanzielle Aufwand ist jedoch im Vergleich zu den „arbeitnehmergeprägten Betrieben“ höher, da zumindest einige sachliche Betriebsmittel übertragen werden.

Der maßgebliche Zeitpunkt für den Betriebsübergang ist die Erlangung der tatsächlichen Leitungsmacht durch den Betriebserwerber. Dieser Zeitpunkt könnte davon abhängen, ob ein externer Erwerber oder ein konzerninterner Erwerber beteiligt ist. Der Unterschied liegt in der unterschiedlichen Möglichkeit zur Übernahme der Leitungsmacht vor der Auslandsverlagerung. Dazu im Einzelnen:

a) Grenzüberschreitender Betriebsübergang eines Dienstleitungsbetriebs auf externen ausländischen Erwerber

Im Falle eines grenzüberschreitenden Betriebsübergangs auf einen externen ausländischen Erwerber gestaltet sich die Übernahme der Leitungsmacht durch den Betriebserwerber vor der grenzüberschreitenden Betriebsverlagerung in der Regel als schwierig.

Der grenzüberschreitende Betriebsübergang kann entsprechend den obigen Ausführungen entweder in Form einer Betriebsteilung oder einer Betriebsbildung vorkommen. Mit Blick auf die unterschiedliche Einflussnahme des Betriebserwerbers werden wiederum die Fälle der Betriebsteilung und Betriebsbildung nachfolgend unterschieden:

aa) Betriebsübergang in Form der Betriebsteilung

Als Beispiel für einen Betriebsübergang in Form der Betriebsteilung ist an den Fall zu denken, dass ein Konzern seine IT Abteilung an einen externen ausländischen Betriebserwerber veräußert.

Aufgrund des vergleichsweise geringen zeitlichen, organisatorischen und finanziellen Aufwands für eine grenzüberschreitende Betriebsverlagerung eines Dienstleistungsbetriebs liegt die Vermutung nahe, dass die Übernahme der Leitungsmacht in der Regel erst nach der grenzüberschreitenden Betriebsverlagerung stattfindet.[963]

Lediglich in Ausnahmesituationen ist davon auszugehen, dass der Betriebserwerber vor der grenzüberschreitenden Betriebsverlagerung die Leitungsmacht über den Betrieb erlangt: Zu denken ist insoweit beispielsweise an den Fall, dass der Betriebserwerber durch die Entsendung von Führungspersonal die Leitungsmacht schon in Deutschland übernimmt.

Im Regelfall liegt jedoch die Vermutung nahe, dass im Fall eines grenzüberschreitenden Betriebsübergangs an einen externen Betriebserwerber die grenzüberschreitende Betriebsverlagerung dem Eintritt des Betriebsübergangs vorausgeht. Zeitlich würde sich die Reihenfolge wie folgt darstellen:

---

963 a.A.: *Däubler*, FS Kissel, S. 119 (135) – dieser hält die vorgenannte Konstellation, dass der Betriebsveräußerer den Transport verantwortet und der Betriebsübergang erst an der neuen Betriebsstätte erfolgt für wenig wahrscheinlich.

Abbildung 5: Zeitliche Reihenfolge für den Regelfall zwischen Betriebsverlagerung und Betriebsteilung eines Dienstleistungsbetriebs an einen externen Betriebserwerber.

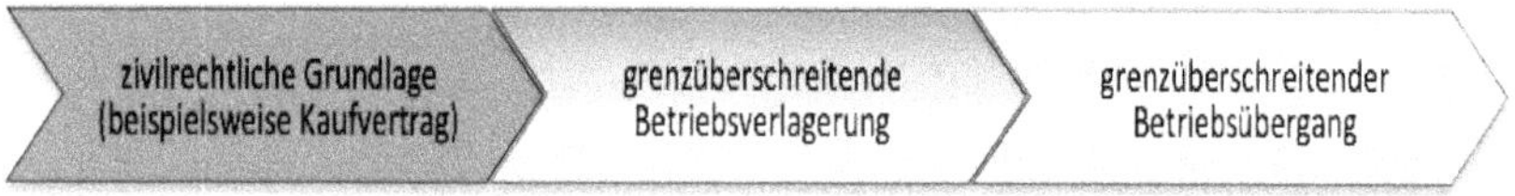

Dieser Beispielsfall verdeutlicht die Rechtsunsicherheiten im Zusammenhang mit dem Meinungsstreit hinsichtlich der anzuwendenden Rechtsordnung. Knüpft man entsprechend der h.M. an das Arbeitsvertragsstatut unter der Prämisse an, dass der Statutenwechsel erst nach dem Betriebsübergang eintritt, wäre die deutsche Rechtsordnung maßgeblich. Stellt man hingegen auf den Betriebssitz ab, wäre die ausländische Rechtsordnung maßgeblich. Im Falle einer Statutenkumulation käme es hingegen auf den Einzelfall an.

bb) Betriebsübergang in Form der Betriebsbildung

Die Übernahme der Leitungsmacht könnte im Fall einer Betriebsbildung anders sein.

Als Beispiel für den Fall eines grenzüberschreitenden Betriebsübergangs in Form der Betriebsbildung ist an folgende Konstellation zu denken: Der Unternehmer A überträgt seine IT Abteilung gegen Gewährung von Geschäftsanteilen dem Unternehmer B.

Im Unterschied zu der Konstellation einer Betriebsteilung besteht bei einer Betriebsbildung zwischen Betriebserwerber und Betriebsveräußerer nach dem durchgeführten Kaufvertrag und dem sich daran anschließenden Betriebsübergang weiterhin eine rechtliche Verbindung.[964] Der Betriebsveräußerer erlangt Beteiligungsrechte in Form von Geschäftsanteilen oder Aktien an dem Betrieb, auf den er den betreffenden Betrieb überträgt.

Im Gegensatz zu dem Fall der Betriebsteilung sind je nach den Umständen des Einzelfalls beide Parteien an einem möglichst schnellen Vollzug des Betriebsübergangs interessiert. Dies könnte eine Grundlage für eine etwaige Vereinbarung sein, nach der der Betriebserwerber durch den entsprechenden Einsatz von Führungspersonal die Leitungsmacht vor der grenzüberschreitenden Betriebsverlagerung übernimmt. Für den Zeitpunkt des Vollzugs des Betriebsübergangs könnte dies bedeuten, dass – im Gegensatz zu den Fällen einer Betriebsteilung – nicht nur in Ausnahmesituationen der Betriebsübergang vor

964 Abgesehen von der gesamtschuldnerischen Haftung gem. § 613a Abs. 2 BGB.

der grenzüberschreitenden Betriebsverlagerung stattfinden kann. Grundsätzlich bleibt dies jedoch eine Frage des Einzelfalls.

Somit hängt es von den Umständen des Einzelfalls ab, ob sich der oben dargestellte Meinungsstreit auswirkt oder nicht.

b) Grenzüberschreitender Betriebsübergang eines Dienstleistungsbetriebs innerhalb einer Konzerngesellschaft

Im Gegensatz zu den vorgenannten Fällen des grenzüberschreitenden Betriebsübergangs auf einen externen Erwerber, liegt die Besonderheit bei einer konzerninternen grenzüberschreitenden Betriebsveräußerung darin, dass es aufgrund des Konzerngeflechts für eine Konzernschwester einfacher ist, vor der grenzüberschreitenden Betriebsverlagerung die tatsächliche Leitungsmacht über einen Betrieb zu erlangen. Aufgrund des Konzerngeflechts bestehen hinsichtlich der Möglichkeit der Einflussnahme keine Unterschiede zwischen einem Betriebsübergang in Form der Betriebsteilung und einem Betriebsübergang in Form der Betriebsbildung. Auf eine Differenzierung wird daher insoweit verzichtet.

Generell erscheint die Inanspruchnahme der Leitungsmacht vor der grenzüberschreitenden Betriebsverlagerung im Falle eines konzerninternen Betriebsübergangs wahrscheinlicher.

Andererseits spricht die Unkompliziertheit des Transports dafür, dass selbst für den Fall des grenzüberschreitenden Betriebsübergangs an eine Konzerngesellschaft die grenzüberschreitende Betriebsverlagerung dem Eintritt des Betriebsübergangs in der Regel vorausgeht.

Auch im Falle eines grenzüberschreitenden Betriebsübergangs auf eine Konzerngesellschaft bleibt es eine Frage des Einzelfalls, ob sich der oben dargestellte Meinungsstreit in der Praxis auswirkt.

c) Zwischenergebnis

In der Regel erlangt der Betriebserwerber im Falle eines Dienstleistungsbetriebs die tatsächliche Leitungsmacht erst nach der grenzüberschreitenden Betriebsverlagerung. Der Betriebsübergang auf den ausländischen Betriebserwerber erfolgt damit in der Regel nach der grenzüberschreitenden Betriebsverlagerung. Etwas anderes könnte in Fällen der Betriebsbildung oder der konzerninternen Betriebsverlagerung gelten. Dies bleibt jedoch stets eine Frage des Einzelfalls.

Es bleibt festzuhalten, dass sich der oben dargestellte Meinungsstreit in der Regel auswirkt und damit eine Rechtsunsicherheit besteht.

2. *Grenzüberschreitender Betriebsübergang eines Produktionsbetriebs*

Ferner wird geprüft, inwieweit sich der betreffende Meinungsstreit im Falle eines grenzüberschreitenden Betriebsübergangs eines Produktionsbetriebs auswirkt. Zwischen einem Dienstleistungs- und einem Produktionsbetrieb bestehen folgende Unterschiede:

Im Gegensatz zu einem Dienstleistungsbetrieb zeichnet sich ein Produktionsbetrieb insbesondere durch Produktionsmaschinen aus. Denkt man an den Fall aus der Schuhbranche[965], sind die Produktionsanlagen die identitätsprägenden Betriebsmittel eines solchen Produktionsbetriebs. Für eine Betriebsverlagerung eines Produktionsbetriebs müssen die identitätsprägenden Anlagen zunächst abgebaut, verladen, transportiert und am neuen Betriebsort wieder aufgebaut werden. Die Phase der grenzüberschreitenden Verlagerung wird in der Regel länger sein als bei einem Dienstleistungsbetrieb. Zudem ist die Verlagerung eines Produktionsbetriebs aufwendiger, kostspieliger und bedarf eines erhöhten organisatorischen Aufwands.

Die Komplexität einer grenzüberschreitenden Betriebsverlagerung eines Produktionsbetriebs spricht dafür, dass die zeitliche Reihenfolge stets eine Frage des Einzelfalls ist. Maßgeblich ist insoweit beispielsweise die Frage, wer für den Transport der Produktionsanlage verantwortlich ist. Wenn der Transport dem Betriebserwerber obliegt, kann hierin eine Übernahme der Leitungsmacht gesehen werden.[966]

Ferner kommt bei dem Produktionsbetrieb eine weitere Besonderheit hinzu: Unterstellt die Produktionsanlage wäre nur von speziell geschultem Personal zu bedienen, käme es für den Zeitpunkt der Übernahme der Leitungsmacht zusätzlich darauf an, wann das entsprechende Bedienungspersonal am neuen Betriebsort ist. Daher ist es im Falle eines Produktionsbetriebs sowohl denkbar, dass der grenzüberschreitende Betriebsübergang der grenzüberschreitenden Betriebsverlagerung folgt – als auch umgekehrt.

Zwischen dem Betriebsübergang auf einen externen/konzernangehörigen Betriebserwerber sowie zwischen einer Betriebsteilung oder Betriebsbildung gibt es keine hervorzuhebenden Unterschiede. Die zeitliche Reihenfolge bleibt im Falle eines Produktionsbetriebs stets eine Frage des Einzelfalls. Der Meinungsstreit sowie die damit einhergehenden Rechtsunsicherheiten wirken sich

---

965 BAG, Urt. v. 16.05.2002 (Az.: 8 AZR 319/01), Rn. 77 (juris), AP Nr. 237 zu § 613a BGB.

966 BAG, Urt. v. 12.02.1987 (Az.: 2 AZR 247/86), Rn. 34 (juris), AP Nr. 67 zu § 613a BGB; *Kania*, S. 69 f.

aber nur aus, wenn der Betriebsübergang auf den ausländischen Betriebswerber nach der grenzüberschreitenden Betriebsverlagerung erfolgt.

In diesem Kontext erlangt die Frage, wer für den Transport verantwortlich ist besondere Bedeutung. Ist der Betriebsveräußerer für den Transport der Produktionsanlage verantwortlich, tritt der Betriebsübergang erst nach der vollständig abgeschlossenen Betriebsverlagerung ein. Der Betriebsübergang auf den ausländischen Betriebserwerb würde in diesem Fall im Ausland eintreten. In diesem Fall würde der oben dargestellte Meinungsstreit eine Rolle spielen.

Ist hingegen der Betriebserwerber für den unter Umständen komplexen und zeitaufwendigen Transport des Produktionsbetriebs verantwortlich, erlangt der Betriebserwerber bereits vor der Betriebsverlagerung die Leitungsmacht über den Betrieb. In diesem Fall würde sich der dargestellte Meinungsstreit nicht auswirken.

Mit Blick auf einen Produktionsbetrieb gibt es keinen Regelfall der zeitlichen Reihenfolge. Es ist sowohl denkbar, dass der Betriebsübergang vor der grenzüberschreitenden Betriebsverlagerung eintritt, als auch umgekehrt. Der Meinungsstreit kann daher je nach Fall eine praktische Rolle spielen.

3. *Sonderfall: grenzüberschreitender Betriebsübergang eines „arbeitnehmergeprägten Betriebs“*

Schließlich wird untersucht, wie sich die zeitliche Reihenfolge bei dem eingangs erwähnten Sonderfall der typischen „arbeitnehmergeprägten Betriebe“ verhält. Die Besonderheit liegt bei den „arbeitnehmergeprägten Betrieben“ darin, dass diese sich ausschließlich durch die menschliche Arbeitsleistung auszeichnen.

Bezugnehmend auf die Abgrenzung zu den klassischen „*Outsourcing*“ Fällen (siehe S. 29) erfolgt bei den „arbeitnehmergeprägten Betrieben“ eine Übertragung der Betriebsmittel. Mit anderen Worten ist Voraussetzung für das Vorliegen eines Betriebsübergangs, dass der „*nach Zahl und Sachkunde*“[967] wesentliche Teil der Arbeitnehmer bereit ist, das Arbeitsverhältnis beim Betriebserwerber fortzusetzen.

Zur Veranschaulichung folgendes Beispiel: Zu einem deutschen Konzern gehört ein Call-Center. Dieses erfüllt die Voraussetzungen eines Betriebsteils.

967 EuGH, Urt. v. 20.01.2011 (Rs.: C-463/09), Rn. 36 (juris), Slg 2011, I-95–I-137 (CLECE); ebenso entschied das BAG zuletzt am 21.06.2012; vgl. BAG, Urt. v. 21.06.2012 (Az.: 8 AZR 181/11), ArbuR 2012, 454.

Das Call-Center wird an einen ausländischen Betriebserwerber veräußert und übertragen. Der ausländische Betriebserwerber nimmt den Kaufvertrag und die Übertragung der dazugehörigen Betriebsmittel an. Ein Großteil der Arbeitnehmer erklärt sich bereit, das Arbeitsverhältnis im grenznahen Ausland fortzusetzen.

Im Gegensatz zu den bisherigen Ausführungen gibt es bei den „arbeitnehmergeprägten Betrieben" eine Besonderheit: Es besteht die Möglichkeit, dass sich ausnahmsweise der grenzüberschreitende Betriebsübergang und die grenzüberschreitende Betriebsverlagerung zeitgleich vollziehen.[968]

Die Besonderheit der „arbeitnehmergeprägten Betriebe" liegt in der sehr geringen Ausstattung durch sachliche Betriebsmittel. Die „arbeitnehmergeprägten Betriebe" zeichnen sich vielmehr nur durch die Arbeitsleistung der Arbeitnehmer aus. Sind die Arbeitnehmer am neuen Betriebsort, vollzieht sich in diesem Moment sowohl die Betriebsverlagerung als auch der Betriebsübergang.

In diesem Fall ist für den Zeitpunkt des Betriebsübergangs sowie für den Zeitpunkt der Betriebsverlagerung allein maßgeblich, wann die Arbeitnehmer am neuen Betriebsort sind. Die zeitliche Reihenfolge gestaltet sich dann wie folgt:

Abbildung 6: Zeitliche Reihenfolge zwischen Betriebsverlagerung und Betriebsübergang im Falle des „arbeitnehmergeprägten" Betriebs.

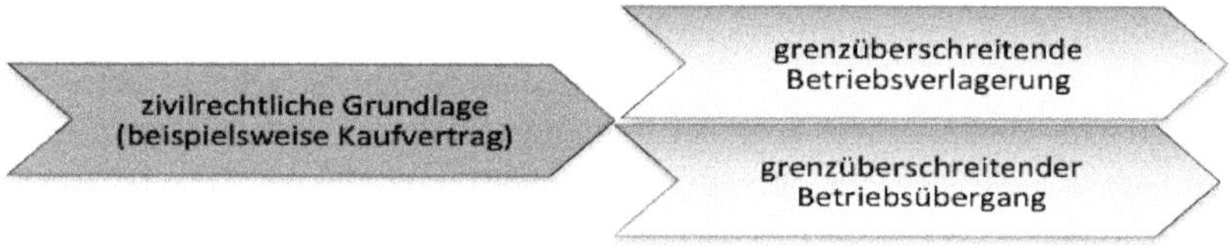

Betriebsübergang und Betriebsverlagerung fallen damit faktisch zeitlich zusammen. Ein theoretisches Auffächern, welcher Vorgang eine „juristische Sekunde" vor dem anderen eintritt, erscheint sehr gekünstelt.[969]

---

968 a.A.: *Kania*, S. 69, hiernach können Betriebsverlagerung und Betriebsübergang nicht gleichzeitig stattfinden; so aber: *Resch*, ZESAR 2002, 45 (47); *Gaul/Mückl*, DB 2011, 2318 (2318)

969 a.A.: *Kania*, S. 69, hiernach können Betriebsverlagerung und Betriebsübergang nicht gleichzeitig stattfinden; so aber: *Resch*, ZESAR 2002, 45 (47); *Gaul/Mückl*, DB 2011, 2318 (2318).

In Bezug auf den dargestellten Meinungsstreit gilt Folgendes: Knüpft man an das Arbeitsvertragsstatut an, ist nach Ansicht des BAG[970] die deutsche Rechtsordnung maßgeblich, knüpft man an den Betriebssitz an, ist die ausländische Rechtsordnung maßgeblich. Löst man die kollisionsrechtliche Frage hingegen nach der Statutenkumulation, ist das Ergebnis von den Umständen des Einzelfalls abhängig.

Der Fall, dass der Betriebsübergang nach der grenzüberschreitenden Betriebsverlagerung eintritt, scheidet damit bei „arbeitnehmergeprägten Betrieben" aus. Der Grund liegt darin, dass mit der grenzüberschreitenden Betriebsverlagerung – also der Verlagerung der Arbeitnehmer – auch die tatsächliche Übernahme der Leitungsmacht – und damit der Betriebsübergang – einhergeht.

Entsprechend den obigen Ausführungen sind theoretisch Fälle denkbar, in denen der Betriebsübergang auch bei „arbeitnehmergeprägten Betrieben" vor der grenzüberschreitenden Betriebsverlagerung eintreten kann. Dies wäre beispielsweise bei einer Entsendung von entsprechendem Führungspersonal der Fall. Insofern kann der Betriebsübergang der grenzüberschreitenden Betriebsverlagerung vorausgehen. Dies scheint aber aufgrund der Einfachheit der Verlagerung der Ausnahmefall zu sein.

Eine Differenzierung des Sonderfalls hinsichtlich externen bzw. konzerninternen Betriebsübergängen ist nicht relevant, da insofern keine Unterschiede bestehen.

III. Zwischenergebnis

Fasst man die gewonnenen Ergebnisse hinsichtlich der Relevanz des Meinungsstreits und der damit einhergehenden Rechtsunsicherheit zusammen, ergibt sich in Bezug auf die Relevanz des Meinungsstreits folgendes Bild:

970 BAG, Urt. v. 26.05.2011 (Az.: 8 AZR 793/09), AP Nr. 411 zu § 613 a BGB; Parallelentscheidung: BAG, Urt. 26.05.2011 (Az.: 8 AZR 37/10), AP Nr. 409 zu § 613a BGB; BAG, Urt. v. 25.04.2013 (Az.: 6 AZR 49/12), Rn. 166 (juris).

Abbildung 7: Zusammenfassender Überblick über die zeitlichen Reihenfolgen zwischen Betriebsverlagerung und Betriebsübergang je nach Betriebstyp und die damit zusammenhängende Rechtsunsicherheit bzgl. der anwendbaren Rechtsordnung.

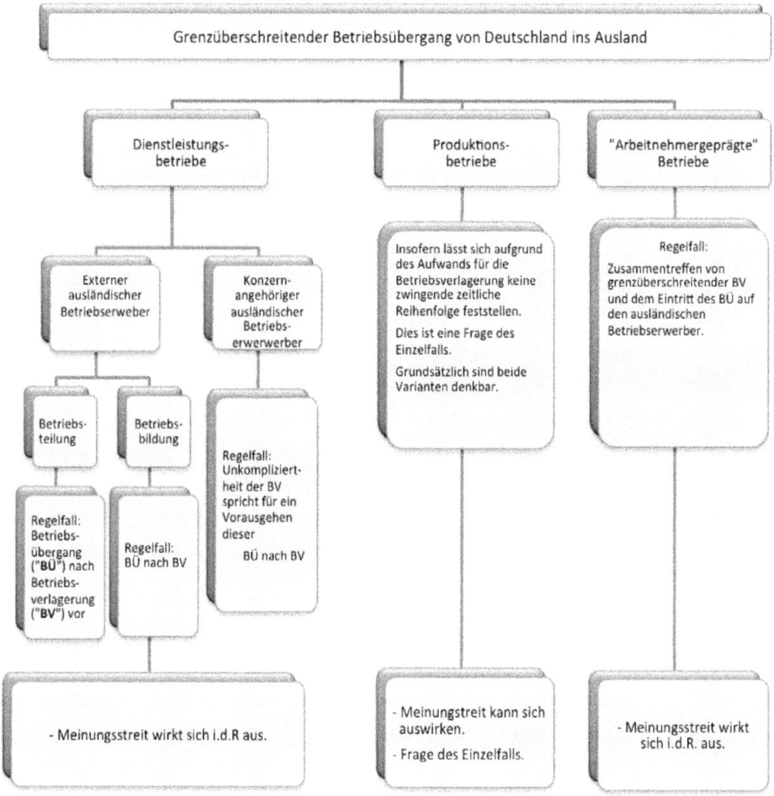

Die durch den Meinungsstreit bedingten Rechtsunsicherheiten wirken sich in der Praxis einer Vielzahl der Fälle des grenzüberschreitenden Betriebsübergangs aus.

C. Lösungsvorschlag

Die Rechtsunsicherheiten könnten in Bezug auf den dargestellten Meinungsstreit durch die Einführung einer kollisionsrechtlichen Regelung behoben werden (nachfolgend **„Lösungsvorschlag 1“**). Würde § 613a BGB selbst regeln, welches Recht im Fall eines grenzüberschreitenden Betriebsübergangs anwendbar ist, wären die vorgenannten Rechtsunsicherheiten behoben und der Meinungsstreit hinsichtlich der richtigen kollisionsrechtlichen Anknüpfung wäre obsolet.

Alternativ könnte man an die Entwicklung eines neuen Lösungsansatzes für die Frage nach der anzuwendenden Rechtsordnung denken (nachfolgend „**Lösungsvorschlag 2**"). Würde sich ein einheitlicher Lösungsansatz in Rechtsprechung und Literatur durchsetzen, bestünde zumindest hinsichtlich des jeweiligen Anknüpfungsgegenstands Rechtsklarheit.

Beide Lösungsmöglichkeiten werden nachfolgend untersucht. Das Unterkapitel schließt mit einer entsprechenden Stellungnahme.

I. Lösungsvorschlag 1: Einführung einer kollisionsrechtlichen Regelung

Die Rechtsunsicherheiten im Zusammenhang mit der anzuwendenden Rechtsordnung könnten durch Einführung einer kollisionsrechtlichen Regelung behoben werden.

Fraglich ist insoweit jedoch, ob die Einführung einer nationalen Kollisionsnorm möglich wäre. Vor dem Hintergrund des Art. 81 Abs. 2 Ziff. c) AEUV ist dies abzulehnen.

Art. 81 Abs. 2 Ziff. c) AEUV regelt, dass das Europäische Parlament und der Rat sicherstellen sollen, dass Maßnahmen erlassen werden, die *„die Vereinbarkeit der in den Mitgliedstaaten geltenden Kollisionsnormen und Vorschriften zur Vermeidung von Kompetenzkonflikten"* sicherstellen.

Hieraus folgt die Gesetzgebungszuständigkeit der EU.[971] Zwar umfasst die Gesetzgebungskompetenz nicht das materielle Recht, aber die Gesetzgebungskompetenz hinsichtlich des Kollisionsrecht ist ausdrücklich genannt.[972] In diesem Zuge erfolgte bereits der Erlass der Rom I-VO und Rom II-VO.[973]

D.h. der Erlass einer *„allseitigen"* Kollisionsnorm, welche regelt, ob deutsches oder ausländisches Recht zur Anwendung kommt[974], läge außerhalb der deutschen Gesetzgebungskompetenz.

Damit ist der Lösungsvorschlag 1 zwar theoretisch denkbar, in der Praxis jedoch nicht ohne weiteres umsetzbar.

---

971 *Rossi*, AEUV Art. 81 Rn. 7.

972 *Rossi*, AEUV Art. 81 Rn. 15.

973 *Rossi*, AEUV Art. 81 Rn. 23.

974 *Junker*, Intern. ArbR, § 6 S. 137; *Berger*, S. 8.

II. *Lösungsvorschlag 2: Übertragung der Rechtsprechung zu grenzüberschreitenden Sitzverlegung („Wegzugsfälle") auf grenzüberschreitende Betriebsübergänge*

Neben der Etablierung einer Kollisionsnorm könnten die im Zusammenhang mit dem Meinungsstreit bestehenden Rechtsunsicherheiten durch die Einführung eines neuen – bislang nicht berücksichtigten – Anknüpfungsgegenstands behoben werden. Dies erscheint insbesondere interessant, da die bislang vertretenen Lösungsvorschläge zu keinem Konsens zwischen Rechtsprechung und Literatur geführt haben.

Als neuer Lösungsansatz könnte ein Vergleich mit den Fällen einer grenzüberschreitenden Sitzverlegung dienen. Einen Anhaltspunkt für den Vergleich zwischen einem grenzüberschreitenden Betriebsübergang einerseits und einer grenzüberschreitenden Sitzverlegung andererseits liefert beispielsweise *Junker.*[975] Dieser vergleicht das *„Ergebnis einer Betriebsverlegung in das Ausland (...) [mit] einer Sitzverlegung im Internationalen Gesellschaftsrecht (...)".* *Junker* begründet mit diesem Gedanken die vorgenannte Statutenkumulation (siehe S. 155).[976]

Legt man den Fokus auf die Parallelen eines grenzüberschreitenden Betriebsübergangs und einer grenzüberschreitenden Sitzverlegung, besteht die Möglichkeit, einen komplett neuen Lösungsansatz hinsichtlich der streitigen Rechtsfrage (Bestimmung der kollisionsrechtlichen Anknüpfung) zu etablieren. Dieser Lösungsvorschlag wird nachfolgend entwickelt:

1. *Vorüberlegung*

Das deutsche Recht unterscheidet zwischen dem Satzungs- und dem Verwaltungssitz einer Kapitalgesellschaft.

Der Satzungssitz bestimmt die Zuständigkeit des Registergerichts[977], den allgemeinen Gerichtsstand[978], den Ort der Gesellschafterversammlung[979] und die steuerrechtliche Anknüpfung[980].

Ausgangspunkt für die Konzeption des Lösungsvorschlags ist die aktuelle Rechtslage hinsichtlich der grenzüberschreitenden Sitzverlegung einer deutschen Kapitalgesellschaft. Die nachfolgenden Ausführungen beschränken sich

975 *Junker*, Intern. ArbR, § 8 S. 239 f.

976 *Junker*, Intern. ArbR, § 8 S. 239 f.

977 *Schmidt-Leithoff*, § 4a GmbHG, Rn. 5.

978 *Schmidt-Leithoff*, § 4a GmbHG, Rn. 5.

979 *Schmidt-Leithoff*, § 4a GmbHG, Rn. 5; *Kindler*, S. 250, Rn. 7.49.

980 *Schmidt-Leithoff*, § 4a GmbHG, Rn. 5.

auf die Sitzverlegung einer GmbH. Für eine AG geltend die dargestellten Grundsätze allerdings entsprechend.

a) Unzulässigkeit der grenzüberschreitenden Verlegung des Satzungssitzes

Nach § 4a GmbHG muss der Sitz der Gesellschaft im Inland, also in Deutschland, liegen.[981] Eine identitätswahrende Verlegung des Satzungssitzes ins Ausland ist daher nach deutschem Recht nicht möglich.[982]

Danach führt die grenzüberschreitende Verlegung des Satzungssitzes dazu, dass die deutsche Kapitalgesellschaft aufgelöst und im Ausland eine neue Gesellschaft gegründet werden muss.[983] D.h. im Fall der grenzüberschreitenden Sitzverlegung bestünde nach Auflösung und Neugründung der Gesellschaft kein Bezug mehr zu Deutschland.

b) Zulässigkeit von grenzüberschreitenden Sitzverlegungen des Verwaltungssitzes

Im Falle der Verlegung des Verwaltungssitzes ist dies anders. In Deutschland gibt es seit dem MoMiG[984] für Kapitalgesellschaften (vgl. § 4a GmbHG und § 5 AktG) die Möglichkeit, den Verwaltungssitz ins Ausland zu verlegen.[985] D.h. Kapitalgesellschaften können den Verwaltungssitz identitätswahrend von Deutschland ins Ausland verlegen, wenn (i) der Satzungssitz in Deutschland beibehalten wird[986] und (ii) der Verwaltungssitz in einen Staat verlegt wird, der die Rechtsfähigkeit der deutschen Kapitalgesellschaft anerkennt[987].

Innerhalb der EU ist die Anerkennung ausländischer Rechtsformen durch die Niederlassungsfreiheit begründet.[988] Überdies erfolgt eine Anerkennung der Rechtsfähigkeit einer ausländischen Gesellschaft durch die sog. „*Gründungstheorie*".[989] D.h. wird der Verwaltungssitz in ein Land verlegt, dass

981 *Schmidt-Leithoff*, § 4a GmbHG, Rn. 13.

982 *Schmidt-Leithoff*, § 4a GmbHG, Rn. 3, 15.

983 *Schmidt-Leithoff*, § 4a GmbHG, Rn. 15.

984 BGBl. I 2008, 2026.

985 *Schmidt-Leithoff*, § 4a GmbHG, Rn. 17.

986 *Roß*, BB 2012, 1783 (1783); *Land*, BB 2013, 2697 (2705).

987 *Kindler*, S. 250, Rn. 7.47 ff; *Schmidt-Leithoff*, § 4a GmbHG, Rn. 18.

988 EuGH, Urt. v. 09.03.1999 (Rs.: C-212/97), Slg. 1999, I-1459 (Centros); *Mansel/Thorn/Wagner*, IPRax 2009, 1 (4); *Schmidt-Leithoff*, § 4a GmbHG, Rn. 18.

989 *Schmidt-Leithoff*, § 4a GmbHG, Rn. 18.

der Gründungstheorie folgt, erkennt dieses Land die Rechtsfähigkeit der ausländischen Gesellschaft an.[990]

Das Gegenstück zur „*Gründungstheorie*" bildet die sog. „*Sitztheorie*".[991] Danach wird die ausländische Rechtspersönlichkeit nicht anerkannt.[992] Vielmehr ist in diesem Fall die Sitzverlegung nur durch Auflösung der inländischen und Gründung einer ausländischen Gesellschaft möglich.[993] Dies entspricht der heutigen Rechtslage zur Verlegung des Satzungssitzes.

Nach der Rechtsprechung des EuGH zur Niederlassungsfreiheit im Fall *Segers*[994], *Daily Mail*[995], *Centros*[996], *Überseering*[997], *Inspire Art*[998] und *Hughes de Lasteyrie du Saillant*[999] wurde die Sitztheorie weitgehend verworfen.[1000]

Vielmehr wird seitdem für juristische Personen, die in einem Mitgliedstaat der EU oder in einem Staat der Europäischen Freihandelsassoziation gegründet wurden und ihren Verwaltungssitz innerhalb der EU verlegen, die sog. „*Gründungstheorie*" vertreten.[1001]

Danach bestimmt sich die anzuwendende Rechtsordnung für die Gesellschaft nach dem Recht des Landes, in dem die Gesellschaft gegründet wurde – unabhängig von ihrem Verwaltungssitz.[1002] Maßgebend ist damit die Rechtsordnung des jeweiligen Satzungssitzes.[1003]

---

990 *Reiner*, ZAS 2010, 117 (122).

991 *Ostendorf/Schulz-Pabst*, S. 106.

992 *Reiner*, ZAS 2010, 117 (122).

993 *Reiner*, ZAS 2010, 117 (122).

994 EuGH, Urt. v. 10.07.1986 (Rs. C-79/85), Slg. 1986, 2375 (Segers); *Willemsen u. a./Seibt*, Umstrukturierung, S. 674 Rn. 123.

995 EuGH, Urt. v. 27.09.1988 (Rs. 81/87), Slg. 1988, 5483–5514 („Daily Mail"); siehe hierzu *Nienerza*, S. 142.

996 EuGH, Urt. v. 09.03.1999 (Rs. C-212/97), Slg. 1999, I-1459–I-1498 („Centros"); siehe hierzu *Nienerza*, S. 142.

997 EuGH, Urt. v. 05.11.2002 (Rs. C-208/00), Slg. 2000, I-9919–I-9976 („Überseering") und BGH, Urt. v. 13.03.2003 (VII ZR 370/ 98), BGHZ 154, 185–190; siehe hierzu *Nienerza*, S. 142.

998 EuGH, Urt. v. 30.09.2003 (Rs. C-167/01), Slg. 2003, I-10155–I-10238 („Inspire Act"); siehe hierzu *Nienerza*, S. 142.

999 EuGH, Urt. v. 11.03.2004 (Rs. C-9/02), Slg. 2004, I-2409–I-2460; siehe hierzu *Nienerza*, S. 142.

1000 *Nienerza*, S. 142.

1001 *Land*, BB 2013, 2697 (2705).

1002 *Land*, BB 2013, 2697 (2705).

1003 *Land*, BB 2013, 2697 (2705).

Zusammenfassend kann festgestellt werden, dass bei Verlegung des Verwaltungssitzes – unter Wahrung des deutschen Satzungssitzes – die Rechtsfähigkeit einer deutschen GmbH innerhalb der EU anerkannt wird. In diesem Fall richtet sich das Gesellschaftsstatut[1004] nach deutschem Recht.[1005] Mit anderen Worten besteht trotz der grenzüberschreitenden Verlegung des Verwaltungssitzes ein Bezug zu Deutschland fort.

c) Übertragung auf den Fall eines grenzüberschreitenden Betriebsübergangs

Aus dem Vorgenannten ist erkennbar, dass Verwaltungs- und Satzungssitz auseinander fallen können.[1006] Dies ermöglicht die Schaffung europaweit agierender Konzerne, bei denen alle Gesellschaften demselben Gesellschaftsstatut unterliegen, obwohl sie in unterschiedlichen Ländern tätig sind.[1007]

Diese Konstellation, der Divergenz zwischen Satzungssitz in Deutschland und Verwaltungssitz im Ausland, kann mit der eines konzerninternen Betriebsübergangs verglichen werden, in der ein deutscher Mutterkonzern (=Obergesellschaft) einen Betrieb grenzüberschreitend verlagert. Trotz der grenzüberschreitenden Verlagerung gehört der Betrieb weiterhin zu dem deutschen Konzern, so dass auch in diesem Fall ein Bezug zu Deutschland fortbesteht. Ob in diesem Fall das deutsche Gesellschaftsstatut fortbesteht, hängt davon ab, ob der Betriebsinhaber wechselt.

Würde man zur Bestimmung der anwendbaren Rechtsordnung im Fall des grenzüberschreitenden Betriebsübergangs darauf abstellen, ob nach dem grenzüberschreitenden Betriebsübergang ein Bezug zu Deutschland fortbesteht, stünde bereits bei Planung des grenzüberschreitenden Betriebsübergangs fest, welche Rechtsordnung auf den Sachverhalt Anwendung findet.

1004 Hierunter werden die materiell-rechtlichen Regelungen verstanden, die die Gründung, Organisation, gesetzliche Vertretung etc. regeln, vgl. *Ostendorf/Schulz-Pabst*, S. 105.

1005 *Reiner*, ZAS 2010, 117 (122); *Kindler*, S. 250, Rn. 7.49.

1006 *Weller/Leuering*, S. 1 f.

1007 *Weller/Leuering*, S. 9.

2. *Zusammenhang zwischen grenzüberschreitender Sitzverlegung und grenzüberschreitendem Betriebsübergang*

Der Zusammenhang zwischen der grenzüberschreitenden Sitzverlegung und dem grenzüberschreitenden Betriebsübergang ergibt sich aus folgender Überlegung:

a) Gemeinsamkeiten

Im Rahmen der Zulässigkeit/Unzulässigkeit der Sitzverlegung einer Kapitalgesellschaft geht es darum, ob die Verlegung unter Wahrung der Rechtsfähigkeit erfolgen kann oder ob die Verlegung zur Auflösung der bisherigen und Gründung einer neuen Rechtspersönlichkeit führt. Mit anderen Worten geht es um den Fortbestand/die Anerkennung der ursprünglich gegründeten Rechtspersönlichkeit.[1008]

Der Fortbestand der Rechtspersönlichkeit bzw. ein zwingender Inhaberwechsel spielen auch für die Frage, ob ein Betriebsübergang i.S.d. § 613a BGB vorliegt eine maßgebliche Rolle.

Für das Vorliegen der Voraussetzungen des Betriebsübergangs kommt es entscheidend darauf an, ob ein Konzern eine ausländische Tochtergesellschaft gründen muss, auf die er (bspw. aus steuerlichen Gründen) einen deutschen Betrieb überträgt oder ob ein Konzern identitätswahrend eine Konzerngesellschaft verlegen kann.

Überdies ist die Situation eines Betriebs im Ausland (unter fortdauernden Bezug zu Deutschland) mit einem Verwaltungssitz im Ausland (unter fortdauerndem Satzungssitz in Deutschland) vergleichbar. In beiden Fällen besteht – trotz der Betriebs-/ Sitzverlagerung ins Ausland – ein Bezug zu Deutschland.

b) Unterschied

Der Unterschied zwischen einer grenzüberschreitenden Sitzverlegung und einem grenzüberschreitenden Betriebsübergang liegt in dem unterschiedlichen Blickwinkel. Sitzverlegungen gehören zum Gesellschaftsrecht. Der Betriebsübergang ist hingegen eine arbeitsrechtliche Folge.

Ein Betrieb hat für sich keinen Satzungs- oder Verwaltungssitz. Vielmehr ist ein Betrieb immer Teil eines Unternehmens. Das Unternehmen wiederum ist eine Gesellschaft mit Satzungs- und Verwaltungssitz.

1008 *Kindler*, S. 250, Rn. 7.47 ff.; *Schmidt-Leithoff*, § 4a GmbHG, Rn. 18.

c) Zwischenergebnis

Ein grenzüberschreitender Betriebsübergang ist mit einer grenzüberschreitenden Sitzverlegung insoweit vergleichbar, dass eine Übertragung der für eine grenzüberschreitende Sitzverlegung geltenden Grundsätze ein möglicher neuer Lösungsansatz für die Rechtsunsicherheiten im Zusammenhang mit der anwendbaren Rechtsordnung bei einem grenzüberschreitenden Betriebsübergang sein könnte.

Dies wird durch folgende Überlegung untermauert: Der Betriebsübergang regelt arbeitsrechtliche Folgen einer gesellschaftsrechtlichen Umstrukturierung in Form des „asset deals". D.h. der Betriebsübergang bildet eine Brücke zwischen dem Gesellschafts- und dem Arbeitsrecht. Aufgrund dessen erscheint die Übertragung der gesellschaftsrechtlichen Grundsätze auf den Betriebsübergang nachvollziehbar.

3. *Übertragung der Regeln der grenzüberschreitenden Sitzverlegung auf den Fall eines grenzüberschreitenden Betriebsübergangs*

Aufgrund der Parallelen zwischen der grenzüberschreitenden Sitzverlegung einerseits und dem Inhaberwechsel im Rahmen eines grenzüberschreitenden Betriebsübergangs andererseits, stellt sich die Frage, inwieweit der zugrunde liegende Gedanke der zulässigen Sitzverlegung auf die Fälle eines grenzüberschreitenden Betriebsübergangs übertragen werden kann.

a) Differenzierung hinsichtlich der Art des Betriebsübergangs

Vergleicht man nun die Arten des Betriebsübergangs mit den Sachverhalten einer grenzüberschreitender Sitzverlegung ergibt sich Folgendes:

aa) Sachverhalte grenzüberschreitender Betriebsübergänge, die einer grenzüberschreitenden Verwaltungssitzverlegung entsprechen

Charakteristisch für eine identitätswahrende, grenzüberschreitende Verlegung des Verwaltungssitzes, unter Wahrung des deutschen Satzungssitzes, ist der fortdauernde Bezug zu Deutschland.

Diese Konstellation kann auch nach einem grenzüberschreitenden Betriebsübergang vorliegen. Hinsichtlich des fortdauernden Deutschlandsbezugs nach einem grenzüberschreitenden Betriebsübergang sind mehrere Fälle denkbar.

Denkt man an den Fall, dass eine deutsche Konzernmutter, Betriebe in einer separaten Gesellschaft (= neuer Betriebsinhaber) bündelt und diese ins Ausland verlagern möchte, besteht – unabhängig von der konkreten gesellschaftsrechtlichen Umsetzung (Gründung einer deutschen Tochtergesellschaft und anschließende Verlagerung des Verwaltungssitzes ins Ausland[1009], Gründung einer unselbständigen/selbständigen Niederlassung oder Gründung einer ausländischen Gesellschaft) – ebenso wie bei einer identitätswahrenden, grenzüberschreitenden Verlegung des Verwaltungssitzes – der Bezug zu Deutschland fort.

Der wesentliche Aspekt hierfür ist die Konzernzugehörigkeit zu der deutschen Konzernmutter. Dies gilt zumindest für Betriebe, die vor dem grenzüberschreitenden Betriebsübergang unmittelbar der deutschen Konzernmutter angehörten.

Mit Blick auf eine deutsche Konzernmutter ist festzuhalten, dass in diesem Fall sowohl konzerninterne Betriebsteilungen als auch konzerninterne Betriebsbildungen mit dem typischen Charakter einer identitätswahrenden, grenzüberschreitenden Sitzverlegung des Verwaltungssitzes vergleichbar sind.

Das Gleiche gilt für die Fälle einer Betriebsbildung. Auch nach einem grenzüberschreitenden Betriebsübergang in Form einer Betriebsbildung bleibt der deutsche Betriebsinhaber über die Geschäftsanteile bzw. Aktien an dem neu gegründeten Unternehmen, in das der Betrieb als Sacheinlage eingebracht wird, beteiligt. D.h. auch insoweit besteht nach dem Betriebsübergang ein Bezug zu Deutschland fort.

Für die herausgearbeiteten Fälle eines grenzüberschreitenden Betriebsübergangs (Betriebsbildung, konzerninterne Betriebsteilung, konzerninterne Betriebsbildung) lässt sich die Wertung (Bezug zu Deutschland) von den Fällen einer identitätswahrenden, grenzüberschreitenden Verlegung des Verwaltungssitzes übertragen.

Bei einer grenzüberschreitenden Verlegung des Verwaltungssitzes gilt – aufgrund des deutschen Satzungssitzes – gesellschaftsrechtlich intern das deutsche Recht. D.h. trotz der Verlegung des Verwaltungssitzes ins Ausland gilt das deutsche Gesellschaftsstatut fort. Überträgt man diesen Gedanken auf die herausgearbeiteten Fälle des grenzüberschreitenden Betriebsübergangs, ist – aufgrund des fortdauernden Bezugs zu Deutschland – die deutsche Rechtsordnung kollektivrechtlich für den grenzüberschreitenden Betriebsübergang maßgebend.

bb) Sachverhalte grenzüberschreitender Betriebsübergänge, die einer Satzungssitzverlegung entsprechen

Anders ist dies bei Fällen des grenzüberschreitenden Betriebsübergangs, die denen der unzulässigen Verlegung des Satzungssitzes entsprechen. Eine grenzüberschreitende Verlegung des Satzungssitzes führt dazu, dass die deutsche

1009 Vorausgesetzt die deutsche Rechtsform wird im entsprechenden Ausland anerkannt.

Gesellschaft aufgelöst und eine neue ausländische Gesellschaft gegründet wird. In diesem Fall ist ausschließlich die ausländische Rechtsordnung maßgebend. Einen Bezug zu Deutschland bzw. der deutschen Rechtsordnung gibt es nicht.

Dies entspricht den Fällen eines grenzüberschreitenden Betriebsübergangs in Form der Betriebsteilung und einem grenzüberschreitenden konzerninternen Betriebsübergang bei einer ausländischen Konzernmutter. Auch insofern gibt es nach dem grenzüberschreitenden Be-triebsübergang keinen fortdauernden Bezug zu Deutschland.

Überträgt man die Grundsätze für die grenzüberschreitende Satzungssitzverlegung auf die vorgenannten Fälle des grenzüberschreitenden Betriebsübergangs, ist auch für die Beurteilung des grenzüberschreitenden Betriebsübergangs die ausländische Rechtsordnung maßgebend.

b) Zwischenergebnis

Eine Adaption des Gedanken hinsichtlich der Verlegung eines Verwaltungs-/Satzungssitzes auf die Konstellationen eines grenzüberschreitenden Betriebsübergangs führt dazu, dass das anzuwendende Recht je nach Art des Betriebsübergangs variiert.

Die Rechtsunsicherheiten hinsichtlich der Frage nach der Anwendbarkeit der Rechtsordnung wären allerdings behoben, da bereits im Planungsstadium des Betriebsübergangs feststeht, welche der vorgenannten Konstellationen vorliegt. Überdies wäre der Meinungsstreit hinsichtlich der Frage, wann bzw. ob der Statutenwechsel im Falle eines grenzüberschreitenden Betriebsübergangs eintritt, für die kollisionsrechtliche Bestimmung obsolet.

Zudem würde dieser Lösungsansatz – entsprechend dem Gedanken von *Savigny* – zur Bestimmung der anzuwendenden Rechtsordnung auf den Sitz abstellen.[1010] Allerdings mit der Besonderheit, dass – mangels Verwaltungs- und einem Satzungssitz eines Betriebs – auf den fortdauernden Bezug zu Deutschland abgestellt wird.

c) Etwaige Kritik

Der vorhergehende Lösungsvorschlag 2 könnte auf Kritik stoßen. Die mögliche Kritik wird nachfolgend dargestellt und entwertet:

1010 *Von Hein*, AG 2001, 213 (222); *Berger*, S. 16.

aa) Verstoß gegen Art. 8 Rom I-VO

Dem vorhergehenden Lösungsvorschlag 2 könnte ein Verstoß gegen Art. 8 Rom I-VO entgegen gehalten werden. Diesem ist jedoch Folgendes zu entgegen:

Die Rom I-VO regelt das Kollisionsrecht für vertragliche Schuldverhältnisse. Geht es also um die Beurteilung der anzuwendenden Rechtsordnung für einen Vertrag mit Auslandsberührung wird die Rom I-VO zur Beurteilung der anzuwendenden Rechtsordnung herangezogen.[1011]

Die Rom I-VO ist daher bei Verträgen mit Auslandsberührung anwendbar.[1012] Der grenzüberschreitende Betriebsübergang ist aber – wie bereits eingangs festgestellt – kein Vertrag, sondern vielmehr die arbeitsrechtliche Folge eines „asset deals". Als Rechtsfolge eines Betriebsübergangs gehen wiederum die Arbeitsverträge auf den Betriebserwerber über. Dennoch ist der Betriebsübergang an sich kein Vertrag.

Weder die Rom I-VO noch die Rom II-VO enthalten kollisionsrechtliche Regelungen für einen grenzüberschreitenden Betriebsübergang. Mangels unmittelbar anwendbarer Regelungen der EU, richtet sich die Bestimmung des Kollisionsrechts gem. Art. 3 EGBGB nach dem IPR des EGBGB.[1013] Sollte sich auch innerhalb des EGBGBs keine Kollisionsregelung für den Fall eines grenzüberschreitenden Betriebsübergangs finden, ist ergänzend die hierzu ergangene Rechtsprechung heranzuziehen.[1014]

Aufgrund der herausgearbeiteten Ähnlichkeit zwischen einer grenzüberschreitenden Sitzverlegung und einem grenzüberschreitenden Betriebsübergang erscheint eine Übertragung der entwickelten Grundsätze plausibel.

Ein Verstoß gegen Art. 8 Rom I-VO liegt damit nicht vor.

bb) Verstoß gegen den bezweckten Arbeitnehmerschutz

Ferner könnte dem entwickelten Lösungsansatz entgegnet werden, dass es dem Arbeitnehmerschutz widerspreche, wenn in den Fällen der Betriebsteilung und dem konzerninternen Betriebsübergang einer ausländischen Konzernmutter das ausländische Recht für den grenzüberschreitenden Betriebsübergang maßgeblich wäre.

Insofern könnten Zweifel dahingehend bestehen, ob der – mittels § 613a BGB – bezweckte Arbeitnehmerschutz in diesen Fällen erfüllt wäre.

1011 *Ostendorf/Schulz-Pabst*, S. 77.

1012 *Ostendorf/Schulz-Pabst*, S. 77.

1013 *Ostendorf/Schulz-Pabst*, S. 100.

1014 *Ostendorf/Schulz-Pabst*, S. 100.

Diesem Einwand steht entgegen, dass selbst bei Anwendbarkeit der deutschen Rechtsordnung (beispielsweise aufgrund Anknüpfung an das deutsche Arbeitsvertragsstatut) und bei Bejahung der grundsätzlich grenzüberschreitenden Anwendbarkeit des § 613a BGB nicht klar ist, ob die Rechtsfolgen des § 613a BGB grenzüberschreitend angewendet werden. Das BAG äußerte sich hinsichtlich der grenzüberschreitenden Anwendbarkeit der Rechtsfolgen nicht.[1015]

Überdies könnten selbst bei Anwendung der Rechtsfolgen Probleme hinsichtlich der Durchsetzbarkeit der Ansprüche auftauchen. D.h. selbst bei einer grenzüberschreitenden Anwendbarkeit und Anwendung des § 613a BGB ist der bezweckte Arbeitnehmerschutz nicht sichergestellt.

Ferner ist – zumindest bei einem grenzüberschreitenden Betriebsübergang innerhalb der EU – nicht gesagt, dass der Arbeitnehmerschutz leer läuft. Schließlich wurde die Betriebsübergangsrichtlinie in sämtlichen Mitgliedstaaten der EU umgesetzt, so dass zumindest in allen Mitgliedstaaten ein gewisser Mindestschutz für die Arbeitnehmer besteht.

III. Stellungnahme

Die Etablierung eines neuen Anknüpfungspunktes zur Bestimmung des Kollisionsrechts erscheint überzeugend. Hierfür sprechen insbesondere die Parallelen zwischen einer grenzüberschreitenden Sitzverlegung und einem grenzüberschreitenden Betriebsübergang. Zudem wird der ursprünglich von *Savigny* gefasste Gedanke, nach der Bedeutung des Sitzes, Rechnung getragen.

D. Ergebnis

Die unterschiedlich vertretenen Meinungen hinsichtlich der kollisionsrechtlichen Anknüpfung führen zu Rechtsunsicherheit hinsichtlich der anzuwendenden Rechtsordnung. Die vorhergehende Untersuchung zeigt, dass nach der hier vertretenen Ansicht der Meinungsstreit in der Praxis eine Rolle spielt – unabhängig davon, um welchen Betriebstyp es sich handelt.

Um insoweit Rechtssicherheit zu schaffen, müsste entweder – entsprechend dem vorhergehenden Lösungsvorschlag 1 – eine kollisionsrechtliche Regelung für den grenzüberschreitenden Betriebsübergang geschaffen werden oder – entsprechend dem vorhergehenden Lösungsvorschlag 2 – sich eine einheitliche Anknüpfung zur Bestimmung der anzuwendenden Rechtsordnung durchsetzen.

1015 Das BAG traf in dem Urt. v. 26.05.2011 (Az. 8 AZR 793/09), AP Nr. 411 zu § 613a BGB, keine Aussage hinsichtlich dem Eintritt der Rechtsfolgen bei einem grenzüberschreitenden Betriebsübergang.

§ 4 Rechtsunsicherheiten hinsichtlich territorialer Beschränkung des § 613a BGB

Bereits die Anforderungen an ein ordnungsgemäßes Unterrichtungsschreiben gem. § 613a Abs. 5 BGB als auch die betriebliche Mitwirkung gem. §§ 111 ff. BetrVG verdeutlichen, welche Rechtsunsicherheiten bei einer grenzüberschreitenden Anwendung des § 613a BGB auftauchen können. Sollte man mit Blick auf die vorhergehende Prüfung (siehe § 3; S. 144 ff.) dazu kommen, dass das deutsche Recht anwendbar ist, stellt sich die Frage, ob die Regelung des § 613a BGB grenzüberschreitend anwendbar ist oder einer territorialen Beschränkung unterliegt. Für die Arbeitnehmer ist die grenzüberschreitende Anwendbarkeit und Anwendung der Rechtsfolgen des § 613a BGB ein wesentlicher Aspekt.

Der Anwendungsbereich der Betriebsübergangsrichtlinie als auch des § 613a BGB wird – entsprechend den Ausführungen unter 2. Teil, § 2 A (siehe S. 32) – allgemein so verstanden, dass grenzüberschreitende Sachverhalte hiervon erfasst sind. Dennoch könnte die Vielzahl der Rechtsunsicherheiten bei grenzüberschreitender Anwendung des § 613a BGB auf eine territoriale Beschränkung des § 613a BGB schließen lassen. Dies würde eine teleologische Reduktion des Anwendungsbereichs des § 613a BGB begründen und das Regelungsbedürfnis eines grenzüberschreitenden Betriebsübergangs verdeutlichen. Schließlich wäre die Situation dann so, dass die Betriebsübergangsrichtlinie eine grenzüberschreitende Anwendbarkeit vorsieht, die deutsche Umsetzung diesen Vorgaben jedoch nicht gerecht wird.

Auch die EU Kommission sah bei grenzüberschreitenden Betriebsübergängen unter Anwendung der Betriebsübergangsrichtlinie bzw. der jeweiligen nationalen Umsetzung ein hohes Maß an Rechtsunsicherheit.[1016] Daher führte die EU Kommission im Jahr 2007 eine Befragung der Sozialpartner zur Thematik Regulierung des grenzüberschreitenden Betriebsübergangs durch.[1017]

Nach Durchführung der vorgenannten Befragung wurde von dem Regulierungsvorhaben grenzüberschreitender Betriebsübergänge auf EU-Ebene Abstand genommen.[1018] Dies bedeutet jedoch nicht, dass das Regulierungsbedürfnis grenzüberschreitender Betriebsübergänge grundsätzlich obsolet ist. Sollte die nachfolgende Prüfung zu dem Schluss gelangen, dass zu viele Rechtsunsicherheiten bei einer grenzüberschreitenden Anwendbarkeit des § 613a BGB bestehen, würde dies den Regelungsbedarf grenzüberschreitender Betriebsübergänge

1016 *Reichold*, FS Birk, S. 689.
1017 *Reichold*, FS Birk, S. 688.
1018 *Kania*, S. 23.

begründen und im Sinne eines effektiven Arbeitnehmerschutzes eine territoriale Beschränkung des § 613a BGB auf Inlandssachverhalte nach sich ziehen.

Ein Teil[1019] der Literaturansicht als auch ein Teil der Instanzenrechtsprechung[1020] bejaht – unter Bezugnahme auf das Territorialitätsprinzip – eine territoriale Beschränkung des § 613a BGB. So lehnen beispielsweise *Loritz*[1021] und *Bezani/Richter*[1022] eine grenzüberschreitende Anwendbarkeit des § 613a BGB ab. Vielmehr endet danach der Anwendungsbereich des § 613a BGB an den Grenzen der Bundesrepublik.[1023]

Das BAG[1024] und der überwiegende Teil[1025] der Literatur bejahen hingegen eine grenzüberschreitende Anwendbarkeit des § 613a BGB. In der Urteilsbegründung vom 26. Mai 2011 führt das BAG insoweit aus:

> *„Die Auffassung, bei Betriebsübergängen in das Ausland gelte § 613a BGB nicht, da die Geltung deutschen Gesetzesrechts an der deutschen Grenze ende, vermag nicht zu überzeugen (...). Das im öffentlichen Recht zu beachtende Territorialitätsprinzip wird im grenzüberschreitenden Zivilrechtsverkehr von den Regelungen des IPR verdrängt. Andernfalls müsste schon bei einer vorübergehenden Entsendung eines Arbeitnehmers in das Ausland entgegen Art. 30 Abs. 2 Nr. 1 EGBGB das Recht des betroffenen ausländischen Staates Anwendung finden. Grundsätzlich ist daher die Anwendbarkeit des § 613a BGB nicht auf das Gebiet der Bundesrepublik beschränkt (...).“*[1026]

Das nachfolgende Unterkapitel setzt sich u.a. mit dieser kontrovers diskutierten Rechtsfrage auseinander und verdeutlicht, warum die erst genannte Ansicht – Beschränkung des Anwendungsbereichs des § 613a BGB auf nationale Betriebsübergänge – überzeugend erscheint. Die Einschränkung des Anwendungsbereichs folgt jedoch nicht aus der Anwendung des Territorialitätsprinzips. Vielmehr erfolgt dies durch eine teleologische Reduktion des Anwendungsbereichs des

1019 *Loritz*, RdA 1987, 65 (84); *ders.* ZfA 1991, S. 598; *Bezani/Richter*, S. 240.
1020 *Pesch*, KSzW 2012, 114 (117).
1021 *Loritz*, RdA 1987, 65 (84); *ders.* ZfA 1991, S. 598.
1022 *Bezani/Richter*, S. 240.
1023 *Feudner*, NZA 1999, 1184; *Bezani/Richter*, S. 240.
1024 BAG, Urt. v. 20.04.1989 (Az.: 2 AZR 431/88), Rn. 20 (juris), BAGE 61, 369–375; BAG, Urt. v. 26.05.2011 (Az.: 8 AZR 793/09), Rn. 47 (juris), AP Nr. 411 zu § 613a BGB; LAG Baden-Württemberg Urt. v. 15.12.2009 (Az.: 22 SA 45/09), BB 2010, 1415–1416; siehe hierzu *Bezani/Richter* S. 248.
1025 *Bachner/Gerhardt*, S. 56 Rn. 86; *Feudner*, NZA 1999, 1184 (1185); *Richter*, ArbuR 1992, 65 (67); *Pietzko*, S. 225; *Gaul/Mückl*, DB 2011, 2318 (2318).
1026 BAG, Urt. v. 26.05.2011 (Az.: 8 AZR 793/09), Rn. 47 (juris), AP Nr. 411 zu § 613a BGB.

§ 613a BGB auf Sachnormebene. Zur Begründung dieser These werden bislang unbeachtete Aspekte analysiert:

Für eine territoriale Beschränkung des § 613a BGB spricht zum einen bereits die Konzeption des § 613a BGB an sich. Nachfolgend wird die Konzeption der Rechtsfolgen des § 613a BGB mit Blick auf die grenzüberschreitende Anwendbarkeit näher beleuchtet. Betrachtet man die Rechtsfolgen des § 613a BGB *„zäumt man das Pferd gewissermaßen von hinten auf“*[1027]. Dennoch geben die Rechtsfolgen Aufschluss darüber, welche Sachverhalte der Gesetzgeber mit der jeweiligen Konzeption regeln wollte.[1028] In Bezug auf einen grenzüberschreitenden Betriebsübergang erscheint insbesondere fraglich, inwieweit die Rechtsfolgen den Besonderheiten der Grenzüberschreitung Rechnung tragen.

Zum anderen wird der Frage nachgegangen, ob eine grenzüberschreitende Anwendbarkeit des § 613a BGB das grenzüberschreitende Verlagerungsinteresses eines Betriebserwerbers beeinträchtigen könnte. Für eine Begrenzung des Anwendungsbereichs des § 613a BGB auf innerdeutsche Sachverhalte könnten insoweit die Urteile *„Viking Line“*[1029] und *„Laval“*[1030] des EuGH eine Rolle spielen. In den Urteilen *„Viking Line“*[1031] und *„Laval“*[1032] ging es zwar thematisch nicht um Betriebsübergänge, dennoch ist die Ausgangslage mit der eines grenzüberschreitenden Betriebsübergangs vergleichbar. In den entschiedenen Fällen versuchten die Gewerkschaften, die Arbeitsbedingungen eines Landes trotz grenzüberschreitender Betriebsverlagerung aufrechtzuerhalten. Dieses Ziel entspricht den Rechtsfolgen des § 613a BGB. Die Unternehmer versuchten hingegen, das Lohngefälle zwischen den unterschiedlichen Ländern zu ihren Gunsten zu nutzen.[1033] Nach Ansicht des EuGH verstießen die gewerkschaftlichen Maßnahmen gegen die Niederlassungsfreiheit/Dienstleistungsfreiheit der Unternehmer.[1034] Begründet wurde der Verstoß gegen die Niederlassungsfreiheit damit, dass die gewerkschaftlichen Maßnahmen geeignet waren den Reeder von seinen Umstrukturierungsplänen abzubringen.[1035] Der EuGH räumte der

---

1027 So auch *Bezani/Richter*, S. 244.

1028 *Reichold*, FS Birk, S. 688.

1029 EuGH, Urt. v. 11.12.2007 (Rs. C-438/05), Slg. I-10779 (Viking Line).

1030 EuGH, Urt. v. 18.12.2007 (Rs. C-341/05), Slg. 2007 I- 11767 (Laval un Partneri).

1031 EuGH, Urt. v. 11.12.2007 (Rs. C-438/05), Slg. I-10779 (Viking Line).

1032 EuGH, Urt. v. 18.12.2007 (Rs. C-341/05), Slg. 2007 I- 11767 (Laval un Partneri).

1033 *Blanke*, S. 4.; *UNI-Europa*, S. 3 f.

1034 *Blanke*, S. 4.

1035 EuGH, Urt. v. 11.12.2007 (Rs. C-438/05), Rn. 2 (juris), Slg. I-10779 (Viking Line).

Niederlassungsfreiheit/Dienstleistungsfreiheit damit gegenüber den gewerkschaftlichen Maßnahmen (Streik) den Vorrang ein.[1036]

Mit Blick auf die Frage, ob die Regelung des § 613a BGB grenzüberschreitend anwendbar ist oder einer territorialen Beschränkung unterliegt, sind die vorgenannten Urteile interessant, da bei Vorliegen der Voraussetzungen des § 613a BGB die gewerkschaftlichen Ziele (Aufrechterhaltung der Arbeitsbedingungen trotz grenzüberschreitender Betriebsverlagerung) bereits durch die gesetzlichen Rechtsfolgen erreicht worden wären.[1037] An diese Überlegung knüpft sich die Frage, ob im Falle einer grenzüberschreitenden Anwendbarkeit des § 613a BGB die Rechtsfolgen des § 613a BGB dazu geeignet sind, einen ausländischen Betriebserwerber von einer beabsichtigten grenzüberüberschreitenden Betriebsverlagerung abzubringen. Insoweit könnte eine Parallele zu dem Urteil „Viking Line", eine territoriale Beschränkung des § 613a BGB bekräftigen.

Ziel dieses Unterkapitels ist die Erörterung der Rechtsunsicherheiten im Hinblick auf eine territoriale Beschränkung/grenzüberschreitende Anwendbarkeit des § 613a BGB. Als Grundlage für die weitere Prüfung erfolgt eingangs (i) eine Darstellung des Territorialitätsprinzips vs. beschränkter Sachnorm. Dem schließt sich (ii) eine Darstellung des kontrovers diskutierten Meinungsstands hinsichtlich einer territorialen Beschränkung des § 613a BGB an. Zur Veranschaulichung der Rechtsunsicherheiten hinsichtlich der Frage der territorialen Beschränkung/grenzüberschreitenden Anwendbarkeit des § 613a BGB werden (iii) die Rechtsunsicherheiten bzgl. der kollektivrechtlichen Rechtsfolgen gem. § 613a Abs. 1 S. 2 - 4 BGB im Falle einer grenzüberschreitenden Anwendbarkeit überblicksmäßig herausgearbeitet. Anschließend wird (iv) überprüft, warum das EuGH Urteil „*Viking Line*" eine territoriale Beschränkung des § 613a BGB nahe legt. Das Unterkapitel schließt (v) mit Lösungsvorschlägen zur Behebung der aufgezeigten Rechtsunsicherheiten.

A. Grundlage: Territorialitätsprinzip vs. beschränkter Sachnorm

Im Hinblick auf die sich anschließende Untersuchung erfolgt vorab (i) eine Darstellung des Territorialitätsprinzips sowie (ii) eine Erläuterung des Begriffs „beschränkte Sachnorm" sowie (iii) ein Aufzeigen der insoweit bestehenden Unterschiede.

1036 EuGH, Urt. v. 11.12.2007 (Rs. C-438/05), Rn. 2 (juris), Slg. I-10779 (Viking Line).

1037 Insoweit ist allerdings zu beachten, dass die Durchsetzung der Rechtsfolgen des § 613a BGB vom jeweiligen Einzelfall abhängt.

I. Territorialitätsprinzip

Das Territorialitätsprinzip entstammt dem öffentlichen Recht.[1038] Im Zusammenhang mit dem Arbeitsrecht spielt das Territorialitätsprinzip eine Rolle, da das Arbeitsrecht sowohl durch Normen des Privatrechts als auch durch Normen des öffentlichen Rechts geprägt ist.[1039] Unter dem Territorialitätsprinzip versteht man die ausschließliche Geltung des jeweiligen nationalen Rechts innerhalb eines Staatsgebiets. Für den räumlichen Anwendungsbereich ist allein der Sitz des Betriebs entscheidend.[1040]

Wie dargestellt, unterliegt beispielsweise der Anwendungsbereich des BetrVG dem Territorialitätsprinzip.[1041] D.h. unabhängig von der Rechtsform oder der Nationalität unterliegen ausländische Betriebe in Deutschland dem BetrVG[1042], inländische Betriebe im Ausland jedoch nicht.[1043]

II. Selbstbeschränkte Sachnorm

Mit Blick auf den Lösungsvorschlag wird der Begriff der *„selbstbeschränkten Sachnorm“*[1044] erläutert. Unter einer sog. *„selbstbeschränkten Sachnorm“*[1045] versteht man eine Norm, die ihren räumlichen Anwendungsbereich auf materiellrechtlicher Ebene selbst bestimmt.[1046]

1038 *Pesch*, KSzW, 114 (117); *Olbertz/Fahring*, ZIP 2012, 2045 (2045). Siehe beispielsweise: Ausführungsbestimmungen zum Gesetz über die öffentliche Sicherheit und Ordnung des Landes Sachsen-Anhalt (AB SOG LSA) (Az.: 21.1-12002-4.1) i.d.F. vom 07.09.2001. Darin heißt es: *„Für das allgemeine Recht der Gefahrenabwehr gilt im Interesse der Bürger das Territorialitätsprinzip, das heißt, in Sachsen-Anhalt gilt nur das SOG LSA. Polizeibeamte anderer Länder haben daher in Sachsen-Anhalt die Vorschriften des SOG LSA und nicht die des Herkunftslandes zu beachten.“*

1039 *Olbertz/Fahring*, ZIP 2012, 2045 (2045).

1040 BAG, Beschl. v. 16.01.1990 (Az.: 1 ABR 47/88), Rn. 28 (juris).

1041 BAG, Urt. v. 25.04.1978 (Az.: 6 ABR 2/77), Rn. 11 (juris), BAGE 30, 266–272; BAG, Beschluss v. 22.03.2000 (7 ABR 34/98), BB 2010, 2098 (2099); *Kloppenburg*, in: AnwaltKommentar ArbeitsR, § 1 BetrVG, Rn. 47.

1042 Vgl. BAG, Beschluss v. 22.03.2000 (7 ABR 34/98), BB 2010, 2098 (2099); *Kloppenburg*, in: AnwaltKommentar ArbeitsR, § 1 BetrVG, Rn. 47.

1043 *Kloppenburg*, in: AnwaltKommentar ArbeitsR, § 1 BetrVG, Rn. 47.

1044 *Junker*, Intern. ArbR, § 6 S. 130; *Otto/Mückl*, BB 2008, 1231 (1234).

1045 *Junker*, Intern. ArbR, § 6 S. 130; *Otto/Mückl*, BB 2008, 1231 (1234).

1046 *Otto/Mückl*, BB 2008, 1231 (1234) m.w.N.

Im Gegensatz zu den kollisionsrechtlichen Regelungen des IPR handelt es sich bei einer *„selbstbeschränkten Sachnorm"* um eine Sachnorm im eigentlichen Sinne.[1047]

Als *„selbstbeschränkte Sachnorm"*[1048] wird beispielsweise § 1 Abs. 1 UmwG bezeichnet. § 1 Abs. 1 UmwG beschränkt den räumlichen Anwendungsbereich des UmwG auf Gesellschaften mit Sitz im Inland.[1049]

Mit Blick auf die zahlreichen Probleme, die bei einer Anwendung des § 613a BGB auf grenzüberschreitende Sachverhalte auftauchen, stellt sich die Frage, ob § 613a BGB eine *„selbstbeschränkte Sachnorm"*[1050] ist. Zwar fehlt insoweit eine ausdrückliche Regelung wie bei § 1 Abs. 1 UmwG, jedoch liegt die Überlegung nahe, die Selbstbeschränkung aus der Konzeption des § 613a BGB herzuleiten. Insofern könnte der Anwendungsbereich des § 613a BGB infolge einer teleologischen Reduktion auf Inlandssachverhalte beschränkt sein.

III. Territorialitätsprinzip vs. selbstbeschränkter Sachnorm

Der Unterschied zwischen dem Territorialitätsprinzip und einer selbstbeschränkten Sachnorm liegt in der unterschiedlichen Anknüpfung.

Bei Anwendung des Territorialitätsprinzips ist aufgrund eines ausländischen Sitzes beispielsweise das deutsche BetrVG nicht anwendbar. D.h. unabhängig von dem Einzelfall ist eine Anwendung der Vorschriften, die dem Territorialitätsprinzip unterliegen, im Ausland nicht möglich.

Bei einer *„selbstbeschränkte Sachnorm"*[1051] ist dies anders. Insoweit sind zwar grundsätzlich ausländische Betriebe von dem räumlichen Anwendungsbereich der deutschen Rechtsordnung erfasst – jedoch nicht von dem räumlichen Anwendungsbereich der *„selbstbeschränkte Sachnorm"*[1052]. Hintergrund hierfür ist nicht – wie bei Anwendung des Territorialitätsprinzips – der öffentlicherechtliche Charakter der betreffenden Vorschriften, sondern beispielsweise der Sinn und Zweck der entsprechenden Regelung, der eine teleologische Beschränkung auf Inlandssachverhalte nahe legt.

1047 *Otto/Mückl*, BB 2008, 1231 (1233 f.); *Jaensch*, EWS 2012, 353 (357).
1048 *Jaensch*, EWS 2012, 353 (357) m.w.N in Fn. 58.
1049 *Jaensch*, EWS 2012, 353 (357).
1050 *Jaensch*, EWS 2012, 353 (357) m.w.N in Fn. 58.
1051 *Jaensch*, EWS 2012, 353 (357) m.w.N in Fn. 58.
1052 *Jaensch*, EWS 2012, 353 (357) m.w.N in Fn. 58.

B. Meinungsstand hinsichtlich territorialer Beschränkung des § 613a BGB

Hinsichtlich der Frage, ob § 613a BGB grenzüberschreitend anwendbar ist oder einer territorialen Beschränkung unterliegt, werden verschiedene Ansichten vertreten. Diese werden im Folgenden abrissartig dargestellt.

Klargestellt sei, dass der Meinungsstreit auf sachrechtlicher Ebene – und nicht auf kollisionsrechtlicher Ebene (siehe hierzu S. 144 ff.) – anknüpft.[1053]

I. Überwiegende Ansicht der Rechtsprechung und Literatur

Sowohl in der Rechtsprechung[1054] als auch in der Literatur[1055] wird überwiegend die Meinung vertreten, dass § 613a BGB keiner territorialen Beschränkung unterliegt.

1. Ansicht des BAG und der überwiegenden Literatur

Das BAG wies in dem Urteil vom 26. Mai 2011 das Territorialitätsprinzip und die territoriale Beschränkung des § 613a BGB zurück.[1056] Vielmehr nahm das BAG unter Verweis auf die frühere Rechtsprechung die grenzüberschreitende Anwendbarkeit des § 613a BGB an.[1057]

Als Argument führte das BAG insbesondere aus, dass das Territorialitätsprinzip im Bereich des grenzüberschreitenden Zivilrechts von den Regelungen

---

1053 *Deinert*, Int. ArbR, S. 342 Rn. 12.

1054 Vgl. BAG, Urt. v. 26.05.2011 (Az.: 8 AZR 793/09), Rn. 47 (juris), AP Nr. 411 zu § 613a BGB; BAG, Urt. v. 25.04.2013 (Az.: 6 AZR 49/12), Rn. 166 (juris), EzA-SD 2013, Nr. 14, 4–8; LAG Baden-Württemberg Urt. v. 15.12.2009 (Az.: 22 SA 45/09), Rn. 24 (juris), BB 2010, 1415–1416; hinsichtlich grenzüberschreitender Betriebsübergänge innerhalb der EU zustimmend LAG Hamburg, Urt. v. 22.05.2003 (Az.: 8 Sa 29/03), Rn. 59 (juris), AfP 2004, 377–380.

1055 Vgl. *Richter*, ArbuR 1992, 65 (67) – argumentiert, dass neben der Unanwendbarkeit des Territorialitätsprinzips, die Betriebsübergangsrichtlinie leer laufen würde, wenn der Anwendungsbereich des § 613a BGB an den Grenzen der Bundesrepublik aufhören würde, dies widerspreche wiederum dem angestrebten Binnenmarkt; *Pesch*, KSzW 2012, 114 (117); *Bachner/Gerhardt*, S. 56 Rn. 86; *Deinert*, Int. ArbR, S. 342 S. 12.

1056 BAG, Urt. v. 26.05.2011 (Az.: 8 AZR 793/09), Rn. 47 (juris), AP Nr. 411 zu § 613a BGB.

1057 BAG, Urt. v. 26.05.2011 (Az.: 8 AZR 793/09), Rn. 47 (juris), AP Nr. 411 zu § 613a BGB.

des IPR verdrängt wird.[1058] Diese Ansicht bestätigte das BAG in einem neueren Urteil.[1059]

In einem im Jahr 2013 ergangenen Urteil des BAG heißt es insoweit wie folgt:

> *„§ 613a BGB ist grundsätzlich auch bei Betriebsübergängen in das Ausland anwendbar. Die Geltung der Norm ist nicht auf das Gebiet der Bundesrepublik Deutschland beschränkt. Das Territorialitätsprinzip wird durch das Internationale Privatrecht verdrängt. Bei Betriebsübergängen mit Auslandsbezug können sachgerechte Lösungen nur über die Regelungen des Arbeitsvertragsstatuts erzielt werden.“*[1060]

Diese Auffassung entspricht auch den überwiegenden Stimmen in der Literatur.[1061] *Deinert* ergänzt, dass eine *„Beschränkung auf innerstaatliche Betriebsübergänge (…) als Abweichung von der Betriebsübergangsrichtlinie nicht [zu] rechtfertigen [sei].*[1062]

2. Stellungnahme

Die vorgenannte Ansicht überzeugt hinsichtlich der Ausführungen zu dem Territorialitätsprinzip. Die Ansicht, nach der § 613a BGB aufgrund des Territorialitätsprinzips nur auf innerdeutsche Sachverhalte anwendbar sei, ist auch nach der hier vertretenen Ansicht verfehlt.

Allerdings erscheint die grundsätzlich grenzüberschreitende Anwendbarkeit des § 613a BGB zweifelhaft. Welche Gründe für eine territoriale Beschränkung des § 613a BGB sprechen, wird im Verlauf der weiteren Prüfung erörtert.

II. Teilweise: Territoriale Beschränkung des § 613a BGB

Wie bereits erwähnt wird die Auffassung vertreten, die eine grenzüberschreitende Anwendbarkeit des § 613a BGB ablehnt und eine territoriale Beschränkung des Anwendungsbereichs des § 613a BGB befürwortet.[1063]

1058 BAG, Urt. v. 26.05.2011 (Az.: 8 AZR 793/09), Rn. 47 (juris), AP Nr. 411 zu § 613a BGB.

1059 BAG, Urt. v. 25.04.2013 (Az.: 6 AZR 49/12), Rn. 166 (juris), EzA-SD 2013, Nr. 14, 4–8.

1060 BAG, Urt. v. 25.04.2013 (Az.: 6 AZR 49/12), Rn. 166 (juris), EzA-SD 2013, Nr. 14, 4–8.

1061 *Pesch*, KSzW 2012, 114 (117); *Bachner/Gerhardt*, S. 56 Rn. 86; *Deinert*, Int. ArbR, S. 342 S. 12.

1062 *Deinert*, Int. ArbR, S. 342 Rn. 12.

1063 Rspr.: ArbG Hamburg, Urt. 20.07.1979 (Az. S. 15 Ca 410/78), AP Nr. 25 zu § 613a BGB; LAG Hamburg, Urt. v. 22.10.1979 (Az.: 4 Sa 103/79); IPRax 1981; Lit.: *Feudner*, NZA 1999, 1184; *Bezani/Richter*, S. 240.

1. *Befürworter der territorialen Beschränkung des § 613a BGB*

Befürworter für eine territoriale Beschränkung des § 613a BGB finden sich sowohl in der Instanzenrechtsprechung[1064] als auch in der Literatur[1065].

Erstmals wurde diese Auffassung von dem ArbG Hamburg[1066] und dem LAG Hamburg[1067] im Jahr 1979 bzgl. der Veräußerung eines deutschen Schiffes an eine liberianische Firma vertreten. Insoweit heißt es in dem Urteil des LAG Hamburg vom 22. Oktober 1979 wie folgt:

> „(...) *die Regelung dieser Gesetzesbestimmung [§ 613a BGB] ist nur dann anwendbar und zeigt Rechtswirkung, wenn sowohl der Veräußerer als auch der Erwerber an sie gebunden sind.*“[1068]

In diesem Zusammenhang äußerte sich auch *Loritz.*[1069] Nach *Loritz* endet grundsätzlich die Geltung des deutschen Arbeitsrechts an den Grenzen der Bundesrepublik.[1070]

Als Argumente werden hierfür (i) das Territorialitätsprinzip[1071] und (ii) die fehlende Praktikabilität hinsichtlich der Rechtsfolgen[1072] genannt.

1064 ArbG Hamburg, Urt. 20.07.1979 (Az. S. 15 Ca 410/78), AP Nr. 25 zu § 613a BGB; LAG Hamburg, Urt. v. 22.10.1979 (Az.: 4 Sa 103/79); IPRax 1981.

1065 *Loritz*, RdA 1987, 65 (85); *ders.*, ZfA 1991, S. 597 f.; *Bezani/Richter*, S. 240.

1066 ArbG Hamburg, Urt. 20.07.1979 (Az. S. 15 Ca 410/78), AP Nr. 25 zu § 613a BGB; hier heißt es: *„Bei der Veräußerung eines deutschen Schiffes an eine liberianische Firma ist die liberianische Erwerberin nicht verpflichtet, § 613a BGB gegen sich gelten zu lassen; sie muss die bestehenden Heuerverhältnisse nicht übernehmen“.*

1067 LAG Hamburg, Urt. v. 22.10.1979 (Az.: 4 Sa 103/79); IPRax 1981, S. 175, hier heißt es: *„§ 613a BGB findet keine Anwendung bei Veräußerung von Schiffen durch eine deutsche an eine ausländische Reederei.“* sowie *„(...) die Regelung dieser Gesetzesbestimmung [§ 613a BGB] ist nur dann anwendbar und zeigt Rechtswirkung, wenn sowohl der Veräußerer als auch der Erwerber an sie gebunden sind.“*

1068 LAG Hamburg, Urt. v. 22.10.1979 (Az.: 4 Sa 103/79); IPRax 1981, S. 175.

1069 *Loritz*, RdA 1987, 65 (85); *ders.* ZfA 1991, S. 598.

1070 *Loritz*, RdA 1987, 65 (85); *ders.* ZfA 1991, S. 598.

1071 *Bezani/Richter*, S. 240.

1072 *Junker*, Intern. ArbR, § 8 S. 231, 235, 239; *Bezani/Richter*, S. 239: Danach könne weder der Inhalt noch das Schutzniveau der für die deutschen Arbeitsverhältnisse geltenden Vorschriften im Ausland abgebildet werden. Über dies wird der Ansicht des BAG entgegnet, dass dem ausländischen Betriebserwerber nicht zugemutet werden könne, die deutschen Arbeitsbedingungen im Ausland fortzuführen.

Auch *Bezani/Richter* greifen das Territorialitätsprinzip auf.[1073] Hinsichtlich der Schwierigkeiten der Rechtsfolgen wird u. a. auf die Diskrepanz[1074] zwischen alter und neuer Rechtsordnung und die erschwerte Durchsetzbarkeit der Ansprüche[1075] hingewiesen.

2. Stellungnahme

Die Argumentation der Befürworter einer territorialen Beschränkung des § 613a BGB aufgrund des Territorialitätsprinzips überzeugt nicht. Entsprechend der vorgenannten BAG Ansicht erscheint die Anwendung des Territorialitätsprinzips in diesem Zusammenhang verfehlt.

III. Differenzierte Ansicht des LAG Hamburg

Aus Gründen der Vollständigkeit sei eine differenzierte Ansicht des LAG Hamburg erwähnt.[1076]

1. Differenzierte Ansicht

Auch nach Ansicht des LAG Hamburg ist § 613a BGB grenzüberschreitend anwendbar.[1077] Beschränkt wird die grenzüberschreitende Anwendbarkeit jedoch auf grenzüberschreitende Betriebsübergänge auf einen ausländischen Betriebserwerber des EU-Auslands.[1078]

Bei einem Betriebsübergang auf einen Betriebserwerber aus einem Drittstaat steht hingegen der Sinn und Zweck des § 613a BGB der grenzüberschreitenden Anwendbarkeit entgegen.[1079]

Insoweit heißt es in einem Urteil des LAG Hamburg:

> *„Sinn und Zweck des § 613 a BGB sprechen allerdings dort gegen eine Anwendung der Norm, wo ihr Zweck gerade durch die Anwendung vereitelt würde. Zweck des § 613 a BGB ist es, den Bestand von Arbeitsplätzen zu schützen, wenn der Betrieb zwar seinen Inhaber wechselt, seine wirtschaftliche Identität jedoch behält.“*[1080]

1073 *Bezani/Richter*, S. 24.
1074 *Feudner*, NZA 1999, 1184 (1185 f.); *Bezani/Richter*, S. 244.
1075 *Bezani/Richter*, S. 24.
1076 LAG Hamburg, Urt. v. 22.05.2003 (Az.: 8 Sa 29/03), Rn. 59 (juris), AfP 2004, 377–380.
1077 LAG Hamburg, Urt. v. 22.05.2003 (Az.: 8 Sa 29/03), Rn. 59 (juris), AfP 2004, 377–380.
1078 Siehe hierzu: *Deinert*, Int. ArbR, S. 344 Rn. 12.
1079 LAG Hamburg, Urt. v. 22.05.2003 (Az.: 8 Sa 29/03), Rn. 61 (juris), AfP 2004, 377–380.
1080 LAG Hamburg, Urt. v. 22.05.2003 (Az.: 8 Sa 29/03), Rn. 61 (juris), AfP 2004, 377–380.

Nach Ansicht des LAG Hamburg rechtfertigt der in den anderen EU-Mitgliedstaaten bestehende Mindestschutz der Arbeitnehmer, eine grenzüberschreitende Anwendbarkeit des § 613a BGB.[1081] Dieser sei in Drittstaaten gerade nicht gegeben, so dass § 613a BGB insoweit nicht grenzüberschreitend anwendbar ist.[1082]

Festzuhalten ist, dass das LAG Hamburg bzgl. der grenzüberschreitenden Anwendbarkeit des § 613a BGB bei grenzüberschreitenden Betriebsverlagerungen in einen Drittstaat eine territoriale Beschränkung aufgrund der Intention des § 613a BGB rechtfertigt.

2. *Stellungnahme*

Die differenzierte Meinung des LAG Hamburgs erscheint – in Anlehnung an die obigen Ausführungen hinsichtlich des Entfernungskriteriums (siehe S. 42) – als zu pauschal.

Zwar ist der Ansatz des LAG Hamburg interessant, jedoch gibt es trotz der EU-weiten Umsetzung der Betriebsübergangsrichtlinie teilweise erhebliche Unterschiede (siehe S. 8) innerhalb der 28 Mitgliedstaaten der EU. Anderseits gibt es zum Beispiel mit der Schweiz vergleichsweise wenige Unterschiede (siehe S. 42).

IV. Zwischenergebnis

Für die Frage, ob § 613a BGB einer territorialen Beschränkung unterliegt, werden unterschiedliche Ansätze vertreten. Im Ergebnis überzeugt keine der vorgenannten Rechtsansichten. Mangels einer einheitlichen Lösung besteht insoweit eine erhebliche Rechtsunsicherheit.

C. Rechtsunsicherheiten hinsichtlich der Fortgeltung kollektivrechtlicher Arbeitsbedingungen gem. § 613a Abs. 1 S. 2–4 BGB bei grenzüberschreitender Anwendbarkeit des § 613a BGB

Eingangs wurde bereits die Überlegung angerissen, dass die Konzeption der Rechtsfolgen des § 613a BGB auf einen territorial beschränkten Anwendungsbereich hindeuten könnte. Ziel der nachfolgenden Untersuchung ist die Überprüfung dieser These.

Im Hinblick auf eine Aufarbeitung der Rechtsunsicherheiten hinsichtlich der Fortgeltung kollektivrechtlicher Arbeitsbedingungen gem. § 613a Abs. 1 S. 2–4

1081 LAG Hamburg, Urt. v. 22.05.2003 (Az.: 8 Sa 29/03), Rn. 62 (juris), AfP 2004, 377–380.
1082 LAG Hamburg, Urt. v. 22.05.2003 (Az.: 8 Sa 29/03), Rn. 61 (juris), AfP 2004, 377–380.

BGB im Falle eines grenzüberschreitenden Sachverhalts, erfolgt (i) eine abrissartige Darstellung der kollektivrechtlichen Rechtsfolgen bei einem innerdeutschen Betriebsübergang. Anschließend werden (ii) die Besonderheiten bei einem grenzüberschreitenden Betriebsübergang dargestellt.

Der Fokus der nachfolgenden Untersuchung beschränkt sich auf die kollektive Tarifgeltung nach dem Betriebsübergang.[1083] Ansonsten wird auf eine detaillierte Aufarbeitung sämtlicher Rechtsfolgen bei einem grenzüberschreitenden Betriebsübergang mit/ohne Verlagerung des Betriebs ins Ausland verzichtet. Insoweit wird auf die erschienen Dissertation von *Kania*[1084] und *Franzen*[1085] verwiesen.

In diesem Teil der Arbeit geht es um die Herausarbeitung der Rechtsunsicherheiten bzgl. einer territorialen Beschränkung des § 613a BGB am Beispiel der kollektivrechtlichen Rechtsfolgen gem. § 613a Abs. 1 S. 2–4 BGB im Falle eines grenzüberschreitenden Sachverhalts.

I. Kollektive Tarifgeltung/Transformation bei einem innerdeutschen Be-triebsübergang

Als Grundlage für die weitere Prüfung werden die Rechtsfolgen hinsichtlich der kollektiven Tarifgeltung bei einem innerdeutschen Betriebsübergang ohne grenzüberschreitende Betriebsverlagerung dargestellt.

Die Vorschriften, die die kollektive Tarifgeltung im Falle eines Betriebsübergangs regeln, sind § 613a Abs. 1 S. 2–4 BGB.[1086] Für die Prüfung der kollektivrechtlichen Fortgeltung bei einem innerdeutschen Betriebsübergang ist maßgebend,

---

1083 Vgl. *Müller-Bonanni/Mehrens*, NZA 4/2012, 195 (195).

1084 *Kania*, S. 71 ff.

1085 *Franzen*, S. 147 ff.

1086 § 613a Abs. 1 S. 2–4 BGB in der Fassung vom 01.04.2002 lautet wie folgt: *„Sind diese Rechte und Pflichten durch Rechtsnormen eines Tarifvertrags oder durch eine Betriebsvereinbarung geregelt, so werden sie Inhalt des Arbeitsverhältnisses zwischen dem neuen Inhaber und dem Arbeitnehmer und dürfen nicht vor Ablauf eines Jahres nach dem Zeitpunkt des Übergangs zum Nachteil des Arbeitnehmers geändert werden. Satz 2 gilt nicht, wenn die Rechte und Pflichten bei dem neuen Inhaber durch Rechtsnormen eines anderen Tarifvertrags oder durch eine andere Betriebsvereinbarung geregelt werden. Vor Ablauf der Frist nach Satz 2 können die Rechte und Pflichten geändert werden, wenn der Tarifvertrag oder die Betriebsvereinbarung nicht mehr gilt oder bei fehlender beiderseitiger Tarifgebundenheit im Geltungsbereich eines anderen Tarifvertrags dessen Anwendung zwischen dem neuen Inhaber und dem Arbeitnehmer vereinbart wird."*

dass die Regelung des § 613a Abs. 1 S. 2 BGB, der eine „*Transformation*"[1087] der kollektivrechtlichen Arbeitsbedingungen vorsieht, nach allgemeiner Ansicht[1088] eine Auffangregelung ist.[1089] D.h. § 613a Abs. 1 S. 2 BGB findet nur Anwendung, wenn das kollektive Tarifvertragsrecht nicht aus anderen Gründen weiter besteht. Hierzu im Einzelnen:

1. Fortgeltung eines Verbandstarifvertrags

Eine Fortgeltung des Verbandstarifvertrags – ohne die Anwendung des § 613a Abs. 1 S. 2 BGB – liegt vor, wenn der Betriebserwerber an denselben Tarifvertrag gebunden ist.[1090] Dies ist unter folgenden Voraussetzungen denkbar: (i) nach dem Betriebsübergang besteht weiterhin eine beiderseitige Tarifbindung[1091] und (ii) der übertragene Betriebsteil ist auch noch nach dem Betriebsübergang von dem Anwendungsbereich des Tarifvertrags erfasst[1092].[1093]

Die beiderseitige Tarifbindung nach dem Betriebsübergang liegt vor, wenn der Betriebserwerber Mitglied in demselben tarifschließenden Arbeitgeberverband ist/wird wie der Betriebsveräußerer[1094] oder der entsprechende Tarifvertrag beim Betriebserwerber gem. § 5 Tarifvertragsgesetz (nachfolgend „**TVG**") für allgemeinverbindlich erklärt wurde/wird.[1095]

1087 *Burgmer/Richter*, S. 86; *Sagan*, RdA 2011, 163 (163 ff.).

1088 *Burgmer/Richter*, S. 86; *Hauck*, FS Düwell, S. 76; ErfK/*Preis*, § 613a BGB Rn. 113.

1089 BAG, Urt. v. 18.09.2002 (Az.: 1 ABR 54/01), Rn. 35 (juris), BAGE 102, 356–371; B/D/G/*Beseler*, S. 98; ErfK/*Preis*, § 613a BGB Rn. 113.

1090 *Prange*, NZA 2001, 817 (819); *Burgmer/Richter*, S. 88; *Jacobs*, NZA Beilage 1/2009, 45 (46); MüKo/*Müller-Glöge*, § 613a BGB Rn. 129.

1091 *Burgmer/Richter*, S. 88; *Pesch*, KSzW 2012, 114 (118).

1092 *Müller-Bonanni/Mehrens*, NZA 4/2012, 195 (195).

1093 *Müller-Bonanni/Mehrens*, NZA 4/2012, 195 (195); MüKo/*Müller-Glöge*, § 613a BGB Rn. 129.

1094 *Müller-Bonanni/Mehrens*, NZA 4/2012, 195 (195); *Burgmer/Richter*, S. 88; MüKo/*Müller-Glöge*, § 613a BGB Rn. 129.

1095 *Müller-Bonanni/Mehrens*, NZA 4/2012, 195 (195); MüKo/*Müller-Glöge*, § 613a BGB Rn. 129.

Eine vertragliche Verpflichtung des Betriebserwerbers zum Beitritt und/oder Verbleib in den entsprechenden Arbeitgeberverband würde gegen die, durch Art. 9 Abs. 3 GG geschützte sog. „*negative Koalitionsfreiheit*“[1096] verstoßen.[1097]

2. Anderer Verbandstarifvertrag des Betriebserwerbers

Ein weiterer Fall, in dem es auf die Anwendung der Regelung des § 613a Abs. 1 S. 2 BGB nicht ankommt ist, wenn der Betriebserwerber Mitglied eines anderen tarifschließenden Arbeitgeberverbands ist/wird. In diesem Fall würde für sämtliche Arbeitnehmer im Betrieb des Betriebserwerbers der „andere“ Tarifvertrag gem. § 613 Abs. 1 S. 3 BGB gelten.[1098]

Das heißt aus Arbeitnehmersicht Folgendes: der bisher geltende Tarifvertrag wird durch den beim Betriebserwerber geltenden Tarifvertrag abgelöst.[1099] Ein Günstigkeitsvergleich findet insofern nicht statt.[1100] Daher ist es möglich, dass die Arbeitnehmer durch die Ablösung des beim Betriebsveräußerer geltenden Tarifvertrags nach dem Betriebsübergang schlechteren Arbeitsbedingungen unterliegen als vorher.[1101]

3. Transformation der kollektivrechtlich vereinbarten Arbeitsbedingungen gem. § 613a Abs. 1 S. 2 BGB in individualrechtliche Regelung

Nur wenn das Tarifrecht nicht aus den vorgenannten Gründen fort gilt, kommt die Transformation gem. § 613a Abs. 1 S. 2 BGB in Betracht.[1102]

Mit Blick auf den grenzüberschreitenden Sachverhalt ist insoweit interessant, dass die Wirkung der Transformation gem. § 613a Abs. 1 S. 2 BGB umstritten ist.[1103] Es werden unterschiedliche Standpunkte hinsichtlich der Frage vertreten,

---

1096 Art. 9 Abs. 3 GG schützt auch die Freiheit einer Vereinigung fernzubleiben bzw. auszutreten. Siehe hierzu BVerfG, Urt. v. 14.06.1983 (Az.: 2 BvR 488/80), Rn. 23 (juris), BVerfGE 64, 208–216; siehe hierzu *Müller-Bonanni/Mehrens*, NZA 4/2012, 195 (196); *Burgmer/Richter*, S. 91.

1097 *Jacobs*, NZA Beilage 1/2009, 45 (46).

1098 Die Begründung zum Gleichlauf zwischen Gewerkschaftsmitgliedern und Nichtmitgliedern ist folgende: Der Arbeitgeber weiß i.d.R. nicht wer Gewerkschaftsmitglied ist und wer nicht. Daher werden die Arbeitsverträge mit Blick auf die Betriebsruhe vereinheitlicht.

1099 *Burgmer/Richter*, S. 87.

1100 *Burgmer/Richter*, S. 89.

1101 *Burgmer/Richter*, S. 89.

1102 *Burgmer/Richter*, S. 87; *Kittner/Däubler*, in: KSchR § 613a BGB, Rn. 57 ff.

1103 Streitdarstellung beispielsweise von *Sagan*, RdA 2011, 163 (163 ff.).

ob die Transformation, die transformierte Regelung in einen individualrechtlichen Bestandteil des Arbeitsverhältnisses umwandelt[1104] oder ob der kollektivrechtliche Charakter fortbesteht[1105].

Die Relevanz des Meinungsstreits für einen grenzüberschreitenden Betriebsübergang verdeutlicht ein Blick auf das Territorialitätsprinzip. Nach der Ansicht, die die Fortgeltung des kollektivrechtlichen Charakters annimmt, taucht die Frage auf, ob das Territorialitätsprinzip einer Fortgeltung der kollektivrechtlichen Regelungen im Ausland entgegensteht.

Hingegen spielt das Territorialitätsprinzip für die Meinung, nach der die kollektivrechtlichen Vereinbarungen mittels Transformation Teil des individualrechtlichen Arbeitsvertrags werden, keine Rolle. In diesem Fall tritt der ausländische Betriebserwerber gem. § 613a Abs. 1 S. 1 BGB in die entsprechenden Rechte und Pflichten ein.[1106] Eine Streitdarstellung erfolgt im Zusammenhang mit dem grenzüberschreitenden Betriebsübergang (siehe S. 195 ff.).

II. Kollektive Tarifgeltung/Transformation bei einem grenzüberschreitenden Betriebsübergang

Anknüpfend an die vorangehenden Grundlagen stellt sich die Frage, inwieweit die Grundsätze eines innerdeutschen Betriebsübergangs auf den Fall eines grenzüberschreitenden Betriebsübergangs übertragen werden können. Nachfolgend wird untersucht, ob (i) die Konzeption des § 613a Abs. 1 S. 2 BGB als Auffangnorm auf den grenzüberschreitenden Betriebsübergang übertragbar ist, (ii) inwieweit der Meinungsstreit hinsichtlich der Transformationswirkung bei einem grenzüberschreitenden Betriebsübergang relevant ist und (iii) ob unter den Wortlaut „*eines anderen Tarifvertrags*" gem. § 613a Abs. 1 S. 3 Alt. 1, S. 4 Alt. 2 BGB auch ein ausländischer Tarifvertrag subsumiert werden kann. Die dritte Frage wird im Zusammenhang mit der ersten Frage erörtert:

1104 *Bezani/Richter*, S. 244; *Jacobs*, NZA Beilage 1/2009, 45 (46); *Hauck*, FS Düwell, S. 75 f.; *Ders.*, in: AnwaltKommentar ArbeitsR, § 613a BGB Rn. 107; *Kittner/Däubler*, in: KSchR § 613a BGB, Rn. 61; *Pesch*, KSzW 2012, 114 (119).

1105 Rspr.: BAG, Urt. v. 22.04.2009 (Az.: 4 AZR 100/08), Rn. 30 (juris), BAGE 130, 237–263; BAG, Urt. v. 03.07.2013(Az.: 4 AZR 961/11), Rn. 17 (juris); Lit.: *Zöllner*, DB 1995, 1401 (1402 f.); *Hohenstatt*, NZA 2010, 23 (26) – spricht davon, dass „die „*individualrechtliche Fortgeltung*", *wie man sie früher zumeist beschrieb*" ausgedient hat; MüKo/*Müller-Glöge*, § 613a BGB Rn. 131; ErfK/*Preis*, § 613a BGB Rn. 112.

1106 Im Gegensatz zu den Regelungen des TVG unterliegen die Regelungen des BGB nicht dem Territorialitätsprinzip.

1. *Auffangcharakter des § 613a Abs. 1 S. 2 BGB im Zusammenhang mit einem grenzüberschreitenden Betriebsübergang*

Die Begrifflichkeit einer Auffangnorm setzt notwendigerweise voraus, dass die kollektivrechtliche Fortgeltung auch auf andere Art und Weise als durch die Transformation gem. § 613a Abs. 1 S. 2 BGB erreicht werden kann.

Maßgeblich ist insoweit, ob es im Fall der grenzüberschreitenden Betriebsverlagerung neben der Transformation gem. § 613a Abs. 1 S. 2 BGB anderweitige Möglichkeiten zum Fortbestand der kollektivrechtlichen Arbeitsbedingungen gibt. Dies wird nachfolgend untersucht:

a) Beitritt des ausländischen Betriebserwerbers in den tarifschließenden deutschen Arbeitgeberverband

Zunächst ist daran zu denken, dass das deutsche Tarifrecht durch den Beitritt des ausländischen Betriebserwerbers in den tarifschließenden deutschen Arbeitgeberverband fortbestehen könnte.

Die Nationalität spielt für den Beitritt eines ausländischen Betriebserwerbers in einen deutschen Arbeitgeberverband grundsätzlich keine Rolle[1107], so dass eine doppelte Tarifbindung gem. § 3 Abs. 3 TVG durch Beitritt des ausländischen Betriebserwerbers in den deutschen Arbeitgeberverband erreicht werden könnte. Dennoch erscheint diese Möglichkeit eine Ausnahme zu sein.

Hintergrund ist der räumliche Anwendungsbereich eines deutschen Tarifvertrags.[1108] Dieser endet in der Regel an den deutschen Grenzen. Lediglich ausnahmsweise ist ein deutscher Tarifvertrag auch im Ausland anwendbar.[1109] Voraussetzung hierfür ist allerdings, dass sich in dem Tarifvertrag eine ausdrückliche Anordnung zur Regelung von Arbeitsverhältnissen, die ausländischem Recht unterliegen, findet.[1110] Eine solche ausdrückliche Anordnung ist jedoch nach *Däubler* eine seltene Ausnahme.[1111]

1107 BAGE 84, 370–377; BAG, Urt. v. 22.03.2000 (Az.: 7 ABR 34/98), Rn. 28 (juris), BAGE 94, 144–154 – hinsichtlich dem BetrVG.

1108 Nach dem BAG gilt für das kollektive Arbeitsrecht das Territorialprinzip. Vgl. BAG, Urt. v. 21.11.1996 (Az.: 2 AZR 832/95), Rn. 13 (juris), BAGE 84, 370–377; BAG, Urt. v. 22.03.2000 (Az.: 7 ABR 34/98), Rn. 28 (juris), BAGE 94, 144–154; siehe hierzu: *Bezani/Richter*, S. 244; *Gaul/Mückl*, DB 2011, 2318 (2321).

1109 *Däubler*, in: TVG, S. 255 Rn. 644.

1110 *Däubler*, in: TVG, S. 255 Rn. 644.

1111 *Däubler*, in: TVG, S. 255 Rn. 644; Als Beispielsfall kann hierfür die Entscheidung BAG, Urt. v. 11.09.1991 (4 AZR 71/91), BAGE 68, 261, herangezogen werden. In diesem Fall ging es um die Anwendung des Tarifvertrags für Mitarbeiter des

Insofern wird es in der Regel dabei bleiben, dass der Beitritt des ausländischen Betriebserwerbers – mit Blick auf die bevorstehende Betriebsverlagerung – nicht zielführend ist und ein solcher daher unterbleibt. Dies gilt zumindest für den Regelfall, dass der Anwendungsbereich des Tarifvertrags an der deutschen Staatsgrenze endet.[1112]

b) Subsumtion eines ausländischen Tarifvertrags unter den Wortlaut „eines anderen Tarifvertrags" gem. § 613a Abs. 1 S. 3 Alt. 1, S. 4 Alt. 2 BGB

Der Auffangcharakter des § 613a Abs. 1 S. 2 BGB wäre auch gewahrt, wenn ein ausländischer Tarifvertrag unter den Wortlaut des § 613a Abs. 1 S. 3 Alt. 1 BGB bzw. unter den Wortlaut des § 613a Abs. 1 S. 4 Alt. 2 BGB subsumiert werden könnte. Ob dies vom Gesetzgeber gewollt ist, erscheint fraglich. Insoweit könnten zwei Standpunkte vertreten werden:

aa) Argumente für eine Subsumtion

Für eine Subsumtion eines ausländischen Tarifvertrags unter den Wortlaut *„eines anderen Tarifvertrags"* i.S.d. § 613a Abs. 1 S. 4 BGB könnte zunächst die fehlende Beschränkung des Wortlauts sprechen.

Vor dem Hintergrund des grenzüberschreitenden Anwendungsbereichs der Betriebsübergangsrichtlinie (siehe oben S. 32 ff.), sowie der nach überwiegender Ansicht angenommenen grenzüberschreitenden Anwendbarkeit des § 613a BGB (siehe oben S. 185), erscheint die Subsumtion eines ausländischen Tarifvertrags unter § 613a Abs. 1 S. 4 Alt. 2 BGB als logische Konsequenz.

Diese Auffassung vertreten beispielsweise *Gaul/Mückel.*[1113] Hiernach kann der deutsche Tarifvertrag gem. § 613a Abs. 1 S. 3 Alt. 1 BGB abgelöst bzw. die transformierte Regelung gem. § 613a Abs. 1 S. 4 Alt. 2 BGB durch eine gleichwertige

---

Goethe-Instituts in Mexiko. In diesem Fall wurde der Geltungsbereich des Tarifvertrags aus drücklich für Deutsche, *„die bei den im Ausland gelegenen Zweigstellen des Goethe-Instituts (...) an Ort und Stelle als Angestellte des Goethe-Instituts eingestellt und beschäftigt werden (...)"* ausgeweitet, vgl. BAGE 68, 261 (236).

1112 Sollte der ausländische Betriebserwerber dennoch eintreten, stellen sich folgende Fragen: Gilt § 4 Abs. 5 TVG bei der Grenzüberschreitung entsprechend weiter? Ist der ausländische Betriebserwerber Mitglied in einem ausländischen Arbeitgeberverband, der ebenfalls kollektive Arbeitsbedingungen für den entsprechenden Betrieb vorsieht und somit etwaige nicht zwingende Kollektivregelungen ablöst. Diesen Fragen wird auf S. 193 nachgegangen.

1113 *Gaul/Mückl*, DB 2011, 2318 (2321).

Vereinbarung (Abschluss durch vergleichbare Vertragsparteien) abgelöst werden.[1114]

Nach *Gaul/Mückel* sind etwaige Verschlechterungen durch ablösende ausländische Tarifverträge hinzunehmen.[1115] Schließlich fände auch bei innerdeutschen Betriebsübergängen das Gün-stigkeitsgebot keine Anwendung.[1116]

bb) Argumente gegen eine Subsumtion

Gegen eine Subsumtion ausländischer Tarifverträge unter den Wortlaut des § 613a Abs. 1 S. 3 Alt. 1, S. 4 Alt. 2 BGB könnte die Unanwendbarkeit des Günstigkeitsprinzips angeführt werden.

Der Unanwendbarkeit des Günstigkeitsprinzips[1117] könnte grundsätzlich der Gedanke zugrunde liegen, dass sämtliche Tarifverträge *„ausgewogene Regelung der Arbeitsbedingungen“*[1118] enthalten.

Im Falle eines innerdeutschen Betriebsübergangs kann die Unanwendbarkeit des Günstigkeitsprinzips zwar zu leichten Abweichungen der konkreten Arbeitsbedingungen führen, jedoch unterliegen sämtliche deutsche Arbeitgeberverbände derselben Werteordnung sowie demselben gesetzlichen Rahmen. Man kann daher im Fall eines innerdeutschen Betriebsübergangs davon ausgehen, dass sämtliche *„andere Tarifverträge“* vergleichbare Arbeitsbedingungen beinhalten und der Arbeitnehmerschutz durch die Regelung des § 613a Abs. 1 S. 3 und S. 4 BGB nicht leer läuft.

Das ist im Fall eines grenzüberschreitenden Sachverhalts anders. Vor dem Hintergrund der teilweise erheblichen Unterschiede in den einzelnen Mitgliedstaaten, bestünde bei einer Subsumtion ausländischer Tarifverträge unter den Wortlaut des § 613a Abs. 1 S. 4 BGB die Gefahr, dass der beabsichtigte Arbeitnehmerschutz leer liefe.

cc) Stellungnahme

Nach Abwägung der vorgenannten Argumente überzeugen die Einwände gegen eine Subsumtion.

1114 *Gaul/Mückl*, DB 2011, 2318 (2321).

1115 *Gaul/Mückl*, DB 2011, 2318 (2321).

1116 *Gaul/Mückl*, DB 2011, 2318 (2321).

1117 Vgl. bspw. BAG, Urt. v. 22.04.2009 (Az.: 4 AZR 100/08), Rn. 64 (juris), BAGE 130, 237–263.

1118 *Willemsen/Müller-Bonanni*, in: HKW, § 613a BGB Rn. 281.

Die Unanwendbarkeit des Günstigkeitsprinzips geht – vor dem Hintergrund der unterschiedlichen Werteordnung – zu Lasten der Arbeitnehmer. Dies läuft dem Schutzzweck des § 613a BGB zuwider.

Unter Berücksichtigung des vorgenannten Arguments muss der Wortlaut *„eines anderen Tarifvertrags“* gem. § 613a Abs. 1 S. 4 Alt. 2 BGB so gelesen werden, dass dies nur für Tarifverträge derselben Rechtsordnung – zumindest desselben Rechtskreises – gilt.

c) Zwischenergebnis

Nach der hier vertretenen Auffassung gibt es keine andere Möglichkeit, als durch die Transformation gem. § 613a Abs. 1 S. 2 BGB, die kollektivrechtlichen Arbeitsbedingungen bei einem grenzüberschreitenden Betriebsübergang aufrechtzuerhalten. Somit ist die Transformation gem. § 613a Abs. 1 S. 2 BGB bei einem grenzüberschreitenden Betriebsübergang der Regelfall. Der Auffangcharakter des § 613a Abs. 1 S. 2 BGB lässt sich damit nicht auf einen grenzüberschreitenden Betriebsübergang übertragen. Insoweit spricht die Konzeption des § 613a BGB dafür, dass der Gesetzgeber ausschließlich Inlandssachverhalte regeln wollte.

2. *Meinungsstreit hinsichtlich der Transformationswirkung im Zusammenhang mit einem grenzüberschreitenden Betriebsübergang*

Für weitere Rechtsunsicherheiten im Zusammenhang mit einem grenzüberschreitenden Betriebsübergang sorgt die fehlende Regelung hinsichtlich der Wirkung der Transformation gem. § 613a Abs. 1 S. 2 BGB.

Im Gegensatz zu einem innerdeutschen Betriebsübergang spielt bei einem grenzüberschreitenden Betriebsübergang das Territorialitätsprinzip und damit letztlich die Frage nach der Wirkung der Transformation eine Rolle. Hierzu im Einzelnen:

a) Transformation in individualrechtliche Arbeitsbedingungen

Nach einem Teil der Literatur führt die Transformation gem. § 613a Abs. 1 S. 2 BGB dazu, dass die kollektivrechtlichen Arbeitsbedingungen Teil des Arbeitsvertrags werden und damit ihren kollektivrechtlichen Charakter verlieren.[1119] Hierzu im Einzelnen:

1119 *Prange*, NZA 2002, 817 (818); *Bezani/Richter*, S. 244; *Jacobs*, NZA Beilage 1/2009, 45 (46); *Hauck*, FS Düwell, S. 75 f.; *ders.*, in: AnwaltKommentar ArbeitsR, § 613a BGB Rn. 107; *Kittner/Däubler*, in: KSchR § 613a BGB, Rn. 61; *Pesch*, KSzW 2012, 114 (119).

Hauck verweist beispielsweise darauf, dass die transformierten Regelungen *„grundsätzlich (...) individualrechtlich weiter[gelten]“*[1120] und nach *Kittner/Däubler „gelten [die transformierten Regelungen] nicht mehr auf kollektivrechtlicher Ebene, sondern vertragsrechtlich aufgrund der Transformationsnorm des § 613a BGB. Das ist mit der Betriebsübergangsrichtlinie vereinbar, weil deren Art. 3 Abs. 3 nur das Ergebnis - Schutz von Kollektivnormen für ein Jahr -, nicht aber die Rechtstechnik - Weitergeltung auf kollektivrechtlicher Ebene - vorsieht“*.[1121]

Das Territorialitätsprinzip spielt mit Blick auf die insoweit vertretene Transformationswirkung keine Rolle, da der Betriebserwerber gem. § 613a Abs. 1 S. 1 BGB in die individualrechtlichen Arbeitsbedingungen eintritt.

b) Transformation unter Beibehaltung des kollektivrechtlichen Charakters

Hinsichtlich der Frage nach der Transformationswirkung steht der vorgenannten Ansicht die jüngere Rechtsprechung[1122] und ein Teil der Literatur[1123] entgegen. Danach behält die transformierte Regelung auch nach der Transformation ihren kollektivrechtlichen Charakter bei.[1124] In diesem Zusammenhang könnte sich wiederum das Territorialitätsprinzip auswirken.

Nach dem BAG ist *„Der Erwerber (...) an die transformierten Regelungen in einer Weise gebunden die der Nachbindung des aus einem tarifschließenden Arbeitgeberverband ausgetretenen Arbeitgebers gemäß § 3 Abs. 3 TVG weitgehend entspricht, allerdings zeitlich begrenzt auf eine Höchstdauer von einem Jahr.“*[1125]

Als Argument wird insoweit vorgetragen, dass der Gesetzeswortlaut von *„in das Arbeitsverhältnis“* und nicht von *„in den Arbeitsvertrag“* spricht.[1126] Ferner argumentiert das BAG, dass *„Der Gesetzgeber (...) den Charakter der transformierten Normen nicht eindeutig festgelegt [hat]. Er hat zwar normiert, dass die bisher normativ geltenden Tarifregelungen Inhalt des Arbeitsverhältnisses werden;*

1120 *Hauck*, in: AnwaltKommentar ArbeitsR, § 613a BGB Rn. 107.

1121 *Kittner/Däubler*, in: KSchR § 613a BGB, Rn. 61.

1122 BAG, Urt. v. 22.04.2009 (Az.: 4 AZR 100/08), Rn. 30 (juris), BAGE 130, 237–263; BAG, Urt. v. 03.07.2013 (Az.: 4 AZR 961/11), Rn. 17 (juris), siehe hierzu: *Pesch*, KSzW 2012, 114 (119).

1123 *Zöllner*, DB 1995, 1401 (1402 f.); ErfK/*Preis*, § 613a BGB Rn. 112; *Pesch*, KSzW 2012, 114 (119); MüKo/*Müller-Glöge*, § 613a BGB Rn. 131; *Sagan*, RdA 2011, 163 (165).

1124 BAG, Urt. v. 22.04.2009 (Az.: 4 AZR 100/08), Rn. 61 (juris), BAGE 130, 237–263; BAG, Urt. v. 03.07.2013 (Az.: 4 AZR 961/11), Rn. 17 (juris).

1125 BAG, Urt. v. 22.04.2009 (Az.: 4 AZR 100/08), Rn. 61 (juris), BAGE 130, 237–263.

1126 Küttner/*Kreitner*, Nr. 123, S. 892 Rn. 58.

daraus ist aber nicht der Schluss zu ziehen, dass sie wie vertragliche Vereinbarungen anzusehen sind."[1127]

Überdies argumentiert das BAG, dass sich der kollektiv-rechtliche Charakter dadurch begründet, dass die transformierten Regelungen nicht weiter geschützt werden „*als wenn sie kollektiv-rechtlich gelten würden (...)*".[1128]

„*§ 613a Abs. 1 Satz 2 BGB gilt nach dessen Satz 3 dann nicht, wenn die Arbeitsvertragsparteien nach dem Betriebsübergang an einen – anderen – Tarifvertrag normativ gebunden sind. (...) Dabei spielt das Günstigkeitsprinzip - anders als im Verhältnis zwischen übernommener individualvertraglicher Rechtsposition und beim Erwerber normativ geltendem Tarifvertrag - keine Rolle; hier gilt allein das Ablösungsprinzip. (...) Diese Anordnung des Ablöseprinzips im Gegensatz zum ansonsten geltenden Günstigkeitsprinzip nach § 4 Abs. 3 TVG ist nur dann erklärbar, wenn auch die transformierten Normen kollektiv-rechtlichen Charakter haben und gerade nicht einzelvertraglicher Natur sind (...).*"[1129]

In Bezug auf einen grenzüberschreitenden Betriebsübergang bedeutet das, dass die Frage auftaucht, inwieweit das Territorialitätsprinzip für die Transformationswirkung des § 613a Abs. 1 S. 2 BGB eine Rolle spielt. Insoweit wäre es denkbar, dass die Nachbindung gem. § 3 Abs. 3 TVG bzw. die Nachwirkung gem. § 4 Abs. 5 TVG an der deutschen Staatsgrenze endet. Wäre dies der Fall würde der beabsichtigte Schutz des § 613a Abs. 1 S. 2 BGB im Ergebnis leer laufen.

aa) Territorialitätsprinzip: Transformierte Regelung endet an den deutschen Grenzen

Für die Anwendbarkeit des Territorialitätsprinzips hinsichtlich der gem. § 613a Abs. 1 S. 2 BGB transformierten Regelungen spricht die Gleichsetzung des BAG der transformierten Regelungen mit den kollektivrechtlichen Normen. Das Kollektivrecht unterliegt seinerseits dem Territorialitätsprinzip.[1130]

Das BAG entschied bzgl. Betriebsvereinbarungen Folgendes:

> „*Auch soweit Betriebsvereinbarungen nach § 613a Abs. 1 Satz 2 BGB Inhalt des Arbeitsverhältnisses sind, werden sie nach ständiger Rechtsprechung des Bundesarbeitsgerichts nicht in weiterem Umfang geschützt, als wenn sie kollektiv-rechtlich gelten würden.*"[1131]

1127 BAG, Urt. v. 22.04.2009 (Az.: 4 AZR 100/08), Rn. 62 (juris), BAGE 130, 237–263.
1128 BAG, Urt. v. 22.04.2009 (Az.: 4 AZR 100/08), Rn. 64 (juris), BAGE 130, 237–263.
1129 BAG, Urt. v. 22.04.2009 (Az.: 4 AZR 100/08), Rn. 64 (juris), BAGE 130, 237–263.
1130 BAG, Urt. v. 21.11.1996 (Az.: 2 AZR 832/95), Rn. 13 (juris), BAGE 84, 370–377.
1131 BAG, Urt. v. 22.04.2009 (Az.: 4 AZR 100/08), Rn. 64 (juris), BAGE 130, 237–263.

Führt man diesen Gedanken fort heißt das, dass die Geltung der gem. § 613a Abs. 1 S. 2 BGB transformierten Betriebsvereinbarungen oder tarifrechtliche Regelungen aufgrund des Territorialitätsprinzips an den deutschen Grenzen endet.

bb) Transformierte Regelung gilt unter bestimmten Voraussetzungen außerhalb der deutschen Staatsgrenzen

Anderseits könnte die Auffassung vertreten werden, dass das Territorialitätsprinzip zwar dazu führt, dass der Betrieb von dem räumlichen Anwendungsbereich des Tarifvertrags nicht mehr erfasst ist, die transformierten kollektivrechtlichen Regelungen dennoch „*unmittelbar, aber nicht mehr zwingend*"[1132] grenzüberschreitend weitergelten.

Allerdings erscheint diesbezüglich die Praxisrelevanz fraglich, wenn man davon ausgeht, dass der ausländische Betriebserwerber seinerseits Verbandsmitglied in einem ausländischen tarifschließenden Arbeitgeberverband ist und die transformierten Regelungen ggf.[1133] von den lokal geltenden Kollektivregelungen abgelöst werden.

cc) Zwischenergebnis

Zusammenfassend lässt sich festhalten, dass die deutschen Kollektivregelungen – entweder unter Anwendung des Territorialitätsprinzips (auch für § 4 Abs. 5 TVG) – an den Grenzen der Bundesrepublik enden oder – im Falle der Unanwendbarkeit des Territorialitätsprinzips – durch ausländische Kollektivnormen abgelöst werden können. In beiden Fällen läuft der mit § 613a Abs. 1 S. 2 BGB bezweckte Arbeitnehmerschutz leer.

c) Stellungnahme

In Bezug auf die Frage, welche Wirkung einer transformierten Regelung gem. § 613a Abs. 1 S. 2 BGB zukommt, überzeugt die vorgenannte Ansicht des BAG. Danach wird trotz der Transformation gem. § 613a Abs. 1 S. 2 BGB der kollektivrechtliche Charakter beibehalten.

Hintergrund hierfür ist, dass die kollektivrechtliche Regelung vor der Transformation „*von außen*"[1134] auf das Arbeitsverhältnis wirkt, jedoch kein Bestandteil

1132 *Schwab*, BB 1994, 781 (782).
1133 Maßgeblich ist insoweit, welcher Auffassung man hinsichtlich der Frage folgt, ob ein ausländischer Tarifvertrag unter den Wortlaut „*eines anderen Tarifvertrags*" gem. § 613a Abs. 1 S. 3 Alt. 1, S. 4 Alt. 2 BGB subsumiert werden kann.
1134 MüKo/*Müller-Glöge*, § 613a BGB Rn. 129; *Burgmer/Richter*, S. 86.

des Arbeitsvertrags ist. An dem kollektivrechtlichen Charakter ändert die Transformation nichts.

Zwar lässt der Wortlaut des § 613a BGB offen, ob die Transformation in eine individualrechtliche oder eine kollektivrechtliche Vereinbarung mündet. Dennoch überzeugt insbesondere der Verweis des BAG auf die Regelung des § 613a Abs. 1 S. 3 BGB.

Der kollektivrechtliche Charakter der transformierten Regelung führt vor dem Hintergrund des Territorialitätsprinzips nach der hier vertretenen Auffassung dazu, dass die transformierte Regelung an den Grenzen der Bundesrepublik endet.

Zusammenfassend lässt sich festhalten, dass sowohl das Bestehen des Meinungsstreits hinsichtlich der Transformationswirkung als auch die Rechtsunsicherheiten im Zusammenhang mit dem Territorialitätsprinzip verdeutlichen, dass die Regelung des § 613a Abs. 2 BGB sich nur schwer auf einen grenzüberschreitenden Sachverhalt übertragen lässt.

3. *Zwischenergebnis*

Es erscheint überzeugend, dass die Konstruktion des § 613a Abs. 1 BGB vor dem Hintergrund eines innerdeutschen Betriebsübergangs entstand. Den Besonderheiten eines grenzüberschreitenden Sachverhalts wird insoweit keine Rechnung getragen, so dass bereits das exemplarische Beispiel – des Fortbestands der kollektiven Tarifgeltung – zeigt, dass weder der Wortlaut „*eines anderen Tarifvertrags*" i.S.d. § 613a Abs. 1 S. 3 Alt. 1 und S. 4 Alt. 2 BGB noch die Konstruktion des § 613a Abs. 1 S. 2 BGB als Auffangtatbestand auf den Fall eines grenzüberschreitenden Betriebsübergang übertragbar sind. Diese Zweifel werden durch die mit der Transformationswirkung gem. § 613a Abs. 1 S. 2 BGB zusammenhängenden Rechtsunsicherheiten verstärkt.

D. Rechtsunsicherheiten hinsichtlich eines Eingriffs in die Niederlassungsfreiheit des ausländischen Betriebserwerbers

Zur Untermauerung der vorgenannten Zweifel an der grenzüberschreitenden Anwendbarkeit des § 613a BGB wird im Folgenden ein bislang unberücksichtigter Aspekt beleuchtet: Die Frage, ob eine grenzüberschreitende Anwendbarkeit des § 613a BGB die grenzüberschreitenden Betriebsverlagerungsinteressen des ausländischen Betriebserwerbers beeinträchtigen und damit gegen die Niederlassungsfreiheit des Art. 49, 53 AEUV verstoßen könnte.

Diese Frage hängt maßgeblich davon ab, ob eine grenzüberschreitende Anwendbarkeit und Anwendung des § 613a BGB (samt der Rechtsfolgen) einen ausländischen Betriebserwerber von dem grenzüberschreitenden Betriebsübergang abbringen könnte.

Betrachtet man den Grundfall der Betriebsteilung, indem ein deutscher Unternehmer zur Fokussierung auf das Hauptgeschäft, eine Sparte eines Geschäftsfelds an einen französischen Betriebserwerber veräußert, hätte dies im Falle einer unterstellten grenzüberschreitenden Anwendbarkeit und einer unterstellten Anwendung des § 613a BGB für den französischen Betriebserwerber folgende Konsequenz: Der französische Betriebserwerber wäre – abgesehen von den vorgenannten Zweifeln hinsichtlich der Transformation – verpflichtet, den Arbeitnehmern, die sich bereit erklären ihr Arbeitsverhältnis bei ihm fortzusetzen, die deutschen Arbeitsbedingungen zu gewähren.

Unterstellt der französische Betriebserwerber verlagert den erworbenen und übernommenen Betrieb nach Frankreich und gliedert diesen in ein bereits bestehendes Unternehmen ein, gäbe es – bei einer grenzüberschreitenden Anwendung der Rechtsfolgen des § 613a BGB[1135] – zwei unterschiedliche Arbeitnehmergruppen in dem französischen Unternehmen. Es gäbe die Arbeitnehmergruppe der französischen Arbeitnehmer zu französischen Arbeitsbedingungen und die Arbeitnehmergruppe der übernommenen deutschen Arbeitnehmer zu deutschen Arbeitsbedingungen.

Zwar ist das Nebeneinander konkurrierender Tarifverträge auch in Deutschland möglich[1136], jedoch entstammen insoweit die konkurrierenden Tarifverträge derselben Rechts- und Werteordnung. Gerade mit Blick auf die (teilweise) erheblichen Unterschiede hinsichtlich der Mindestarbeitsbedingungen innerhalb der EU-Mitgliedstaaten, erscheint das nebeneinander unterschiedlicher Rechts- und Werteordnungen entstammender Arbeitsbedingungen problematisch.

Diese Ungleichbehandlung der beiden Arbeitnehmergruppen widerspricht allerdings nicht dem Gleichbehandlungsgrundsatz.[1137] Schließlich folgt diese Differenzierung aufgrund der gesetzlichen Anordnung des § 613a BGB, der die Ungleichbehandlung rechtfertigt.[1138]

1135 Der Achte Senat des BAG äußerte sich hinsichtlich der grenzüberschreitenden Anwendbarkeit der Rechtsfolgen nicht. Das BAG traf in dem Urt. v. 26.05.2011 (Az. 8 AZR 793/09), AP Nr. 411 zu § 613a BGB, keine Aussage hinsichtlich dem Eintritt der Rechtsfolgen bei einem grenzüberschreitenden Betriebsübergang.

1136 Vgl. hierzu *Junker*, EuZA 4/2011, S. 449.

1137 BAG, Urt. v. 31.8.2005 (Az.: 5 AZR 517/04), Rn. 13 (juris) BAGE 115, 367–371 siehe hierzu: B/D/G/*Beseler*, S. 93; ebenso *Fröhlich*, ArbRB 2012, 317 (319).

1138 BAG, Urt. v. 14.2.2007 (Az.: 10 AZR 181/06), Rn. 19 (juris), AP Nr. 264 zu § 611 BGB Gratifikation; B/D/G/*Beseler*, S. 93; *Fröhlich*, ArbRB 2012, 317 (319).

Dennoch könnte die Verpflichtung der Aufrechterhaltung der deutschen Arbeitsbedingungen im Ausland, die Umsetzung der grenzüberschreitenden Betriebsverlagerung für einen ausländischen Betriebserwerber erschweren. Wäre dies der Fall, könnte eine grenzüberschreitende Anwendbarkeit der Rechtsfolgen des § 613a BGB das Eingliederungsinteresse eines deutschen Betriebs in ein ausländisches Unternehmen beeinträchtigen und damit letztlich den Betriebserwerber von dem Vorhaben eines grenzüberschreitenden Betriebsübergangs abbringen.

Der EuGH urteilte im Jahr 2007 mehrmals zu der Thematik der Niederlassungsfreiheit[1139]/des freien Dienstleistungsverkehrs.[1140] Zu nennen ist in diesem Zusammenhang insbesondere die Rechtssache „*Viking Line*"[1141]. Hierbei ging es um eine beabsichtigte Umflaggung eines Schiffs zur Ausnutzung des unterschiedlichen Lohnniveaus zwischen Finnland und Estland.[1142] Die betroffene Gewerkschaft ergriff daraufhin sowohl auf nationaler als auch auf internationaler Ebene gewerkschaftliche Maßnahmen gegen das beabsichtigte „Lohndumping".[1143] Hervorzuheben ist insoweit, dass das Ziel der gewerkschaftlichen Maßnahmen den Rechtsfolgen bei einer grenzüberschreitenden Anwendbarkeit und Anwendung des § 613a BGB entspricht.

Hieran anknüpfend stellt sich die Frage, ob die Konstruktion des § 613a BGB in seiner aktuellen Fassung bei einer unterstellten grenzüberschreitenden Anwendbarkeit und einer grenzüberschreitenden Anwendung, die Niederlassungsfreiheit des ausländischen Betriebserwerbers beeinträchtigt. Wäre dies der Fall, könnten diese Erwägungen als ein weiteres Indiz für eine territoriale Beschränkung des § 613a BGB angeführt werden.

Ziel dieses Unterkapitels ist (i) die abrissartige Vorstellung des Urteils „*Viking Line*"[1144], (ii) eine Prüfung der Vergleichbarkeit mit einer grenzüberschreitenden Anwendbarkeit des § 613a BGB, (iii) eine Prüfung der etwaigen Beeinträchtigung der Niederlassungsfreiheit durch eine grenzüberschreitende Anwendbarkeit des § 613a BGB sowie (iv) eine Stellungnahme.

1139 Die Niederlassungsfreiheit ist in Art. 49–55 AEUV geregelt. Die Niederlassungsfreiheit ist ebenso wie die Arbeitnehmerfreizügigkeit eine Grundfreiheit. Die Grundfreiheiten gehören zum Primärrecht des Gemeinschaftsrechts.

1140 EuGH, Urt. v. 11.12.2007 (Rs. C-438/05), Slg. I-10779 (Viking Line); EuGH, Urt. v. 18.12.2007 (Rs. C-341/05), Slg. 2007 I- 11767 (Laval un Partneri).

1141 EuGH, Urt. v. 11.12.2007 (Rs. C-438/05), Slg. I-10779 (Viking Line).

1142 *Temming*, S. 190; *UNI-Europa*, S. 3; *Blanke*, S. 4.

1143 *UNI-Europa*, S. 3; *Blanke*, S. 4.

1144 EuGH, Urt. v. 11.12.2007 (Rs. C-438/05), Slg. I-10779 (Viking Line).

I. *Urteil in der Rechtssache „Viking Line“*[1145]

Zur Prüfung der Frage, ob aus dem Urteil in der Rechtssache „*Viking Line*“[1146] Erkenntnisse im Hinblick auf eine territoriale Beschränkung/grenzüberschreitende Anwendbarkeit des § 613a BGB gewonnen werden können, wird nachfolgend das vorgenannte Urteil abrissartig vorgestellt. Dabei wird zunächst der Sachverhalt dargestellt. Dem schließt sich ein abrissartiger Überblick aus den Entscheidungsgründen an.

1. *Sachverhalt „Viking Line“*[1147]

In der Rechtssache „*Viking Line*“[1148] ging es um Folgendes: Ein Fährunternehmen, die Viking Line ABP (nachfolgend „**Viking**“), beabsichtigte, ein Schiff von der finnischen Flagge auf die estnische Flagge umzuflaggen.[1149] Hintergrund war die beabsichtigte Nutzung des Lohngefälles zwischen dem finnischen tarifvertraglichen Lohnniveau und dem geringeren estnischen Lohnniveau.[1150]

Neben Viking und einer hundertprozentigen estnischen Tochtergesellschaft waren der internationale Gewerkschaftsverband *International Transport Workers‘ Federation* (nachfolgend „**ITF**“) und die nationale finnische Gewerkschaft *Finnish Seamens's Union* (nachfolgend „**FSU**“) an dem Rechtsstreit beteiligt.[1151]

Die FSU versuchte sich sowohl auf nationaler als auch auf internationaler Ebene, gegen die Unternehmensentscheidung Vikings zu wehren.[1152] Auf nationaler Ebene drohte die FSU Streikmaßnahmen an.[1153] Auf internationaler Ebene schaltete die FSU den ITF ein. Dieser erließ umgehend ein Rundschreiben, in dem sämtliche Mitglieder des ITF aufgefordert wurden, keine Verhandlungen mit Viking oder deren estnischen Tochtergesellschaft zu führen.[1154] Dieses Rundschreiben galt auch für die estnische Gewerkschaft und verhinderte – trotz

1145 EuGH, Urt. v. 11.12.2007 (Rs. C-438/05), Slg. I-10779 (Viking Line).
1146 EuGH, Urt. v. 11.12.2007 (Rs. C-438/05), Slg. I-10779 (Viking Line).
1147 EuGH, Urt. v. 11.12.2007 (Rs. C-438/05), Slg. I-10779 (Viking Line).
1148 EuGH, Urt. v. 11.12.2007 (Rs. C-438/05), Slg. I-10779 (Viking Line).
1149 *Junker*, SAE 2008, 209 (209).
1150 EuGH, Urt. v. 11.12.2007 (Rs. C-438/05), Rn. 9 (juris) (Viking Line); *Temming*, S. 190.
1151 EuGH, Urt. v. 11.12.2007 (Rs. C-438/05), Slg. I-10779 (Viking Line); *Temming*, S. 190.
1152 *Temming*, S. 190.
1153 *Temming*, S. 190.
1154 *Temming*, S. 191.

nationaler Einigung mit der FSU – die Aufnahme von Tarifverhandlungen in Estland.[1155] Daraufhin erhob Viking Feststellungs- und Unterlassungsklage.[1156]

Viking beantragte festzustellen, dass die Maßnahmen der ITF und der FSU gegen die Niederlassungsfreiheit gem. Art. 43 EG verstießen.[1157] Ferner wurde beantragt, dass die ITF das entsprechende Rundschreiben zurückzuziehen habe und der FSU aufzugeben sei, keine Maßnahmen zu unternehmen, die gegen Rechte von Viking aus dem Gemeinschaftsrecht verstoßen.[1158]

2. EuGH, Urt. vom 11. Dezember 2007 („Viking Line")

Zu der Frage, ob in dem betroffenen Fall ein Betriebsübergang vorlag, äußerte sich der EuGH nicht.[1159] Hätte ein Betriebsübergang vorgelegen, hätten (bei einer mit § 613a BGB vergleichbaren finnischen Regelung) die finnischen Arbeitsbedingungen fortgegolten.[1160]

Der EuGH entschied, dass die gewerkschaftlichen Maßnahmen, die auf Torpedierung der Unternehmensentscheidung zielten, gegen die Niederlassungsfreiheit verstießen.[1161] Insoweit heißt es:

> *„Eine derartige kollektive Maßnahme hat nämlich zur Folge, es für das Unternehmen weniger attraktiv und sogar zwecklos zu machen, von ihrer Niederlassungsfreiheit Gebrauch zu machen, da die kollektive Maßnahme das Unternehmen daran hindert, im Aufnahmemitgliedstaat in den Genuss der gleichen Behandlung wie die anderen in diesem Staat niedergelassenen Wirtschaftsteilnehmer zu kommen."*[1162]

Zum Eingriff der gewerkschaftlichen Maßnahmen in die Niederlassungsfreiheit im Einzelnen[1163]: Um den Schutzbereich der Niederlassungsfreiheit zu eröffnen, musste es sich bei der Umflaggung um ein von der Niederlassungsfreiheit

1155 *Temming*, S. 191.
1156 *Temming*, S. 191.
1157 EuGH, Urt. v. 11.12.2007 (Rs. C-438/05), Rn. 22 (juris) (Viking Line).
1158 EuGH, Urt. v. 11.12.2007 (Rs. C-438/05), Rn. 22 (juris) (Viking Line); siehe hierzu: *Temming*, S. 191.
1159 *Temming*, S. 194.
1160 *Temming*, S. 195.
1161 EuGH, Urt. v. 11.12.2007 (Rs. C-438/05), Leitsatz 4 (juris) (Viking Line).
1162 EuGH, Urt. v. 11.12.2007 (Rs. C-438/05), Leitsatz 4 (juris) (Viking Line).
1163 Mit Spannung wurde die Entscheidung des EuGH dahingehend erwartet, ob eine Gewerkschaft Adressat der Niederlassungsfreiheit sein kann. Dies bejahte der EuGH in dem „Viking Line" Urteil erstmals. Mangels Relevanz für die weitere Prüfung wird auf weitere Ausführungen unter Verweis auf die hierzu ergangene Literatur verzichtet. Siehe beispielsweise *Junker*, SAE 2008, 209 (211).

geschütztes Verhalten handeln. Nach Ansicht des EuGH wird die Standortverlagerung von dem Anwendungsbereich der Niederlassungsfreiheit erfasst.[1164]

Ferner mussten die gewerkschaftlichen Maßnahmen als Beeinträchtigung des Schutzbereichs verstanden werden. Um die Wirksamkeit der Niederlassungsfreiheit nicht leer laufen zu lassen, werden hierunter alle Maßnahmen verstanden, die die Ausübung der Niederlassungsfreiheit weniger attraktiv oder zwecklos machen.[1165] Der EuGH entschied insoweit, dass gewerkschaftliche Maßnahmen, die sich gegen Standortverlagerungen innerhalb der EU richten, gegen das Binnenmarktprinzip verstoßen.[1166]

Eine Rechtfertigung des Eingriffs in den Schutzbereich der Niederlassungsfreiheit war nicht gegeben. In dem Urteil heißt es insoweit wie folgt:

> *„Eine Beschränkung der Niederlassungsfreiheit kann nach der Rechtsprechung des Gerichtshofs nur zulässig sein, wenn mit ihr ein berechtigtes und mit dem Vertrag zu vereinbarendes Ziel verfolgt wird und wenn sie durch zwingende Gründe des Allgemeininteresses gerechtfertigt ist. In einem solchen Fall muss aber außerdem die Beschränkung geeignet sein, die Erreichung des verfolgten Ziels zu gewährleisten, und darf nicht über das hinausgehen, was zur Erreichung dieses Ziels erforderlich ist (...)“*[1167]

Ein Schwerpunkt der Rechtfertigungsprüfung beruhte auf der Erforderlichkeit der Maßnahme.[1168] Einer Rechtfertigung des Eingriffs in die Niederlassungsfreiheit beispielsweise aufgrund zwingender Gründe des Allgemeininteresses wurde eine Absage erteilt.[1169]

II. Vergleichbarkeit zwischen der Umflaggung und einem grenzüberschreitenden Betriebsübergang

Nachfolgend wird geprüft, inwieweit der Sachverhalt der Umflaggung mit dem eines grenzüberschreitenden Betriebsübergangs vergleichbar ist. Eine Vergleichbarkeit beider Sachverhalte könnte eine vergleichbare rechtliche Würdigung nach sich ziehen.

1164 *Junker*, SAE 2008, 209 (211).

1165 EuGH, Urt. v. 11.12.2007 (Rs. C-438/05), Rn. 72 (juris) (Viking Line).

1166 EuGH, Urt. v. 11.12.2007 (Rs. C-438/05), Rn. 72 (juris) (Viking Line); *Junker*, SAE 2008, 209 (213).

1167 EuGH, Urt. v. 11.12.2007 (Rs. C-438/05), Rn. 75 (juris) (Viking Line).

1168 EuGH, Urt. v. 11.12.2007 (Rs. C-438/05), Rn. 81 ff. (juris) (Viking Line).

1169 EuGH, Urt. v. 11.12.2007 (Rs. C-438/05), Rn. 89 f. (juris) (Viking Line); *Junker*, SAE 2008, 209 (215 f.).

1. Umflaggung = grenzüberschreitender Betriebsübergang

Ein grenzüberschreitender Betriebsübergang ist mit der Umflaggung unter eine andere Rechtsordnung vergleichbar.

Zwar geht mit einer Umflaggung kein Wechsel des Arbeitsortes einher, dennoch ist der Kern beider Maßnahmen vergleichbar.

Sowohl die Motivation als auch das Ziel beider Maßnahmen sind gleich: Eine Umstrukturierungsmaßnahme – unabhängig davon, ob es sich um eine Umflaggung oder um eine grenzüberschreitende Betriebsübergang handelt – wird in der Regel aus wirtschaftlichen Gründen ergriffen. So wird beispielsweise im Fall einer konzerninternen grenzüberschreitenden Betriebsteilung/Betriebsbildung das unterschiedliche Steuerniveau zu Gunsten des Konzerns genutzt. Dies entspricht der Nutzung eines unterschiedlichen Lohnniveaus im Fall der Umflaggung. Zudem führen sowohl die Umflaggung als auch der grenzüberschreitende Betriebsübergang zu einer Änderung der anzuwendenden Rechtsordnung.

2. Gewerkschaftliche Maßnahme = Grenzüberschreitende Anwendbarkeit des § 613a BGB

Des Weiteren ist die grenzüberschreitende Anwendbarkeit der Rechtsfolgen des § 613a BGB mit gewerkschaftlichen Maßnahmen, die auf Aufrechterhaltung der finnischen Arbeitsbedingungen gerichtet sind, vergleichbar.

Der Unterschied liegt allerdings darin, dass im Gegensatz zu den gewerkschaftlichen Maßnahmen, es bei einer grenzüberschreitenden Anwendung der Rechtsfolgen des § 613a BGB keine Wahl hinsichtlich der Mittel/Rechtsfolgen gibt.

3. Zwischenergebnis

Zusammenfassend kann festgehalten werden, dass die Vergleichbarkeit zwischen dem entschiedenen Sachverhalt „Viking Line" und einem grenzüberschreitenden Betriebsübergang weitgehend gegeben ist.

III. Beschränkung der Niederlassungsfreiheit durch eine grenzüberschreitende Anwendbarkeit und Anwendung des § 613a BGB

Nachfolgend wird daher geprüft, ob die grenzüberschreitende Anwendbarkeit und Anwendung des § 613a BGB einen Eingriff in die Niederlassungsfreiheit gem. Art. 49, 53 AEUV darstellt.

1. *Schutzbereich der Niederlassungsfreiheit*

Zunächst müsste der Schutzbereich der Niederlassungsfreiheit eröffnet sein. Art. 49 Abs. 1 S. 1 AEUV lautet wie folgt:

> *„Die Beschränkungen der freien Niederlassung von Staatsangehörigen eines Mitgliedstaats im Hoheitsgebiet eines anderen Mitgliedstaats sind nach Maßgabe der folgenden Bestimmungen verboten."*

Art. 49 AEUV ist unmittelbar innerhalb der Mitgliedstaaten der EU anwendbar. Nach dem Wortlaut des Art. 49 AEUV muss das Zielland – im Gegensatz zu dem Wortlaut der Betriebsübergangsrichtlinie – innerhalb der EU liegen.

Damit sind nicht sämtliche Sachverhaltskonstellationen eines grenzüberschreitenden Betriebsübergangs (siehe S. 38; Abb. 4) von diesem Anwendungsbereich erfasst. Die grenzüberschreitenden Betriebsübergange von einem Mitgliedstaat in einen anderen Mitgliedstaat, sind allerdings von dem Anwendungsbereich des Art. 49, 53 AEUV erfasst.

Die Niederlassung i.S.d. Art. 49, 53 AEUV ist bei einem Betriebsübergang der jeweils betroffene Betrieb bzw. Betriebsteil. Der Schutzbereich der Niederlassungsfreiheit ist damit grundsätzlich eröffnet.

2. *Beschränkung durch eine grenzüberschreitende Anwendbarkeit und Anwendung des § 613a BGB*

Der Dreh- und Angelpunkt der vorliegenden Prüfung ist die Frage, ob die grenzüberschreitende Anwendbarkeit und Anwendung des § 613a BGB im Fall eines grenzüberschreitenden Be-triebsübergangs den ausländischen Betriebserwerber in seiner Niederlassungsfreiheit gem. Art. 49, 53 AEUV beeinträchtigt.

Unter Bezugnahme auf das *„Viking Line"*[1170] Urteil des EuGH wird die Beschränkung der Niederlassungsfreiheit weit ausgelegt. Um die Wertung der Niederlassungsfreiheit nicht leer laufen zu lassen, werden darunter sämtliche Maßnahmen subsumiert, die die Niederlassung in einem Mitgliedstaat der EU *„weniger attraktiv und sogar zwecklos"*[1171] erscheinen lassen.

Entscheidend ist daher die Frage, ob durch die grenzüberschreitende Anwendbarkeit und Anwendung der Rechtsfolgen des § 613a BGB in die Rechte eines ausländischen Betriebser-werbers, dem beispielsweise das deutsche Tarifrecht fremd ist, eingegriffen wird. Eine Beeinträchtigung durch die Anwendung

---

1170 EuGH, Urt. v. 11.12.2007 (Rs. C-438/05), Leitsatz 4 (juris) (Viking Line).
1171 EuGH, Urt. v. 11.12.2007 (Rs. C-438/05), Leitsatz 4 (juris) (Viking Line).

der Rechtsfolgen des § 613a BGB könnte in der Praxis in folgenden Fällen gegeben sein:

a) Unternehmensinterne Probleme

Zunächst könnte die grenzüberschreitende Anwendbarkeit und Anwendung des § 613a BGB zu unternehmensinternen Problemen des ausländischen Betriebserwerbers führen.

Nimmt man – unter Bezugnahme auf den bereits erwähnten Beispielsfall – an, dass der französische Betriebserwerber den von ihm übernommenen Betrieb nach Frankreich verlagert und in einen bereits bestehenden Betrieb eingliedert, gibt es unterschiedliche Arbeitnehmergruppen in einem Betrieb. Die Besonderheit im Vergleich zu einer inländischen Tarifkonkurrenz innerhalb eines Unternehmens[1172] liegt in der unterschiedlichen Werte- und Rechtsordnung, der die unterschiedlichen Arbeitsbedingungen entspringen.

Diese Unterschiede können beispielsweise zu Abwicklungsproblemen innerhalb der Personalabteilung führen. Nach Eingliederung des ursprünglich deutschen Betriebs in den bereits bestehenden französischen Betrieb, wäre die französische Personalabteilung für die Überwachung und Ausführung der deutschen Arbeitsbedingungen zuständig.

Überdies könnte es zu internen Schwierigkeiten beispielsweise aufgrund unterschiedlicher Arbeitszeiten oder Urlaubstagen in ein und demselben Betrieb kommen.[1173]

b) Unruhe unter den Arbeitnehmern

Ferner könnten die unterschiedlichen Arbeitsbedingungen zu Unmut und Unruhe zwischen den Arbeitnehmern führen.

Dies könnte insbesondere der Fall sein, wenn die fortgesetzten deutschen Arbeitsbedingungen im Vergleich zu den inländischen Arbeitsbedingungen vorteilhafter wären.

Ein rechtlicher Anspruch auf Gleichstellung der Arbeitsbedingungen besteht insofern nicht.[1174] Jedoch könnte der ausländische Betriebserwerber aufgrund etwaiger Unruhen im Betrieb dazu veranlasst sein, die ausländischen Arbeitsbedingungen an die deutschen Arbeitsbedingungen anzupassen.

1172 Vgl. hierzu *Junker*, EuZA 4/2011, 449.

1173 *Junker*, EuZA 4/2011, 449.

1174 BAG, Urt. v. 14.2.2007 (Az.: 10 AZR 181/06), Rn. 19 (juris), AP Nr. 264 zu § 611 BGB Gratifikation; B/D/G/*Beseler*, S. 93; *Fröhlich*, ArbRB 2012, 317 (319).

c) Zwischenergebnis

Die vorgenannten Probleme zeigen, dass die grenzüberschreitende Anwendbarkeit und Anwendung des § 613a BGB die grenzüberschreitende Betriebsverlagerung deutscher Betriebe erschweren könnte.

3. *Rechtfertigung*

Ein Eingriff in die Grundfreiheiten könnte jedoch durch zwingende Gründe des Allgemeininteresses - des Arbeitnehmerschutzes - gerechtfertigt sein.[1175] Insoweit stellt sich die Frage, wieweit der Arbeitnehmerschutz geht. Dies ist eine Abwägungsfrage zwischen der Niederlassungsfreiheit und dem Arbeitnehmerschutz.

Sollte der Arbeitnehmerschutz soweit gehen, dass der Fortbestand der deutschen Arbeitsverhältnisse für die übernommenen Arbeitnehmer - zumindest für die Zeit der Veränderungssperre - aufrechterhalten bleiben soll, wäre die vorgenannte Beeinträchtigung der Niederlassungsfreiheit gerechtfertigt.

Zur Bedeutung des Arbeitnehmerschutzes könnten (i) die Betriebsübergangsrichtlinie, (ii) die Europäische Sozialpolitik gem. Art. 151 AEUV und (iii) die Europäische Sozialcharta Aufschluss geben. Nachfolgend wird geprüft, ob sich die Reichweite des Arbeitnehmerschutzes aus den vorgenannten Quellen herleiten lässt:

a) Betriebsübergangsrichtlinie

Zunächst könnte sich der Arbeitnehmerschutz aus der Betriebsübergangsrichtlinie ergeben.

Erwägungsgrund (3) der Betriebsübergangsrichtlinie lautet wie folgt: „*Es sind Bestimmungen notwendig, die die Arbeitnehmer bei einem Inhaberwechsel schützen und insbesondere die Wahrung ihrer Ansprüche gewährleisten.*"

Hieraus ergibt sich aber nicht, dass die ursprünglichen nationalen Arbeitsbedingungen auch im Zielland der grenzüberschreitenden Betriebsverlagerung fortbestehen müssen. Sollten die ausländischen Arbeitsbedingungen mit denen des Ursprungslandes vergleichbar sein, wäre der Schutzzweck der Betriebsübergangsrichtlinie erreicht. Insoweit ergibt sich keine Rechtfertigung für eine Beeinträchtigung der Niederlassungsfreiheit durch eine Übertragung der Rechtsfolgen des § 613a BGB auf grenzüberschreitende Sachverhalte.

1175 EuGH, Urt. v. 11.12.2007 (Rs. C-438/05), Rn. 75 ff. (juris), (Viking Line).

b) Europäische Sozialpolitik, Art. 151 AEUV

Ferner könnte sich eine Rechtfertigung des Eingriffs in die Niederlassungsfreiheit aus der Europäischen Sozialpolitik ergeben. Art. 151 Abs. 1 AEUV, der die Europäische Sozialpolitik regelt, lautet wie folgt:

> *„Die Union und die Mitgliedstaaten verfolgen eingedenk der sozialen Grundrechte, wie sie in der am 18. Oktober 1961 in Turin unterzeichneten Europäischen Sozialcharta und in der Gemeinschaftscharta der sozialen Grundrechte der Arbeitnehmer von 1989 festgelegt sind, folgende Ziele: die Förderung der Beschäftigung, die Verbesserung der Lebens- und Arbeitsbedingungen, um dadurch auf dem Wege des Fortschritts ihre Angleichung zu ermöglichen, einen angemessenen sozialen Schutz, den sozialen Dialog, die Entwicklung des Arbeitskräftepotenzials im Hinblick auf ein dauerhaft hohes Beschäftigungsniveau und die Bekämpfung von Ausgrenzungen."*

Aus dem Wortlaut geht hervor, dass eine Angleichung der Arbeitsbedingungen innerhalb der Mitgliedstaaten der EU beabsichtigt ist. Eine Angleichung bedeutet jedoch nicht, dass nationale Arbeitsbedingungen eines Landes – aufgrund eines grenzüberschreitenden Betriebsübergangs – in einem anderen Land fortgelten müssen.

c) Europäische Sozialcharta

Auch die Europäische Sozialcharta ist insoweit wenig aufschlussreich. Die Europäische Sozialcharta enthält zwar u.a. Regelungen zu gerechten Arbeitsbedingungen, diesen ist jedoch auch nicht zu entnehmen, dass die nationalen Arbeitsbedingungen über die Staatsgrenzen hinweg Geltung erhalten sollten.

d) Zwischenergebnis

Weder aus der Betriebsübergangsrichtlinie, noch der europäischen Sozialpolitik oder aus der Europäischen Sozialcharta lässt sich herleiten, dass der Arbeitnehmerschutz es rechtfertigt, dass ein ausländischer Betriebserwerber die deutschen Arbeitsbedingungen im Ausland aufrechterhalten muss. Vielmehr wurde der Arbeitnehmerschutz durch die Möglichkeit des Widerspruchsrechts gem. § 613a Abs. 6 BGB verwirklicht.

Die Aufrechterhaltung der deutschen Arbeitsbedingungen über die Staatsgrenzen hinweg, erscheint mit Blick auf das hohe Gut der Niederlassungsfreiheit des Betriebserwerbers nicht gerechtfertigt.

IV. Stellungnahme

In Bezug auf die unterschiedlichen Varianten eines grenzüberschreitenden Betriebsübergangs lässt sich nicht abschließend klären, ob die unterstellte grenzüberschreitende Anwendung der Rechtsfolgen des § 613a BGB einen Eingriff in die Niederlassungsfreiheit darstellt.

Dies hängt jeweils von den Umständen des Einzelfalls ab. Handelt es sich beispielsweise um einen konzerninternen Betriebsübergang eines deutschen Konzerns, erscheint eine Beschränkung der Niederlassungsfreiheit weniger vorzuliegen als bei dem Grundfall der Betriebsteilung. Ob tatsächlich interne Probleme durch die Aufrechterhaltung der Rechtsfolgen des § 613a BGB bestehen oder ob diese beispielsweise durch Schulungen der Personalabteilung beseitigt werden können, muss von Fall zu Fall geklärt werden.

V. Zwischenergebnis

Festzuhalten ist jedoch, dass nicht gänzlich ausgeschlossen ist, dass durch eine grenzüberschreitende Anwendbarkeit des § 613a BGB ein Eingriff in die Niederlassungsfreiheit des ausländischen Betriebserwerbers vorliegen kann. Zumindest handelt es sich im Hinblick auf die territoriale Beschränkung des § 613a BGB um einen interessanten Aspekt.

E. Lösungsvorschläge

Die vorhergehende Analyse verdeutlicht die grundsätzlichen Rechtsunsicherheiten hinsichtlich der Frage grenzüberschreitende Anwendbarkeit vs. teleologische Reduktion des Anwendungsbereichs des § 613a BGB auf innerdeutsche Sachverhalte.

Dieser Rechtsunsicherheit könnte entweder durch eine ausdrückliche Regelung hinsichtlich des Anwendungsbereichs des § 613a BGB (nachfolgend „**Lösungsvorschlag 1**") oder durch eine Neuregelung der grenzüberschreitenden Betriebsübergänge (nachfolgend „**Lösungsvorschlag 2**") begegnet werden. Hierzu im Einzelnen:

I. Lösungsvorschlag 1: Ergänzung des § 613a BGB um eine Begrenzung des räumlichen Anwendungsbereichs (Sachnorm)

Die in diesem Kapitel aufgezeigten Rechtsunsicherheiten könnten durch eine ausdrückliche Regelung des Anwendungsbereichs des § 613a BGB behoben werden. Eine solche Regelung könnte § 613a BGB auf innerdeutsche Betriebsübergänge beschränken.[1176] Allerdings stellt sich insoweit die Frage, ob bzw. inwieweit

1176 *Deinert*, Int. ArbR, S. 343 Rn. 12.

eine solche Einschränkung auf europarechtliche Bedenken stoßen würde. Der Lösungsvorschlag 1 wird im Folgenden untersucht:

1. *Ergänzung des § 613a BGB um selbstbeschränkte Sachnorm*

In Anlehnung an § 1 Abs. 1 UmwG könnte § 613a BGB auf materiell-rechtlicher Ebene ausdrücklich auf Inlandssachverhalte beschränkt werden.

Hierfür könnte beispielsweise der Wortlaut des § 613a BGB um den Einschub „*auf einen anderen Inhaber mit Sitz im Inland*" ergänzt werden. Dies würde sicherstellen, dass § 613a BGB in der modifizierten Form seinen räumlichen Anwendungsbereich selbst regeln würde.

Mit Blick auf die kollisionsrechtlichen Unstimmigkeiten würde eine solche Ergänzung nichts ändern. Die Frage, welches Recht im Kollisionsfall anzuwenden ist, würde sich – nach wie vor – nach dem umstrittenen Anknüpfungspunkt (siehe 144 ff.) richten.

Der Unterschied wäre insoweit jedoch Folgender: Wäre nach der kollisionsrechtlichen Bestimmung das deutsche Recht anwendbar, wäre der räumliche Anwendungsbereich des § 613a BGB auf inländische Betriebsübergänge begrenzt. Ein grenzüberschreitender Betriebsübergang würde in diesem Fall zu einer Betriebsstilllegung des deutschen Betriebs und einer Neugründung des Betriebs im Ausland führen.

2. *Verstoß gegen richtlinienkonforme Auslegung*

Gegen den Lösungsvorschlag 1 könnte jedoch ein Verstoß gegen eine richtlinienkonforme Auslegung angeführt werden.

Art. 1 Abs. 2 Betriebsübergangsrichtlinie (siehe S. 32 ff.) sieht keinerlei Einschränkungen hinsichtlich des Ziellands vor. Daher gebietet eine richtlinienkonforme Auslegung der nationalen Umsetzung, dass auch insoweit keine Einschränkungen bestehen.[1177]

Da es keine nationale Regelung hinsichtlich grenzüberschreitender Betriebsübergänge gibt, muss § 613a BGB im Hinblick auf eine richtlinienkonforme Auslegung auch auf grenzüberschreitende Sachverhalte Anwendung finden. Eine bloße Beschränkung des § 613a BGB auf Sachnormebene scheidet damit aus.

3. *Zwischenergebnis*

Der Lösungsvorschlag 1 scheidet mit Blick auf eine richtlinienkonforme Auslegung des § 613a BGB aus. Den europarechtlichen Bedenken gegen den

---

1177 So auch *Deinert*, Int. ArbR, S. 344 Rn. 12.

Lösungsvorschlag 1 könnte jedoch Abhilfe geschaffen werden, wenn neben der Einschränkung des Anwendungsbereichs des § 613a BGB – in Anlehnung an die Regelungen der §§ 122a ff. UmwG – der grenzüberschreitende Betriebsübergang separat geregelt würde.

Die Betriebsübergangsrichtlinie sieht nicht vor, dass sämtliche Sachverhaltskonstellationen die gleichen Rechtsfolgen haben müssen. Insofern könnte den Besonderheiten der Grenzüberschreitung in einer gesonderten Vorschrift Rechnung getragen werden.

II. Lösungsvorschlag 2: Regulierung grenzüberschreitender Betriebsübergänge

Anknüpfend an die Einführung einer Selbstbeschränkung des § 613a BGB steht die separate Regulierung grenzüberschreitender Betriebsübergänge. Insoweit könnte sämtlichen – im Rahmen der Untersuchung aufgezeigten – Besonderheiten aufgrund der Grenzüberschreitung Rechnung getragen werden.

In diesem Zusammenhang steht die bereits im Jahre 2007 durchgeführte Befragung der Sozialpartner hinsichtlich eines Regulierungsbedarfs grenzüberschreitender Betriebsübergänge. Dazu im Einzelnen:

1. Befragung der Sozialpartner hinsichtlich des Regulierungsbedarfs grenzüberschreitender Betriebsübergänge

Bereits im Jahr 2007 brachte die Kommission der Europäischen Gemeinschaften das Regelungsbedürfnis für grenzüberschreitende Betriebsübergänge zum Ausdruck.[1178] In einem Bericht der EU Kommission heißt es wie folgt:

> *„Die Kommission ist jedoch der Ansicht, dass die nicht ausdrückliche Regelung des Problems der grenzüberschreitenden Übergänge in der Richtlinie – die gleichwohl vorsieht, dass sie auf alle Fälle anwendbar ist, in denen das übergehende Unternehmen in den räumlichen Geltungsbereich des Vertrages fällt – Arbeitgeber wie Arbeitnehmer verunsichern kann. Außerdem rechnet die Kommission damit, dass die EU-Erweiterung und die Konsolidierung des Binnenmarkts, die Globalisierung und die Erleichterung grenzüberschreitender Tätigkeiten durch die Verordnungen über die Europäische Gesellschaft und über die Europäische Genossenschaft oder durch die Richtlinie über grenzüberschreitende Verschmelzungen einen weiteren Anstieg der grenzüberschreitenden Betriebsübergänge bewirken könnten. Die Kommission hält deshalb eine Änderung der Richtlinie für sinnvoll, um diesen Punkt zu klären und so zur Fortentwicklung des Gemeinschaftsrechts beizutragen.*

1178 Vgl. *EU Kommission*, Bericht 2007.

Im Hinblick darauf beabsichtigt sie, eine Anhörung der Sozialpartner gemäß Artikel 138 Absatz 2 des Vertrages einzuleiten."[1179]

Am 20. Juni 2007 führte die EU Kommission gem. Art. 138 Abs. 2 EGV (heutiger Art. 154 AEUV) die sog. „erste Phase“ der Anhörung der Sozialpartner im Hinblick auf etwaige Änderungen der Betriebsübergangsrichtlinie bzgl. grenzüberschreitender Betriebsübergänge durch.[1180]

Nach der Anhörung der Sozialpartner verwarf die EU Kommission ihr Vorhaben zur Regulierung grenzüberschreitender Betriebsübergänge.[1181] In dem *Industrial Relations Bericht* aus dem Jahr 2008 heißt es insoweit:

"The social partners replied, in essence, that no problems have been detected so far that could not be dealt with by the existing legal instruments of Community or private international law. Taking into account these replies, the Commission decided not to pursue further, for the time being, the procedure for amending the directive. However, it will continue to monitor developments in this field in order to gather more information and evidence in this regard."[1182]

Obwohl die EU Kommission aufgrund der Befragung der Sozialpartner von dem Regulierungsvorhaben Abstand nahm, heißt das nicht, dass sich die Rechtsunsicherheiten damit erledigt hätten. Wie oben dargestellt, bestehen die Rechtsunsicherheiten aufgrund der Besonderheiten des grenzüberschreitenden Betriebsübergangs nach wie vor. Dies spricht für eine Regulierung grenzüberschreitender Betriebsübergänge.

In diesem Zusammenhang ist interessant, dass in Großbritannien im Jahr 2013 erneut eine Befragung hinsichtlich vorgeschlagener Änderungen der TUPE Bestimmungen durchgeführt wurde.[1183] Bereits die erneute Befragung verdeutlicht, dass die Bestimmungen des Betriebsübergangs stets an den gewonnen Erfahrungen fortentwickelt und angepasst werden sollten.

1179 *EU Kommission*, Bericht 2007, siehe Fazit, S. 10 f.

1180 *EU Kommission*, Industrial Relations 2008, S. 135, Ziffer 2.3.

1181 *Temming*, S. 195.

1182 *EU Kommission*, Industrial Relations 2008, S. 135, Ziffer 2.3.

1183 Die Ergebnisse der Befragung sind abrufbar unter: https://www.gov.uk/government/uploads/system/uploads/attachment_data/file/236932/bis-13-1023-transfer-of-undertakings-protection-of-employment-regulations-2006-government-response-to-consultation.pdf (letzter Stand: 01.07.2014).

2. *Fortbestehende Regulierungsbedarf*

Die vorgehende Untersuchung zeigt, dass sowohl hinsichtlich der Anforderungen an ein ordnungsgemäßes Unterrichtungsschreiben, hinsichtlich der Beteiligungsrechte des Betriebsrats, hinsichtlich der kollektivrechtlichen Fortgeltung, hinsichtlich der Transformation gem. § 613a Abs. 1 S. 2 BGB und hinsichtlich der grenzüberschreitenden Anwendbarkeit Rechtsunsicherheiten bestehen. Diese könnten durch Neuregulierung grenzüberschreitender Betriebsübergänge beseitigt werden.

Eine eigenständige Regulierung wäre mit Blick auf die erwarteten steigenden[1184] grenzüberschreitenden Betriebsübergänge wünschenswert.

Neben dem fortdauernden Regulierungsbedarf könnte die in Großbritannien durchgeführte Untersuchung Anlass geben, auch die deutsche Regelung des § 613a BGB – in Bezug auf eine Regulierung grenzüberschreitender Betriebsübergänge – fortzuentwickeln.

Die Regulierung des grenzüberschreitenden Betriebsübergangs erscheint als einzige Möglichkeit Rechtsklarheit für die Arbeitgeber, Arbeitnehmer und Betriebsräte zu schaffen.

F. Ergebnis

Sowohl eine Modifizierung des § 613a BGB um eine Selbstbeschränkung auf Inlandssachverhalte als auch eine Regulierung grenzüberschreitender Betriebsübergänge erscheint vor dem Hintergrund der zahlreichen Rechtsunsicherheiten erstrebenswert.

Eine Kombination des Lösungsvorschlags 1 mit dem Lösungsvorschlag 2 könnte umfassend Rechtssicherheit schaffen.

1184 Vgl. *Land*, BB 2013, 2976 (2976): *Land* führt aus, dass die Zahl der grenzüberschreitenden Unternehmenskäufe steigt, so betrug der Anteil der internationalen Unternehmenskäufe im Jahr 36 % gemessen an dem gesamten Volumen der Unternehmenskäufe.

4. Teil Ergebnisse

Die vorgehende Untersuchung führt zu folgendem Ergebnis:

§ 1 Zusammenfassung

„Gesetzeslücken lassen sich durch beständigen Gebrauch beträchtlich erweitern."[1185]

Die Untersuchung zeigt, dass das eingangs verwendete Zitat auf die Rechtsfragen im Zusammenhang mit einem grenzüberschreitenden Betriebsübergang zutrifft.

Die fehlende explizite Regelung für grenzüberschreitende Betriebsübergänge und die in der Praxis vorgenommene Anwendung des § 613a BGB auf diese grenzüberschreitenden Sachverhalte, zieht eine Vielzahl von Regelungslücken nach sich.

Inwieweit der Praxis mit diesem Vorgehen tatsächlich geholfen ist, bleibt eine Frage des Einzelfalls. Sollte es zwischen den Beteiligten eines grenzüberschreitenden Betriebsübergangs keinerlei Unstimmigkeiten geben, treten die aufgezeigten Probleme hinsichtlich eines ordnungsgemäßen Unterrichtungsschreibens, der Beteiligung des Betriebsrats, der kollisionsrechtlichen Anknüpfung und der territorialen Beschränkung des § 613a BGB in den Hintergrund.

Kommt es jedoch zu Problemen, beispielsweise weil der ausländische Betriebserwerber kurze Zeit nach dem grenzüberschreitenden Betriebsübergang in finanzielle Not gerät oder die ausländischen Kollektivvereinbarungen inhaltlich hinter denen des deutschen Rechts zurückbleiben, spielen die aufgezeigten Rechtsunsicherheiten eine Rolle.

Um Klarheit und Rechtssicherheit für die Praxis zu schaffen, wäre eine Regulierung des grenzüberschreitenden Betriebsübergangs wünschenswert. Hierbei könnten sämtliche aufgezeigten Probleme Berücksichtigung finden.

§ 2 Ergebnisse im Einzelnen

Die Untersuchung zeigt, dass die Rechtsunsicherheiten eines grenzüberschreitenden Betriebsübergangs insbesondere bei grenznahen Betriebsverlagerungen relevant werden. Dies gilt zumindest für sämtliche Betriebe, bei denen es für

1185 Zitat von Mark Twain, verwendet von *Zeilinger*, S. 1221; *Frechen*, S. 5; *dies.*, 63. Sitzung Deutscher Bundestag, S. 6226; *Feernes*, S. 8.

die Wahrung der Betriebsidentität u.a. auf die Übernahme der Arbeitnehmer ankommt.

Ferner wurde dargestellt, dass das von der Rechtsprechung entwickelte Entfernungskriterium zur Beurteilung der Frage, ob die Betriebsidentität bei einer grenzüberschreitenden Betriebsverlagerung gewahrt bleibt, zweifelhaft erscheint. Nach der hier vertretenen Auffassung genügt die Gesamtabwägung im Rahmen des Sieben-Punkte-Katalogs. In diesem Zusammenhang wurde auch die Modifizierung des Sieben-Punkte-Katalogs um ein achtes Kriterium geprüft und im Ergebnis abgelehnt.

Die aufgezeigten Zweifel an dem Entfernungskriterium wurden durch einen Rechtsprechungsvergleich mit Großbritannien verstärkt.

Ferner wurden die Rechtsunsicherheiten hinsichtlich einer ordnungsgemäßen Unterrichtung gem. § 613a Abs. 5 BGB im Zusammenhang mit einem grenzüberschreitenden Betriebsübergang herausgearbeitet. Problematisch bei der Anwendung des § 613a Abs. 5 BGB auf grenzüberschreitende Sachverhalte ist, dass § 613a Abs. 5 BGB den Besonderheiten der Grenzüberschreitung keine Rechnung trägt. Im Übrigen vergrößert sich durch die Grenzüberschreitung (neuer Markt, neue Rechtsordnung, neue Gesellschaftsformen, neues Umfeld etc.) der ohnehin bestehende Interpretationsspielraum der sehr allgemein gefassten Formulierung des § 613a Abs. 5 BGB. Um insoweit Rechtsklarheit zu schaffen, wurde ein Vorschlag zur Konkretisierung der notwendigen Angaben eines ordnungsgemäßen Unterrichtungsschreibens bei einem grenzüberschreitenden Betriebsübergang unterbreitet. Der favorisierte Lösungsvorschlag orientiert sich an dem Anhangs IV der Verordnung (EG) Nr. 809/2004. Dieser könnte der Ausgangspunkt für die Einführung eines „Pflichtangabenkatalogs" für ein ordnungsgemäßes Unterrichtungsschreiben im Falle eines grenzüberschreitenden Betriebsübergangs sein.

Zu dem wurden die Probleme hinsichtlich der betrieblichen Beteiligungsrechte gem. §§ 111 ff. BetrVG im Zusammenhang mit einem grenzüberschreitenden Betriebsübergang erörtert. Hierbei wurde herausgearbeitet, dass Rechtsunsicherheiten hinsichtlich der Frage bestehen, ob der grenzüberschreitende Betriebsübergang für sich eine Betriebsänderung i.S.d. § 111 BetrVG ist. Neben den unterschiedlichen Ansichten hinsichtlich der Relevanz des Territorialitätsprinzips und der Existenz eines allgemeinen Auffangtatbestands gem. § 111 S. 1 BetrVG wurde dargestellt, welche Betriebsänderung (§ 111 S. 3 Nr. 2 Alt. 2 BetrVG oder § 111 S. 1 BetrVG) ein grenzüberschreitender Betriebsübergang sein könnte. Daneben wurde die Problematik der Verhandlungszuständigkeit des Betriebsveräußerers hinsichtlich erst im Ausland eintretender Betriebsänderungen aufgezeigt. Rechtsklarheit würde nach dem bevorzugten Lösungsvorschlag die Modifizierung des Tatbestandskatalogs des § 111 S. 3 BetrVG schaffen. In diesem Fall wäre sowohl hinsichtlich des Bestehens einer Betriebsänderung i.S.d. § 111 BetrVG als auch hinsichtlich der Verhandlungszuständigkeit des Betriebsveräußerers die Gesetzeslücke geschlossen und Rechtsklarheit geschaffen.

Darüber hinaus wurden die Rechtsunsicherheiten im Zusammenhang mit dem Meinungsstreit bzgl. der kollisionsrechtlichen Anknüpfung vorgestellt. Hierbei wurde auch die Relevanz des Meinungsstreits in der Praxis herausgearbeitet. Rechtsklarheit würde insoweit die Durchsetzung eines komplett neuen Lösungsansatzes schaffen. Als bevorzugte Lösungsmöglichkeit wurde ein Vergleich zwischen einem grenzüberschreitenden Betriebsübergang und einer grenzüberschreitenden Sitzverlegung angestellt. Anknüpfend an die Parallelen zwischen einem grenzüberschreitenden Betriebsübergang und einer grenzüberschreitenden Sitzverlegung wurden die Sachverhaltskonstellationen eines grenzüberschreitenden Betriebsübergangs in zwei Kategorien eingeteilt. Relevant war hierfür, ob nach dem grenzüberschreitenden Betriebsübergang ein Bezug zu Deutschland fortbesteht. Für die Kategorie, die hinsichtlich des fortdauernden Bezugs zu Deutschland einer grenzüberschreitenden Verwaltungssitzverlegung entspricht, soll zur Beurteilung des grenzüberschreitenden Betriebsübergangs nach dem entwickelten Lösungsansatz deutsches Recht maßgeblich sein. Hingegen für die Fälle, die mangels fortdauernden Bezugs zu Deutschland, denen einer grenzüberschreitenden Satzungssitzverlegung ähneln, soll die jeweilige ausländische Rechtsordnung maßgeblich sein. Dieser Vorschlag hat den Vorteil, dass bereits bei Planung eines grenzüberschreitenden Betriebsübergangs klar ist, nach welchem Recht der Sachverhalt zu beurteilen ist.

Schließlich wurde dargestellt, dass § 613a BGB für innerdeutsche Betriebsübergänge konzipiert wurde und Rechtsunsicherheiten beispielsweise bei der Subsumtion eines ausländischen Tarifvertrags unter die Regelung des § 613a Abs. 1 S. 3 Alt. 1, S. 4 Alt. 2 BGB bestehen. Ferner ist unklar, welche Wirkung einer Transformation gem. § 613a Abs. 1 S. 2 BGB zukommt. Diese Rechtsunsicherheiten spielen bei einem grenzüberschreitenden Betriebsübergang vor dem Hintergrund des Territorialitätsprinzips eine wichtige Rolle. Darüber hinaus verstärkt das Urteil in der Rechtssache „*Viking Line*“[1186] und der ohnehin bestehende Meinungsstreit hinsichtlich der Frage, ob § 613a BGB grenzüberschreitend anwendbar ist, die hiermit zusammenhängenden Rechtsunsicherheiten. Diese Rechtsprobleme legen die Vermutung nahe, dass § 613a BGB auf

1186 EuGH, Urt. v. 11.12.2007 (Rs. C-438/05), Leitsatz 4 (juris) (Viking Line).

innerdeutsche Sachverhalte beschränkt ist. Für Rechtsklarheit würde – in Anlehnung an § 1 Abs. 1 UmwG – eine entsprechende Selbstbeschränkung der Regelung des § 613a BGB sogren. Allerdings wäre in diesem Fall – in Anlehnung an §§ 122a ff. UmwG – eine eigenständige Regelung grenzüberschreitender Betriebsübergänge nötig.

Im Ergebnis der vorstehenden Prüfung ist festzuhalten, dass eine separate Regelung der grenzüberschreitenden Betriebsübergänge wünschenswert ist.

§ 3 Ausblick

Es bleibt abzuwarten, ob eine Modifizierung des § 613a BGB um eine Selbstbeschränkung auf Inlandssachverhalte und eine Regulierung für grenzüberschreitende Betriebsübergänge in Angriff genommen wird.

Anlass könnte – neben dem steigenden Regulierungsbedürfnis – die Regulierung grenzüberschreitender Sitzverlegungen bieten. Die Parallelen zwischen einem grenzüberschreitenden Betriebsübergang und einer grenzüberschreitenden Sitzverlegung wurden im Verlauf der Arbeit herausgearbeitet.

Hinsichtlich der grenzüberschreitenden Sitzverlegung gibt es seit geraumer Zeit Regulierungsbestrebungen auf Ebene der EU.[1187]

Bereits im Jahr 1997 wurde ein Entwurf für eine 14. Richtlinie des Europäischen Parlaments und des Rates über die Verlegung des Sitzes einer Gesellschaft in einen anderen Mitgliedstaat mit Wechsel des für die Gesellschaft maßgebenden Rechts unterbreitet.[1188] Im Jahr 2007 wurde von dem Regulierungsvorhaben grenzüberschreitender Sitzverlegungen mit der Begründung Abstand genommen[1189], dass die Richtlinie 2005/56/EG sowie die Rechtsprechung des EuGH insoweit ausreichend seien.[1190] Im Jahr 2012 forderte das Europäische Parlament die EU Kommission zur Unterbreitung eines neuen Vorschlags auf.[1191] Anfang 2013 leitete die EU Kommission eine öffentliche Konsultation zur Ermittlung des Bedarfs einer Richtlinie für grenzüberschreitende Sitzverlegungen ein.[1192]

1187 *Jaensch*, BB 2012, 353 (359).

1188 *Schön*, ZGR 2013, 333 (336); *Jaensch*, BB 2012, 353 (359).

1189 *Müller*, AG 2013, R 65; *Jaensch*, BB 2012, 353 (359).

1190 *Müller*, AG 2013, R 65; *Jaensch*, BB 2012, 353 (359).

1191 *EU Parlament*, Abl. C 239 E/20, Ziff. N.

1192 *Müller*, AG 2013, R65.

Die vorstehenden Ausführungen verdeutlichen, dass auch wenn ein Regulierungsvorschlag nicht aufgegriffen wurde, zu einem späteren Zeitpunkt ein erneuter Anlauf gestartet werden kann, um weiter bestehende Rechtsunsicherheiten zu begegnen.

Insofern sollte auch die Regulierung grenzüberschreitender Betriebsübergänge in einem erneuten Anlauf erfolgreich sein. Hierdurch würden die bestehenden Gesetzeslücken geschlossen und Rechtsklarheit geschaffen.

***

Schriften zum Arbeitsrecht und Wirtschaftsrecht

Herausgegeben von Abbo Junker

Band 1 Christoph-N. Lerche: Der Europäische Betriebsrat und der deutsche Wirtschaftsausschuß. Eine vergleichende Analyse der betrieblichen Mitwirkung der Arbeitnehmer vor dem Hintergrund der Globalisierung der Märkte. 1997.

Band 2 Christian Walter Mecke: Zur rechtlichen Verbindlichkeit kollektiver Vereinbarungen in England. 1997.

Band 3 Katja Francke: Die betriebliche Mitwirkung der Arbeitnehmer in Belgien. Unter Berücksichtigung vergleichender Aspekte zum deutschen Betriebsverfassungsrecht. 1997.

Band 4 Christian Schulze: Die Zulässigkeit einstweiliger Verfügungen gegen Betriebsänderungen. 1998.

Band 5 Stefan Miersch: Die Rechtsfolgen mitbestimmungswidriger Maßnahmen für das Arbeitsverhältnis. Eine zivilrechtsdogmatische Untersuchung. 1998.

Band 6 Heike Wegner: Internationaler Verbraucherschutz beim Abschluß von Timesharingverträgen: § 8 Teilzeitwohnrechtegesetz. 1998.

Band 7 Julia Wichmann: Dienstleistungsfreiheit und grenzüberschreitende Entsendung von Arbeitnehmern. 1998.

Band 8 Johann-Volker Peter: Société par actions simplifiée (S.A.S.). Die Vereinfachte Aktiengesellschaft in Frankreich, eine Rechtsform für die Kooperation von Unternehmen. 1999.

Band 9 Sylvia Schnelle: Der Europäische Betriebsrat in Spanien. Zugleich eine Einführung in das spanische Recht der Arbeitnehmervertretung. 1999.

Band 10 Viktoria Bornhagen: Die Zumutbarkeit als Rechtsgedanke im Arbeitsrecht. 1999.

Band 11 Thorsten Schacht: Der Übereilungsschutz beim arbeitsrechtlichen Aufhebungsvertrag. Arbeitnehmerschutz bereits de lege lata? 2000.

Band 12 Marcus Hellmann: Immobilienkauf nach spanischem Recht. 1999.

Band 13 Nicolaus Johannes Ehinger: Die juristischen Personen des öffentlichen Rechts als herrschende Unternehmen. 2000.

Band 14 Alexander Lentz: Das kollektive Arbeitsrecht der Republik Südafrika. Eine Untersuchung mit Bezügen zum deutschen Recht. 2000.

Band 15 Michaela Brunssen: Der Arbeitgeberverbandswechsel. Tarifrechtliche und arbeitskampfrechtliche Konsequenzen. 2000.

Band 16 Morten Petersenn: Das Recht des Grundstückskaufs in Südafrika. 2000.

Band 17 Stefan Krüger: Die umwandlungsrechtliche Haftungsregelung bei der Betriebsaufspaltung und ihre Analogiefähigkeit. 2001.

Band 18 Jürgen Kitzinger: Der GmbH-Geschäftsführer zwischen Arbeits- und Gesellschaftsrecht. Im Blickpunkt: Zuständigkeit der Arbeitsgerichte. 2001.

Band 19 Anja Ruge: Die Lohnersatzansprüche ehemaliger Zwangsarbeiter gegen deutsche Industrieunternehmen. 2001.

Band 20 Michael Knoll: Die Sozialauswahl im Arbeitsrecht. 2001.

Band 21 Britta Albrecht: Mediation im Arbeitsrecht. Individualarbeitsrecht und Betriebsverfassungsrecht. 2001.

Band 22 Annusch Barten: Das System der Arbeitnehmervertretung in Frankreich. 2001.

Band 23 Diane Westera: Der Wiedereinstellungsanspruch nach wirksamer Kündigung. 2001.

Band 24 Kristin Doerlich: Die Tariffähigkeit der Gewerkschaft. Eine Analyse der Mächtigkeitsrechtsprechung des Bundesarbeitsgerichts im Lichte neuerer Erfahrungen. 2002.

Band 25 Tina Witten: Vertragsgestaltung und Gesetzesbindung im Recht der Zeitarbeit. 2002.

Band 26 Martin Hellfeier: Die Leistungszeit im Arbeitsverhältnis. Eine Untersuchung zum Fixschuldcharakter der Arbeitspflicht und zu den Folgen ihrer Nichterfüllung. 2003.

Band 27 Almut Maulshagen: Betriebliche Arbeitskampfregelungen. 2003.

Band 28 Maren Band: Tarifkonkurrenz, Tarifpluralität und der Grundsatz der Tarifeinheit. 2003.

Band 29 Manuela Schulz: Der Bereitschaftsdienst in öffentlich-rechtlich organisierten Krankenhäusern. Eine rechtliche Bewertung. 2003.

Band 30 Felix Benedikt: Die Kürzung von Tariflöhnen zur Sanierung. Eine verfassungskonforme Auslegung des § 3 III TVG entsprechend § 626 BGB. 2003.

Band 31 Tim Kaden: Individuelle Bündnisse für Arbeit und Günstigkeitsprinzip. 2003.

Band 32 Simone Kreiling: Die Erstreckung betrieblicher und betriebsverfassungsrechtlicher Tarifnormen auf Außenseiter. 2004.

Band 33 Carsten Beck: Betriebliche Mitbestimmung und Kündigungsschutz. Die Funktionen betrieblicher Mitbestimmung im und deren Einfluß auf den Kündigungsschutz nach dem KSchG. 2004.

Band 34 Jost Eder: Die Regelungsabrede als Alternative zur Betriebsvereinbarung bei der Gestaltung materieller Arbeitsbedingungen. 2004.

Band 35 Christian Pfab: Wirkungsweise und Reichweite tarifvertraglicher Öffnungsklauseln. 2004.

Band 36 Julia Amlang: Die unternehmerische Entscheidungsfreiheit bei „betriebsbedingten Kündigungen" im europäischen Rechtsvergleich. Kündigung aus wirtschaftlichen Gründen in Deutschland, Frankreich, Spanien, Großbritannien und Schweden. 2005.

Band 37 Alida Milthaler: Das Fragerecht des Arbeitgebers nach den Vorstrafen des Bewerbers. 2006.

Band 38 Doreen Peter: Nebentätigkeiten von Arbeitnehmern. Interessenkollisionen von Arbeitgebern und Arbeitnehmern. 2006.

Band 39 Julia V. C. Bartlog: Das Verhältnis von Gesetz und Tarifvertrag. 2006.

Band 40 Michael Fuhlrott: Der geschädigte Arbeitnehmer. Zur Verfassungsmäßigkeit des Ausschlusses von Schmerzensgeld in der Unfallversicherung sowie zur Herleitung der Haftung bei Eigenschäden im Hinblick auf das Verschuldensprinzip. 2006.

Band 41 Femke Reinecke: Leistungsbestimmung des Arbeitnehmers. 2006.

Band 42 Maria M. Bausback: Der Bestandsschutz des Arbeitsverhältnisses auf europäischer und internationaler Ebene. Entwicklungen vom Mittelalter bis zur Gegenwart. Teil 1 / Teil 2. 2007.

Band 43 Jens Günther: AGB-Kontrolle von Arbeitsverträgen. Analyse der deutschen Rechtslage nach der Schuldrechtsreform und vergleichende Betrachtung des österreichischen Kontrollsystems. 2007.

Band 44 Claudiana Triskatis: Ethikrichtlinien im Arbeitsrecht. 2008.

Band 45 Annette Bruder: Die Weitergabe von Insiderinformationen durch Arbeitnehmervertreter. 2008.

Band 46 Ute Dietrich: Nichtraucherschutz am Arbeitsplatz. 2008.

Band 47 Markus Ebert: Übertragung und Zuordnung von Versorgungsverpflichtungen gegenüber Arbeitnehmern im Rahmen einer umwandlungsrechtlichen Spaltung. 2008.

Band 48 Susanne Schneider: Broad-based Black Economic Empowerment in der Republik Südafrika. 2008.

Band 49 Mandy Reichel: Die Einbeziehung des Außenseiter-Arbeitgebers in den Verbandsarbeitskampf. 2008.

Band 50 Abbo Junker (Hrsg.): Betriebsübergang in Europa. Symposion aus Anlass des 10-jährigen Bestehens der Schriften zum Arbeitsrecht und Wirtschaftsrecht am 10.10.2008 in München. 2009.

Band 51 Till Bender: Vorschläge zur Neuordnung des Sonderkündigungsschutzes nach MuSchG und SGB IX. 2009.

Band 52 Manuela Rauch: Die geschlechtsbezogene Diskriminierung am Arbeitsplatz nach kalifornischem Recht. 2009.

Band 53 Tina Luise Allenberg: Das französische règlement intérieur d'entreprise. Die Arbeitsordnung im französischen Arbeitsrecht. 2009.

Band 54 Bernd Haas: Anwaltliches Mandatsverhältnis zum Betriebsrat. 2009.

Band 55 Martin Fröhlich: Die erweiterte Weisungsbefugnis des Arbeitgebers im spanischen Recht. 2009.

Band 56 Stefanie Lorenzen: Inhaltskontrolle beim Betriebsübergang. Die Anpassung tariflicher Arbeitnehmerpflichten nach Privatisierungen. 2009.

Band 57 Oliver E. Aldea: Das französische Kündigungsrecht im Spannungsfeld von Abfindungen und Bestandsschutz. 2010.

Band 58 Wolfgang Stock: Die Einsetzung einer Transfergesellschaft. Unter besonderer Berücksichtigung betriebsverfassungs- und arbeitsförderungsrechtlicher Vorgaben. 2010.

Band 59 Claudia Hagedorn: Zulässigkeit und Grenzen von Tarifsozialplänen. 2010.

Band 60 Daniela Quink: Inhaltskontrolle von Freiwilligkeitsvorbehalten in Arbeitsverträgen. 2010.

Band 61 Kathrin Kentner: Arbeitskampfmittel der Arbeitgeber. 2010.

Band 62 Angela Nunes Fernandes Gil Wolf: Arbeitnehmereinsatz im Ausland. Das auf doppelte Arbeitsverhältnisse anwendbare Recht am Beispiel der Vertragsgestaltung eines internationalen Konzerns. 2010.

Band 63 Annemarie Berthold: Whistleblowing in der Rechtsprechung des Bundesarbeitsgerichts. 2010.

Band 64 Malte Koch: Die Beteiligung von Arbeitnehmervertretern an Aufsichtsrats- und Verwaltungsratsausschüssen einer Europäischen Aktiengesellschaft. 2011.

Band 65 Agnes Maria Kollerbaur: Die französische Arbeitsinspektion. Eine Untersuchung unter besonderer Berücksichtigung ihrer Rolle bei Kündigungen. 2011.

Band 66 Marcus Christian Leinenweber: Landesschlichtungsgesetze? 2011.

Band 67 Frederike Cathérine Gärtner: Die gesetzliche Regulierung von Bahnstreiks in Frankreich. Arbeitskampf vs. Kontinuität öffentlicher Dienstleistungen. 2011.

Band 68 Carolin van Straelen: Der Rollenkonflikt des Arbeitnehmervertreters zwischen Betriebsratsmitglied und Gewerkschaftsfunktionär. 2012.

Band 69 Anna Maria Jordan: Entgeltdiskriminierung in Frauenberufen? 2012.

Band 70 Dominic Köstner: Compliance-Richtlinien im Unternehmen. Arbeits- und datenschutzrechtliche Implementierungsaspekte. 2012.

Band 71 Michael Kobler: Fremdeinflüsse auf die tarifliche Willensbildung. 2012.

Band 72 Anne Kraas: Zulässigkeit und Grenzen der arbeitsvertraglichen Entgeltflexibilisierung. 2012.

Band 73 Melanie Amann: Die Belegschaftsabstimmung. 2012.

Band 74 Christina Mennemeyer: „Dritter Weg" und rechtliche Grenzen der Flexibilisierung des Arbeitsrechts der katholischen Kirche. 2012.

Band 75 Joël Philipp Hofmann: Rechtsmissbrauch und Verwirkung bei Widerspruch gegen den Übergang des Arbeitsverhältnisses nach § 613a BGB. 2013.

Band 76 Jennifer Junker: Das Recht der Arbeitnehmerüberlassung in Japan. 2013.

Band 77 Gabriele Geiselhart: Tarifliche Regelungsmacht bei Haustarifverträgen und Unternehmerfreiheit. Dargestellt am Beispiel von Standortgarantien und Zeitarbeitsquoten. 2013.

Band 78 Lorenz Sylvester Mitterer: AGB-Korrektur in Dauer- und Langzeitschuldverhältnissen. 2013.

Band 79 Janina Morgenweck: Die Arbeitsgerichtsbarkeit in England. 2013.

Band 80 Christoph B. Kistler: Die Rechtmäßigkeit von Spartenstreiks. Alte Kriterien in neuem Licht. 2013.

Band 81 Julia Strasser: Die Haftung bei Lohnwucher im Arbeitsrecht der USA. 2014.

Band 82 Stephanie Amschler: Constructive dismissal. Fingierte Arbeitgeberkündigung im englischen Kündigungsschutzrecht. 2014.

Band 83 Felix Berding: Die Urabstimmung im britischen Arbeitskampfrecht im Licht der EMRK. 2014.

Band 84 Christine Kumpf: Multinationalität der SE-Mitbestimmungsordnung. 2014.

Band 85 Florian Schiffer: Der Leistungsmaßstab im Arbeitsverhältnis. 2014.

Band 86 Stefan Hoffmann: Unterrichtungspflicht und Widerspruchsrecht bei Betriebsübergang gemäß § 613a Abs. 5 und 6 BGB – Grenzen, weitere aktuelle Rechtsprobleme und Strategien zur Risikominimierung. 2015.

Band 87 Marie-Theres Boetzkes: Die Konzernmutter als Mitarbeitgeberin im französischen Recht. 2015.

Band 88 Ines Kranz: Landesarbeitskampfgesetze? 2015.

Band 89 Hendrik Schulte-Wrede: Die Beteiligung der Arbeitnehmer in der Europäischen Privatgesellschaft – SPE. 2015.

Band 90 Kathrin Charlotte Enke: Beteiligungsvereinbarungen nach § 21 SEBG. 2015.

Band 91 Tom Christopher Pröstler: Modelle betrieblicher Arbeitnehmerbeteiligung. Ein historisch-europäischer Rechtsvergleich zwischen Deutschland und dem Vereinigten Königreich. 2015.

Band 92 Achim Engel: Collective Governance in Tarifverbänden. 2015.

Band 93 Michaela Felisiak: Reglierungsbedarf grenzüberschreitender Betriebsübergänge. Zweifel an der grenzüberschreitenden Anwendbarkeit des § 613a BGB. (Urteil des BAG vom 26. Mai 2011). 2015.

www.peterlang.com

www.ingramcontent.com/pod-product-compliance
Ingram Content Group UK Ltd.
Pitfield, Milton Keynes, MK11 3LW, UK
UKHW021839290926
8980IPUK00005B/547

9 783631 661239